禮說

〔清〕惠士奇 撰

張華清 點校

齊魯書社
·濟南·

圖書在版編目（CIP）數據

禮説/(清)惠士奇撰；張華清點校. -- 濟南：齊魯書社, 2024.3
ISBN 978-7-5333-4797-0

Ⅰ.①禮… Ⅱ.①惠… ②張… Ⅲ.①《禮記》-研究 Ⅳ.①K892.9

中國國家版本館CIP數據核字(2024)第011538號

責任編輯　張　涵
裝幀設計　亓旭欣

禮説
LI SHUO

〔清〕惠士奇　撰　　張華清　點校

主管單位	山東出版傳媒股份有限公司
出版發行	齊魯書社
社　　址	濟南市市中區舜耕路517號
郵　　編	250003
網　　址	www.qlss.com.cn
電子郵箱	qilupress@126.com
營銷中心	（0531）82098521　82098519　82098517
印　　刷	日照日報印務中心
開　　本	787mm×1092mm　1/16
印　　張	17.5
插　　頁	2
字　　數	330千
版　　次	2024年3月第1版
印　　次	2024年3月第1次印刷
標準書號	ISBN 978-7-5333-4797-0
定　　價	88.00圓

序　言

　　有清一代，以樸學治《周官》者，詎以元和惠士奇爲始乎？惠著《禮説》十四卷，汰拒宋明之浮言，掇攬漢魏之古説，於古音古言，多所疏通，與並世若李光坡、方苞輩异其趣。於鄭注之引漢制者，詳源辨流。按宋王應麟嘗爲《漢制考》，輯鄭注以補漢制，然非以解經爲職志也。惠則於鄭引漢制窮其原委，析漢代施設之結構，明周官職掌之演衍，是經史得以互證也。其論"從獻""宅田士田"諸條，發前人之未發，而若"共其豢豢"復闡古音陰陽對轉之例，又乃以經學與小學互證也。其論述精湛處極多，後之治《周官》者雖漸轉精而不能弃也，清末孫氏《正義》亦多引其説，可見其書之價值矣。唯其擇文爲釋，不作常識之解，不作專題之論，故所論雖精深，然略顯散雜無友紀，非通注疏者閲之誠屬不便。

　　張生華清，嘗從余讀碩士，好學深思，多率性博覽。及卒業，逢緣際會，入某高校爲行政，雖百事叢脞，猶不廢研讀。居數歲，從萊陽程奇立君讀博士，學益進，又讀博士後，數年間撰著頗豐。近取惠氏《禮説》點校之，離經辨志，斷句顯旨，俾一代名著，豢達可讀，其嘉惠學林可知也。書成示余，余嘉其選題之當而用功之深也，故弁言數句以歸之。

山東大學儒學高等研究院　劉曉東
2024 年元月

目　録

序言 ·· 1

點校説明 ··· 1

重刻禮説叙 ··· 1

提要 ·· 1

禮説卷一 ··· 1
　天官一 ··· 1
　　建國立極邦之六典 ·· 1
　　〔大宰〕禮俗以馭其民 ··· 1
　　九職任民 ·· 2
　　九兩繫民 ·· 5
　　象魏 ·· 6
　　挾日 ·· 7
　　納亨 ·· 7
　　〔小宰〕掌王宫之糾禁　干寶註僞爲鄭 ····················· 8
　　以敘聽其情 ·· 8
　　傅別質劑要會 ·· 9
　　〔宰夫〕要凡目數 ··· 10
　　胥掌官叙以治叙 ·· 11
　　徒掌官令以徵令 ·· 12

〔宮正〕廬舍　總衰 ……………………………………………… 12
〔宮伯〕士庶子均秩均敘　庶子猶餘子 …………………………… 13
〔膳夫〕王卒食以樂徹于造　王日一舉齊日三舉大喪不舉 ……… 14
肉脩之頒賜皆掌之 ………………………………………………… 15
〔庖人〕膳膏　十二辰之禽 ………………………………………… 16
〔甸師〕蕭茅 ………………………………………………………… 17
〔鼈人〕掌取互物以時籍魚鼈龜蜃凡貍物 ……………………… 17
〔疾醫〕瘑疾 ………………………………………………………… 18
〔瘍醫〕以五氣養之 ………………………………………………… 20
祝藥猶行藥　劀殺猶砭割 ………………………………………… 20

禮説卷二 …………………………………………………………… 22

天官二 …………………………………………………………… 22

〔酒正〕五齊三酒 ………………………………………………… 22
從獻 ………………………………………………………………… 23
〔酒人〕女酒　奚 ………………………………………………… 24
〔漿人〕六飲之醫 ………………………………………………… 25
六飲之涼 …………………………………………………………… 26
酒正成要 …………………………………………………………… 26
〔籩人〕四籩之實 ………………………………………………… 26
麷 …………………………………………………………………… 27
〔醢人〕菲 ………………………………………………………… 27
脾析豚拍 …………………………………………………………… 28
酏食糝食 …………………………………………………………… 28
〔醯人〕醯醬一物 ………………………………………………… 29
〔鹽人〕飴鹽苦鹽 ………………………………………………… 29
〔宮人〕井匽 ……………………………………………………… 30
〔掌舍〕三宮四門 ………………………………………………… 31
〔玉府〕食玉 ……………………………………………………… 32
〔外府〕邦布　口錢 ……………………………………………… 33
〔職幣〕用邦財者之幣振掌事者之餘財 ………………………… 34

〔内宰〕如光禄勳　古閽勳通 …………………………………… 35
佐后立市 ……………………………………………………………… 36
出其度量淳制　淳純通 ……………………………………………… 36
鹽於北郊 ……………………………………………………………… 37
〔閽人〕怪民不入宫 ………………………………………………… 38
〔世婦〕即春官世婦一綱一目 ……………………………………… 39
〔女祝〕招梗 ………………………………………………………… 39
〔内司服〕緣衣 ……………………………………………………… 40
〔縫人〕翣柳 ………………………………………………………… 41
〔追師〕副編次 ……………………………………………………… 42
〔屨人〕舃屨 ………………………………………………………… 43

禮説卷三

地官一 …………………………………………………………… 44

〔大司徒〕九州地域　域古作或 …………………………………… 44
田主　社之木主 ……………………………………………………… 44
五地 …………………………………………………………………… 46
土圭測日景 …………………………………………………………… 47
封采 …………………………………………………………………… 48
祀五帝羞其肆　牲全爲肆 ………………………………………… 49
〔小司徒〕九比之數 ………………………………………………… 50
〔鄉師〕六鄉　三公 ………………………………………………… 51
輂輦 …………………………………………………………………… 52
〔鄉大夫〕國中六十野六十五皆征之 ……………………………… 53
鄉射之禮一曰和二曰容 ……………………………………………… 54
〔黨正〕春秋祭禜 …………………………………………………… 55
〔族師〕春秋祭酺 …………………………………………………… 56
刑罰慶賞相及相共 …………………………………………………… 56
〔舞師〕皇舞 ………………………………………………………… 57
〔牧人〕騂牲 ………………………………………………………… 58
〔牛人〕享牛求牛 …………………………………………………… 58

牛牲之互 …………………………………………………… 59

禮説卷四 …………………………………………………… 60
　地官二 ………………………………………………………… 60
　　〔載師〕宅田士田賈田官田半田賞田 ……………………… 60
　　夫家之徵 …………………………………………………… 63
　　〔縣師〕馬牛車輦旗鼓兵器 ………………………………… 63
　　〔師氏〕敏德 ………………………………………………… 66
　　虎門 ………………………………………………………… 67
　　師氏以媺詔王保氏諫王惡 ………………………………… 68
　　〔保氏〕五射 ………………………………………………… 69
　　〔司諫〕糾萬民之德〔司救〕禁萬民之衺 ………………… 70
　　〔調人〕和難 ………………………………………………… 71
　　〔媒氏〕中春合男女　卯卯卯酉之辨 …………………… 72
　　禁遷葬嫁殤 ………………………………………………… 73
　　〔司市〕日昃而市 …………………………………………… 74
　　〔質人〕賣儥之質劑 ………………………………………… 75
　　買賣人民　越逐逋逃 ……………………………………… 75
　　〔廛人〕掌斂布 ……………………………………………… 76
　　〔泉府〕以國服爲之息 ……………………………………… 77
　　〔司關〕掌百貨之節以聯門市 ……………………………… 78

禮説卷五 …………………………………………………… 80
　地官三 ………………………………………………………… 80
　　〔掌節〕守節達節 …………………………………………… 80
　　〔遂人〕上地中地下地 ……………………………………… 81
　　〔遂師〕大喪及窆抱磨 ……………………………………… 82
　　〔遂大夫〕四達 ……………………………………………… 83
　　〔里宰〕合耦於耡 …………………………………………… 84
　　〔旅師〕耡粟屋粟閒粟 ……………………………………… 85
　　〔稍人〕掌丘乘 ……………………………………………… 86

〔土均〕掌平土地 …………………………………………………… 87
　〔草人〕九土 ………………………………………………………… 88
　〔稻人〕稼澤以水殄草而芟夷之 …………………………………… 89
　〔土訓〕原其生以詔地求 …………………………………………… 89
　土訓道地圖誦訓道方志　地慝方慝 ………………………………… 90
　〔山虞〕〔澤虞〕山林厲禁 ………………………………………… 92
　〔卝人〕掌金玉錫石之地　山虞之別 ……………………………… 93
　〔掌炭〕〔掌荼〕〔掌蜃〕皆豫共凶事 …………………………… 94
　〔廩人〕大祭祀共接盛　接讀若扱 ………………………………… 95
　〔舂人〕食米 ………………………………………………………… 96
　〔槀人〕槀爲犒 ……………………………………………………… 96
　外內朝 ………………………………………………………………… 97

禮說卷六 …………………………………………………………… 98
春官一 ……………………………………………………………… 98
　〔大宗伯〕掌天神人鬼地示之禮 …………………………………… 98
　禋祀　實柴　槱燎 ………………………………………………… 100
　以脤膰之禮親兄弟之國 …………………………………………… 101
　五命賜則六命賜官 ………………………………………………… 101
　六瑞 ………………………………………………………………… 103
　天產作陰德地產作陽德 …………………………………………… 103
　〔小宗伯〕右社稷左宗廟 ………………………………………… 104
　四郊四望四類 ……………………………………………………… 105
　正室皆謂之門子 …………………………………………………… 106
　卜葬兆甫竁 ………………………………………………………… 107
　〔肆師〕序其祭祀及其祈珥　〔疏〕毛牲曰刉羽牲曰衈 ……… 107
　四時大甸獵祭表貉 ………………………………………………… 108
　〔鬱人〕掌祼器　詔祼將之儀與其節 …………………………… 109
　大祭祀與量人受舉斝之卒爵而飲之 ……………………………… 109
　〔鬯人〕共其釁鬯 ………………………………………………… 110
　〔司尊彝〕饋獻用兩壺尊 ………………………………………… 111

四時之間祀 ··· 112

　　鬱齊獻酌 〔注〕獻讀爲儀　凡酒脩酌 ······························ 112

禮説卷七 ·· 115

春官二 ·· 115

　　〔典瑞〕五采三采二采　圭璋璧琮 ······································ 115

　　〔典命〕諸侯適子誓於天子攝其君下其君禮一等未誓以皮帛繼子男 ·· 116

　　〔司服〕王祀昊天上帝大裘而冕 ··· 118

　　五冕 ·· 118

　　王爲公卿錫衰諸侯緦衰大夫士疑衰首服皆弁絰 ····················· 119

　　玄端素端 ··· 120

　　〔守祧〕廟祧 ·· 121

　　廟則有司修除祧則守祧黝堊 ·· 122

　　既祭藏其隋與其服 ··· 122

　　〔冢人〕以爵等爲丘封之度與其樹數 ···································· 124

　　蹕墓域 ··· 124

　　〔大司樂〕三大祭還宫無商 ··· 125

　　凡建國禁其淫聲過聲凶聲慢聲 ··· 126

　　〔樂師〕詔來瞽皋舞 ·· 127

　　〔小胥〕正樂縣之位王宫縣諸侯軒縣 ···································· 128

　　大夫判縣士特縣 ·· 128

　　〔大師〕教六詩風賦比興雅頌 ··· 129

　　執司律以聽軍聲詔吉凶 ·· 130

禮説卷八 ·· 131

春官三 ·· 131

　　〔瞽矇〕世奠繫鼓琴瑟 ··· 131

　　〔鍾師〕九夏 ·· 132

　　〔笙師〕舂牘應雅以教祴樂 ··· 133

　　〔鎛師〕掌金奏之鼓 ·· 134

　　凡軍之夜三鼜皆鼓之守鼜亦如之 ··· 134

〔籥章〕豳詩　不曰豳風 …………………………………… 135
〔太卜〕三兆 ……………………………………………… 136
〔卜師〕四兆 ……………………………………………… 137
〔龜人〕掌六龜之屬 ……………………………………… 137
〔占人〕四占 ……………………………………………… 138
〔筮人〕九筮 ……………………………………………… 139
〔占夢〕六夢 ……………………………………………… 141
〔眡祲〕十煇　煇 ………………………………………… 142
〔大祝〕六辭二曰命六曰誄 ……………………………… 144
衍祭　衍延通 …………………………………………… 146
享右祭祀　右祐侑宥通 ………………………………… 146
大祝小祝男巫女巫皆古祝由之術 ……………………… 147
九拜吉拜凶拜 …………………………………………… 147
九拜稽首頓首空首 ……………………………………… 148
九拜振動 ………………………………………………… 149
九拜肅拜褒拜 …………………………………………… 149

禮說卷九 ………………………………………………… 151

春官四 ……………………………………………………… 151
〔小祝〕及葬設道齎之奠 ………………………………… 151
〔甸祝〕禂牲禂馬 ………………………………………… 152
〔司巫〕共匰主 …………………………………………… 152
道布 ……………………………………………………… 153
蒩舘 ……………………………………………………… 154
祭祀守瘞 ………………………………………………… 155
巫降之禮 ………………………………………………… 155
〔男巫〕掌望祀旁招以茅 ………………………………… 156
〔女巫〕掌歲時祓除釁浴 ………………………………… 157
〔太史〕正歲年以序事 …………………………………… 157
閏月詔王居門終月 ……………………………………… 157
太史抱天時與太師同車　注太史主抱式 ……………… 159

·8· 禮說

〔保章氏〕以十有二歲之相觀天下之妖祥

　　以十有二風察天地之和命乖別之妖祥 …………………………… 159

〔內史〕掌八枋 ……………………………………………………………… 161

命諸侯公卿大夫則策命之王制祿則贊爲之以方出之 ………………… 162

〔巾車〕王之喪車五乘 ……………………………………………………… 163

駹車然襏髤飾 ………………………………………………………………… 164

孤乘夏篆　士乘棧車庶人乘役車 ………………………………………… 164

〔車僕〕苹車之萃輕車之萃 ………………………………………………… 165

〔司常〕九旗之物 …………………………………………………………… 165

〔都宗人〕掌都宗祀之禮凡都祭祀致福於國 …………………………… 165

禮說卷十 …………………………………………………………………… 167

夏官一 …………………………………………………………………………… 167

〔大司馬〕以九伐之法正邦國　眚　壇　殘　杜　減 ……………… 167

師帥執提旅帥執鼙 …………………………………………………………… 169

中夏教茇舍辨號名之用 ……………………………………………………… 169

帥以門名　鄉以州名 ………………………………………………………… 170

中秋教治兵辨旗物之用 ……………………………………………………… 170

中冬教大閱以旌爲左右和之門 …………………………………………… 172

獻禽以享烝 …………………………………………………………………… 172

及師大合軍 …………………………………………………………………… 174

大役與慮事屬其植受其要 …………………………………………………… 175

大祭祀饗食羞牲魚 …………………………………………………………… 175

〔司勳〕有功者祭於大烝 …………………………………………………… 176

〔馬質〕禁原蠶 ……………………………………………………………… 177

〔量人〕量市朝州塗軍社之所里 …………………………………………… 178

〔司爟〕四時變國火　焚萊有刑 ………………………………………… 179

〔司險〕設五溝五塗樹之林爲阻固 ………………………………………… 180

〔環人〕環四方之故 ………………………………………………………… 181

〔射人〕王射三容諸侯二容卿大夫士一容 ……………………………… 182

〔射鳥氏〕矢在侯高以並夾取之 …………………………………………… 182

〔司士〕詔王治以德詔爵以功詔禄以能詔事 …………………… 182
孤卿特揖大夫旅揖士旁三揖旋揖門左門右 …………………… 183
〔諸子〕掌國子之倅 ………………………………………………… 183

禮説卷十一 …………………………………………………………… 186
夏官二 ………………………………………………………………… 186
〔節服氏〕衮冕六人裘冕二人 …………………………………… 186
〔方相氏〕驅方良 ………………………………………………… 186
〔大僕〕建路鼓於大寢之門外以達窮者與遽令
　　　大僕任重冢宰兼官録以補周官之缺 ………………………… 187
〔隸僕〕掌五寢之掃除糞灑之事 ………………………………… 188
乘石 ………………………………………………………………… 189
〔弁師〕王之五冕延紐 …………………………………………… 190
王之皮弁會五采玉璂〔注〕璂讀如薄借綦之綦
　　〔附〕中庸仁者人也〔注〕人也如相人偶之人 ……………… 190
王之皮弁象邸玉笄 ………………………………………………… 191
〔司戈盾〕祋盾 …………………………………………………… 193
〔司弓矢〕椹質 …………………………………………………… 193
枉矢絜矢利火射 …………………………………………………… 194
〔大馭〕犯軷　祭軹祭軓 ………………………………………… 194
〔田僕〕設驅逆之車 ……………………………………………… 195
凡田王提馬而走諸侯晉大夫馳 …………………………………… 196
〔校人〕良馬駑馬之數　毛馬　物馬 …………………………… 196
〔廋人〕馬八尺以上爲龍 ………………………………………… 197
〔職方氏〕九州 …………………………………………………… 198
荊州其川江漢其浸潁湛 …………………………………………… 198
豫州其浸波溠 ……………………………………………………… 199
雍州其川涇汭 ……………………………………………………… 200
冀州其澤藪曰陽紆 ………………………………………………… 200
并州其川曰嘔夷 …………………………………………………… 201
〔形方氏〕丞離之地 ……………………………………………… 201

禮說卷十二 203

秋官一 203

〔大司寇〕禁民訟入束矢禁民獄入鈞金 203

〔小司寇〕三曰詢立君 204

上服下服之刑 205

〔士師〕五禁　注野有田律 206

四曰糾用諸國中五曰憲用諸都鄙 206

八成七曰爲邦偫 207

〔鄉士〕聽其獄訟　至　王會其期 208

〔訝士〕四方之有治於士者造焉 208

四方有亂獄則往而成之 209

〔朝士〕凡屬責者以其地傅而聽其辭 210

凡盜賊軍鄉邑及家人殺之無罪 210

〔司刺〕三刺 211

〔司約〕約劑　丹圖 212

〔司盟〕北面詔明神 213

盟萬民之犯命者詛其不信者 214

〔職金〕金版 215

國有大故而用金石則掌其令 215

〔司厲〕其奴男子入於罪隸女子入於舂槀 216

〔司圜〕罷民弗使冠飾而加明刑　〔注〕墨幪 . 217

〔夷隸〕掌與鳥言〔貉隸〕掌與獸言 218

〔野廬氏〕 219

横行徑逾 219

禮說卷十三 221

秋官二 221

〔雍氏〕春爲阱擭　注柞鄂 221

〔萍氏〕掌水禁幾酒 221

〔司烜氏〕以鑒取明水於月　中春修火禁 222

邦若屋誅則爲明竁 223

〔條狼氏〕誓馭曰車轢 ··· 224

誓大夫曰敢不關鞭五百 ··· 225

〔修閭氏〕掌比宿互櫃者守其閭互 ····························· 226

〔冥氏〕得獸獻其皮革齒須備　注備爪也 ················ 226

〔柞氏〕注柞除木之名讀爲屋笮之笮 ························· 227

〔薙氏〕殺草 ·· 227

〔硩蔟氏〕掌覆夭鳥之巢 ··· 228

〔翦氏〕除蠹莽草熏之 ·· 228

〔壺涿氏〕除水蟲〔赤犮氏〕除貍蟲 ························· 229

牡橭 ·· 230

〔銜枚氏〕注横銜之繣結於項 ····································· 230

禁歌哭於國中之道者 ·· 230

〔伊耆氏〕共王之齒杖　杖咸 ····································· 231

〔大行人〕秋覲以比邦國之功　會盟無常期 ············ 232

諸侯之禮立當前疾　疾當作矣 ·································· 233

六服 ·· 234

〔小行人〕合六幣 ·· 236

禮説卷十四 ·· 239

考工記 ·· 239

〔輪人〕牙也者以爲固抱也　注牙爲輮 ··················· 239

掣爾而纖　注掣讀爲箭 ·· 239

欲其眼也　掍誤爲眼 ·· 240

䡞蚤不齵則輪雖敝不匡　養陰齊陽則轂雖敝不藃 ··· 240

轂小而長則柞大而短則摯 ··· 240

凡揉牙外不廉 ·· 242

〔輪人〕爲蓋達常圍三寸桯圍倍之 ···························· 242

〔輈人〕輪直且無橈登陀緌其牛下陀緌其後 ··········· 242

輈欲頎典〔注〕馭車之輈率尺所一縛 ······················ 243

〔冶氏〕戈廣二寸内倍之胡三之援四之 ···················· 243

〔桃氏〕重九鋝 ··· 244

〔函人〕合甲 …………………………………………………………………… 244

〔鮑人〕急者先裂則是以博爲帴也 〔注〕帴當作㢃 …………………… 246

〔畫繢之事〕凡畫繢之事後素功 ………………………………………… 246

〔玉人〕天子用全上公用龍侯用瓚伯用將大圭長三尺杼上終葵首
　　　　榖　瑑　琬圭　介圭 ……………………………………………… 247

天子圭中必 〔注〕必讀如鹿車縪之縪 ………………………………… 248

瑑圭以頫聘 ………………………………………………………………… 248

案十有二寸棗栗十有二列諸侯純九大夫純五
　〔注〕聘禮曰勞以二竹簋方 …………………………………………… 249

〔矢人〕雖有疾風弗之能憚矣 …………………………………………… 249

〔㮚人〕器中膊 …………………………………………………………… 250

〔梓人〕大胸燿後　數目顧脰 …………………………………………… 250

〔廬人〕句兵欲無彈刺兵欲無蜎 ………………………………………… 250

〔匠人〕五室　明堂 ……………………………………………………… 251

殷人重屋 〔注〕復笮也 ………………………………………………… 252

几筵 ………………………………………………………………………… 252

廟門容大扃七個　扃《说文》作鼏非 ………………………………… 252

點校説明

惠士奇（1671-1741），字天牧，又字仲孺，晚年號半農，時人稱之爲紅豆先生，江蘇吴縣（今蘇州市）人。他與父親惠周惕、子惠棟，三世專注於經學研究，爲清初汉学中吴派經學的代表人物。

惠士奇幼承家學，弱冠爲諸生。他發奮苦讀，遍覽群籍，於九經、四史、《國語》、《國策》、《楚辭》之文，皆能諳誦。曾經背誦《史記·封禪書》，終篇不失一字，爲時人所稱道。康熙四十七年（1708），鄉試第一，越年舉進士。選庶吉士，授編修。後歷任侍讀學士，兩會試同考官，祭告炎帝陵、舜陵使臣，曾主湖廣鄉試。在任期間，惠士奇爲政清廉，頗有政聲。尤其是在督學廣東期間，宣導經學，獎掖後學，培養了何夢瑤等一大批青年才俊，《清史稿·文苑·何夢瑤傳》稱："惠士奇視學廣東，一以通經、學古爲教。夢瑤（何夢瑤）與同里勞孝輿、吴世忠，順德羅天尺、蘇珥、陳世和、陳海六，番禺吴秋一時並起，有'惠門八子'之目。"在惠士奇的倡導和帶動下，正統的儒家文化在粤地扎根發芽，当地人文風氣爲之一變。雍正初年，惠士奇因故被罰修鎮江城，以産盡停工削籍。乾隆初，再次被起用，爲侍讀，令撰《三禮》，後告歸。

惠士奇一生致力於學術研究，雖早年政務繁雜，而猶精研不輟。晚年於經學用力尤多，著述頗豐。對《易》、《春秋》、《周禮》、三《傳》、《大學》等都有深入、獨到的研究。研《易》專宗漢學，以象爲主；認爲《春秋》三傳，事莫詳於左氏，論莫正於穀梁，左氏得諸國史，公、穀得之師承。雖互有得失，不可偏廢；謂《禮經》出於屋壁，多古字古音，故古訓不可改。鄭康成注經，皆從古讀。漢遠於周，而唐更遠於漢，宜其説之而不能盡通，更何况宋以後。周、秦諸子，其文雖不盡雅馴，但都可引爲禮經之證，即因其接近古代，等等。著有《易説》六卷、《禮説》十四卷、《春秋説》十五卷、《大學説》一卷、《交食舉隅》三卷、《琴笛理數考》四卷等。惠士奇治经，注重實學，皆能搜集漢儒經説，徵引古代史料，加以解釋，極力矯正漢儒王弼以來空疏説經的弊病，方法較宋儒爲縝密，論多平允，頗具功力。羅檢秋在《從清代漢宋關係看今文經學的興起》中稱："開創吴派的惠氏三代惠周惕、惠士奇、惠棟，究心《易》學，旁及五經。他們尊從漢代經師，摒置宋儒注解。"

此外，惠士奇長於賦，工於詩。清聖祖嘗問廷臣誰工作賦，蔣廷錫以王頊齡，湯右曾推薦惠士奇。沈德潛曾稱讚惠士奇的詩歌"近唐人，以自然爲宗"，著有《紅豆齋詩文集》。

本次點校的《禮說》，便是惠士奇禮學研究的代表著作。該書不載《周禮》經文，僅標舉所考證辨駁問題，依經文《天官》《地官》《春官》《夏官》《秋官》《考工記》次序編排成文，並廣泛徵引文獻予以辨析。其中，《天官》二卷，《地官》三卷，《春官》四卷，《夏官》二卷，《秋官》二卷，《考工記》一卷，凡十四卷。通觀《禮說》全書，它既能體現出惠士奇一貫研究治學的態度和方法，也能體現出其治《禮》的個性。概而言之，主要有以下幾個特點：

第一，廣徵博采，持論有據。惠士奇秉承父教，勤奮讀書，博學廣涉。他在《禮說》的辨析論證中，不僅延續了歷代禮學大家"以經治經"、三禮學自身"本經互證""三禮互證""他經引證"的考據方式；並旁徵博引先秦兩漢以來經史子集相關文獻史料及小學典籍加以佐證，其持論於清代禮學家中最有根柢。粗略統計，《禮說》徵引各類典籍達兩百餘種。涵蓋了經史子集各類元典及其注疏、正義，歷代典制、學術雜記、字書詞書、神話傳說，等等。經類典籍如《詩經》《尚書》《周易》《儀禮》《禮記》《春秋》《左氏春秋》《公羊春秋》《穀梁春秋》《大戴禮》《孟子》等；諸子典籍如《莊子》《荀子》《淮南子》《管子》《墨子》《鶡冠子》《列子》等；史志典籍如《逸周書》《竹書》《戰國策》《國語》《吕氏春秋》《吴越春秋》《晏子春秋》《史記》《漢書》《晉志》《南齊志》《續漢書》《魏書》《隋志》等；文學作品如《郊祀歌》《說苑》《西京賦》《東京賦》《東征賦》《楚辭》《上林賦》《遷都賦》等；碑刻文獻如《隸釋》《耿勳碑》《北海相碑》《南陽都鄉正街彈碑》等；字書、詞書如《說文解字》《爾雅》《釋名》《方言》《廣雅》《集韻》《連語》《小爾雅》《字林》《埤雅》《字苑》等；歷代典制如《漢官典職》《漢官儀》《風俗通》《漢律》《元豐禮》《通典》《東京禮儀志》等；筆記、雜記如《雜俎》《涼州記》《涼州異物志》《山陽公載記》等；神話傳說如《穆天子傳》《山海經》，等等。在辨析過程中，惠士奇甚至還吸收了讖緯之說的有益成分，《禮緯》《文耀鉤》《孝經援神契》《元命苞》《春秋緯》《太玄》《春秋後語》等著作不時出現在《禮說》之中。

惠士奇《禮説》通過廣泛徵引文獻，對《周禮》中部分疑難問題進行反復辨析，考察禮制沿革，梳理變化軌迹，使之涣然冰釋。惠士奇严謹的治學態度和扎实的學術根柢在《禮説》中得到充分展示。《四庫全書提要》對《禮説》的學術水平和成就給予高度評价，稱："士奇此書，於古音、古字皆爲之分別疏通，使無疑似。復援引諸史百家之文，或以證明周制，或参考鄭氏所引之漢制以遞求周制，因各闡其制作之深意。在近時説《禮》之家，持論最有根柢。"

第二，借重小學，長於考據。小學典籍，尤其是漢代以《説文》《爾雅》《釋名》《方言》爲代表的小學類著作，較好地保留了先秦至汉代的訓詁成果，是詮釋經學典籍的可靠參考。惠士奇《禮説》，注重從小學入手，長於考據。如卷二對"三酒：一曰事，二曰昔，三曰清"的解説，便引用了《釋名》的解釋，並以鄭玄的注釋爲佐證。其文稱："《釋名》云：'事酒，有事而釀之酒也。'鄭云：'事酒，今之醳酒，皆新成也。'《釋名》'醳酒'，云'久釀酉澤'，似非新成。一名舊醳。鄭云：'舊醳，謂昔酒。'"從中可見，《釋名》將"事酒"解爲"有事而釀之酒也"，是一種臨時釀製的酒。而鄭玄稱"事酒"爲"今之醳酒，皆新成也"。兩者的解釋在"是新成"這一義項方面是一致的。但是，鄭玄注又稱"事酒"爲"今之醳酒"。而"醳酒"，《釋名》又認爲是"久釀酉澤"，似非新成。一名舊醳。而舊醳，鄭玄注以爲即"昔酒"。如此一來，《釋名》與鄭玄注的説法就出現了矛盾。孰是孰非？惠士奇在綜合分析後，得出結論："蓋醳酒有舊有新，舊爲昔酒，則新爲事酒矣。醳之言澤也。故醳一作澤。昔酒，今之酉久。"尤爲精彩的是在卷十一對古代馬的細緻分類中，惠士奇運用精練的訓詁方式給予馬相關的詞語下了准確的定義，其文稱："毛齊其色，物齊其力，馬飽爲馳，馬肥爲駥，馬盛爲驕，馬和爲騎，馬遲爲篤，馬疾爲驅，馬驟爲駛，馬馳爲騁，馬突爲騂，馬奔爲騀，馬驚爲駭，馬立爲駐，馬順爲馴，馬牽爲驟，馬衆爲驪，馬多爲駞，馬駿爲驁，馬逸爲驃，馬力爲駴，馬駁爲隋，馬駒爲裹，則所謂'戎事齊力'者，觀其文可以知其義矣。"文中運用"馬某爲某"的訓詁方式，用最簡潔的語言解釋和區分了二十一個與馬密切相關、意義區別細微的字詞，堪稱簡潔精到。

第三，解經釋文，以漢爲宗。惠氏三父子治經學，摒宋崇漢。《禮説》全書十四卷，據不完全統計，僅第一卷徵引文獻便達二百六十餘條。粗略算來，全書引文獻數千條。分析徵引文獻可見，基本上以漢代文獻爲宗，對漢以後文獻或者摒棄不用，或者作爲批評對象。細分起來，主要表現在以下幾個方面：

一、徵引小學文獻以漢代爲宗。惠士奇《禮説》徵引小學典籍十餘種，而以漢代小學典籍《説文》《爾雅》《釋名》《方言》爲主，其他小學典籍爲輔。

二、徵引經文注疏以漢代爲宗。一方面,《禮説》所徵引的經文注疏以漢代注疏爲准。《詩》用毛傳、鄭箋,《易》用虞翻注,《周禮》用鄭注、賈疏,《禮記》用鄭注、孔疏;另一方面,對漢以後的注釋多予以否定。如卷一對《書》"高宗諒陰"一事的辨析,肯定鄭玄注,對孔安國、何晏、杜預的注解予以否定。其文曰:"孔安國以高宗三年不言,故曲爲之説。曰:'諒,信也。陰,默也。'古訓兼音義,以信默訓諒陰,似失其音。何晏《集解》棄鄭取孔,杜預遵之。遂謂:'人君既葬,不居廬。'以此注《春秋》《左傳》,豈非《春秋》之罪人乎?"另如,對"枉矢"解説,肯定鄭玄注而否定干寶注。稱:"干注'英蕩及弧旌枉矢,吾取焉',云:'枉矢,象妖星。'非其義也。枉,謂枉直,蓋枉矢於弧。然八矢配六弓,枉矢居其首。康成云:'取名變星,飛行有光,若今飛矛矣。'則干説亦未爲得也。"

惠士奇對於漢人注釋,即使不同意其説法,也不輕易否定。如在卷十一中對軌與軹的解説,惠士奇稱:"軌,車轍。軹,小穿。本非一物,康成一之,亦必有説矣。"卷十四中對"幓"的解説,稱:"《集韻》幓讀爲剪,訓爲狹,説本鄭司農,亦無别據。"卷十四中對《考工記》"畫繪之事後素功"的辨析,稱:"《注》云:'素,白采也。後布之,爲其易漬汙也。'古者裳綉而衣繪,畫繪之事,代有師傳,秦廢之,而漢明復古。所謂'斑間賦白,疏密有章'。康成蓋目睹之,必非臆説。"從中可見,惠士奇認爲漢代注釋最爲近古,其解説自有其合理之處,即便是他不同意漢人注釋,也不會輕易否定。

第四,不泥成説,敢立異言。在治學方法上,前人對惠士奇的評價較高,認爲惠氏著作搜集漢儒經説,徵引古代史料,加以解釋,方法較宋儒爲縝密,但較拘泥。這種看法,多着眼於惠氏對漢代注疏的崇信,但仍有失公允。惠氏《禮説》,全書引徵極博而皆有本原。其謂"不讀非聖之書者,非善讀書",足見其博采善擇,不拘一家之窠臼。其辯論繁富而極有條理。在《禮説》中,他對前人的注釋包括漢代注疏的説法進行辨析,雖崇漢但不盲目跟隨,在不少地方對漢人的説法也提出異議。如卷四中,對戼、丣的關係進行辨析,認爲"《説文》非許氏之舊矣,俗本流傳,莫能正也。丣從田爲留,采地之名,因以爲氏。漢人改留爲劉,而有戼金刀之説。則戼丣之相亂也久矣。"惠士奇於漢儒中,對鄭玄最爲尊崇。但是,在辨析中,對不少鄭注進行否定。如卷五對《戰國策》"周有五庶子,皆愛之,而無適立也"解説,稱:"康成謂'磨者,適歷,執綍者名。或作磨,或作歷'。"惠士奇不同意這種説法,認爲鄭注"雖古文假借,音同者通,然得子失母,終非正義"。再如卷四"媒氏遷葬與嫁殤本兩事,康成一之。謂'生非夫婦,死既葬,遷之使相從如成人耶',則我未之前聞。如未成人耶,則曹孟德愛子沖死,爲聘甄氏亡女與合葬,是合葬非遷葬也。康成失之"。

第五,臧否難斷,並存其説。對於不少問題,前人各自爲説,莫衷一是。惠氏也難以判定是非,通常采取兼收並存的態度,羅列衆説,以備後考。如卷三中對"國中自七尺以及六十,野自六尺以及六十有五,皆征之"問題,惠士奇在廣泛引證的基礎上稱:"而《周官》六十五猶征,其不然必也。"又稱"十五受兵據野外,六十還兵據國中。此本康成之説,仍存以備考"。卷二對"井匽"的辨析,稱"或曰側音轉爲侯,井匽即渠堰,見《荀子》,蓋制水之具。司農所謂'受居潏水涑稾者也'。康成謂:'霤下之池,受畜水而流之者。'然以井爲漏井,則井匽分爲二,當考"。如卷六:"衈,《周禮》皆作珥。古文簡,假借多。《釋名》:'珥,耳也,言似人耳之在面旁也。'從申從血,後人所加,故《説文》不載。先鄭云:'珥,以牲頭祭也,'存之以備一説。"卷五:"許叔重曰:'漢制以六寸之符,分而相合,是漢因秦制也。'應劭曰:'竹使符長五寸。'《漢官儀》曰:'節柄長八尺,以旄牛尾爲毦,三重。'馮衍《與田邑書》所謂'八尺之竹,犛牛之尾'是也。或云七尺,兩存備考。"再如十一卷:"《爾雅》邸謂之柢。柢、棣皆從木,以氏、帝爲聲,實一字。棣者,笄之屬。則邸非簪而何?賈疏以爲弁頂則版也。似非。一説,弁皆有版,並存以備考。"

惠氏學有根柢,知識淵博。在《禮説》中,他廣泛引徵典籍進行辨析,這是其長處。但正是由於其學識淵博,他在徵引文獻時常是隨口吟詠,信手拈來,多存在書名不確、引文不全、斷章取義等問題。其論斷也多有武斷臆説之處,主要有以下幾個方面:

第一,文獻徵引有失規範。一方面,所引書名稱謂隨意。如稱《春秋元命苞》爲《元命苞》,稱《太平御覽》爲《御覽》,稱《太玄經》爲《太元》;題目不統一,時而爲書名,時而爲篇名。如《詩》《書》《易》《禮》爲書名;《軍禮》(《孔叢子·問軍禮》)、《詮言訓》(《淮南子·詮言訓》)、《大匡》(《管子·大匡》)爲篇名。另一方面,《禮説》引文較爲隨意,存在引文不全、臆改原文等現象。如卷六引《周書》曰:"天道尚右,武禮右還,順天以利兵。地道尚左,吉禮左還,順地以利本。"此句語出《逸周書·武順解》,原文爲:"天道尚右,日月西移。地道尚左,水道東流。人道尚中,耳目役心。吉禮左還,順地以利本;武禮右還,順天以利兵。"卷十一引《聘記》:"釋軷,祭酒脯,乃飲酒於其側。"此句語出《儀禮·聘禮》,原文爲:"出祖釋軷,祭酒脯,乃飲酒於其側。"卷十三引《射禮》:"司馬與司射交於階前,相左。"此句語出《儀禮·鄉射禮》,原文爲:"司馬適堂西,祖執弓,由其位南,進;與司射交於階前,相左。"

第二,部分論說過於武斷。《禮說》中,惠士奇在廣泛徵引文獻和反復辯駁的基礎上,對不少問題提出不同看法。其中部分論說,過於武斷。如在《天官·小宰》中,指出《周官》干寶注已亡,劉昭注《漢志》間引其語。其中,解《秋官》"夜士",云若今"都候"之屬。解《天官》"少宰",云若"禦史中丞"。惠士奇認爲左右都候,主劍戟士,徼循宮,以況夜士可也。而少宰全不類中丞,特以其在殿中密舉非法,有似小宰,掌王宮之糾禁,遂以中丞當之。並由此斷定對於"夜士""少宰"的解釋決非康成之語,其爲干注無疑,今皆雜於鄭注。進而批評賈公彥之無識。又如《天官·宰夫》中稱:"《地官·質人》:'凡治質劑者,國中十旬,郊二旬,野三旬,都三月,邦國朞。期內聽,期外不聽,所以絶民之爭訟,且息文書也。'"惠士奇武斷地認爲"故邦國雖遙,以朞爲斷,安得有百年不決之案乎?"其論說過於理想化,不切乎實際。

總之,《禮說》一書,以《周禮》中多有爭議的諸多問題爲條目,廣泛徵引經史子集類典籍及其注疏加以論證辨析,對一些學界的成說定論提出異議,使不少疑難問題得以明朗。雖然存在一些瑕疵,但其成就不容低估。《四庫全書提要》稱:"在近時說《禮》之家,其持論最有根柢。……然統觀全書,徵引博而皆有本原,辨論繁而悉有條理,百瑜一瑕,終不能廢其所長也。"即便是今天我們開展《周禮》研究,《禮說》也是一本頗具啟發意義的著作。因而,開展《禮說》點校工作,其意義和價值毋庸贅言,這也是我們點校此書的初衷所在。

《禮說》版本問題。目前主要版本有:文淵閣四庫全書本(下文簡稱"四庫本"),十四卷,現有臺灣商務印書館影印本;清嘉慶二年蘭陔書屋刊本(下文簡稱"嘉慶二年本"),十四卷,江聲撰序並校勘;皇清經解本(下文簡稱"經解本"),十四卷;紅豆齋刻本,十四卷。四庫本,僅標卷數,通篇無標題,版本校勘不精,文中多有次序顛倒、文字訛誤之處;嘉慶二年本,次序準確,校勘精細,且每段擬定標題,行文次序井然,版本精良。如卷二,嘉慶二年本"酏食糝食"在前,"醯醬一物"在後;四庫本"醯醬一物"在前,"酏食糝食"在後。嘉慶二年本"出其度量淳制"在前,"蠱於北郊"在後;四庫本"蠱於北郊"在前,"出其度量淳制"在後。再如嘉慶二年本"〔稾人〕稾爲犒"在前,"外內朝"在後;四庫本"外內朝"在前,"〔稾人〕稾爲犒"在後。四庫本卷八"〔大祝〕六辭二曰命六曰誄"一條,錯置於卷九"太史抱天時與太師同車 注太史主抱式"一條後。四庫本《職方氏》五州的次序爲"荆州、冀州、雍州、并州、豫州";嘉慶二年本五州的次序爲"荆州、豫州、雍州、冀州、并州"。按照《周禮》提及的五州順序應爲：荆州、豫州、雍州、冀州、並州。現依《周禮》次序進行調整。再如卷十一，四庫本"〔職方氏〕九州"中"汧縣，汧水出西北，芮水亦出西北"一段錯置於"雍州其川涇汭"一條後；四庫本將"〔司巫〕共匶主"一條錯置於"巫降之禮"之後；四庫本"命諸侯公卿大夫則策命之王制禄則贊爲之以方出之"一條錯置於"〔内史〕掌八枋"之前；四庫本"〔訝士〕四方之有治於士者造焉"，錯置於"八成七曰爲邦偝"之後；四庫本"几筵"，錯置於"殷人重屋 〔注〕復笮也"一條前，等等。与嘉慶二年本相比，四庫本次序顛倒、文字訛誤之處頗多，在此不一一詳舉。

本次點校整理《禮説》一書，以嘉慶二年本爲底本，以臺灣商務印書館影印《文淵閣四庫全書》本（第一〇一册）、皇清經解本和紅豆齋刻本爲參考，據此加以標點校勘。對於本次點校，還有以下幾項需要説明如下：

一、標題。嘉慶二年蘭陔書屋刊本，篇卷眉目清晰，每段文字冠以小標題。爲方便閲讀與查找，點校本以此本爲底本，采用其擬定的小標題。

二、順序。四庫本與嘉慶二年本在文序方面，多有不合之處。點校本以《周禮》原文及經解本加以考訂，發現四庫本存在多處文序錯亂現象，而嘉慶二年本文序井然，點校本在文序方面以嘉慶二年本爲標準。

三、提要。點校本雖以嘉慶二年本爲底本，但四庫本有《提要》一篇，對《禮説》做了較爲系統的分析評价，對讀者學習了解《禮説》多有裨益，故點校本將《提要》置於《重刻礼説叙》之後，正文之前。

四、引文標點。書中引文的標點，從文獻學要求考慮，凡屬於徵引的文獻，與原文一致者，標注冒號、引號；對引文文字有所删節的情況，如文字删節規模較大，但又不影響《疏》文原意者，則加附校記予以説明或者標注出引文原文，一般不對原本文字做文字增删，亦不標注省略號等標點符號；但倘若文字出入較少者，或者影響《疏》文文意理解者，則根據相關文獻逐一予以删補更正。

五、異體字。書中異體字、生僻字較多。文中大量異體字並用，如"遊"與"遊"、"蓋"與"蓋"、"㠯"與"以"、"竒"與"奇"、"亾"與"亡"、"撜"與"拜"、"葵"與"葬"、"賛"與"贊"、"眡"與"視"、"鼏"與"鼎"、"寬"與"魂"、"䭫"與"稽"、"按"與"案"等，這給讀者閲讀辨識帶來不便，本次點校整理，原書中的舊字形原則上改爲新字形，異體字、俗體字除必要的保留外，儘量改爲標準繁體字。對原書中明顯的錯别字，則通過確實的文獻依據進行了審慎的校改。

六、凡《禮説》援引通行古籍文獻文字有明顯脱衍、錯訛者，點校中雖出校記，但不逐一説明參校文獻通行本版本情况。

七、撰者所加案語"愚案""愚按"之後加"："予以標示。撰者所引用觀點未有明確出處的，如説者以爲之後以"："標示。如卷一："説者以爲：築者，規固而有之，又置官司以守之，不與民同利。"另如引用各代典制以"：『』"標示，如卷一："魯國之法：『贖人臣妾於諸侯者，皆取金於府。』"

八、原書徵引文獻多有引文不全、標示出處不確之例子，點校過程中，以注釋的形式予以説明。

九、在論述過程中，原書不少地方運用了自注的形式對某些問題進行解釋或者補充説明，在點校本中用"【】"進行標示。如《天官·太宰》"九職任民"："《周書·大聚》曰："春發枯槁，夏發葉榮。【葉榮，《淮南》作果蓏。】"其中"葉榮，《淮南》作果蓏"便是惠氏的自注，文中以"【】"進行標示。

最後，由於個人學識所限，加之時間倉促，校點過程中疏漏訛誤之處在所難免，敬請方家讀者批評指正！

重刻禮説叙

　　經學之盛，莫盛於兩漢。於時承秦滅學之後，群經稍稍踵出，學者咸知珍重，競相傳習，寖傳寖廣，經各數家，既而並立學官，置博士，課弟子員，森列如林。故司馬班范之書，皆有儒林之目。三國獒争，干戈擾攘。然而，北海鄭公，門徒猶盛，講學不輟，爲世所宗。魏晉六朝，學雖漸微，苟當革命改物，創制顯庸。禮官禮議，恒循舊説，大率宗鄭者居多。唐貞觀中，欲求一是，屏斥諸家而衡鑑爽志，不免去苗存莠。幸而《詩》《禮》《公羊》取毛鄭何休，漢學猶有存也。洎乎宋代，内而宰輔，外而將率，不乏英賢。而從事六藝者，盡廢舊説，而摘肬解甚且曹魄藝文，哆談性命，自謂得先聖之心傳，而流俗從而和之。降及元明，率皆拾其唾余，以滋詿誤，繇是經誼晦蝕，六百年於兹矣。

　　天佑大清，重開景運。山嶽之靈鐘於惠氏，基始於朴闇先生。一傳而硯谿先生，著有《詩説》。再傳而半農先生，著《易説》《禮説》《春秋説》三傳。而松崖先生，著作等身，而《周易述》尤爲精粹。聲幸得親炙松崖先生，猶睹三世之著述，皆淵博典核，融洽漢經師之説而通貫乎群經，洵爲後學津梁也。今《禮説》版壞，舊印廖廖，學者求而罕得。於是，彭君純甫捐資重梓以廣其傳，甚盛事也。介吴君某愚而屬叙於余，余大甚其嘉惠來學之功，喜而爲之叙。嘉慶三年歲在著雝，敦牂閏餘月乙未朔粤十日甲辰小門生江聲謹譔。

提 要①

臣等謹案：《禮説》，十四卷，國朝惠士奇撰。士奇，號半農，長洲人。康熙己丑進士，官至翰林院侍講。是編不載《周禮》經文，惟標舉其有所考證辨駁者，各爲之説，依經文次序編之。凡《天官》二卷，計六十一條；《地官》三卷，計六十三條；《春官》四卷，計九十五條；《夏官》二卷，計六十一條；《秋官》二卷，亦六十一條。《考工記》一卷，計四十條。古聖王經世之道莫切於禮，然必悉其名物而後可求其制度，得其制度而後可語其精微。猶之治《春秋》者，不核當日之事實，即不能明聖人之褒貶。故説《禮》則必以鄭氏爲宗，亦猶説《春秋》者必以左氏爲本。鄭氏之時去周已遠，所注《周禮》多比擬漢制以明之。今去漢末復閱千六百年，鄭氏所謂猶今某物、某事、某官者，又多不解爲何語。而當日經師訓詁，輾轉流傳，亦往往形聲並異，不可以今音、今字推求。士奇此書，於古音、古字皆爲之分别疏通，使無疑似。復援引諸史百家之文，或以證明周制，或參考鄭氏所引之漢制以遡求周制，因各闡其制作之深意。在近時説《禮》之家，其持論最有根柢。其中如因巫降之禮，遂謂"漢師丹之使巫下神爲非惑左道"；因貍首之射，遂謂"周萇弘之射諸侯爲非依物怪"；因庶氏攻説翦氏攻禜，遂謂"段成式所記西域木天壇法禳蟲爲周之遺術"，皆不免拘泥古義，曲爲之詞。又如因含玉而引及餐玉之法，則失之蔓衍；因《左傳》稱"仍叔之子爲弱"，遂據以斷"犁牛之子爲犢"，亦失之附會。至於引《墨子》以證司盟之詛，並以證《春秋》之觀社，不過取其去古未遠，可資旁證。乃謂"不讀非聖之書者，非善讀書"，則詞不達意。欲矯空談之弊，不知其激而涉於偏矣。然統觀全書，徵引博而皆有本原，辨論繁而悉有條理，百瑜一瑕，終不能廢其所長也。

---

① 即《四庫全書總目·禮説》。

禮 說

乾隆四十二年六月恭校上
總纂官【臣】紀昀【臣】陸錫熊【臣】孫士毅
總校官【臣】陸費墀

禮説卷一

東吴　半農　惠士奇

天官一

建國立極邦之六典

《詩》曰："商邑翼翼，四方之極。"言商之建國翼翼然，乃四方之中正也。惟王建極以立國，設六官，分六職，以爲民極。極者，度也，中也。天生民而予之度：布指知寸，布手知尺，舒肘知尋。聖人因之而制其數，權輕重、量大小以立度，明本末、建終始以立中，是爲極，亦曰典。天道、地道、人道，爲三極。上天、下地、中有四時，爲六典。《詩》曰："立我烝民，莫匪爾極。"是民立於極也。《書》曰："惟天監下民，典厥義。"是民生於典也。不協於極者，皇亦受之，則不能者勸。不廸率典者，天乃棄之，則爲惡者懲。皇建謂之極，天叙謂之典。錫汝極，所以遵王道。守爾典，所以承天休。因此，三極立爲六典。典，常也，法也。天有常性，人有常順，好惡生變，變習生常，民乃有古。政維今，法維古，六典皆古也。治典立而萬民服，教典立而萬民淑，禮典立而萬民睦，政典立而萬民畜，刑典立而萬民肅，事典立而萬民足。室家以盈，婦子以寧，禮俗以成，風化以淳，天下和平，是謂民極。非中不立，有典有則，子孫服習，民乃不忒。異類咸格，鳥獸仁德。《詩》曰"維清緝熙，文王之典""儀式刑文王之典，日靖四方"。然則，大宰所建者，文王之典也。式典者，用之常；惇典者，行之篤；敬典者，秉之虔。弗式、弗惇、弗敬，而六典息矣。

〔大宰〕禮俗以馭其民

大宰以八則治都鄙，六曰禮俗，以馭其民。康成以舊所行者昏姻、喪紀爲禮俗。愚案：《士昏禮》有辭，辭曰："某有先人之禮。"《覲禮》侯氏前朝有戒，戒曰："伯父帥乃初事。"先人之禮者，家之先典。帥乃初事者，國之故事。蓋行禮順先典，循故事，所謂禮俗也。百里不同風，千里不同俗。俗不同而一之以禮，則無不同。《鶡冠子》曰："田不因地不能成谷，化不因民不能成俗。"又曰："勿損勿益，幼少隨足，以從師俗。言天命者性，師教者習，因習而俗成焉。"《荀子》曰："聖人明知之，士君子安行之，官人以爲守，百姓以成俗。"《淮南子》曰："行齊於俗，可隨也。事周於能，易爲也。矜僞以惑世，伉行以違衆，聖人不以爲民俗。"《晏子》曰："汩常移質，習俗移性，不可不慎也。"又曰："嬰之家俗有三。"及病將死，謂其妻曰："吾恐死而俗變，謹視爾家，毋變爾俗。"乃鑿楹納書以爲楹語。此晏子之家俗也。當時稱爲賢大夫。《管子》曰："藏於官則爲法，施於國則成俗，有一體之治者，去奇説，禁雕俗也。朝有經臣，國有經俗，民有經產。明君在上，俗無異禮①。變更自爲，易國之成俗者，命之曰不牧之民。"由此觀之，有一家之俗，有一國之俗，有天下之俗。一家之俗，大夫主之；一國之俗，諸侯主之；天下之俗，天子主之，而皆以一人爲轉移。故天下、國家、遠近、大小雖殊，莫不有祖宗家法。顛覆典型，紛更約束，子孫不法祖宗，而俗敗矣。《書》曰："商俗靡靡，利口惟賢，餘風未殄。"商之俗，成湯作之於前，聖君哲相成之於後，猶若不足。而兢兢以巫風、滛風②、亂風，家必喪，國必亡。爲訓及受之身，一人敗之而有餘。蓋作之難，成之難，敗之甚易若此。有周代商，既歷三紀。世變風移，而靡靡之俗尚未盡革也。敗之甚易，變之甚難，又若此。故曰："敗常亂俗，三細不宥。"言罪雖小，亂俗者必誅。所謂"禮俗以馭其民也"，可不慎哉！

九職任民

疏材所以配九穀，閑民所以輔三農。《黃帝內經》："五穀爲養，五果爲助，五菜爲充。"《魯語》："列山氏之子曰柱，能殖百穀、百蔬。"《曲禮》："稻曰嘉蔬。"《注》云："菰，蔬之屬。"《詮言訓》③"菰飯犓牛"，《豳風·叔苴傳》云："苴，麻子。"則菰、麻，皆疏材。《家語》"含以疏米"，《注》云："疏，粳米。"是穀亦名疏也。《越絕書》："甲貨曰粢，爲上物。乙貨曰黍，爲中物。丙貨曰赤豆，爲下物。丁貨曰稻粟，爲上種。戊貨曰麥，爲中種。己貨曰大豆，爲下種。庚貨曰穬，辛貨曰果，皆比疏食。"楊泉《物理論》曰："黍稷曰粱，粳曰稻，豆曰菽。"

---

① 摘引斷句有誤，原文爲："明君在上位，民毋敢立私議自貴者。國毋怪嚴，毋雜俗，毋異禮。"
② 《尚書·伊訓》作"淫風"。
③ 即《淮南子·詮言訓》。

三者各二十。蔬果助穀，各二十，曰百穀。"《書》"艱食"，一作"根食"。馬融曰："根生之食，蓋謂百谷也。"揚雄《太元》曰："止於童木，求其疏穀。"則疏亦名穀矣。古無奴婢，有臣妾。《易·遯》九三："畜臣妾，吉。"《旅》六二："得童僕，貞。"左氏謂之"皂隸輿臺"，《公羊》謂之"廝役扈養"。凡爲菹、爲糁、爲薪，皆臣妾聚斂以獻皇祖，介眉壽，食農夫。《周書·大聚》曰："春發枯槁，夏發葉榮，【葉榮，《淮南》作果蓏。】秋發實蔬，冬發薪烝，皆臣妾之職也。"而後世以爲利者，乃與用事童僕趨時①，任桀黠奴以逐利。而千樹棗，千樹栗，千樹橘，千畦薑韭，至比千戶侯。陽華之芸，雲夢之芹，具區之菁，菜之美者，名曰土英。則疏材之利，倍於九穀矣。《魏風·園有桃》言"疏材不足以富國也"。《管子》以瓜瓠、葷菜、百果不備爲國之貧，豈其然乎？《小司徒》："上地，家七人，可任也者家三人。"則一家四人爲閑。"中地，家六人，可任也者二家五人"，則二家七人爲閑。"下地，家五人，可任也者家二人"，則一家三人爲閑。閑，猶餘也，羨也。夫曰餘，卒曰羨，民曰閑。《書》曰"厥民析""厥民因"。子弟居室，父兄在田，謂之析；父兄赴功，子弟畢作，謂之因。《詩》云："侯亞侯旅，侯彊侯以。"亞，仲叔。旅，子弟。皆閑民也。彊，謂勸相以能左右之。長者規，少者隨，尊者令，卑者聽，所謂"民無常職，轉移執事也"。國無閑民，則國擾。家無閑民，則家索。野無閑民，則野荒。九職以三農冠其首，以閑民殿其終，誠重之也。商鞅相秦，民有二男以上不分異者，倍其賦。蓋無閑民自此始，無閑民而有游民亦自此始。先王重農兼重工商，農攻粟，工攻器，賈攻貨。三者，國之三官。周之東也，百工喪職，蓋九職不行久矣。子朝之亂也，百工皆叛。【杜注謂"百官"，非也。】盟平宮，伐東圉，久之乃平。鄭之遷也，與商人俱。秦師襲鄭，犒而退之。韓起買環，賈成必告，弗敢專也。周之工，鄭之商，其以國升降乎？八材者：醫無閭之珣玗琪，會稽之竹箭，梁山之犀象，華山之金石，霍山之珠玉，昆侖之璆琳琅玕，幽都之筋角，斥山之文皮，是爲八材。穀梁子曰："古者，公田爲居，井竈蔥韭盡取焉。"范氏云："損其廬舍，家作一園，以種五菜。外樹楸桑，以備養生送死。"所謂"園圃毓草木者"蓋如此。而山澤之材，則與民共之者也。潤濕不穀，樹之莞蒲。磽石不穀，樹之葛藟。而山有林麓，澤有魚鹽，恐民之有爭心也。於是設虞衡，列其禁，平其守，如是而已。《春秋》莊公二十有八年，築微；三十有一年，築郎、築薛、築秦；成公十有八年，築鹿囿。說者以爲：築者，規固而有之，又置官司以守之，不與民同利。然則，山林藪澤，虞之正也，築之非正也。故謹而志

---

① 語出《史記·貨殖列傳》，原文爲："與用事僮僕同苦樂，趨時若猛獸摯鳥之發。"

之，戒專利也。澤處者漁，山處者木，谷處者牧。《載師》："遠郊有牧田，而閩隸養鳥，貉隸養獸，能通鳥獸之言，阜蕃教擾之。"自伯益佐舜調馴鳥獸，而周宣王時，有梁鴛者，佐牧正之官，善於其職，虎狼鵰鶚，無不柔馴。異類雜居，不相搏噬。孳尾成群，蓋順其性。取之時，用之節，鳥不獝，獸不狘。君子讀鴛鴦之詩①，而知養蕃之有道焉。典絲受良功，典枲受苦功。絲曰良，枲曰苦。而典婦功，則兼絲枲，而辨其良苦，以授嬪婦，使化治之。民間繞屋桑麻，春蠶秋績。春無游女，秋無嬾婦。及周之衰，婦無公事，休其蠶織。南方之原，不績其麻。其端自上及下，蓋哲婦傾城，而嬪婦之職廢矣。司空居四民，冢宰分九職。四民有士，而九職獨無，何也？古者士出於農。《詩》云："悉我髦士。"士農之分也，其始於管仲之治齊乎？《酒誥》"牽車牛"，是農而賈也；《春秋》"作丘甲"，是農而工也。《酒誥》，在九職未分之前。《春秋》，在九職不行之後。此九者，皆養民之本，而以正其德，以利其用，以厚其生。蓋此水火金木土穀六者，惟修而善，政盡在是矣。故任之為九職，敘之為九功。【魯國之法：『贖人臣妾於諸侯者，皆取金於府。』並見《呂覽》《家語》。故知古之臣妾，即今之奴婢。】園圃，廬舍也。嬪婦，室家也。閒民，子弟也。臣妾，奴婢也。虞衡藪牧器用之資與其皮毛筋角，則商通之而工度之者也。職有九，民惟三。三官理，九職舉。【《呂覽·上農篇》云："凡民自七尺以上，屬諸三官。"謂農、工、賈。《左傳》哀十七年，衛莊公使三匠久、司徒期等，遂因三匠以作亂。昭二十二年，王室之亂亦因百工。故王孫賈曰："苟衛國有難，工商未嘗不為患。"杜注以"百工"為"百官"，誤矣。】三官棄，九職廢。【三官，亦曰三老。服虔云："三老者，工老、商老、農老。"《周書》曰："大工賦事，大商行賄，大農假貸。"《六韜》曰："大農、大工、大商，謂之三寶。農一其鄉，則穀足；工一其鄉，則器足；商一其鄉，則貨足。無亂其鄉，無亂其俗。"庚貨曰穅，謂穅麥也。陶隱居《本草》以為是今馬食者，潘岳《汧督誄》所謂"焚穅火薰之"是也。】晉士會稱楚莊之霸也，曰："商、農、工、賈，不敗其業。"楚子囊美晉悼之賢，亦曰："商工不遷業，庶人力於農。"則九職尤重三官也。董安於治晉陽，尹鐸繼之，當時以晉陽為保鄣。及知伯將伐趙，趙襄子往晉陽，而城郭不治。襄子懼。張孟談曰："吾聞良吏之治，務修其教，不治城郭。君其出令，令民有奇人者，使治城郭之繕。"奇，餘也，謂閒民。出令甫五日，而城郭已治矣。然則，閒民曷可少哉？魯三家分其國之民，而各有其一。季氏盡徵之；叔孫氏臣其子

---

① 蓋指《詩經·鄭風·山有扶蘇》，原詩有"鴛鴦於飛，畢之羅之。君子萬年，福祿宜之。鴛鴦在梁，戢其左翼。君子萬年，宜其遐福"之句。

弟；孟氏則若子若弟，取其半焉。子弟謂閑民，臣謂共官。力役，若今之丁。《載師》所謂"民無職事者，出夫家之徵也"。康成以爲僦，誤矣。【《荀子》曰："農精於田而不可以爲田師，賈精於市而不可以爲賈師，工精於器而不可以爲工師。有人也，不能此三技，而可使治三官，曰精於道者也。"《氾勝之書》以稻、米、黍、麻、秋、小麥、大麥、小豆、大豆爲九穀。禮：『有死於宮中者，三月不舉祭。』馬融云："哀傷臣僕，缺一時之祭。"然則，士以下爲臣妾，服緦歟？】《管子·君臣篇》有中民，有小民。順中民以行，順小民以務，則國豐。審天時，物地生，以輯民力，禁淫務，勸農功，以職其無事，則小民治。人有中曰參。中民，三農也。小民無事爲閑。三農者，上農、中農、下農也。《揆度篇》曰："上農挾五，中農挾四，下農挾三。"《小司徒》上地、中地、下地，分爲三者以此。若夫絺紵徵於山農，草貢徵於澤農，齒角羽翮徵於山澤之農，以當邦賦，皆虞衡所作之材也。亦名爲農，而以山澤別之。故曰："虞不離津澤，農不去疇土，各守其職，而萬民諧。"漢永平初，禁民二業。居巢侯劉般上言："官禁二業，田者不漁。今濱江湖郡民多漁採以資口實。冬春閑月不妨農事，且漁獵之利爲田除害，有助穀食，非二業也。"帝從之，遂弛其禁。然則，九職雖分，蓋通功易事者歟？

九兩繫民

文王以七屬官人，周公以九兩繫民。繫，猶屬也。《大戴禮》"七屬"曰："國則任貴，官則任長，學則任師，先則任賢，族則任宗，家則任主，鄉則任貞。"蓋牧以地得民，故國則任貴。牧者，一州之貴也。長以貴得民，故官則任長。長者，六官之長也。若夫無地而爲君，無官而爲長，則有師儒在朝，則美政；在下，則美俗。近者樂之，遠者趨之，四海之内若一家。通達之屬，莫不從服。此非得民之神者歟？以賢得民者師，以道得民者儒。父兄在焉，子弟從之。故曰："地從城，城從民，民從賢。"得城則得地，得民則得城，得賢則得民焉。庶姓別於上，則有族；族人不戚君，則有宗。翼九宗，逆晉侯，遂四族，殲齊戍，皆宗以族得民者也。族繁則渙，族盛則強，是故立大宗以糾合之，檢彈之，使一族愛而親，敬而尊。由是，老窮不遺，桀黠者不敢爲非。故人人各宗其宗，而天下治。所謂"族則任宗，宗以族得民"者蓋如此。降及春秋，族不任宗，宗不收族，故晉有桓莊之偪，宋有戴桓之亂，鄭有駟良之爭，而宗法壞矣。大夫不稱君謂之主，臣無有作福謂之利。利者，和也，故義和爲利。利者，養也，故祭告利成。所謂"家則任主，主以利得民者"。家施不及國，大夫不收公利，俾都家各養其民，而和之以義也。不然，牛馬維婁，委已者也，而柔焉。【委，猶飼也。】鄭之罕、宋之樂，民歸之矣。居人臣之位，而違道結民心，害於而家，何利之有？若夫三代之興，邦家有社稷；兩漢之盛，牧守有子孫。則吏治不可不講也。不煩之吏有似於迂，日計不足，月計有餘，所謂"鄉則任貞吏以治得民者"，蓋如此。此文王官人，以七屬任之之法。周公又分七屬爲九兩者。談説不稱師爲倍，獨學而無友爲孤。而川衡、林衡、山虞、澤虞，皆國之藪。民共之，而吏掌之者。故有師以賢得民，自有友以任得民；有吏以治得民，自有藪以富得民，則九兩包於七屬也。任爲六行，賓興於鄉里。富爲五福，敷錫於庶民。降及秦漢，任變爲俠，富成於姦，故匹夫有百里之譽，千里之交，橫行於天下。而上無禁利，下有貪民，鹽井丹穴皆擅而據之。坊民弗嚴，末流必潰，先王知之。故道義有切磋之友，統以師儒。川澤有虞衡之官，束於吏治。則任不流爲俠，富不犯於姦矣。朱游少通輕俠，及從師受經，卒爲名臣。龔少卿、召翁卿之爲吏也，所居民富，郡有畜積。此其驗也。先王立政必先得民，得民之道，不出七屬。有天下國家者，宜留意焉。【以九兩繫邦國之民。繫，猶綴也。綴與贅通。《詩》曰："具贅卒荒。"《傳》云："贅，屬也。"《箋》云："繫，屬。"《孟子》："屬其耆老。"《書傳》云："贅其耆老。"是贅猶屬也，屬猶繫也。故知《大戴》"七屬"，即《天官》"九兩"。】《詩》曰："爲下國綴旒。"綴旒者，所以繫邦國也。周自平王東遷，威德不加於四海。由是，九兩廢而邦國之民不復繫於京師矣。

象　魏

宫之中門曰雉門，門之側東西有堂謂之辟，門之外左右有樓謂之觀，總名爲闕。秦漢闕外有桴思，今之樓，古之觀也。觀謂之闕，罘罳謂之屏。正歲，五官縣象魏於其上。象魏者，治象、教象、政象、刑象、事象，所謂"天垂象，聖人象之"者也。六典既建，五象斯彰，以揚大烈，以覲耿光，無息無荒，不愆不忘，萬民仰觀，挾日乃藏。因縣之於闕，遂以象魏名其闕焉。於卦爲《觀》，下體《坤》爲民，上體《巽》爲命，互體《艮》爲闕。命縣於闕，萬民觀焉。兩觀之名，蓋取之此，中正以觀天下者也。禮典不縣者，天有常象，地有常形，人有常禮，一設而不更，是爲三常。三常立而五象出焉。然則，禮在五象中，别無禮象故也。秦漢，兩觀不設，五象不縣，徒立巨闕以應天宿，失其義矣。《禮運》："仲尼與於蜡賓。出遊於觀之上，喟然而歎。"蜡賓者，臘祭先祖。祭必有賓，群臣助祭，亦曰賓。廟在中門外之左，祭畢出廟門至中門，即縣象魏之處。周禮在魯，大道不行，舊章雖存，人亡政息。故孔子過之而歎歟？【《左傳・莊二十一年》："鄭伯享王於闕西辟，"杜注云："闕，象魏也。"愚謂：西辟者，門側之堂。言西，則有東可知。《明堂位注》云："屏謂之樹，今桴思也。刻雲氣蟲獸，如今闕上爲之。"《匠人注》云："城隅，謂角桴思也。"孔疏云："桴思，小樓也。城隅、闕上皆有之。屏上亦爲屋，以覆屏牆。"愚案：桴思，一作罘罳。説者以爲即招魂之網戶，不知其名，本起於樓。《釋名》曰："樓，謂牖戶之間有射孔，樓樓然也。"牖戶之孔，狀若網羅之目，故曰罘罳。望之樓樓然，其名起於此。漢闕畫雲獸。梁天監七年，鐫石爲闕，奇禽異羽畢備，非古也。】

挾日

《禮》曰"挾日"，《傳》曰"浹辰"。周之正月，魏闕挾日而斂五象。成之九年，楚人浹辰而克三都。《正義》云："浹，周匝也。"從甲至癸爲十日，從子至亥爲十二辰。浹辰者，子亥之辰一匝。挾日者，甲癸之日一周。古挾、浹通。《詩》曰："使不挾四方。"毛傳云："挾，達也。"謂方皇周浹於天下，故曰達，於卦爲《蠱》、爲《巽》。《蠱》象先甲後甲，《巽》五先庚後庚。《易林》乾主甲，震主庚。虞翻云："乾成於甲，蠱變成乾。震成於庚，巽變成震。"陰陽，天地之始終也。挾謂之雜，雜謂之匝。三王之道，如矩之三雜，規之三雜，終而復始，循環無端。《呂氏春秋》曰"圜周復雜"，《淮南子》曰"數雜之壽"。雜，猶挾也。後人掇拾淮南托爲文子，改雜爲算，失其義矣。朝廷出令曰令甲，趙武靈王出胡服令，趙燕曰："臣敬循衣服以待令甲。"漢有《金布令甲》之篇，亦以此。康成云："從甲至甲爲挾日。"蔡邕云："郊天陽用日，耕耤陰用辰。"

納亨

祀大神、享先王及納亨，大宰贊王牲事。《注》云："納亨、納牲，將告殺。"愚案：漢禮：『天郊，夕牲，晝漏未盡十八刻初納，夜漏未盡八刻初納。明堂、社稷亦如之，晝漏未盡十四刻、夜漏未盡七刻。』皆再言納者，一納牲、一納亨也。正月始耕，祠先農。其禮簡，不再言納。然則，納牲與納亨異矣。漢祠，夜半行禮，故祭前晝漏未盡納牲，夜漏未盡納亨。《禮運》"祭元酒，薦血毛"，爲法太古；"腥其俎，孰其殽"，爲法中古；"退而合亨，體其犬豕牛羊"，爲今世之食。《禮器》："納牲詔於庭，血毛詔於室，羹定詔於堂。"是古之三詔，即漢之再納。《祭義》："君牽牲，穆答君，卿大夫序從。"此之謂納牲。而納亨者，謂"合亨之後，羹定之初，薦孰未食之前，盛之於俎，先以告神於堂也。"《祭禮》："血腥之屬，盡敬心耳，要以孰爲正。大夫士之祭也，自薦孰始。"故《特牲》《少牢》皆曰饋食。漢親耕及貙劉，祭先農、先虞，以特牲，如饋食。但薦孰，而不薦腥，故有納亨而無納牲，不再言納者以此。穆答君，猶嗣舉奠，皆天子諸侯之禮。大夫之子不舉奠，辟諸侯。舉奠者，尸未入，祝酌奠，奠於鉶南。天子奠斝，諸侯奠角，上嗣舉之，故曰舉奠。君之上嗣爲穆，迎牲入廟，與君對，共牽牲，尊君之適也。說者以穆爲子姓，失之矣。牽牲在祭初，舉奠在祭末，天子諸侯皆將傳重，故惟上嗣得與焉。五官奉牲，羞其肆。肆者，六牲之體，是爲納亨。諸子正之，司士割之，王親匕之，太僕贊之，禦僕登之。【南齊太常丞蔡仲熊議郊堂之禮，引《東京禮儀志》云："天郊夕牲之夜，夜漏未盡八刻進孰。明堂夕牲之夜，夜漏未盡七刻進孰。進孰者，納亨也。則晝漏未盡納牲，明矣。】先是納牲，卿大夫序從而已。及入廟，繫牲於碑，卿大夫袒而刲毛取血，入以告神於室。此所謂贊王牲事者。一當朝踐之節，一當饋食之時，獨言納亨者，舉其正也。

〔小宰〕掌王宮之糾禁　干寶註僞爲鄭

《周官》干寶注已亡，劉昭注《漢志》間引其語。如《秋官》"夜士"，云若今"都候"之屬。《天官》"少宰"，云若"禦史中丞"。案：左右都候，主劍戟士，徼循宮，以況夜士可也。而少宰全不類中丞，特以其在殿中密舉非法，有似小宰，掌王宮之糾禁，遂以中丞當之，決非康成之語，其爲干注無疑。今皆雜於鄭注，賈公彥之無識也。《詩·信南山正義》引"太宰納亨"注云："納牲將告殺，謂鄉祭之晨。"劉昭亦以爲干注。《曾子問正義》引"太宰納亨"注云："納亨，謂祭之時。"唐人正義非出一手，兩處不同。則劉昭所謂干注者，抑或然乎？至若以司門爲如今校尉，太僕爲若漢侍中，皆干注也。而《舞師》"翌舞"云："翌，赤草染羽爲之。用假色者，欲其有時而去。"以爲鄭注，今本鄭注無之。而干注"英蕩及弧旌枉矢，吾取焉"，云："枉矢，象妖星。"非其義也。枉，謂枉直，蓋枉矢於弧。然八矢配六弓，枉矢居其首。康成云："取名變星，飛行有光，若今飛矛矣。"則干說亦未爲得也。【孔穎達曰："鄭司農解九數之名，書本多誤。"云："今有重差句股者。"重差，即差分也。去旁要而替以句股，爲漢之九章。馬融、干寶等更云："今有《夕》《桀》，各爲二篇。"未知所出。然則，干注本馬融，今皆雜於鄭注矣。】

以叙聽其情

六叙正群吏：曰正其位，作其事，受其會，三者臣之所以事君；曰進其治，制其食，聽其情，三者君之所以體臣。《注》云："情，爭訟之辭。"非也。邇臣守和，安得有爭，又爲用訟？且不心競而力爭，晉之公室所以卑也。曾謂先王之世而群吏有争訟者乎？愚案：《詩·東山》之序曰："君子之於人，序其情而閔其勞，所以説也。"故《東山》之卒章，極序其情樂而戲之。《采薇》遣戍，《出車》勞還，《杕杜》勤歸，一則曰"憂心孔疚"，再則曰"我心傷悲"，君子能盡人之情，故人忘其死。而《四牡》勞使臣之來也，乃曰："是用作歌，將母來諗。"諗，告也。君勞使臣，述叙其情，故作此詩之歌。以養父母之志，來告於君。蓋有告者，必有聽者。有告而無聽，於是祈父刺宣王，不敢斥王而呼祈父，曰："祈父亶不聰。"當是時，小宰之六叙廢，而在朝無復有聽其情者矣。曰"亶不聰"者，責其不能聽也。先王之於群吏，既進其治以書其勳，復制其食以厚其養，又聽其情以悦其心，所謂"體群臣者"，可謂至矣。情見乎《詩》，《大史序》之"王者不作而詩亡，詩亡而王迹息者"以此。《大戴禮》："公曰：'今日少閑，我請言情於子。'子愀焉變色，遷席而辭曰：'君不可言情於臣，臣請言情於君。'公曰：'吾度其上下咸通之。'子曰：'可爲家，不可爲國。上失政，政出自家門臣，故曰君無言情於臣。君無假人器，君無假人名。'"此非孔子之言，而託之者也。古之盛世，君臣上下皆得言情，何嫌何疑而云不可？且魯之有名無情也久矣，及哀公而愈甚。公患三桓之侈，三桓亦患公之妄也。故君臣多間，而上下之情不通。誠能度其上下而咸通之，則君與民合爲一心，臣與君孚爲一德，又何患乎三桓？乃不通其情，而更益其妄。於呼，此公之所以終孫於邾也。《韓詩外傳》言："人主之疾十有二，發而隔居其一焉。下情不上通謂之隔。"《管子》亦言"國有四亡"，其二曰塞、曰侵。塞者，"下情不上通"。侵者，"下情上而道止"。誠能以叙聽其情，則通而不隔，行而不塞，誰得而寖之？

傅别質劑要會

《小宰》"八成"，有傅別、書契、質劑、要會之名。"傅別"，故書作"傅辨"，杜子春讀爲"傅別"。案：《荀子·性惡篇》"辨合符驗"，愚謂：辨猶別也，合猶傅也，傅別猶辨合也。蓋辨而別之爲兩，合而傅之爲一，如符節然。案：質劑，《左氏》謂之質要，《荀子》謂之質律，《詩》謂之質成，言可奉爲法律，而事由之要結而成也。不徒賣買用之。旅師平頒興積，斂之民而散之民，亦憑質劑以爲信焉。六鄉役民以上劑，六遂役民以下劑。劑者，州里之役要，而司空之辟也。要者，合要，故《左氏》謂之質要。辟者，法律，故《荀子》謂之質律。又旬計曰日成，月計曰月要，歲計曰歲會，皆名爲質。《王制》所謂"司會以歲之成質於天子，冢宰齊戒受質"是也。又獄之要辭，亦名爲劑，"大司寇以兩劑禁民獄"是也，故《詩》謂之質成。然則，傅別、質劑、要會三者，皆書契之別名也。《易林》云："符左契右，相與合齒。"所謂"辨合符驗者"即此。《應間》云："萬方億醜，並質共劑。"章懷注云："質劑，猶今分支契也。"兩書一札，同而別之。簿書最目，獄訟要辭，皆名曰契，合齒分支。《列子》云："宋人有遊於道得人遺契者，歸而藏之。密數其齒，曰：吾富可待也。"《注》云："刻處似齒。"《釋名》曰："莂，別也。大書中央破別之也。契，刻也，刻識其數也。"《管子》："貸粟米者有別券。五穀以平賈取之，定其券，契之齒。"《九家易》曰："契，刻也。"《大壯》："進而成夬。"金決竹木爲書契象。契，一作挈，漢有租挈及廷尉挈令。韋昭曰："在板挈也。"

〔宰夫〕要凡目數

宰夫八職，其四：要、凡、目、數。《注》云："要若歲計，凡若月計，目若日計。"愚謂：三者，皆數也。數分爲目，目最爲凡，凡合爲要，皆謂之數。《管子》曰："君發其明府之法瑞以稽之，立三階之上，南面而受要。"八職首曰要，即此。《荀子》曰："官人失要則死。"州里役要，邦國比要，皆名爲要。車之進退，其要在轄。户之開闔，其要在樞。設轄而車行，立樞而户轉。《周官》之要在六官，六官之要在《天官》，舉一法明一指以兼覆之，並照之，而觀其成者也。是故冢宰治之，司會考之，天子齊戒受之。亦曰質，是爲質要。《春官》"禦史掌贊書凡數"，《注》云："自公卿以下胥徒凡數，及其見在空缺者。"愚謂：凡即官成之凡，數即官常之數。凡者大共名也，數者大別名也。推而共之爲凡，推而別之爲數。其義難知，其數易知。失其義，守其數，謂之有司。讀其書，不知其説，謂之誦數之儒。蓋凡則其總，而數則其緒焉爾。目者，都目，漢有司徒都目。司徒總領綱紀，故有都目。壹引其紀，萬目皆起。壹引其綱，萬目皆張。都即數之凡，目乃數之目也。有要而後有凡，有凡而後有目，有目而後有數。尊者治約，卑者治詳。有形埒者人皆見之，有篇籍者世共傳之，所謂數也。釋數而任智者窮，棄數而用才者凶。數出於道，道出於天，王者體天而數立，百官守數而道存。衍而廣焉，三百三千，反而歸於一，協於極。隋①牛弘嘗問劉炫曰："《周官》士多而府史少，今令史百倍於前而益不治，何也？"炫曰："古人委任責成，歲終課殿最，案不重校，文不繁悉。府史之掌，要目而已。今之文簿，常慮覆治，鍛煉甚密，萬里追證百年舊案。故諺曰：'老吏抱案死。'古今若此之相懸也。"而唐張九齡亦云："吏部條章，動盈千萬。刀筆之吏，辨析毫釐。胥徒之猾，緣隙而起。"然則，要凡目數，古得

---

① 四庫本作"隨"。

之簡，今失之繁。《地官·質人》："凡治質劑者，國中十旬，郊二旬，野三旬，都三月，邦國朞。期內聽，期外不聽，所以絕民之争訟，且息文書也。"故邦國雖遥，以朞爲斷，安得有百年不决之案乎？

胥掌官叙以治叙

府掌契，史掌書，徒掌令，皆有專主。獨胥掌叙，若無所專。契以治藏，書以贊治，令以徵召，皆有職事。獨叙以治叙，若無所職，何也？康成讀"胥"爲"諝"，有才智之稱。賈公彦則謂《易》有"歸妹以須"，天文有須女，屈原之姊，名女須。胥與須通。康成亦以注《易》矣。愚案：《説文》"胥"作"疋"。或曰胥字，其象爲足，其義則記也。從爻從疋，則爲延，爲疏，皆疏通之義。古文《詩·大雅》作"大疋"，樂官有大胥，蓋以此。《詩》云："以雅以南。"《文王世子》云："胥鼓南。"然則，雅與胥通也。故《爾雅》，一作《爾疋》。天之道，地之理，人之紀，無不疏通，故曰胥。胥者，雅也，正也，訓也。訓其文，正其名，以合於雅，乃得其叙事。得其叙之謂訓。而大行人諭書名，聽聲音，則屬瞽史。諭言語，協辭命，則屬象胥。吾儒詁訓之學，皆從此出焉。樂正授數，司成論説。非是，則不能通也。是故先王之世在官有學，古之吏在朝有道。古之儒，攸叙者倫，時叙者罰，惟叙者功。萬事、萬物，各有秩叙而不亂。及周之衰，淫文破典，則有孔子雅言以正之。其道得以復明，而詁訓之師授受不絶，猶古之象胥也。秦掃而更之，滅書簡之文，棄先王之語，由是青黄變色，馬鹿易形，事物盡失其叙，而天下亂矣。契有質要，契之叙也。書有凡數，書之叙也。令有甲乙，令之叙也。胥得兼之，故若無所職、無所專而有才智之稱。日月以叙時，載辭以叙信，五物以叙事，百物以叙財，十煇以叙降，兩旌以叙和，三市以叙地，九嬪以叙禦，凡事皆有叙。而官吏之六叙，以正群吏者，胥實治之。而閭胥掌鐇，市胥執度，大胥正舞位，小胥正樂縣，象胥傳言協禮。雖有才智，不亂舊章。《荀子》曰："法則度量、刑辟圖籍，不知其義，謹守其數。父子相傳，不敢損益。"王公持之，百吏守之，以取禄秩焉，所謂叙也。是故，其人雖亡，法存故府。維胥叙之，各得其所。群雅之材一百有五，道備後王，事從先古。【《典論》曰："劉表諸子好酒，造三爵：大曰伯雅，中曰仲雅，小曰季雅。"案：雅，一作㽙。《方言》曰："㽙，栖也。秦晉之郊，謂之㽙。"郭注云："所謂伯㽙者也。"伯㽙，即伯雅，則大胥、小胥即大雅、小雅，明矣。《詩》曰："籩豆有且，侯氏宴胥。"《太元》曰："不宴不雅，禮樂廢也。"然則，宴胥猶宴雅歟？】

徒掌官令以徵令

宰夫八職：曰治要，曰治凡，曰治目，曰治數，曰治藏，曰贊治，曰治叙，曰徵令。獨令曰徵，餘皆曰治及贊而已。康成謂"徵令趨走給召呼"，非也。徵令者，小司徒行之，司書逆而考之，皆國之政教，而以召呼當之，誤矣。宰夫掌禁令，及百官府之徵令，而叙羣吏之治，故以治叙委之胥，徵令委之徒。徵令者，傳王之令也。韓非曰："當世之行事，都丞之下徵令者，奉君令詔卿相。不辟尊貴，不就卑賤。"然則，戰國徵令以都丞，猶周之徒也。案：晉有都令史八人，與左右丞總知都臺事。梁置五人，謂之五都令史。總領衆局，方軌二丞，故曰都丞。其名起於戰國，即漢之令史。能通《倉頡》《史籀》篇者補之，其職主書。後世改用士流，始重其選。在周則府史胥徒而已。都丞雖卑，令史雖賤，而以之徵令。則令之行也，猶雷風之鼓萬物也。是故出之王爲命，内史書之，大僕與小臣出入之。藏之官爲令，禦史贊書之，宰夫與其徒掌而徵之。徵，猶召也，若後世尚書召板。徵，猶神也，《莊子》曰："明者爲使，神者徵之。"言無往而不應也。是故，節爲徵信，命爲徵令。徵令，猶申令也。申令振鐸，夏有遒人。遒人徇於路，徒從小宰狥於朝。【《鄉師職》云："凡四時之徵令有常者，以木鐸徇於市朝。"】

〔宮正〕廬舍 總衰

大喪：宮正授廬舍，辨其親疏貴賤之居。《荀子》曰："吉事尚尊，喪事尚親。"故欲辨貴賤，先辨親疏。既序親疏，又分貴賤。同一居廬，或宮或袒，或隱或顯。貴非人君則袒之，親非適子則隱之，尚親而兼尚尊也。《書》云："高宗諒陰。"諒讀爲"梁"，陰一作"闇"。范宣曰："所以知諒闇爲凶廬。"禮：葬爲柱楣，楣則梁也。葛洪曰："橫一木長梁於東墉下，著地，以草被之。既葬，則剪去草，以短柱柱起長梁，謂之柱楣，楣一名梁。既葬泥之，障以避風。"康成讀"闇"若鶉鵪之鵪。【烏南反。】闇，謂廬也，廬有梁謂之楣。卒哭之後，剪屏柱楣，故曰諒闇。愚謂："古之闇，今之庵也。"《釋名》云："草屋曰蒲，又謂之庵。庵，掩也，所以自覆掩也。"誅茅爲屋，謂之剪屏，非庵而何？庵讀爲陰，猶南讀爲任，古今異音。《廣雅》庵與廬，皆舍也。倚廬不塗，既葬塗廬。塗近乎堊。《釋名》云："堊，亞也，次也。先泥之，次乃飾以白灰。"康成謂："堊室者，屋下壘墼爲之。"蓋柱楣倚壁爲一偏，壘墼成屋爲兩下。然則，既葬塗之，既練壘之，加堊，既祥又加黝，總謂之廬。故《尚書大傳》曰："高宗有親喪，居廬三年。"此之謂也。唐禮：『小祥毀廬爲堊室。』堊猶廬也，焉用毀哉？然則，大夫居廬，士居堊室，何也？曰："非親且貴者，不廬。"廬，嚴者也，不言不笑謂之嚴。百官備，百物具，不言而事行，非親且貴者乎？言而後事行，及身自執事者，皆不廬。故曰："大夫居廬，士居堊室。"言士疏且賤，必身自執事而後行者，故不廬也。說者謂"朝廷之士，居廬服斬。都邑之士，居堊制周"，失之矣。孔安國以高宗三年不言，故曲爲之說。曰："諒，信也。陰，默也。"古訓兼音義，以信默訓諒陰，似失其音。何晏《集解》棄鄭取孔，杜預遵之。遂謂："人君既葬，不居廬。"以此注《春秋》《左傳》，豈非《春秋》之罪人乎？【《白虎通》曰"婦人不居廬""天子七日，諸侯五日，卿大夫三日而成服，居中門外東壁爲廬"。】《司服職》云："凡喪，爲天王斬衰，親疏貴賤一也。"周之東遷，威德不加於四海。於是有諸侯之大夫，爲天子總衰，既葬而除之禮。婦爲舅齋衰，而子柳使其妻總衰，當時皆以爲非禮矣。諸侯之大夫亦以之服至尊，而謂之禮，則愚未敢信。《釋名》云："總，惠也。齊人謂涼爲惠，言服之輕細涼惠也。"以輕涼之服服至尊，蓋自衰周始。縣子曰："縓衰總裳，非古也。"①

〔宫伯〕士庶子均秩均叙　庶子猶餘子

　　宫伯之士庶子，宫正之衆寡，内宰之人民，一也。凡在版者，行其秩叙，作其徒役，月終則均秩，歲終則均叙。猶漢之衛卒、唐之府兵也。漢之衛卒，每一歲而更，【師古音工衡反，更猶今之上番。】衛司馬掌之。每當交代，天子行幸曲臺，臨饗而罷焉。唐之府兵，宿衛者皆番上，兵部以遠近給番。自五百里爲五番，至二千里爲十二番，皆月上。然則，月中均秩者，猶府兵之月上。歲終均叙者，猶衛卒之歲更。蓋番上更休，皆有秩叙，各得其均。《地官》鄉有均人，主徒役，謂之公旬。旬，猶均也。三年大比，則大均。故《春官》有大均之禮以恤衆。《論語》"爲力不同科"，馬融曰："爲力者，力役之事，有上中下三科。"謂歲有豐凶，地有遠近，時有久暫。周衰政失，力役不均，故孔子傷之。公旬之有均也，力役之有科也，鄉師作秩叙作以此，宫伯行秩叙行以此歟？古者兵出於民，容民畜衆謂之師，故曰夫家衆寡，又曰人民。虎賁掌虎士，司右掌勇力之士，皆人民也。入則衛於宫，出則耕於野，三時不害而兵亦足。其秀者，糾其德行，教之道藝，皆彬彬乎有儒者之風。其桀者，去其淫怠，斥其奇袤，而無勇悍不馴之氣。宫正爲之版，籍其名。内宰爲之圖，畫其象。邦有大事，作而令之，是爲王之爪牙。及宣王之末，六鄉之士不滿，六軍乃取王之爪牙以充之。由是調發轉移不以其地，番役更代不以其

---

① 見《禮記·檀弓上》。

時，至不能養其父母，而祈父之刺興矣。祈父主封圻，宮伯主宮殿。父猶伯也。王之爪牙，謂士庶子之守城郭者。靡所止居，靡所底止，言秩叙之不均也。然則，祈父蓋夏官之掌固與？古者，卒謂之士，庶子猶餘子也。《吕覽》："齊晉相與戰，平阿餘子得戟亡矛。"《説苑》："佛肸以中牟叛，城北餘子袪衣入鼎。"《戰國策》："燕趙久相攻，餘子之力盡於溝壘。"古之鬭士，皆曰餘子。《周書》曰："成年餘子務藝，儉年餘子務穡，大荒餘子倅運。"蓋即九職之閑民。宮正所教，宮伯所作之士庶子。説者以爲公卿大夫之子，豈其然乎？秦爵有公士，越軍有教士，楚師有都君子。説者謂公士乃有爵之步卒，教士乃教練之精兵，近乎周之士庶子。都君子，乃都邑之士，君所子養而有復除，近乎周之國子。故國子則授之車甲，司馬弗徵。而士庶子，則猶有徒役之事焉。或衛王宮，或守城郭，或屬都家。王宮有糾禁，城郭有守政，都家有戒令，蓋皆以秩叙行之者也。有卿大夫之庶子，有民之庶子。卿大夫之庶子爲國子，遊倅之所存。民之庶子爲國粥，餘閑之所養，而衛王宮，守城郭，屬都家，謂之士庶子。軍行則從，歲終則饗，有功則勞，死則吊焉。蓋所謂國粥歟？而朝大夫都則之庶子，在府史之下，則胥之職也。而以卿大夫之子爲之，則胥非賤吏可知矣。趙左師觸龍願以其少子補黑衣之缺以衛王宮，則知戰國時衛王宮者皆卿大夫之庶子。即《夏官·諸子職》所謂"國有大事，則帥國子而致於太子"，《文王世子》篇所謂"公若有出疆之政，庶子以公族之無事者守於公宮"。公族之無事者，國之貴遊子弟也。王之庶子，視列國之大夫。王充曰："吏衣黑衣，宮闕赤罩。"然則，漢之衛卒皆服絳禪衣矣。周尚赤，蓋亦服赤歟？《莊子·秋水》篇有"壽陵餘子"，司馬彪云："餘子，未應丁夫。"蓋謂閑民也。《管子·問》篇曰："餘子仕而有田者，今入幾何人？餘子之勝甲兵、有行伍者，幾何人？"然則，閑民者非餘子之未仕而無田亦無行伍者乎？《吕覽·報更》篇曰："張儀，魏氏餘子也。"平阿、壽陵、魏氏，皆地名。則餘子爲閑民，信矣。【古曰餘子，漢曰分子，洪氏《隸釋》載《北海相碑》"鴟梟不鳴，分子還養"；《耿勳碑》"脩治狹道，分子効力"；《義井碑陰》稱"分子者六十人"，蓋家之餘子。壯則出分，故曰分子，古之閑民也。晉《夏仲御別傳》自稱會稽北海閑民，明閑民即漢之分子矣。】

〔膳夫〕王卒食以樂徹於造　王日一舉齊日三舉大喪不舉

《膳人職》："王卒食，以樂徹於造。"《大祝職注》云："故書造作竈。"然則，古文造、竈通矣。《吳越春秋》："勒馬銜枚，出火於造，闇行而進。"案：造，吳語作竈，所謂"係馬舌，出火竈"。《龜策傳》："灼鑽之處亦以造名。"《注》"造音竈"本此。《玉藻》："天子皮弁以食，日中而餕。諸侯朝服以食，夕深衣。"《注》云："餕者，食朝之餘。天子言日中，諸侯言日夕，互相挾。故王卒食，則徹於竈，以便燖温而供日中及夕之餕也。"賈疏謂"徹於造者，不重進"，失之矣。以樂徹者，《荀子》曰："天子曼而饋，雍而徹。"《淮南子》曰："罄鼓而食，奏雍而徹。"罄鼓者，王大食之所奏也。古者人君食皆用當月之調，以取時律之聲，使不失五常之性。調暢四體，令得四氣之和。故天子食飲必順四時，有食舉樂，所以順天地、養神明。説者謂"徹饌奏雍，津潤已竭"，其不然乎？雍，和也，奚其竭？《白虎通》曰："平旦食，少陽之始也。晝食，太陽之始也。餔食，少陰之始也。暮食，太陰之始也。"是爲四飯。樂者德音，功成乃作，以之侑食者。明天子至尊，非功不食，非德不飽。王日一舉者，康成云："朝食也。"謂王日四飯，惟朝一舉，日中及夕皆餕其餘。齊日三舉者，旦也，晝也，餔也。司農云："齊必變食。"變者改常饌，更而新之，潔清其氣而已。賈疏謂"三舉者，三太牢"，亦失之。五穀者，民所仰，君所養。故五穀盡升，則五味盡禦於王。不盡升，則不盡禦。一穀不升謂之饉，二穀不升謂之旱，三穀不升謂之凶，四穀不升謂之餽，五穀不升謂之饑。凶饑存乎國，人君徹鼎食。大荒不舉者，凶饑也。一穀不升徹鶉鷃，二穀不升徹鳧雁，三穀不升徹雉兔，四穀不升損囿獸，五穀不升不備三牲。《玉藻》"朔日太牢"，朔日，猶齊日也。視朔、朝廟，必齊。賈疏謂"朔日當兩太牢"。《膳夫》職文不具，則又何據而云然也？大喪，謂后、世子之喪。春秋晉荀躒如周葬穆后，既葬而宴。宴必奏樂，故曰宴樂。叔嚮以爲非禮。則晉悼公既葬平公，與諸侯宴於温。魯小君穆姜既葬，襄公與晉侯宴於河上，其爲非禮益顯矣。愚謂言大喪則兼包小喪，王爲三公六卿錫衰，諸侯緦衰，大夫士疑衰，皆小喪也。子卯尚稷食菜羹，王服衰而殺牲盛饌，有是理乎？則小喪亦不舉可知也。【《大司樂》："諸侯薨，令去樂。大臣死，令弛縣。"】

肉脩之頒賜皆掌之

《廩人職》："凡珍異之有滯者，斂而入於膳府。"《注》云："珍異，四時食物。久則瘦臞【臞，一作臒，音稍。】腐敗，故買之入膳夫之府，所以紓民事而官不失實。"愚謂：膳夫掌肉脩之頒賜，廩人斂而入於膳府者，所以供王之頒賜也。大宰掌九式，必有分頒。内饔選百羞，不忘好賜。皆所以恤下推恩。故饗飲之禮：『觴不下徧，君不嘗羞。殽不下浹，上不舉樂。』由余曰："乾米不腐，則左右親。苞苴時有，筐篚時至，則群臣附。官無蔚藏，腌陳時發，則戴其上。"故禮：『國有饑人，人主不飧。』所謂珍異之有滯者，皆腌陳之物。以時斂而發之，則官無蔚藏，而澤亦得下流焉。是以祭必有餕，尸餕神餘，臣餕君餘，賤餕貴餘，下餕上餘。上有大澤，惠必及下。煇胞翟閽，至賤之吏，皆得食其餘。則境内之民，必無凍餒者矣。世稱中山以羊羹亡國，非也。饗士大夫，而羊羹不及其司馬。貴者且猶不及，況其賤者乎？則境内必多凍餒之民可知也。民多凍餒，國焉得不亡？晏子之魯，朝食有豚。晏子曰："去其二肩。"【去，藏也。】及晝進膳，則豚肩不具。侍者曰："亡之矣，我能得其人。"晏子曰："止，吾聞藏餘不分，則民盜。豚肩雖小，漫藏之招也。"故積多不能分謂之吝，吝列四惡。古者聘賓，歸饔餼肵肉及瘦車。言以分人，無不辯也。曾謂晏子未聞禮乎？鄉師以歲時巡國及野，而賙萬物之囏阨。凡有天災民病，司救又持節巡行，而以王命施惠。晉之復霸也，上無滯積，下無困人。闔廬治吴，天有菑癘，親巡孤寡，共其乏困。説者以爲小惠，然皆本於《周官》。

〔庖人〕膳膏 十二辰之禽

　　牛膏薌，犬膏臊，雞膏腥，羊膏羶。鄭説則然。《晏子春秋》曰："食魚無反，惡其鰠也。"《説文》引《周禮》"膳膏鰠"，凡鮏鰠從魚者皆言魚，則許氏以膏鰠爲魚膏矣。又：胜臊以肉者爲犬豕。犬膏臭胜，豕膏臭臊。鄭司農如之，杜子春反之，皆言犬豕。獨康成謂"雞膏胜"，以爲雞屬木，秋木休廢，犢麛物成而充，得氣尤盛，故用休廢之脂膏爲膳。其説不知出何書也？又：腥從星，音穌佞切，與胜從生、音桑經切者不同。腥謂星見食豕，令肉中生小息肉。康成亦云"肉有如米者似星"，今驗之良然。則腥乃豕肉之不可食者。膳膏腥，當作胜，俗通作腥。流傳已久，不可復正矣。《吕覽》云："三群之蟲，水居者腥，肉玃者臊，草食者羶。滅腥去臊除羶，必以其勝。"《繁露》亦云："凡物乘泰而生，厭勝而死。飲食臭味亦有所勝，有所不勝，不可不察。薺以冬美甘勝寒，芬以夏成苦勝暑，得天地之美而四時和。"蓋其法掌於食醫者歟？《月令》"五臭無臊，故春臭羶"。《内經》"五臭無羶，故春臭臊"。則臊類於羶也。《繁露》"夏祭先亨，商祭先臊"，則又胜臊同類矣。《月令》"冬臭朽"，《内經》"冬臭腐"。《説文》朽作𣽌，腐也。腐之言無也，氣若有若無爲𣽌。或從木。獨秋臭腥，故秋膏腥。《月令》《内經》與《周官》皆合。蔡邕注《月令》以爲十二辰之禽，五時所食者，家人所畜，丑牛未羊戌犬酉雞亥豕而已。春木勝土，故春食未羊。夏火勝金，故夏食酉雞。季夏土勝水，當食豕而食牛者，四行之牪①，無足以配土德，故季夏食牛。秋金勝木而虎屬

---

① 牪，四庫本作"牲"。

寅，冬水勝火而馬屬午。虎非可食，而禮不以馬爲牲，犬豕無角，其類也。故以其類爲食焉。麥爲木，菽爲金，麻爲火，黍爲水，各配其牲。雖有此說，而米鹽精粹，不合於《易》卦之禽，及《洪範傳》五事之畜，近似卜筮之術，故予略之。愚案：十二辰之禽，先儒無説。《大司馬》"喪祭，奉詔馬牲"，則馬亦牲也。而云禮不以爲牲，豈膳夫六牲獨無馬歟？《淮南子》："禾春生秋死，豆夏生冬死，麥秋生夏死。"則又以菽爲火，麥爲金。【康成謂："黍爲火，麻爲金，菽爲水，稷爲土，麥爲木。木雞，火羊，土牛，金犬，水豕。"孔氏以爲陰陽取象多塗，故午爲馬，酉爲雞，不可一定也。賈氏亦引《易説》"太山失金雞，西嶽亡玉羊"，則羊屬火，又屬金矣。】古有乘馬，有食馬，《穆天子傳》"獻食馬三百"是也。食無馬牲，自秦漢始。《易林》曰："三年生狗，以戌爲母。"又曰："黃獹生狗，白戌爲母。"是金犬生於戌土。推之，十二禽皆然。許叔重曰："古文亥爲豕，與豕同。"則十二辰之禽起於古矣。

〔甸師〕蕭茅

《甸師》："祭祀，共蕭茅。"鄭大夫云："蕭或爲茜，讀作縮。束茅立之祭前，沃酒其上，酒滲下去若神飲之，故謂之縮。縮，滲也。"案：縮，《説文》作茜。云："禮祭，束茅加於祼圭，而灌鬯酒，是爲茜，象神歆之也。"其説與鄭大夫同，而引《左傳》"爾貢包茅不入，王祭不供，無以茜酒"爲證。然則，縮酒，縮、酌皆當作茜。從酉從草，義見乎文。假借作縮，音是而義非矣。夫茅牡藘而秀菼，其根茹。絇爲索，漚爲菅，束爲屯，表爲蕝。覆地曰藉，封土曰苴，苫屋曰茨，束矢曰握，蓋鼎曰冪。或折以卜，或執以招，或以爲旌，或以爲屏。花赤者藑，毛刺者菁，三脊者靈。及其用之於祭也，其名二：曰苴，曰茜。其義三：曰藉，曰湑，曰灌。藉也者，祭以之承也。湑也者，酒以之清也。灌也者，神以之歆也。包於匭，藏於館，實於筐。苴不兼茜，茜得兼苴。士以上祭皆用苴，非天子不名茜。王祭不供，聲罪討之，正其名也。杜子春破"茜"爲"蕭"，失之矣。艾蕭何物，而居其上乎？或曰"茜"讀爲"蕭"，猶"筍"讀爲"蕭"，則合蕭茅爲一物矣。豈其然？愚謂：其音同，其物異。《地員篇》曰："蕭下於薛，薛下於萑，萑下於茅。"

〔鼈人〕掌取互物以時籍魚鼈龜蜃凡貍物

鼈人掌取互物，以時籍魚鼈龜蜃，凡貍物。鄭司農謂："籍者，以杈刺泥中搏取之。"愚案：《説文》："籍，刺也。"説本司農。《魯語》作籍，【籍魚鼈以爲夏稿。】《莊子》作擉，【冬則擉鼈於江。】《列子》作簎，【牢簎，庖厨之物】。韋昭謂："獵，撅也。"殷敬順《釋文》① 謂："籍本作籓，以木竹圍繞而刺之。籓讀爲栅，栅，木欄也。"愚案：《説林訓》："眾者扣舟，謂積柴水中，魚聞扣舟聲藏柴下，擁而取之。"《周頌》所謂潛，《爾雅》所謂槮。籓非眾，非槮，乃《西京賦》所謂"叉蔟之所攙捔"，簇與籓音義同。【楚角、蒼獨二切。】《東京賦》云："璵瑁不蔟，謂貍物也。"《秋官》有砉蔟氏，蔟謂叉取之，司農讀爲爵蔟之蔟。蔟謂巢鳥之巢，猶魚之穴，故取之之名同。挺叉來往，似無栅欄。《列子》"牢籍"，亦非貍物。殷説誤矣。司農云："互物謂有甲蔩胡，胡猶互也。"【見《釋名》。】蔩，猶曼也。互物之甲歙張開闔，其狀曼曼然，故曰蔩胡。脩蠡圜蠵，其類皆然。《月令》"其蟲介"，高誘注曰："介，甲也。象冬閉固皮漫胡也。"蔩、曼、漫，音同義亦通。互，一作沍。《左傳》"固陰沍寒"。沍，一作涸，讀爲互，言閉之固也。《戰國策》："蚌方出曝，鷸啄其肉，蚌合而箝其喙，鷸曰：'今日不雨，明日不雨，即有死蚌兩開也。'"開爲兩，閉爲蔩。康成謂"貍物"，鱴刀含漿之屬。《釋魚》云："鮤鱴刀，蚌含漿。"案：鱴刀，鰶魚也，一名刀魚。飲而不食，九江有之。貍藏之物，其出以時。蓋謂魚之貍者多此類。不獨龜鼈爲然。含漿乃蛤耳，非與魚同類，其爲貍物則一也。賈疏失之。一説，籓與掫通。曹大家《東征賦》"掫蠡"，陳思王《遷都賦》"掫蠡蟄"，皆謂取互物也。掫，一作涿。《秋官》有壺涿氏，其官掌除水蟲，與鼈人皆下士。一除之，一取之，凡邦之籓事二官兼掌之者歟？康成謂"涿，擊之也"。故書涿爲獨。司農讀爲濁，音與涿近。書亦或爲濁。愚謂濁與擉，音同，古文通。籓、蔟、掫、擉，文雖異而音義皆同也。【地名涿鹿，一名濁鹿。《索隱》曰："古今字異。"《戰國策》"不兩"或誤爲"不雨"。《春秋後語》以其音不諧，遂更之曰："今日不雨，明日不雨，必見蚌脯，"其可笑如此。】

〔疾醫〕瘖疾

瘖疾者，四時之鬱氣也。川鬱爲汙，樹鬱爲蠧，草鬱爲蕡，氣鬱爲瘖。木鬱發於春，火與土鬱發於夏，金鬱發於秋，水鬱發於冬，是謂瘖疾。春氣在頭，故病痟首。其病有端，三陽受寒，伏留不去，頭痛員員，入連在腦，腦逆而酸。【《説文》："酸痟，頭痛。"】所謂痟，首疾也。寒涼者脤，温熱者瘖，故夏病癢疥風行。脈翁、肌膚、憤䐜散於分肉。肉有不仁，所謂癢疥疾也。金肺受邪，形弱氣爍，一觸秋金，遂成風瘧。身之衛氣，日夜循行。邪客風府與衛交争，故有瘧寒疾也。陽氣不藏，故冬病欬。《五行傳》謂："欬者，口舌痾木沴金，"非也。四時皆

---

① 即《列子釋文》，後失傳。

有之。《月令》"夏多欬",心與脾欬也。《周官》"冬有嗽",腎欬也。陰下陽上,諸陽上浮,氣逆而喘,無所歸休,故有嗽上氣疾也。形不足者温以氣,精不足者補以味。或收使斂,或散使宣,緩急燥潤,或耎或堅。贊其運氣,資其化原,而五穀得天地之和,其味尤美而完焉。故食歲穀以安其氣,全其真。食間穀以去其邪,保其精。而病有久新,方有大小,藥有厚薄。惡石氣勁必伐天和,芳草氣美其毒滋多,不輕服也。佐以所宜,以平爲期,毋增其氣。氣增而偏,偏則受傷,夭絕天年。所謂"以五味、五穀、五藥養其病者"如此。時氣爲客,藏氣爲主,胃氣爲宗,精氣爲榮,悍氣爲衛,邪氣爲淫。主客平則氣和,榮衛通則氣順,歸於其宗,邪淫自正,反是乃病,感邪則甚。氣有所積,有所聚。積氣爲陰,陰伏而沉,不離其經。聚氣爲陽,上下無常,莫知其鄉。麗於形,流於血,氣血離居,形氣相失,肺氣絕,尺澤竭。心氣絕,神門閉。【必結反。】肝氣絕,大衝歇。腎氣絕,大谿洩。胃氣絕,衝陽滅。故動氣而知其藏也。所謂"以五氣視其死生者"如此。五聲者氣之籥,五色者氣之華也。角聲爲呼,徵聲爲笑,宫聲爲歌,商聲爲哭,羽聲爲呻。心爲噫,肝爲語,腎爲欠、爲嚏,胃爲噦,肺爲欬。聲微者氣奪,聲不發者氣濕,語言不擇者氣亂,聲嘶者弦絕,聲喝【一介反。】者病深。故聞而知之者,醫之聖也。所謂"以五聲視其死生者"如此。色之見也,有淺有深,病輕者見淺。有枯有澤,内敗者色枯黄。赤爲熱,白爲寒,青黑爲痛。黄如枳實,青如草茲,赤如衃血,白如枯骨,黑如炲,此五色之見死也。黄如蟹腹,青如翠羽,赤如雞冠,白如豕膏,黑如烏羽,此五色之見生也。所謂"以五色視其生死者"如此。蒼主肝,竅於目。赤主心,竅於耳。白主肺,竅於鼻。黑主腎,竅於陰。黄主胃,竅於口。【見《淮南子》。】一説,腎竅耳,心竅舌,舌非竅也。故以耳屬心焉,是謂九竅。蓋精神之户牖,外爲表而内爲裏,開閉張歙,各有經紀。則所謂變者可知也。人身有三部,部有三候,上部胸至頭,中部膈至臍,下部臍至足。三部各有天地人,三三而九。神藏五,形藏四,合爲九藏,故曰:"平八索,建九紀。"八索者,八體:首也,腹也,足也,股也,目也,口也,耳也,手也。九紀者,九藏:頭角也,耳目也,口齒也,肺也,心也,胸也,肝也,脾胃也,腎也。精其術者,以九竅之變、九藏之動與五氣五聲五色,兩而參之。魏文侯問扁鵲曰:"子兄弟三人,孰最善爲醫?"扁鵲曰:"長兄最善,中兄次之,扁鵲爲下。"魏文侯曰:"可得聞乎?"扁鵲曰:"長兄於病,視神未有形而除之,故名不出於家。中兄治病,其在毫毛,故名不出於閭。若扁鵲者,鑱血脈,投毒藥,副肌膚,而名聞於諸侯。"【侯讀爲胡,與家閭同音。】魏文侯曰:"善。"説者謂"上醫視神,中醫視氣,下醫視色",非也。凡物有氣而後有神,有神而後有色,神者氣色之精,集於珠玉爲光明,兩而參之，不言神而神在其中矣。抑又聞之，四時之沴氣關乎政令而以德化爲轉移，故曰："政令者氣之章，德化者氣之祥。灾眚者傷之始，變易者復之紀。"醫術也，其通於天道者乎？【《管子》："酸主脾，鹹主肺，辛主腎，苦主肝，甘主心，五藏具而後生肉。脾生膈，肺生骨，腎生腦，肝生革，心生肉，五肉已具而後發爲九竅。脾發爲鼻，肝發爲目，腎發爲耳，肺發爲口，心發爲舌。"所謂神藏五者：肝藏魂，心藏神，脾藏意，肺藏魄，腎藏志也。一說，五藏有七神，謂脾藏意與智，腎藏志與精，並三藏爲七。府有六，而三焦一府，主持諸氣，有名無形，不屬五藏。三陽在頭，故受寒則頭痛。《呂氏春秋》曰："鬱處頭則爲腫，爲風。"】

〔瘍醫〕以五氣養之

瘍醫療瘍，以五氣養之。《注》云："五氣當作五穀。"非也。《史記》"軒轅治五氣說"本《內經》。岐伯曰："天食人以五氣，地食人以五味。五氣入鼻藏於心肺，五味入口藏於腸胃。味有所藏以養五氣，氣和而生津液，相成神乃自生。五色修明，音聲能彰，此五氣之和使然也。五氣不和，結爲五鬱，不發不洩，其氣外溢。肉潰皮拆，面目浮腫，肌膝瘡瘍。五色不明，五聲不彰，此五氣之沴使然也。故療瘍者，抑其運氣，贊所不勝，折其鬱氣，先取化源。同天氣者以寒清化，同地氣者以溫熱化，無犯司氣，無犯間氣。氣之上下爲司，左右爲間，司氣以紀歲，間氣以紀時。先時而至爲有餘，命曰氣淫。後時不至爲不及，命曰氣迫，氣之勝也，微者隨之，甚者制之。氣之復也，和者平之，暴者奪之。安其主客，適其寒溫，佐以所利，資以所生，是爲得氣。無失病機，謹候氣宜，不可過之，以平爲期。此非以五氣養之之法歟？春氣在左，秋氣在右，夏氣在前，冬氣在後。長夏氣在中至高之地，冬氣常在至下之地，春氣常在，必謹察之。是故五氣不明，五治不分，失時反候，邪僻內生，工不能禁也。氣有六而云五者，少陽與少陰同法。【厥陰、少陰、少陽、太陰、陽明、太陽，爲六氣。】

祝藥猶行藥　劀殺猶砭割

瘍醫祝藥。康成云："祝當爲注，讀如注病之注。"《釋名》云："注病，一人死，一人復得，氣相灌注也。"古文假借多取音同。函人甲屬，匠人水屬。《注》皆云："屬讀爲注，音同，古文通。"《左傳》："靺韋之跗注，"賈服皆云："注，屬也。"是《左傳》之注，即函人之屬。故《荀子》"注續"，【注，一作經。】注與屬同義。《離騷》"奔屬"，屬與注同音。學者不明六書，乃謂"康成好破字"，不亦異乎？氣相灌注謂之祝藥，不獨瘍醫爲然。《墨子·非攻中》篇曰："今有醫於此，和合其祝藥之於天下之有病者而藥之。萬人食此，若醫四五人得利焉，猶謂之非行藥也。故孝子不以食其親，忠臣不以食其君。"然則祝藥猶行藥也，王半山以爲祝由，誤矣。【删本《墨子》無祝字，宋人以意删出之。】祝藥劑殺，瘍醫之術。《太元》① 從之。次七曰："拂其惡，從其淑。雄黄食肉。"測曰："拂惡從淑，救凶也。"達之。次七曰："達於砭割，前亡後賴。"測曰："達於砭割，終以不廢也。"此言瘍醫之術甚精。劑殺猶砭割，注藥以食其肉，惡去而善生。前雖亡後實賴之以此。救凶終以不廢。《内經》："癰瘍宜砭石。"古者以石爲鍼謂之砭。劑以砭，殺以藥，是爲劑。【《釋名》曰："州，注也，郡國所注仰也。"古州與祝同音，故皆讀爲注。《史記索隱注》云："注，音丁救反。"《御覽》引《釋名》"注病"作"疰"。祝由，《説文》作"祝褕"，音相近也。】

---

① 即《太玄經》。

禮説卷二

東吳 半農 惠士奇

天官二

〔酒正〕五齊三酒

五齊：一曰泛，二曰醴，三曰盎，四曰緹，五曰沈。《釋名》云："汎齊，浮蟻在上，汎汎然也。"鄭云："成而滓浮，如今宜城醪矣。"《釋名》亦云："宜城醪，蒼梧清，"言一清一濁也。泛，一名醴。《説文》云："醴，泛齊也。醪，汁滓酒也。"《釋名》云："醴，禮也。釀之一宿而成，有酒味而已①。"醴，一名酤。《詩》："無酒酤我。"毛傳云："酤，一宿酒也。"鄭云："如今恬酒矣。"高誘云："醴以蘖，不以麴，濁而甜。"《中山經》曰："其祠蘖釀。"《注》云："以蘖作醴。"顏師古謂"醴少麴多米"，非也。醴不以麴，高説得之。《釋名》："盎者，滃滃然，濁色也。"盎，《説文》作醠，亦云濁酒。鄭云："蔥白色，如今酇白矣。"酇，讀爲醛。《廣雅》云："醛，酒也。"宋孝武《四時詩》所謂"白醛解冬寒也"。《釋名》云："緹者，色赤如緹也。"鄭云："成而紅赤，如今下酒矣。"《詩》"釃酒有衍"，《説文》云："釃，下酒也。"謂溼酒以筐。賈疏云："若今糟牀矣。"《釋名》云："沉者，濁滓沈下，汁清在上也。"鄭云："成而滓沈，如今造酒矣。"沉，一作澄，則清可知也。《南都賦》"十旬兼清"，疑即此。三酒：一曰事，二曰昔，三曰清。《釋名》云："事酒，有事而釀之酒也。"鄭云："事酒，今之醳酒，皆新成也。"②《釋名》"醳酒"，云"久釀酉澤"，似非新成。一名舊醳。鄭云："舊醳，

---

① "巳"當爲"已"之誤。
② 此語爲孔穎達疏，並非鄭注。鄭注爲："事酒，酌有事者之酒。其酒則今之醳酒也。"

謂昔酒。"蓋醳酒有舊有新，舊爲昔酒，則新爲事酒矣。醳之言澤也，故醳一作澤。昔酒，今之酉久。白酒清酒，今中山冬釀，接夏而成。《内則》"酒清白"，《注》云："白事酒，昔酒也。酒色清明，謂之明酌。"五齊之醴爲濁，三酒之事爲新，皆卒造之酒。故沛醴以事，其味尤相得也。醆酒涗於清，《注》云："盎齊差清，故和之以清酒。"則泛醴爲尤濁矣，其用之祭祀。則酒正，凡祭祀以法共五齊三酒，以實八尊。酒人掌爲五齊三酒，祭祀則共奉之。然則，造之者酒人，辨之者酒正，有式有法，凡祭祀皆然也。學者見《禮運》有醴、醆、醍，澄而無泛，遂謂："禘用四齊，惟大袷備五齊三酒，時祭用二齊醴盎。諸侯禘用二齊，時惟一齊盎而已。"時小於袷，誠然。袷大於禘，豈其然？盎，一作醯。《説林訓》曰："清醯之美。"蓋未涗，濁；既涗，清。宋《元豐禮》以爲："酒正八尊，設而弗酌。司尊彝六彝六尊，設而酌之。"今太廟、明堂請以泰尊實泛齊，山尊實醴齊，著尊實盎齊，犧尊實緹齊，象尊實沉齊，壺尊實三酒，皆爲弗酌之尊。又以犧尊實醴齊，象尊實盎齊。犧西象東，壺尊實清酒，皆爲酌尊。尊三其貳，以備乏匱。愚謂尊皆不空。五齊神所享，故不貳。三酒，人所飲，故益之。是以尊常滿，貳者有數，不貳者有量。惟無算爵，則無數無量爾。宋禮有酌尊，有弗酌之尊，則先儒之所未言也。存以備考。【《禮記外傳》曰："五齊尊而三酒卑。謂之齊者，酒人和合之，分劑之名。三酒者，列於堂下，臣下相酌酬酢之用。"】

從獻

三酒有酌數，五齊有器量。其獻也必有從，謂之從獻。從獻之脯燔，亦如齊酒之有數量焉。齊酒之數量，酒正掌之。脯燔之數量，量人制之。祭祀之從獻，有肝燔。饗賓之從獻，有脯醢。天子諸侯之祭禮亡，以特牲饋食言之。主人獻尸以肝從，獻祝亦以肝從。主婦亞獻尸以燔從，亞獻祝亦以燔從。賓三獻燔從如初。主婦致爵於主人，肝從燔從如初。主人致爵於主婦，從獻皆如初。尸酢賓長，賓長獻祝，及致爵於主人、主婦，燔從亦如初而無肝從，則禮殺於初矣。獻賓及衆賓獻長兄弟、衆兄弟及内兄弟，雖無肝燔兩從，而有薦俎。薦俎亦謂之從，無從者加爵。加爵，非獻也，故無從。則凡獻皆有從也，獨獻佐食有殽無薦。既下尸，又下祝，從獻之俎設於階間。豈非以其賤歟？蓋從獻肝爲貴，燔次之。嗣舉奠，尸授肝。佐食設豆鹽，肝宜鹽也。少牢酳尸，牢肝用俎。換於俎鹽，言用俎，明亦有用豆者。故同一肝鹽，或在豆，或在俎。腊人祭祀共豆脯，則脯亦有在豆者矣。康成謂"脯非豆實"，豈其然乎？上大夫賓尸，惟羞羊燔與豕燔而已，無肝也。賓尸禮殺於正祭，故無肝從。則從獻，尤以肝爲貴也。饗賓從獻，則天子之饗禮亡，今存者諸侯之燕禮。饗終乃燕，燕之初立而行禮，則饗存焉。饗禮，獻有從，旅無從。然當其獻卿也，設席乃薦之。及其獻大夫也，則既獻乃布席薦之。至徹俎升燕，而後大夫祭薦，所以別尊卑。既燕而獻士畢，乃薦士，則士尤卑矣。亦各就其位薦之，故皆曰從獻。賓醉而出，必取薦脯，重君賜也。以所執脯賜鐘人於門內霤，廣君惠也。邾莊公與夷射姑飲酒，出而閽人乞肉者以此。射姑出不執脯，奪杖敲閽，無禮甚矣，邾之亡也宜哉！《內則》有腶①脯，有析脯。腶②爲脩，析爲羹，則脯有濡有乾。濡者炙以飴蜜，豉汁淹之，脯脯然，宜於豆。乾者腶③而捶焉，乃施薑桂，挺挺然，宜於籩。古者尚之。冠醴子，子取以見母。昏醴賓，賓取以反命。贊醴婦，婦取以授人。然則，殽兼燔而尚肝，薦兼醢而尚脯，皆曰從主於獻也。食醴無獻酬，故脯燔不設。而大饗尚腶脩④，脯以籩，燔以俎，皆肉物也，內饔辨焉。《詩》曰："如酌孔取。"《箋》云："孔取，謂度其多少。"凡器之孔，其量大小不同，所謂酌有數量也。《詩》曰："有兔斯首，炮之燔之。君子有酒，酌言獻之。"《箋》云："炮燔以爲飲酒之羞。"凡飲酒之禮，既獻賓乃薦羞，所謂從獻之脯燔也。酌有淺深大小，薦有長短多少，肉從酒，故薦從酌。《鄉射記》所謂"脯五臟"，臟長尺二寸，似非定數，必有等差。漢祀岱宗，脯長五寸，則漢之脯短於古矣。《曲禮》："脯曰尹祭。"《士虞記》："折俎二尹，縮祭半尹。"是脯不徒爲豆實，兼折以爲俎實也。《鄉射記》："祭半臟橫於上，"半臟猶半尹，縮猶從，俎橫設，故橫於上者。於人爲從，謂之縮祭。【杜氏《通典》曰："從獻上炙，主人以肝，主婦以肉，謂之燔。隨酒行禮。"《風俗通》曰："祀岱宗，作脯廣一尺，長五寸。祀訖，取泰山君夫人坐前，脯三十朐，太守拜章，傳送洛陽。"】

〔酒人〕女酒　奚

秋官司厲掌奴。其奴，男子入於罪隸，女子入於舂槀。秋官罪隸百有二十人，役辱事，積任器，助牽車，漢律所謂隸臣。地官女舂抌、女槀，皆有奚，奄人掌之，是爲舂槀。而天官女酒、女漿、女籩、女醢、女醯、女鹽、女冪，春官女祧，皆有奚，奄人掌之，名曰女奴，亦曰宦女。宦女者，官婢也，不獨給事。舂人、槀人，總謂之舂槀，若漢律之白粲、鬼薪。而酒人之奚，多至三百。則古之酒，皆女子爲之。蓋酒陰類，祭先灌，求之陰。《詩》曰："天立厥配，"配讀爲妃，《傳》

---

① 腶，四庫本作"腵"。
② 腶，四庫本作"腵"。
③ 腶，四庫本作"腵"。
④ "腶脩"，四庫本作"腵脩"。

訓爲媲。《說文》云："配，酒色也，從酉妃聲。"【妃作妿，省爲妃。】酒之溺人，猶女之惑人，先王亦所以示戒歟？或曰女奴入舂槀，則酒人之奚非女奴也。愚以爲不然。鐘子期夜聞擊磬者而悲，使人召而問之，答曰："臣之父不幸而殺人，臣之母得生而爲公家爲酒，臣之身得生而爲公家擊磬。臣不睹臣之母三年矣。量所以贖之則無有，是故悲也。"然則，古之爲酒者皆女奴，信矣。其父殺人而死，妻子從坐爲奴，則非古法也。康成謂"從坐男女沒入縣官"，蓋起於戰國歟？《月令》"染人曰婦官"，蓋典婦功之屬官。《淮南子》云："庶女尚槀。"槀與槀通，尚猶典也。而《天官》"典枲受籩，典絲受良"，皆非女子。獨內司服縫人，有女禦、女工及奚而已。而婦功絲枲，有府史工賈，故男子主之。且以其有黼畫組文之美，布繐縷紵之功，以共祭祀，以給喪紀，以待時頒，故婦人不與焉。【古配讀爲妃，《易》"遇其配主"，鄭注曰"嘉耦曰妃"，虞《注》亦曰"妃嬪"，蓋配古妃字，非改配爲妃也。《大戴禮·哀公問》"配以及配"，《禮記》配作妃，古今字。】《戰國策》：『梁王觴諸侯於范臺。酒酣，魯君舉觴【一作觚】。言曰："昔者，帝女令儀狄【一作帝女儀狄。】作酒而美，進之禹，禹飲而甘之。"』是酒之作也，始於帝女。女酒之名蓋取諸此。《墨子》曰："丈夫以爲僕圉胥靡，婦人以爲舂酋。酒孰曰酋，故酒人爲大酋。"然則，舂酋者，酒人之奚也。【如淳曰："酋，音酒，醋孰、與久切。"】

〔漿人〕六飲之醫

酒正四飲，漿人六飲，皆有醫。醫者，古之湯液，今之酒漿也，故漿人掌之，酒正辨焉。《說文》："醫，治病工。殹者，惡姿也，得酒而使。一曰殹，病聲，酒所以治病。"《周禮》有"醫酒"，《郊祀志》："順風作液湯。"如淳曰："《藝文志》有《液湯經》，其義未詳。"愚案：《內經》：『黃帝問曰："上古聖人作湯液醪醴，爲而不用，何也？"岐伯曰："古聖人之作湯液醪醴者，以爲備耳，故爲而弗服也。中古之世，道德稍衰，邪氣時至，服之萬全。當今之世，必齊毒藥攻其中，鑱石鍼艾治其外，形弊血盡而功不立。"』然則，古之治病，未有毒藥鍼石，先有湯液酒醴，故謂之醫。殹者，噫也，病者善噫。故人身有譩譆穴，在背下俠脊傍三寸所。厭之令病者呼譩譆。譩譆應手，言以手應之。病者作聲則止。譩，一作醷。《莊子》曰："生者，喑醷物也。"亦作意。《漢書》"意烏"，《注》云："恚怒聲。"古以酒治病，遂以名其酒。故醫醴皆從酉，以殹意得聲。康成以醷爲梅漿，失之矣。一天，二地，三人，四時，五音，六律，七星，八風，九野，身形亦應之。人出入氣應風，順風作液湯者,《時則訓》所謂"服八風水也"。故王莽起八風臺,作樂其上,説者謂"八方之風,朝會太乙",豈其然?

六飲之涼

六飲之涼,即《内則》之濫。康成謂:"濫以諸和水,紀莒之間名諸爲濫。"愚案:《管子》曰:"冬日不濫,非愛水也。夏日不煬,非愛火也。爲不適於身,便於體也。"然則,濫一名涼,蓋宜於夏矣。《楚辭》:"挫糟凍飲,酎清涼。"《注》謂:"盛夏之時,覆甕乾釀,提去其糟,但取清醇,居之冰上而飲之,則酒寒涼也。"其説近之。水涼二物,酒正不辨者,非以其無糟歟?涼,《廣雅》作䣼,本《説文》,雜味也。《釋名》謂之桃濫,水漬而藏之,其味酢而濫濫者。古者以飲澆飯謂之飧。禮:『食未飧,必先啜飲以利喉,不令澀噎。』故未嘗羞。先飯飲,卒食,又三飯三飲。三飲者,三漱漿也。古有客舍賣漿家。《列子》曰:"吾食於十漿,而五漿先饋。"蓋四飲兼清糟爲八,加以水涼謂之十漿。

酒正成要

《宰夫職》云:"府掌官契以治藏。歲終,則令群吏正歲會;月終,則令正月要;旬終,則令正日成,而以考其治。"歲會、日成、月要,皆官契也。《酒正職》云:"凡有秩酒者,以書契授之。酒正之出,日入其成,月入其要。"則成要即書契矣。稱責以傅別,取與以書契,賣買以質劑,出入以要會。傅別、質劑、要會,皆書契之名。府實掌而藏之,故曰府。酒正,府二人。酒人、漿人,無府。故酒人共五齊、三酒,漿人共六飲,皆曰入於酒府,謂入於酒正之府。日入其成,月入其要也。治之者府,贊之者史,故曰:"史掌官書以贊治。"聽之者,小宰也。聽謂之成,故小宰八聽爲八成。

〔籩人〕四籩之實

籩人掌四籩之實。朝事饋食,加籩羞籩。先鄭謂"朝事者",清朝未食,先進寒具。口實之籩,則饋食加羞,皆非祭禮,乃王之饋食、燕食可知矣。朝薦腥,饋薦孰。加籩后獻尸所薦,羞籩房中之羞,後鄭説也。朝事之籩,膴鮑魚鱐。史記"鮿千石,鮑一斤"。鮿,一作鮿。鮿即鱐,析乾爲鱐,破開爲鮿。一説,鱐即鮝,藏魚也。鮝,俗作鯗,古音若詐,今音若想。鮑亦煏乾之,但不析耳。或云鮑魚,誤矣。凡籩實皆乾。賈誼曰:"昔文王使太公望傅太子發,嗜鮑魚,而太公弗與。曰:'禮,鮑魚不登於俎,豈有非禮而可以養太子哉!'"愚謂:脡加於俎,鮑實於籩，禮也。曷爲不可以養太子也？豈王者備物，太子則否歟？而膳夫養王及后，世子似與王同。世子之膳，歲終不會，所以優尊，不聞與王異。則又何説而獨去鮑魚也？或曰："去鮑魚惡其臭，猶去邪蒿惡其名。"加籩之實，菱芡栗脯。《楚語》屈到嗜芰【芰，菱也。】有疾，屬曰："祭我必以芰。"及祥，將薦芰。其子建命去之，曰："不羞珍異，不陳庶侈，夫子不以其私欲干國之典。"遂不用。左史倚相亦以爲違而道。愚謂：菱芡栗脯，分實八籩，天子之祭禮也。特牲兩籩，棗烝栗擇。有司徹，則籩賡白黑棗糗而已，不聞有菱芡。惟王者大饗，得備四海九州之美味。故珍異庶侈，皆羞而陳焉。大夫而薦芰，是僭用天子之禮也。故屈建曰"干國之典"，倚相亦云"薦芰以干之"。説者謂"芰非祭物"，誤矣。饋食之籩，果屬有五，桃其一也。先於蓤榛，次於棗桌。《家語》乃云："果屬有六，而桃爲下，祭祀不用，不登郊廟。"托諸孔子，不亦妄乎？《爾雅》："瓜曰華之，桃曰膽之，棗李曰疐之，樝梨曰鑽之。"《内則》："棗曰新之，栗曰撰之。"又有瓜桃李梅之屬，安見桃爲下也。《釋草》："菱蕨攈。"郭注云："水中芰。"《説文》："蔆，楚曰芰，秦曰薢茩。"茩，《廣雅》作苟。《方言》："芡，雞頭，北燕謂之䓈。【一作莜，《廣雅》："莜芡，雞頭也。音悦榮切。"】江湘之間，或謂之鴈頭，或謂之烏頭。【菠，弋董切。】《莊子》謂之雞雍。司馬彪云："雞頭也，與藕子合爲散，服之延年。"《説山訓》曰："雞頭已瘻。"

麷

《籩人》："籩實有麷。"今之麥芽。《釋名》云："漬麥覆之，使生芽。"《荀子》曰："午其軍，取其將，若撥麷。"言其柔脆也。先鄭云："熬麥曰麷。"《説文》亦曰"煮麥"，讀若馮。後鄭云："今河間以北煮穜麥賣之，名曰逢。"其音若馮，與《説文》之讀符矣。崔實《四民月令》曰："臘月祀炙，逢樹瓜田四角，去蟲，瓜蟲謂之蟊。"《集韻》曰："䴢䴢寒具。"引干寶《司徒儀》祭用䴢䴢，逢之類也。蓋今之麥飥。䴢，一作䴢。賈誼《連語》"宋昭公衣苴布、食䴢餕"，即此。《晏子春秋》曰："晏子侍於景公，朝寒，公曰：'請進暖食。'"暖食者，漢之寒具也。

〔醢人〕茆

《醢人》豆實有茆，音柳。從艸夘聲。《詩》曰："思樂泮水，言采其茆。魯侯戾止，在泮飲酒。"則茆讀爲柳，又何疑？毛傳曰："茆，鳧葵也。"茆俗作茆，古無茆字。【《說文》有茅無茆。卯古鄉字，音去京切。茅訛爲茆，失其聲矣。】故鄭大夫讀茆爲茅。茅，菹茅，初生或曰蒯，水草。杜子春讀茆爲卯，康成從之。故曰："蒯，鳧葵。"蓋以茅非水草，又不可爲菹也。俗本蒯皆作茆，故《音義》云："茆音卯，北人音柳。蒯讀爲柳，六書正音，豈獨北人乎？齊魯諸儒讀茅爲貿。"《春秋》"茅戎"，《公》《穀》二傳作"貿戎"，則蒯亦可讀爲茅也。故《天文訓》以卯爲茂，卯爲飽，讀亦如之。然飽，古文作贛，從卯不從卯，若破蒯爲茆，則古文所無，不可不辨。《玉篇》《廣雅》皆從俗，失之者多矣。

脾析豚拍

饋食之豆，有脾析豚拍，司農以牛百葉爲脾，而謂之析者，析猶散也。《莊子》曰："臘者之有膍胲，可散而不可散也。"膍與脾通。司馬彪亦以爲牛百葉。或云："胲，備也，大祭備物，殽有膍胲。"愚謂：胲，聚也。聚爲胲，散爲析。故脾析，一名膍胲。《廣雅》："百葉謂之膍胵，胃謂之胲。"《說文》以胲與膍皆百葉。一曰鳥膍胵，胵者，鳥胃①也。又曰五藏總名。愚謂脾連於胃，爲五藏之宗，故脾析又名胲，謂之膍胵者以此。【胲，音弦。胵，處脂切。】《既夕禮》："大遣奠四豆，亦有脾析。"《注》云："脾讀爲雞脾肶之脾。"蓋雞胃也。脾肶即膍胵，文異音同，實一物。豚拍，一讀爲髆，豚肩也，見《說文》。一讀爲胉，豚脅也，見《廣雅》。《士喪禮》"兩肩亞""兩胉亞"即此。

酏食糝食

醢人羞豆酏食糝食。②司農云："酏食，以酒酏爲餅。糝食，菜餗蒸。"賈疏云："酒酏，若今起膠餅。"餗者，《易》"覆公餗"，鄭注云："糝謂之餗。震爲竹，竹萌曰筍。筍者，餗之菜也。"案餗，《說文》作鬻，鼎實惟葦及蒲，陳留謂健爲鬻。健即饘，一作鬻，或作飦。古之糜，今之粥也。《內則》之酏即此。康成云："狼臅膏者，臆中膏，似今膏屬矣。"屬，一作鑽。《說文》云："以米澆飯也。"《釋名》云"肺腥"，脤，鑽也，以米糝之，如膏鑽也。是以漢之膏鑽，當古之糝食。康成破酏爲餰，而以膏鑽當之，亦無不可。案：脤，《說文》作䐑，讀若遜。盧諶《祭法》曰："四時祠皆用肺脤。"《楚辭·招魂》："肥牛之腱，臑若芳。"王逸注云："取肥牛之腱，爛熟之，則脤美也。"雜之以米，即《內則》之糝，與酏

---

① 四庫本"胃"作"膍"。
② 語出《周禮·天官·醢人》，原文爲："羞豆之實，酏食、糝食。"

同類。其異者：酏小切狼臅膏，而糁取牛羊豕之肉。《燕禮》："羞庶羞。"《注》云："謂膷肝膋，狗胾醢也。"腒、膹，音義同。《玉篇》分爲二，失之。《廣雅》"膷臐膮，臛也。"愚案：四者皆肉羹，所謂庶羞。膷，一作胖。胖與膹通。康成以餌餈酏糁爲內羞，與庶羞別。庶羞者，膷臐膮皆有胾醢。庶羞惟肉，內羞兼穀。説者以肉爲陽，穀爲陰，故有司徹，曰："內羞在右，庶羞在左。"

〔醢人〕醯醬一物

醯人共醯，醢人共醢。《釋名》曰："醢多汁者爲醯。醯，瀋也。宋魯人皆謂汁爲瀋。"愚謂：醬屬醢人，名曰醯醬。則醯即醬也，不應分爲二。《士昏禮》"醯醬二豆"，二豆者，壻與婦醬爲對醬。則醯醬非二物矣。五齊七菹，皆醯物也，謂皆以醯調之。醯物猶醬物，一物二名。《膳夫職》所謂"醬用百有二十甕"，《內饔職》所謂"百羞醬物者"，即此。古有鹽梅而無豉醋，醋讀爲酢。《説文》云："客酌主人也。"漢始有豉。《説文》所謂"配鹽幽未，五味調和，須之而成，食乃甘。"於是始有酢漿爲酸。《急就篇》所謂"鹽豉醯酢漿"，《尚書》孔注亦云"鹽鹹梅醋"，蓋今之醋，古之梅也。則古無醋明甚。《左傳》："醯醢鹽梅以烹魚肉。"《聘禮》："歸饔餼，醯醢百甕。"皆不言醬。則醯非即醬歟？公食大夫禮：『公設醯醬，大羹湆設於醬西，粱設於湆西，皆公親設也。賓取粱及稻，祭於醬湆間。』三飯以湆醬。卒食會飯三飲，不以醬湆，取粱與醬以降，而不言醯。以此知醯醬爲一物也。《荀子》曰："醯酸蜹聚，敗則酸。"《廣雅》謂之醋，豈其然？醢人有七醢三臡。《釋名》曰："臡，骨肉相搏眤也。醢有骨而無汁者曰臡。"然則，無骨而有汁者醢，汁多者醯。芥醬、卵醬、醯醬、醢醬，皆醬名。醯醬者，醬之多汁者也。【《弟子職》醯醬誤爲醬醋，學者不可不知。】

〔鹽人〕飴鹽苦鹽

鹽人共飴鹽。康成謂"鹽之恬者，今戎鹽有焉"。《涼州記》曰："青鹽池出鹽正方，其形如石，甚甜美。"《涼州異物志》曰："鹽山二岳，三色爲質，赤者如丹，黑者如漆，作獸辟惡，佩之爲吉，名曰戎鹽，可以療疾。"則戎鹽不徒供膳羞，兼可療疾病。又土人鏤爲虎形，大小如意。明鹽人形鹽亦用戎鹽也。交河之間平磧中，掘深數尺，有末鹽，如紅如紫，色鮮味甘，食之止痛。更深一尺，下有碧珀。黑逾純漆，大如車輪。末而食之，攻癥瘕諸疾。然則，石鹽末之亦曰末鹽，或青，或赤，或紫或碧，或紅或黑，不純一色，是爲飴鹽。以調鼎實，鏤爲虎形，兼供賓客者歟？《宋史志》鹽之類有二：引池而成者，曰顆鹽，鹽人所謂苦鹽也；鬻海、鬻井、鬻鹻而成者，曰末鹽，鹽人所謂散鹽也。引池爲鹽，暴以烈日，鼓以南風，須臾而成。若不俟風日，厚灌以水，積水而成，味苦不適口，是爲苦鹽。煉以海水，所得最多，刮鹻淋鹵，十得六七。鐵竹爲盤，【或用鐵，或用竹。】鹽色青白，是爲散鹽。《異物志》云："剛鹵千里，蒺藜之形，其下有鹽，累棋而生。"蓋天產者石鹽，而苦鹽、散鹽皆成以人功者也。《隋志》："後周有掌鹽之官，掌四鹽之政令：一曰散鹽，二曰鹽鹽，三曰形鹽，四曰飴鹽。"而飴鹽取之戎，形鹽則物地以出之。《郊特牲》："煎鹽之尚，貴天產也。"若煎煉而成，則非天產。熊氏云："郊天所用，疑即石鹽。"《鹽人》："凡齊事鬻鹽。"康成云："湅治之。"蓋所謂煎鹽歟？《內則》有"卵鹽"，康成云"大鹽"，孔疏云"形如鳥卵"，亦石鹽也。《本草經》曰："戎鹽累卵。"《水經注》："甘水之鹽如水精，龍城之鹽若巨桃，朔方青鹽入藥分，皆戎鹽矣。解池之水亦出石鹽，自然印成，朝取夕復。"然則，天產不獨戎鹽也。土自成鹽，是謂鹽鹻而味苦，號曰鹽田。《山海經》謂之"鹽販之澤"。一名女鹽。巴獠有鹽井，食之令人瘦。其散鹽之不善者乎？巴川傘子鹽，形如張傘，異於常也。湯溪之口，煮石爲鹽，亦成以人功矣。《管子·海王》一篇，爲千古興利之祖。而《爾雅》九府，岱岳有魚鹽；《禹貢》鹽絺，貢自海岱。則其利似非起於春秋也。然名山大澤不以封。海王之利，諸侯莫敢專之。專之者，自齊桓始。【《集韻》："�，戎鹽也。"】

〔宮人〕井匽

宮人掌六寢之脩，爲其井匽。案：井匽，一名偃，見《莊子》。一名屏匽，見《戰國策》。一名廁牏，見《漢書注》。《莊子·庚桑》篇云："觀室者周於寢廟，又適其偃焉。"郭注："偃謂屏廁，寢廟以饗燕，屏廁以偃溲。"此"井匽乃屏廁"之明證。而後鄭謂漏井、匽豬者，非也。《戰國策》："宋王鑄諸侯之象，使侍屏匽，展其臂，彈其鼻。"《注》云："屏，當作井。匽，路廁。"蓋廁如井者。《漢書》："石奮身自洗廁牏。"蘇林云："牏音投。"孟康曰："牏中受糞函，東南人以鑿木空中如曹謂之牏。"又云："廁，行清。"賈逵解《周官》以牏爲行清。然則，匽即廁也，鑿木空中如井形，故名井匽。蓋虎子之屬也。虎子盛溺器，井匽受糞函。一名楲窬。《說文》云："楲窬，褻器。故宮人掌之，猶漢侍中執虎子也。宋王鑄諸侯像，使侍褻器以辱之歟？"《說文》："牏，築牆短版，讀若俞。"蓋與窬同。然則，廁牏即楲窬也。一作侯頭，頭與牏音同，假借字。《釋名》云："齊人謂如衫而小袖，曰侯頭。"晉灼所謂"小袖衫者"即此。然侯與廁不同音，則廁牏非侯頭，明矣。劉熙謂"侯頭者，直通之言"，晉灼以爲廁近，豈其然乎？或曰側音轉爲侯，井匧即渠堰，見《荀子》，蓋制水之具。司農所謂"受居潃水涑槀者也"。康成謂："靁下之池，受畜水而流之者。"然以井爲漏井，則井匧分爲二，當考。

〔掌舍〕三宫四門

會同之舍有三宫：曰車宫，曰壇壝宫，曰帷宫。環車於外，築壇於中，張帷於上，三者相因也。有四門：曰轅門，曰戟門，【古孑、棘、戟通。】曰旌門，曰人門。仰車爲門，門旁列戟，門上建旌，門下立人，四者亦相因也。用有其時，各舉其一，久則全設，暫則偏共。而人門獨曰無宫者，言雖無宫亦然，尤以人爲重也。野外無宫，以藩爲營，土方樹之。廣二丈，衛以扶胥，夾以劍刃，是爲木螳蜋，一名行馬。古曰桎柣謂之閑，又謂之列。列有內外，故桎柣再重。師氏、虎賁氏使其屬守之。虎士立爲門，四翟各持兵，故曰人門。古者遇禮相見，以人爲菑。菑者周垣，所以分內外、衛威儀，則人門若人垣矣。漢衛青擊匈奴，以武剛車自環爲營。蓋師古車宫之遺意，而知先王會同之舍，寓行師之道焉。委壝土，起埒埳，兼以備不虞，非徒壯威儀也。行馬施於門外，即古重門，擊柝卒暴之防。隋唐三品以上階銀青者，門皆立戟，則禁衛之設達於群臣矣。旌門，一名渠門，用之軍旅。《齊語》有"渠門赤旂爲旝"，置旝於門，若今牙門。真人《水鏡經》曰："軍始出立牙竿，必令完堅，折則不利，軍之精也。"① 一名和門，用之田獵，門中通車，旁容一握。驅而入，聲則退，懲不敏也。《穀梁》謂"流旁握者"，流與旒通，謂和門之旒，旁去車之兩轊各四寸爾。掌舍設門，司常置旌，二官聯事，同物異名。惟天子會同之舍，封土爲壇，諸侯則否。子産相鄭伯如楚，舍不爲壇，禮也。春秋時，大國適小國，作壇以昭功，其僭久矣。楚公子圍尋盟於虢，而設蒲宫，蓋緝蒲成帷，張爲殿屋，竊取帷宫之遺制而僭爲之。平丘之會，子産以幄幕九張行。及會，命外僕速張於除，則除地張帷，亦諸侯會同之禮。案：聘禮，未入竟，壹肆，爲壝壇畫階，帷其北，無宫。蓋張帷四合象宫室，帷一面而闕其三，雖有壝壇畫階，不成宫也。入竟布幕而不言除壝，則草舍可知矣。《詩》云："召伯所茇。"毛傳云②："茇，草舍。"召伯分陝爲上公，作二伯，猶止草舍焉。然則，非天子不爲壇也。【齊韓魏共攻燕，楚使景陽救之。魏軍其西，齊軍其東，景陽開西和門通使於魏，以誤齊軍。此軍中左右兩和門也。楚考烈王卒，李園入宫伏死士於棘門之內，則知古者宫門皆立戟矣。春秋會盟皆有壇，土基三尺，土階三等，升降揖讓以相接焉。於是，王者

---

① 即後漢汪真人，著有《水鏡經》，原文爲："凡軍出立牙，必令堅完。若折，將軍不利。"
② 語出鄭箋，非毛傳。

遣使臨諸矦盟，飭以法度。非是而爲壇，則僣也。】

〔玉府〕食玉

《玉府》："王齊共食玉，大喪共含玉。"學者疑之。食玉者神仙道家之法，其說見《山海經》："峚山多白玉，是有玉膏，其源沸沸湯湯。黃帝是食是饗。"乃採玉榮，以爲玉種。而《河圖玉版》亦曰："少室山上有白玉膏，一服即仙矣。"如其說，則食者乃玉膏，非玉屑也。《離騷》所謂"登昆侖而食玉英者"，大率皆寓言神仙怪迂之事，聖人所不語。而食玉載於《周官》，則又何說？蓋玉以禮天地，饗鬼神，王者尊之爲寶。除不祥，辟惡氣，君子不去於身。而祼①用圭璋，其名曰瑒，清明之玉氣能與神通。故齊則共之，是爲食玉。食，猶服也，謂潔清其氣，祓除其心，神明其德而已②。非口食之也。且君子之食，莫備於食豎，而不聞食玉。食玉掌於玉府，而不掌於膳夫，則玉非可食之物矣。一說：王齊，鬱人薦鬯，食玉謂鬯圭也。杜預注《左傳》云："珠玉曰含。"何休注《公羊》引《禮緯》："天子以珠，諸侯以玉，大夫以碧，士以貝，爲春秋之制。"《左傳·成十七年》："聲伯夢或與已瓊瑰食之。"③ 說者以爲食珠玉者含象，又引呂靖《韻集》"玫瑰火齊珠"，而《莊子》有"發冢無傷口中珠"之語，遂謂"春秋時，珠玉襍用以爲含"。季平子卒，陽虎將以璵璠斂。杜氏謂："昭公之出，平子攝行君事，佩璵璠。"蓋生嘗以之佩，死欲以之斂。愚謂：天子以珠，出於讖緯，漢儒信緯不信經，故據以爲說。《莊子》所謂"詩禮發冢"，不獨誚群儒，兼以戒厚斂。且云："口中珠者，玉之圜好如珠，"即玉府之珠玉也。《秦風毛傳》："瓊瑰，石而次玉。"《說文》云："石之美者。"顏師古注《急就篇》亦云："琅玕，火齊珠。"孔安國曰："石而似珠者。"漢揚王孫臝葬以矯世，乃云："口含玉石欲化不得，"則含不以珠明甚。古者，葬用明器，含以次玉。季平子卒，將以璠璵斂，孔子歷級而救焉。曰："送而以寶玉，是猶曝尸於中原也。"聖人明戒如此。《典瑞》贈玉，不以大圭鎮圭，生所服者，死不以之贈，則玉府含玉亦不以服玉、佩玉、珠玉。生所佩者，死不以之含。曰明器，神明之也。故死者不用生者之器。食玉者含象，聲伯夢而惡之，則玉非可食之物益明。《荀子》曰："玉貝曰含。"又曰："飯以生稻，含以槁骨，反生術也。"則何休、杜預之說皆非也。【槁骨，貝也。《士喪禮》"含以貝"，《列子》云："不含

---

① 當爲"祼"之誤。
② "巳"當爲"已"。
③ 語出《左傳·成公十七年》，原文爲："初，聲伯夢涉洹，或與己瓊瑰，食之。"

珠玉，不服文錦，不設明器，亦謂玉圉似珠。"】東晉冕飾以珠，侍中顧和奏曰："舊禮，冕旒用白玉珠，今美石難得不能備，可用白玉璇珠。"從之。愚謂：飾冕古用采玉，天子五采，諸侯三采，皆美石似珠，謂之珠玉，玉府掌之。魏明好婦人之飾，改用珊瑚珠，晉易以白玉，北齊五采。隋唐白珠，諸臣青珠，皆玉也，而名珠。然則，含以珠者，美石之圉者歟？《雜記》："天子飯九貝，諸侯七，大夫五，士三。"康成云："夏禮也。"周禮天子飯含用玉。孔疏引《禮》戴說："天子飯以珠，含以玉。諸侯飯以珠，含以璧。大夫士飯以珠，含以貝。"又與何休之說不同。《典瑞》："大喪共飯玉、含玉，"不聞以珠，而諸儒人人異說。康成盡以爲夏殷之禮。《穀梁子》曰："貝玉曰含，"含當作琀。《說文》曰："送死口中玉也。"【《說苑》："天子含實以珠，諸侯以玉，大夫以璣，士以貝，庶人以穀實。"《釋名》曰："琅玕，石似珠也。"《隋志》云："白璇，蜂珠是也。"】葛洪謂玉芝生於有玉之山，玉膏流出萬年以上，凝而成芝，形如鳥獸，色若山元水蒼，屑以爲末，與無心草汁和之，須臾成水。此蓋古之食玉歟？則愚未之敢信。《玉經》曰："服金者壽如金，服玉者壽如玉，服元真者其命不極。"元真，玉之名。服玉之法：『以烏米酒以地榆酒化之爲水，或以蔥醬消之爲粕，亦可。餌爲丸，燒爲粉。』赤松子以元蟲血漬玉爲水而服之。故能乘煙上下焉。然食之令人發熱，不得其方，非徒無益且有害也。康成謂陽精之純，信矣。【金樓子曰："五茄，一名金鹽；地榆，一名玉豉。惟此二物可以賣石，故服玉之法化以地榆。"】

〔外府〕邦布　口錢

屋粟邦布，見《管子·輕重篇》。屋粟者，地稅。夫一爲廛，夫三爲屋。《荀子》所謂"田野之稅"，《孟子》所謂"粟米之徵"，《管子》謂"籍於室屋"，妄矣。蓋計畝以步，計井以屋，故小司徒得據而考焉而斂之旅師者是也。邦布者，口泉。衆寡有數，長短有度。《荀子》所謂"刀布之斂"，《孟子》所謂"布縷之徵"，《管子》謂"籍於萬民六畜"，妄矣。蓋家辨其物，歲入其書，故鄉遂大夫得稽而徵焉而入之外府者是也。凡田不耕者出屋粟，有田而不耕，使出三夫之地稅。凡民無職者出夫布，無田乃無職，使出一夫之口泉。出之民曰夫布，入之國曰邦布，其實一也。《貢禹》曰"古民無賦算"，口錢起於武帝。民產子三歲則出口錢，故民重困，生子輒殺，甚可悲痛。宜令七歲去齒乃出口錢二十乃算。《零陵先賢傳》曰："漢末多事，國用不足。產子一歲，輒出口錢，民多不舉。白土嗇夫鄭產乃言之郡，郡爲表上，口錢得除，因名白土爲更生鄉。"蓋漢之口錢病民若此。然謂起於武帝，則不然。《漢儀注》："民年七歲至十四，出口賦錢人二十，以食天子。至武帝，加三錢以補車騎馬，爲二十三。"則口錢明非起於武帝矣。古者民二十受田，一家之主伯也。亞旅無田，則出夫布，故以漢口泉當之。十歲以下，十一以上，上所長，上所强。上所長者，謂之國粥。粥者養而長之。上所强者，謂之閑民。民無常業，轉移執事。蓋年二十乃出口泉歟？凡起徒役，無過家一人。惟田與追胥，則一家畢作。故修①閭氏掌國粥，而比其追胥，加賞罰焉。然則，國粥即閑民也，追謂追寇。春秋，公追戎於濟西，胥與狙通，謂"伺捕盗賊，伏而候之"，如狙之伺物焉，故曰狙候。顏師古讀狙爲覰，失之矣。《蜡氏注》云："蜡讀如狙伺之狙。"蓋蜡者，蟲所集。狙者，人所聚，故讀從之也。又讀如宿偦之偦。賈疏云："夜宿逐賊謂之偦。"愚謂：諝從言爲象胥，偦從人爲追胥。【《淮南·本經訓》："設詐諝。"《廣雅》："諝，智也。"而《玉篇》不收，其所遺者多矣。】

〔職幣〕用邦財者之幣振掌事者之餘財

職幣：掌式法，以斂幣凡用邦財者之餘。②邦財者，官府都鄙，與祭祀、賓客、喪紀、會同、軍旅財用之幣齎皆是也。漢屬少府，歷代因之，有左右藏。唐左藏署令掌錢帛、襍綵；右藏署令掌銅鐵、毛角、金玉、珠寶、香畫、綵色諸方貢獻雜物。周之內外二府，似唐之左右二藏。職幣所掌者，乃二府之餘。故倉有餘粟，府有餘幣，皆謂之餘法。用絲麻菅蒯，各不棄捐，制之以法，咸得其用。《逸周書》所謂"十二來"：一弓二矢歸射，三輪四輿歸禦，五鮑六魚歸蓄，七陶八冶歸竃，九柯十匠歸林，【注云："林當作材，匠以爲用。"】十一竹十二葦歸時。【取之以時。】言無棄物也。物謂之幣，幣謂之財，財謂之賦。司書入之，職歲叙之。巾車之毀折，入其齎；泉府之賒貸，納其餘。是爲掌事者之餘財，亦曰幣餘之賦。各爲書以楬之，辨其物而良楉分，奠其錄而貴賤定，扤其不足而檢其羨焉。故曰振，謂廢者起之，亂者治之，委者作之，滯者流之，則天下無棄物，而財恒足矣。上之賜予取之，此則物不久藏也。不留謂之斥，不盡謂之餘。康成以漢之斥幣當周之幣餘，豈其然乎？餘法用者，廩人、倉人計九穀之數足國用，而以其餘供法用。法用者，恤囏阨、養老孤及待賓客、羈旅、凶荒是也。凶年，則鄉里門關郊里野鄙縣都，皆不入委積。蓋凶荒札喪，則國無征，故止餘法用，而以豐年之所藏頒之，以供法用焉。職內掌邦之移用，有餘則轉而之他，不足則止。其法亦如此。職幣則豐

---

① "修"，四庫本作"脩"。
② 語出《周禮·天官·冢宰》"職幣"，原文爲："掌式法，以斂官府都鄙與凡用邦財者之幣，振掌事者之餘財。"

不益而凶不止，故常見其餘。桓譚《新論》曰："漢之百姓賦斂，一歲爲四十餘萬萬，吏俸用其半，餘二十萬萬藏於都内，爲禁財。少府所領園地作務之八十三萬萬，以供賞賜。"即《周官》職幣之餘也。然漢未聞有法用，豈非漢無法而周有法歟？九賦、九式，皆法用也，奚獨幣餘？斂之、節之，在冢宰。而大府，國之淵，故藏以待之。職幣獨言振者，明幣有金銅也。凶年多作布，亦所以振荒。周景王將鑄大錢，單穆公曰："不可。古者天災降戾，於是乎量資幣，權輕重，以振救民，小大利之。今王廢輕而作重，民失其資，能無匱乎？"大宰有幣餘之賦，民患輕作重，患重作輕，子母相權以振救焉，此財之所以常不匱也。《周官》備災，後多怠棄。景王作重幣以絶民資，而幣餘之法壞矣。【《漢書》：『孝元皇帝時，都内錢四十萬萬，水衡錢二十五萬萬，少府錢十八萬萬。』天下之經費在司農。而少府以供天子私費，近乎周之職幣，以詔上之小用賜予者也。漢之司農，猶周之大府矣。少府之屬有中藏府，掌幣帛金錢貨物。令一人，六百石，上之賜予，實主之。司徒韋彪以病乞身，詣中藏府受賜錢二十萬是也。六百石，上士。周之職幣，猶漢之中藏府歟？】

〔内宰〕如光禄勳　古闇勳通

《月令》："仲冬命閹尹，審門閭、謹房室。"說者謂"閹尹主領奄豎之官，於《周禮》爲内宰。掌治王之内政宫令，及出入開閉之屬。"如其説，則内宰亦宦者爲之歟？非也。周之内宰，猶漢之内卿。内卿，光禄也。漢初爲郎中令，後轉爲光禄勳，其府在宫中，故曰内卿。胡廣曰"勳，之言閽也"。閽者，古主門官。光禄主宫門，故曰勳。然則，古勳、閽通矣。《易·艮卦》九三"厲熏心"，虞翻云："古閽字作熏，艮爲閽，坎盜動門，故厲閽心。"《書》曰"馭豒"，【見《説文》。】《詩》云"昏椓"，椓與馭通，去陰之刑也。故《箋》云："昏，官名。椓，奄人。"《韓詩》曰："若此無罪，勳胥以痡。"勳，猶昏也，言矢昏札瘥，相瀸汗而病。《漢書》贊云："烏呼史遷，熏胥以刑。"蓋謂腐形，即《詩》所謂"昏椓"也。《爾雅》"昏爲强力，勳爲功勞"，故勳、昏通。周之閹人，屬内宰。司昏、守夜、給使、省闈，亦不全用宦者。而漢光禄勳掌期門羽林，即内宰之人民也。期門掌執兵送從，羽林次之，又取死事之孤養之羽林，名曰孤兒，如周之死政之孤。司門以其財養之者。養孤而兼及其老，則周之忠厚踰於漢矣。而衛尉八屯，警夜巡晝，即周之宫伯所授八次八舍之職事，蓋於四方四角立八屯。屯有次舍，謂之區廬。胡廣云："若今伏宿屋。"内宰分其人民以居之。人民有貴賤，其貴者爲爪牙羽翼，出從行，入宿衛，期門羽林是也。其賤者，爲奔走傳呼，戴青幘，直區廬，是爲區士，亦曰廬兒。周之士庶子亦然。其上者衛宮中，學道藝；次者守城郭、樹溝塗；下者隸屬於都職，視胥徒。蓋貴賤別與？而虎威章溝嚴更之署，晝漏盡，夜漏起，宮城門，擊刁斗，周廬擊木柝，即宮正所謂"夕擊柝而比之"，使不得有懈惰擅離部署者。然則，宮正、宮伯如衛尉，內宰如光祿勳，王宮、后宮皆曰王內。版圖、政令，宮正、宮伯分治之。而內宰則兼治之者也。然漢之光祿衛尉，掌宮殿門戶及門衛屯兵而已。周之內宰，九嬪九御無不統，奇衺功緒無不斜。服位禮儀，無不贊而詔，所以立嬴豕之閑，節貫魚之寵，使婦人不得用奄變。而后妃雖貴，不廢女功，其法至詳且密。由是有《窈窕》《德象》《女師》之篇，而琴瑟、鐘鼓房中之樂興焉。漢之大長秋，或用士人，或用中人，皇后卿也。成帝省減掖廷用度，許后上疏，以爲大長秋繩以詔書，搖手不得。官吏忮很，一切操人。則內宫之財用，皆大長秋掌之，有似乎周之內宰。而正椒房玉堂之位，俾后妾無陵節之郵，此豈閹尹所能勝其任者哉？

佐后立市

匠人營國，面朝後市。王立朝而后立市者，襄楷曰"《天官》宦者星，不在紫宮而在天市"，明當給使主市里也。《山陽公載記》曰："市垣二十二星，帝座居中。宦者四星，供市買之事。"然則，面有朝，百官理政事焉。後有市，宦者供市買焉。東漢之衰也，以市買之人，處政事之位，違天意矣。天地之位有前有後，聖人法之，以建經紀。夏長於前，故面朝。冬藏於後，故背市。

出其度量淳制　淳純通

內宰佐后立市，而出其度量淳制，質人則同其度量，壹其淳制，巡而考之。杜子春讀淳爲純，純爲幅廣，制爲匹長。康成引《天子巡守禮》"制幣丈八尺、純四咫"爲證。而以四咫爲太廣。【咫，八寸。】故因趙商問而破四爲三，以合幅廣二尺四寸之度。愚案：淳本作綧，一作敦，其義"則准"也。"丈尺綧制"，見《管子·君臣篇》。"斗斛敦槩"，見《荀子·君道篇》。准爲法，故曰綧制，謂布帛廣狹長短之數。准爲平，故曰敦槩，謂量鼓淺深大小之容。蓋水者萬物之准，准者五量之宗，故丈尺斗斛皆取則焉。經作淳者，古字淳、純通用。杜讀爲純，義本《淮南》。案：《淮南子·墜形訓》："門間四里，里間九純，純丈五尺。"《注》云："純，量名。"而云"丈五尺"，其義未聞也。子春以純爲幅廣，不知何據？康成既增成其說，而於《質人註》又讀"淳"爲"淳尸盥"之"淳"，蓋亦疑而無定論歟？《射禮》及《投壺》"二算爲純，一算爲奇"，是耦謂之純。《左傳·襄十一年》"鄭人賂晉侯以廣車、軘車，淳十五乘"，杜注云："淳，耦也。"是淳與純通也。《戰國策》"錦綉千純"，《左傳》"幣錦百兩"，蓋一匹分兩端，相對相合，故曰兩，亦曰純。《地官·媒氏職》所謂"純帛無過五兩"者即此。五兩則一束十端，是爲純帛。八尺曰尋，每兩五尋。故每端二丈。純，猶全也，故取其全，此非所謂淳制歟？康成破純爲緇，失之。賈疏謂"《昏禮》取誠實，每端二丈，制幣丈八尺，取儉易供。"愚謂：古者錢幣兼行，故有制錢，有制幣。制錢不足陌，制幣無全純，非古也。六朝東錢八十爲百，西錢七十爲百，京師九十爲百。梁大同初，詔用足陌，而民不從。其後遂以三十五爲百，而制錢之法壞矣。北朝舊制，民間絹布皆幅廣二尺二寸。長四十尺爲匹，六十尺爲端。其後幣有單絲之縑，疎縷之布，狹幅促度，不中常式，而制幣之法壞矣。《天文訓》曰"黃鐘九寸，物以三生，以三乘九，故幅廣二尺七寸。音以八相生，長八尺，故八尺而爲尋。有形則有聲，而音之數五，以五乘八爲四十，故四丈而爲匹。一匹而爲制，則制幣與純帛同也"。《小爾雅》："倍丈謂之端，倍端謂之兩，"得之。又云："倍兩謂之匹，匹有五謂之束"，失之。《穆天子傳》"錦組百純"，純猶兩也。郭璞亦曰"匹，端名"。高誘註《國策》，訓純爲束，以此。《詩》曰"白茅純束"，純束者①；《禮》"納徵以儷皮"，儷皮者，鹿皮也。兩皮爲儷，其束之也如純帛，而結以白茅，蓋取雙雙之象歟？《既夕禮》："贈用制幣，玄纁束，"《注》云："丈八尺曰制，二制合之，十制五合。"或曰："凡禮神之幣皆然。"一丈象陽，八尺象陰，十制六玄四纁，五合三玄二纁。鬼神之道，陰陽不測，故用陰陽之數求之。然則，丈八爲端，名曰制幣。蓋用之鬼神者也。漢官布幅廣二尺二寸，繒幅狹者亦然，喪禮用之。康成云"凡爲神之衣物必沽而小"，故制幣。《曲禮》曰"量幣"，古之幣帛有純有制。全曰純，量曰制，制廣三祕，魯人之贈也廣尺。郭璞曰"今名短度絹爲葉輸"，今古皆然矣。吉凶禮用制，賓嘉禮用純。【《說苑》"贈以束帛，天子五匹，玄三纁二，各五十尺。諸侯亦如之，各三十尺。大夫玄一纁二，各三十尺。元士玄一纁一，各二丈。降及下士、庶人，綵縵布帛各一匹而已"。蓋視尊卑上下爲差等。既不以丈八爲端，又不以十端爲束，諸儒異說如此。】

蠶於北郊

漢法：『皇后蠶於東郊；魏遵周禮，蠶於北郊。』吳韋昭著《西蠶頌》，則孫氏在西郊矣。晉亦如之。宋大明四年，於城西白石里爲西蠶，其禮始備。隋於宮北三

---

① 根據前後文，疑此處有脫文。

里爲壇，季春上巳，皇后躬桑於壇南，東面。禮：『王耕南郊，后蠶北郊。諸侯耕於東郊，少陽之位，而夫人蠶於北郊。』康成謂"夫人不蠶於西郊"，婦人禮少變也。愚案：古有天子東耕儀，因是有皇后西蠶禮。唐太宗以爲平秩東作，合在東方。宋因之。禮院言周蠶於北郊，以純陰也。漢蠶於東郊，以春桑生也。請築壇東郊，從桑生之義。然則，耕蠶並在東矣，可乎？王太陽，諸侯少陽，后太陰，夫人少陰，東耕西蠶，皆非禮也。【何休曰："禮，天子親耕東田千畝，諸侯百畝，后、夫人親西郊采桑，以供粢盛祭服。"《白虎通》曰："東方少陽，農事始起，耕於東郊。西方少陰，女功所成，桑於西郊。故《曾子問》曰：'天子耕東田，而三反之。'"漢儒之說皆不合《周官》。】

〔閽人〕怪民不入宮

閽人掌門禁，怪民不入宮。康成謂"怪民狂易"，蓋指孝成綏和二年，男子王褒入北司馬殿東門，上殿入室，曰："天帝命我居此。"取縛考問，病狂易，不自知入宮狀。靈帝光和元年，有白衣人入德陽殿門，稱梁伯夏教我上殿爲天子，須臾還走，求索不得，不知姓名。蔡邕謂："凡民爲怪，皆皇極道失，下或謀上，此災異也，誰能禁之？"愚謂怪民，執左道者。漢之方士，周之怪民也。戰國時，燕人爲方仙道，形解銷化，依托鬼神，名爲方士。汾陰出寶鼎，闕下獻玉杯，漢文賢明，猶爲之惑。後覺其詐，卒被誅夷。然則，新垣平非所謂怪歟？及武帝時，李少君、少翁、欒大之屬，其怪益甚矣。東晉元帝時，暨陽人任谷，有羽衣人與之交而有娠，產一蛇，遂成宦者。詣闕上書，自云有道術。帝留之宮中。郭璞上疏乞遣谷出，以爲周禮"怪民不入宮"，谷之妖，乃怪民之尤者。陰陽陶烝，變化萬端，狐狸魍魎，憑陵作慝。其後元帝崩，谷亡去。此皆所謂怪也。子不語怪者，蓋以此。若夫幻人吐火，水人弄蛇，易貌分形，奇幻儵忽。漢朝元會作之於庭，近乎怪矣。然黃金四目，驅疫有狂，夫何怪之有？一說，巫蠱爲怪民。愚謂巫屬《春官》，非怪也。後世失官，方士竊之以神其術。漢武好方士，故其術大行。於是埋蠱東宮，戾園遂敗，喋血京師。然則，怪民入宮，其爲禍也烈矣。不徒曰怪民，而兼曰奇服，蓋怪民未有不服奇服者。江充之召見犬臺宮也，衣紗縠襌衣，冠步搖冠，曳燕尾之裾，垂飛翮之纓，此所謂奇服。說者以爲服妖巫蠱之禍胎於此。故曰："奇服怪民不入宮。"武帝望見充而異之，目爲奇士而信用焉。然則，奇士與怪民相類也。何以別之，曰服先王之法服，道先王之法言爲奇士。不服先王之法服，不道先王之法言爲怪民。

〔世婦〕即春官世婦一綱一目

《春官·世婦》，其職視宮卿二人，其次視上大夫四人，其次視中士八人。而《天官·世婦》則闕焉。康成謂："屬《春官》者，如漢大長秋。屬《天官》者，乃二十七世婦。不言數者，君子不苟於色，有婦德者充之，無則闕。"非也。世婦屬《天官·內宰》，而職掌禮事，故兼屬《春官》。其職本同，文有詳略。《春官·世婦》云"掌女宮之宿戒。及祭祀，比其具"，《天官·世婦》亦云"祭之日，涖陳女宮之具"。《春官·世婦》云"帥六宮之人，共齍盛"，《天官·世婦》亦云"帥女宮而濯摡，爲齍盛"。同一祭祀之具也，一曰比，一曰涖陳。謂女宮陳之，世婦則涖臨而比校之也。同一齍盛也，一曰共，一曰爲，謂差擇而共奉之也。《春官·世婦》則曰"大賓客云云""大喪云云"。《天官·世婦》則一言以蔽之曰"掌祭祀、賓客、喪紀之事"。彼列其目，此舉其綱也。獨內外宗女，不屬《天官》，故載於彼而闕於此。然《內宗》云"凡卿大夫之喪，掌其弔臨"，《春官·世婦》則曰"相內外宗之禮事"，《天官·世婦》亦云"掌弔臨於卿大夫之喪"，則又未嘗不同也，但此略而彼詳耳。世婦視宮卿，猶漢倢伃視上卿。其次視下大夫，其次視中士，猶漢娙娥。以下至七子，尊者視中二千石，卑者視八百石。其職視卿，則謂之宮卿。古未有婦人居丈夫之官，而閹人亦不得稱世婦。且宦官金璫右貂，兼領卿署之職，自後漢始。而謂"成康之盛亦然"，失之甚矣。宮卿、女祝、女史，皆后宮官也。女祝視大祝、小祝，女史視大史、小史，後世遂有女尚書、女博士之名，蓋濫觴於此。

〔女祝〕招梗

女祝招梗，鄭大夫讀梗爲亢，謂"招善而亢惡去之"，杜子春讀梗爲更。康成謂"梗，禦未至也"。愚案：《管子·四時篇》"修除神位，謹禱弊梗"，弊當作幣。《左傳·襄九年》"祈以幣更"，更猶梗也。禱神之名，猶檜與禳也。招者旁招，招以茅，謂"福祥引之來"。梗者更始，更用幣，謂"凶咎遷之去"。康成謂"造類檜禜皆有牲，攻說以辭責之，用幣而已"。然則，梗者六祈之攻說歟？筓人有筓更，更即幣。更謂將禱神，先筓吉日也。鄭大夫讀梗爲亢，未詳。杜子春讀梗爲更，得之。案：漢制，桃印以輔卯金，即古之桃梗。立於門戶，以禦凶鬼。《後漢志》云"周人木德，以桃爲梗，言氣相更也"，《風俗通》亦云"梗者，更也，歲終更始受介祉也"，則梗即更，明甚。魏黃初詔曰："叔世衰亂，崇信巫史，至乃宮殿之內、戶牖之間，無不沃酹。"愚謂：宮中有女祝，掌內祀招梗檜禳，非衰世之事也。古者重鬼，《墨子》有《明鬼篇》。恐後世不能敬君以取灾，故聖王書之竹帛，以鬼神爲務。然其言非孔子所謂"敬而遠之"之義。《周官》內有禱祠，以除疾殃。至漢而巫蠱之禍烈焉，可不戒哉！

〔內司服〕緣衣

王后六服緣衣①，《雜記》《喪大記》皆作稅衣，康成破稅爲緣。《士喪禮》作褖衣，《內司服》作緣衣，皆不言其色。《士喪禮注》云："黑衣裳，赤緣之爲褖，所以表袍。"然皮弁服，白布衣素裳。《士喪禮》褖衣與皮弁同陳。則是褖衣白也。【爵弁服純衣，皮弁服褖衣。】《士冠禮》陳服，爵弁服純衣，皮弁服素積。玄端玄裳分爲三等，兩兩相配。則冠禮素積，正對喪禮褖衣。説者謂《士喪禮》"陳襲"亦分三等，以褖衣當玄端。玄端黑則褖衣亦黑，其不然乎？愚謂：《夏小正》"八月玄校"，《大戴傳》云："玄也者，黑也。校也者，若緣色然。婦人未嫁者衣之。"則緣衣黑矣。男子玄衣，婦人褖衣。《士喪禮》以褖爲散衣，與繭衣爲一稱，而以配玄冠。失之。且襲不言冠，未可引爲證也。鞠塵告桑薦之，鞠衣春，緣絺當暑蒙之。展衣夏，玄校初涼禦之。緣衣秋，皆婦服也。子羔之襲以稅衣，故《士喪禮》因之歟？《說文》無"褖"。《巾車》"夏篆"，故書作"夏緣"，蓋篆緣皆以象得聲，當讀若象。《士喪禮注》云"古文褖爲緣"，則知古無褖字，審矣。《月令》"季春薦鞠衣於先帝"，高誘曰："王后之六服，有菊表黄衣，如菊花故謂之菊衣。"春尚青而薦之，所未達也。愚案：漢高帝所述書《天子所服第八》，以爲春夏秋冬，天子所服當法天地之數，中得人和，身無禍殃，年壽永究。中謁者趙堯舉春，李舜舉夏，兒湯舉秋，貢禹舉冬，四人各職一時，是以帝與后皆有五時衣。春青，夏朱，秋白，冬黑，季夏黄。有司掌之，而各以時服焉。周之六服，蓋配天地四時，故五色益以玄。王之冕服有六，后服亦如之。其義深遠矣。色有對，方有比。方比者相生，對者相克。衣有時服，有祭服。時服不以祭，祭服不以時。《月令》《周官》之所以異而同也。《管子》曰："春盡夏始，服黄，靜處。"②三月五陽生，土數五。故季春薦鞠衣。赤與白，謂之章，故夏服赤而展衣白。白與黑謂之黼，故秋服白而緣衣黑。大裘玄，褘衣亦玄，六服之最尊者乎？《尚書大傳》"山龍純青，華蟲純黄，宗彝純黑，藻純白，火純赤"，是爲五采。后服褕狄青，闕狄赤，鞠黄展，白緣黑，如王之服，即漢所謂五時衣。然《大傳》之説，康成不取，以爲五采

---

① 王后六服：褘衣、揄狄、闕狄、鞠衣、展衣、緣衣、素沙。緣衣是六服之一。
② 語出《管子·輕重己》，原文爲："春盡而夏始，天子服黄而靜處。"

相錯非一色也。婦人一德，無所兼，則后服與王殊矣。陸農師謂毛傳"展衣以丹縠爲之"，則展衣赤。展，一作襢，通帛爲襢。襢，絳色也，與禮同義。其説有據。又夏服赤爲得時，然以爲褖衣白，則臆説也。褖衣有纁袡，則纁玄相配。安見褖衣之非黑乎？展衣既赤，則五色無白，五時無秋。漢制一歲五郊，天子與執事者所服各如方色。魏秘書監秦靜曰："有五時服，又有四時服，以給百官，三年一易，名爲五時，止給四時，而闕秋服。"然則，秋不服白也。漢魏皆然，則周可知矣。六服之裏皆素沙，則五時皆以白爲地也。白爲地者，使之張顯，以白裹白，何顯之有？且純白非吉，既有素沙，又何闕焉？《方言》云："蔽厀，齊魯之郊謂之袡襦。"王肅以纁袡爲婦人蔽厀，本此。漢律曰：『賜衣者，縵表白裏。』則知漢之袿袍襈重繪者，亦如是矣。案：《漢書注》："交輸謂之衣圭，割正幅，使一頭狹，若燕尾，垂之兩旁，見於後。"是禮深衣續衽、鈎邊，袿袍之制也。蘇林曰："如今新婦袍上，掛全幅繒角割，"是爲襈重繒。《釋名》曰："婦人上服曰袿，其下垂者，上廣下狹，如刀圭也。襈，撰也。青絳爲之緣也。"顏師古則云"今之襈，如古之積"，蓋襞積爲之，所謂"皮弁素積"，豈其然？《廣雅》云"袿，長襦也"。襈者，衣梳。梳，一作流。《爾雅》"衣梳謂之裗。裗者，袿衣之飾。陸氏《釋文》亦云"飾以重繒"。揄，古搖字。《骨空論》云"揄臂齊肘"，《注》云："揄音搖，一作褕。以其服，故從衣。"一説，王之服五采相錯，后服亦然。服之五色，猶樂之五聲，樂則各以其聲爲均，而文之以四聲；衣則各以其色爲地，而飾之以四色。蓋一聲不成樂，故一色不成衣。古皆衣綵，惟有故乃素服也。春宮角非角一聲，春衣青非青一色，推之五時皆然。摯虞亦云，秦漢以來，服色轉變，今惟朝廷五服用綵。然則，漢之五時衣亦五采相錯歟？五采備謂之綉。《左傳》稱"與夫人綉衣"，則后服亦如王服也。【《周書·高麗傳》"婦人服裙襦，裾袖皆爲襈"。則襈非積矣。襞積在腰，不在袖。《釋名》訓爲緣，得之。】

〔縫人〕翣柳

《縫人》"翣柳"，故書作"接橮"。先鄭云："接讀爲踖，橮讀爲柳。"《檀弓》曰："周人牆置翣。"《春秋傳》曰："四躍不蹕。"後鄭云："柳之言聚，諸飾之所聚。"《書》云："度西曰柳穀。"愚謂：度，居也。《史記》作居，與宅同。故度一作宅，穀與谷通。《漢書》："穀風迅疾，從東北來，"穀風，即谷風也。古柳、夘同。夘，古酉字。卯，古卯字。朝時開門爲卯，卯在東方爲暘。夕時閉門爲夘，夘在西方爲昧。故東曰暘谷，西曰柳谷，亦曰昧谷，日將没，五色聚焉。故柳訓爲聚。《爾雅》"日所入爲大蒙"，蒙，猶昧也。虞翻譏康成以"卯"爲"昧"，裴松之謂"劉、留、聊、柳同用,與日辰卯字,字同音異,皆以夘爲戼,不辨東西",失之甚矣。柳,一作僂,《釋名》"其形僂也"。《莊子》曰:"生有軒冕之尊,死得於腞楯之上,聚僂之中。"楯即輴,腞即篆,謂殯以輴車,篆爲觳約,《巾車》所謂"夏篆",《說文》所謂"夏軔。柳之言聚,故曰"聚僂,棺之飾也",舊注皆誤。《太元》曰"日没其光,賁於東方",言日入之色如初出也。賁色不純,孔子卜得《賁》,曰"不吉",以此。【《吕氏春秋》曰"世俗之行喪,載之以大輴,僂翣以督之",古柳皆作僂。《淮南·齊俗訓》曰"舟車楯肆",古輴亦作楯。僂翣,一作縷翣,見《荀子·禮論篇》。】

〔追師〕副編次

后之首飾有三曰:副、編、次。覆首爲副,編之爲編,次之爲次,皆髮也,而有差等。儒者莫能言,故以漢法况之。副若步繇,編若假紒,次若髢髲。步繇者,繇與搖通。上有垂珠,步則搖也。黄金山題,貫以白珠,繆以桂枝。八爵九華,鏤爲六獸,以象六珈。珈之言加也,加於副上。非副也,蓋副上之飾耳。《釋名》謂"副,猶副貳,兼用衆物成其飾",得之矣。假紒者,假髮爲髻。肅宗賜東平、琅邪兩王書,而送光烈皇后假紒、帛巾各一。則是,假紒,皇后服之,與副同矣。晉太元中,公主婦女,必緩鬢傾髻,以爲盛飾。用髮既多,不可恒戴,乃先於木及籠上裝之,名曰假髻。則其制異於漢,當時以爲服妖。而漢之假紒,亦名爲副,故《廣雅》云"假紒謂之鬒"。鬒,古副字,以髮爲之,長髮森森然,故從彡。然則,副與編一物也。飾之盛者爲副,其次爲編歟?髢髲者,髲,被也,髮少者得以被助焉。髢,剔也。剔刑人之髮也。衛莊公見已氏之妻髮美,使髡之以爲吕姜髢。吕姜,莊公夫人,則夫人服髢髲如后矣。而吴薛綜則云"漢廢珠匡,起於長吏,睹其好髮,髡取爲髢"。《莊子》亦云"禿而施髢",則似髮少者皆得服之。其飾之尊卑,則未聞也。《少牢》"被錫,大夫之妻",被與髲,錫與鬄,音同,古文通。故康成讀"被錫"爲"髲鬄"。【鬄與髢同。】而以當追師之次焉。首飾有三,以配六服,莫知其詳。夫人副褘,褘衣者服副。《昏禮》:"女次純衣,"則純衣者,服次矣。和熹鄧皇后加賜馮貴人頭上步搖。加賜者,《雜記》謂之襃。諸侯有襃衣,夫人亦如之。故得服副褘。《後漢書注》云:"副,婦人首服。三輔謂之假紒。"且云説本康成,而康成以假紒爲編,步搖爲副。案:漢皇后謁廟,首服假紒,上有步搖,俗名珠松。乃后之盛飾,故康成以副當之。其實步搖非副,而在副上。則副爲假紒,又何疑?皇太后簫髳簪,夫人紺繒簪,上得兼下,下不得兼上,故服簪者不得兼步搖。然則,編猶簪歟?簪以覆髮,《廣雅》謂之帕。《釋名》曰:"齊人曰帨，飾形貌也。魯人曰頍，頍傾也，著之傾近前也。"《士冠禮注》云："滕、薛，名簂爲頍。"

〔履人〕舄履

複下曰舄，禪下曰履。賈疏云："下謂底，重底爲舄，禪底爲履。"愚案：《方言》"中有木者謂之複舄。其庳者，自關以東謂之鞮下。禪者謂之鞻"，郭注云："今韋鞻也。"然則，禪以皮而複加木矣。《隋志》云："近代或以重皮，而不加木。"隋制復古，以木重底。舄冕服著之，履則通用，惟褶服以靴。靴，胡履也，施於戎服。毛傳云："舄，達屨也，"屨之尊者爲達。則舄、履通名。【《字苑》云"鞜苴履底"，鞜即靴。】《莊子》："跂蹻爲服。"《釋文》云"屐與跂同，屩與蹻同。麻曰屩，木曰屐，鞋類也"。以藉鞋下，若古之複舄矣。

禮説卷三

東吴　半農　惠士奇

地官一

〔大司徒〕九州地域　域古作或

大司徒，掌建邦之土地之圖，周知九州之地域。案：域古作或。《説文》云："或，邦也。從口從戈，以守一。一，地也。"又從土，後人所加，今用之。獨《商書·微子篇》作或，古文也。曰："殷其弗或亂正四方。""或亂正四方"者，猶《詩》"正域彼四方""肇域彼四海"云爾。毛傳云："域，有也，"鄭箋云："長有邦域，"孔傳亦云："或，有也，"言能守之，是以有之。則或即域甚明。孔疏云："或者，或無或有，不定之辭，"誤矣。《立政》"物有間之"，《吕刑》"旁告"，《文侯》"儀和"，儀作義，旁作方，物作勿，猶域作或，蓋古文也。王充曰："物有間之者，非常之變，無妄之氣間而至也。"康成謂"文侯名仇"，仇、儀皆訓匹。故名仇，字儀。不其然乎？正域者，廣輪之數，五地之名，十二壤之物，以定民宅，以制畿疆，以建王國，以作地貢，以均齊天下之政，而佐王安擾邦國。其職在大司徒。殷之亂也，大司徒之職廢矣。"弗或亂正四方"者，言不能有四方而安擾之也。惟命不於常，九州非一姓。殷不能有，而周有焉。於呼，有天下者奈何弗敬！【《大戴禮》多古文，《分符篇》曰"大道之邦或"，俗本邦誤爲郊。《御覽》引之作邦域，從俗也。哀公問"何謂成身"，孔子對曰"不過乎物"。《吕覽·先己篇》曰"君曰勿身，勿身督聽"，是古物皆作勿矣。《洪範》"無偏無頗，遵王之儀"，古文"儀"作"義"，讀爲儀，與頗協。《説文》云："義者，己之威儀也。"】

田主　社之木主

大司徒設社稷之壝，而樹之田主。各以其野之所宜木，遂以名其社與其野。

案：《墨子》云："聖王建國、營都，必擇國之正壇，置以爲宗廟；必擇木之修茂者，立以爲菆位。"菆位者，社稷也。《戰國策》"恒思有神叢"，蓋本之茂者神所憑，故古之社稷恒依樹木。松、柏、栗，各以其野之所宜。宜松者以松名，宜柏者以柏名，宜栗者以栗名。宰我對哀公，本此。田主者，田社也。薛瓚曰："民間或十家、五家共爲田社，謂之私社。"然田主設於地官，則非私社矣。許叔重云："周禮二十五家爲社，各樹其土之所宜木。"古文栗作㮚，徐巡説"木至西方戰栗"，蓋古有是語，宰我所謂"使民戰栗"者本此。今文《論語》"哀公問主於宰我"，而《公羊》有"練主用栗"之文。故張禹及包周等，皆以爲廟主。何休用以解《公羊》，云："松猶容，想其容貌，主人正。柏猶迫，親而不遠，主地正。栗猶戰栗，謹敬貌，主天正。"杜預亦以註《左傳》，劉炫規其過。古文《論語》及孔鄭皆謂"用其木以爲社主"。孔穎達抑劉扶杜，且云："社主，周禮謂之田主，無單稱主者。"故杜氏用包周之説。然則，田主者，社之木主也。鄭注云："社稷，后土及田正之神。"蓋謂后土，社神；田正，稷神。又云："田主，田神。后土、田正之所依。"詩人謂之"田祖"，蓋立主以依神，故樹田神之主，而后土、田正憑焉。是爲田祖，非后土。田正之外，別有田神也。孔穎達亦云"田祖之名兼神農后稷"，而田主不得兼神農。何則設其社稷而樹之田主，則田主惟社稷不得兼神農矣。賈公彥未達其義，乃云"田主爲神農，以神農爲主，后土、田正二神憑依之，同壇共位"。其説支離，疑誤後學。所宜木有兩説，如前説值木，如後説主木。兩説皆通，相兼乃備。案：《宋史志》："社以石爲主，長五尺，方二尺。剡其上，培其半。先是州縣社主不以石。禮部以爲社稷不屋而壇，當受霜露風雨以達天地之氣，故用石主取其堅久。請令州縣社主用石，尺寸廣長半大社之制。從之。"崔靈恩曰："地產最實，故社主用石。"鄭注及孔疏亦云然。故宋人據以爲説。唐武后時，東都置太社。禮官議："周家田主用所宜木，今社主石。其義云何？"張齊賢等議："田主用木，民間之社，非太社也。"孔穎達謂："社爲木主，古論不行於世。"【古論，謂古文《論語》。】康成亦作疑辭，當並存以備考。《淮南・齊俗訓》云"有虞氏社用土，夏后氏社用松，殷人社用石，周人社用栗"。然則，石主始於殷，周改用栗歟？《韓非子》曰"夫社木而塗之，鼠因自託也。燻之則木焚，灌之則塗阤，故患社鼠"。是古樹木爲社主而加塗焉。所謂"社用土"者以此。《小宗伯》："大師立軍社。"《肆師》："師田祭社宗。"社宗者，社主與遷主，皆載於齊車者也。秦漢以後，載主未聞。春秋鄭入陳，陳侯擁社。擁社者，抱主以示服。若後世五尺之石主，埋其半於地，既不便於載，亦不可抱而持。然則，社主，春秋以前皆用木，秦漢以後或用石歟？《祭法》孔疏引許叔重《五經異義》，以爲《論語》"夏后氏以松，殷人以柏，周人以栗"，謂社主也。田主之木，各以其野之所宜，豈非宜松者爲松主，宜柏者爲柏主，宜栗者爲栗主乎？【唐神龍初，韋叔夏等，案：後魏天平四年，太社石主遷於社宫，是社主用石矣。舊主長一尺六寸，方一尺七寸。禮官議，在禮無文。《韓詩外傳》云："天子大社，方五丈。"蓋以五爲土數，故壇方五丈。其主請准五數，長五尺，方二尺。則社主長短自唐改定，宋因之也。又《禮記外傳》曰："社主用石。"北齊天子親征，有載帝社祏主於車之禮，前此及後未聞。】漢高祖初起兵，禱豐枌榆社，社在枌榆鄉。枌榆者，白榆也。社與鄉皆以樹名焉。山陽橐縣茅鄉社有大槐，則民社皆樹榆槐矣。慕容皝遷於龍城，植松爲社主。蔡邕所謂"尊而表之，使人望見則加畏敬也"。故兩說相兼乃備。

五　地

凡地，東西爲緯，南北爲經，緯謂之廣，經謂之輪。山謂積德，川爲積刑。下者爲死，高者爲生。牝爲谿谷，牡爲丘陵。數生於五，十以之成。故分之爲十，合之爲五。天下有五方，方有五土，土有五地。因是有五方之民，五方之水。五土之民，五土之色。五地之民，五地之物。《大司徒》"五地之民"：山林毛而方，川澤黑而津，丘陵專而長，墳衍晳而瘠，原隰豐肉而庳。《大戴禮》"五土之民"：堅土肥，壚土大，沙土細，息土美，耗土醜。《淮南子》"五方之民"：東方兌形，小頭、隆鼻、大口、鳶肩、企行，竅通於目，筋氣屬焉。蒼色主肝，長大早知而不壽；南方修形兌上，大口決眥，竅通於耳，血脈屬焉。赤色主心，早壯而夭；西方面末僂，修頸卬行，竅通於鼻，皮革屬焉。白色主肺，勇敢不仁；北方禽形，短頸、大肩、下尻，竅通於陰，骨幹①屬焉。黑色主腎，其人惷愚而壽；中央大面、短頤、美須、惡肥，竅通於口，膚肉屬焉。黃色主胃，慧而好治。五地之物異其宜：山林動宜毛，植宜皂；川澤動宜鱗，植宜膏；丘陵動宜羽，植宜覈；墳衍動宜介，植宜莢；原隰動宜臝，植宜叢。五土之色異其宜：黃白宜禾，黑墳宜黍麥，蒼赤宜菽，汙泉宜稻。五方之水異其宜：汾濛濁宜麻，濟通和宜麥，河中濁宜菽，雒輕利宜禾，渭多力宜黍，漢重安宜竹，江肥仁宜稻。有五方之水，因有五水之人：輕水所，多禿與癭人；重水所，多尰與躄人；甘水所，多好與美人；辛水所，多疽與痤人；苦水所，多尫與傴人。蓋五行化爲五土，五土演爲五水，水土合而五地之物生焉。五行之蟲，乃五地之動物也。東方木，厥陰所至，爲毛化，故動宜毛。其化爲榮，其象爲析，其類群分，故其民毛而方；南方火，少陰所至，爲羽化，故動

---

① "幹"，四庫本作"干"。

宜羽。其化爲茂，其形爲圜，其氣炎上，故其民專而長；西方金，陽明所至，爲介化，故動宜介。其化爲斂，其色爲白，其氣爲消，故其民皙而瘠；北方水，太陽所至，爲鱗化，故動宜鱗。其化爲玄，其色爲黑，其气潤下，故其民黑而津；中央土①，大陰所至，爲倮化，其動宜倮，其化爲盈，其合在肉，其充在肌，故其民豐肉而庳。五地之植物穀爲先，說者不及，愚竊惑焉。《山海經》曰"都廣之野，爰有膏菽、膏稻、膏黍、膏稷"，言味好皆滑如膏也。然則，川澤之地，植物宜膏如都廣之野矣。膏夏之木，生於巫山之上，其理密白如膏，非川澤之所宜也。《詩》"既方既皂"，皂者，實之成②。麥全曰麳，通作麰。菽戴甲而生爲莢，禾長桐大本。長相居，熟相扶，族聚爲叢。蓋根於中者爲動物，命曰神機。根於外者爲植物，命曰氣立。出入廢，則神機化滅。升降息，則氣立孤危。是以升降出入，無器不有。天產本乎地，地產本乎天，而器者生化之宇也。器散則生化息矣。大司徒辨五地之物生，物生者升降出入之器，非通乎天地之化者，孰能知之？或問曰："五地，即五方歟？"曰："非也。山林不盡在東，川澤不盡在北也。一方而五行之氣具焉。海濱之地，民食魚鹽。魚熱中，鹽勝血，民皆黑色疏理，此其徵也。舉一反三，五地皆然矣。大荒有毛民之國，其人面體皆生毛，非所謂毛而方者歟？"曰："否。五地非大荒。然則其民毛何也？"曰："輕水之人多禿，山林之民多毛，山水之氣使之然也。西方金，屬肺，其榮毛。而東方爲毛化何也？"曰："鳥獸之毛，革於夏，毦於秋，毨於冬，而化於春。"故《書》曰"孳尾"，毛在後爲尾，孳猶化也。《内經》之說合於《堯典》《周官》。五物者，五行也。五行者，陰陽也。因此，五物者，民之常，而施十有二教焉。教有十二，不越陰陽二禮而已。因此，五物而辨九等十二土、十二壤。以定民宅，陰陽之所相也；以教稼穡，陰陽之所播也；以建王國，陰陽之所和也。由是人民以阜，鳥獸以蕃，草木以毓，百物阜安。

土圭測日景

劉宋元嘉十九年，使往交州測景。夏至景出表南三寸二分，計交州去陽城萬里，而景差一尺一寸八分。是八百四十七里有奇，而景差一寸也。梁大同中，金陵測景，夏至長一尺一寸七分强。後魏永平元年，當梁天監七年，洛陽測景，長一尺五寸八分，計金陵去洛千里，而景差四寸，是二百五十里而景差一寸也。由金陵至洛，如自堂塗上堂階，故路近而差多。由陽城至交，如從山頂下山足，故路遠而差

---

① "土"，四庫本作"主"。
② "賔"當作"實"，經解本同誤。

少。千里一寸，非其實矣。唐開元十二年，滑州白馬縣測景，夏至尺有五寸七分，南至汴州浚儀百九十八里有奇，景長尺有五寸微强。又南至許州扶溝六十七里有奇，景長尺有四寸四分。又南至豫州上蔡武津百六十里有奇，景長尺有三寸六分半。大率五百二十六里二百七十步，景差二寸有餘。蓋因北極出地高下不同，故晷景隨之而變。先儒以爲王畿千里，景差一寸，直以率推，非得之表候也。劉焯云："今交愛之州，表北無景，計無萬里，南過戴日。"一行亦云："距陽城而南，使直路如弦，至於日下，蓋不盈五千里。"然則所謂"南戴日下萬五千里"者，亦先儒之臆度云爾。或云："日行黄道，每歲有差，地中當隨而轉移，故周在洛邑，漢在潁川陽城，唐在汴州浚儀。"此説非也。曆之歲差，古法謂"黄道西移"，新法謂"恒星東轉"。黄道萬古不變，每歲有差者，恒星東轉使然。愚謂：北極出地，高下不同，晷景隨之而變，一行之説近之矣。極者，天心也。以心不可見，故不名爲心，而名爲極。極又不可見，故指極星以表之。極星每歲有差者，非東轉使之然乎？地在天中，天心即地心。又何疑？然則大司徒建國，所謂"地中者"，蓋指中原之地。惟此四方，道里均與？【《吕覽·有始篇》云："極星與天俱遊，而天樞不移。當樞之下，蓋天地之中也。"①】恒星自有行度，詳見新法曆書。【《吕覽》謂"極爲天中"是矣，而謂"極星與天遊"則非也。】《孝經援神契》曰："八方之廣，周洛爲中。於是遂築新邑，營定九鼎，以爲王之東都。"

封　采

古者，諸侯受封必有采地。百里諸侯以三十里爲采，七十里諸侯以二十里爲采，五十里諸侯以十里爲采。其後子孫雖有罪而絀，使子孫賢者守其地，世世以祠其始封之君，是爲采。此《韓詩外傳》之説，必有所據，而未得其全。然謂"諸侯之國有封有采"，則先王之法也。《王制》《周官》可合而爲一矣。諸公之地，封疆方五百里；諸侯之地，封疆方四百里；諸伯之地，封疆方三百里；諸子之地，封疆方二百里；諸男之地，封疆方百里，大司徒建之。以土圭土其地，而制其域，所謂封也。《王制》："天子之田方千里，公侯田方百里，伯七十里，子男五十里。"《孟子》亦言"分田制禄"，君十其卿，國以田爲禄，亦以田爲差，所謂采也。其封五百里與四百里者，其采百里。其封三百里者，其采七十里。其封二百里與百里

---

① 語出《吕氏春秋·有始》，原文爲："極星與天俱遊，而天樞不移。冬至日行遠道，周行四極，命曰玄明。夏至日行近道，乃參於上。當樞之下無晝夜。白民之南，建木之下，日中無影，呼而無響，蓋天地之中也。"

者，其采五十里。采則全入於其君，而封爲天子之土，故天子得而食之。大者食其半，次食叁之一，又次食四之一。蓋於其采之外，而半之、叁之、四之以入貢，留其餘以供軍國之需。天子使其大夫監之，爲三監。監於方伯之國，使佐方伯領諸侯，諸侯有畔則討之。以其所留之半及參之二、四之三，足以給其用。而受法於司馬。有畿疆以正之，儀位以等之，賢功以作之，監牧以維之，軍禁以糾之，貢職以任之，簡稽以用之，守則以安之，小大以和之，而諸侯不敢畔。其有功於民者，則加地進律焉，故曰"錫之山川，土田附庸"。蓋土田其采，則附庸其封。山川在其封內者，自有天子虞衡之政令，諸侯莫敢專者以此。封或有時絕，采則世相傳。及周之衰，強侯擅制，盡取其封以爲采。又兼并附庸小國以廣其封，而天子不得食其土矣。由是軍國之用闕，方伯之職廢。強淩弱，眾暴寡，諸侯放恣從橫，而莫之能制也。《春秋》莊元年，齊師遷紀邢鄑郚。三年，紀季以酅入於齊。四年，紀侯大去其國。遷謂滅之。邢、鄑、郚者，紀之封。酅者，紀之采。遷封而留采，故紀滅而酅存。所以知酅存者，莊十二年紀叔姬歸於酅，則酅存矣。古者，滅國不滅采，信矣。然則，紀季，蓋紀子孫之賢者歟？《王制》言采，《周官》言封，兩者離之則虧，合之則備。俗儒據《孟子》以駁《周官》，陋矣。顓臾，魯附庸，而在邦域之中。則邦域非封而何？齊之四履爲四封：東至海，西至河，南至穆陵，北至無棣，則其封之大可知也。大國之封不過五百里，而《明堂位》言"魯地方七百里"者，康成謂"包附庸而大言之"。《孟子》亦謂："周公封魯，太公封齊，地非不足也，而儉於百里。"蓋天子之田千里，故諸侯不過百里。謂其采，非謂其封。《春秋·昭九年》，周甘人與晉閻嘉爭閻田，王使詹桓伯辭於晉曰："我自夏以後，稷魏駘芮岐，畢吾西土也。及武王克商，蒲姑、商奄，吾東土也。巴濮、楚鄧，吾南土也。肅慎、燕亳，吾北土也。吾何邇封之有？"則天子之封，外薄四海矣。而僅守邦畿千里之田，不亦陋乎？說者謂"周爵五等，地四等"，四等者，公一等，侯伯二等，子男三等，附庸四等，非也。附庸有采無封，附於五等封內，故曰附庸。若紀季以酅入於齊，則附於齊之封內，爲齊之附庸矣。周爵五等，地亦如之。五等者：諸公之地，諸侯之地，諸伯之地，諸子之地，諸男之地也。【《史記·漢諸侯年表》曰："伯禽、康叔封於魯衛，地各四百里，褒有德也。太公於齊，兼五侯地，尊勤勞也。"《晏子春秋》亦云："昔吾先君太公受之營丘，爲地五百里。"】

祀五帝羞其肆　牲全爲肆

祀五帝，司徒奉牛牲、羞其肆。愚案：《小胥職》云"全爲肆"，肆，全也。《周語》："禘郊之事，則有全烝。"烝，升也，謂全體而升於俎，即所謂"羞其肆也。"《郊特牲》："腥肆爓腍。"腥肆者，謂薦腥薦全。《楚茨》二章，或剝，或亨，或肆。剝者，鬄解。亨者，煮孰。肆者，全體。先鄭訓肆爲陳，後鄭破肆爲剔，皆非也。《小子職注》云"肆體薦全烝"，得之矣。《士喪禮》"四鬄去蹄"，《注》云："鬄，解也。四解之，殊肩髀而已。"乃以此之肆當彼之鬄，似不相當。康成讀肆爲鬄，或別有據也。《喪服傳》云："夫妻判合。"《小胥職》曰："卿大夫判縣。"判者，左右之合，故合之爲肆，分之爲半。四解牲體，合而薦之，亦可謂之肆歟？少牢饋食羊豕皆升右胖；少儀則以牛羊豕左肩臂臑，致膳於君子，而右以祭，故謂之胖。胖，猶判也，半也。則是祭皆不得用全，惟天子禘郊有之，是謂"薦血腥"，五官奉之。《秋官‧犬人職》："凡祭祀共犬牲，用牷物。"牷，之言全也，古文牷作全。《穆天子傳》："官人陳牲全五具。"又云："觸齊牲全。"故五官奉牲皆用全也。王公立飫，則有房烝。親戚燕饗，則有殽烝。殽者，體解節折。房爲半體。《詩》曰："籩豆大房。"毛傳曰："房，半體之俎。"然則折爲殽，半爲房，全爲肆。【《士喪禮》"四鬄"，《注》云："今文鬄爲剔。"是《儀禮》有古今文，未聞剔作肆。《内饔職》賈疏引之作四肆，蓋因鄭注改經文，實無所據也。】肆古文作䋲，《易》有彖爻象，此彖者全體，析之成爻。【彖即肆。】

[小司徒] 九比之數

小司徒掌九比之數，以辨貴賤老幼廢疾。凡征役之施舍，乃頒比法於六鄉。及三年則大比，鄉大夫以歲時登其夫家之衆寡，辨其可任者而征之。其舍者，則貴者、賢者、能者、服公事者、老者、疾者，以歲時入其書。鄭司農謂"九比者"，九夫爲井，五家爲比。故以比爲名。今八月案比是也。舍者復除；貴者，若今宗室及關内矦皆復除；公事者，若今吏有復除；老者，若今八十、九十，復羨卒；疾者，若今癃不可事，復之。愚案：《後漢書》注云："案比，驗比之，猶今貌閱矣。"《時則訓》"三月官鄉"，《注》云："三月料民戶口，故官鄉。"漢元初四年，詔曰："《月令》仲秋養衰老，方今案比之時，雖有麋粥，糠秕相半。長吏怠事，莫有躬親。"而文帝元年三月，詔亦云"當受粥者，或以陳粟，豈養老之意"。然則，案比兼以三月歟？問遣賢良，亦以八月。賜羊一頭、酒三斛，順時氣，助養育，長吏存問，顯茲異行，鄉大夫所謂賢者、能者也。《夏官》："羅氏於仲春獻鳩，以養國老。"漢賜高年鳩杖，則於仲秋，蓋獻鳩之禮不行久矣。然歲時存省，布帛酒肉之賜，亦不獨仲秋爲然也。古有命民，是爲貴者。《尚書大傳》曰："古之帝王，必有命民。能敬長矜孤，取舍好讓者，命於其君，得乘飾車駢馬、衣文錦。未有命者，不得乘、不得衣，乘衣者有罰。"漢賜民爵，猶古之命民。其七大夫以上皆令食邑。非七大夫以下，皆復其身及户，勿事。是民爵皆得復，不必宗室及關内矣。文帝禮高年，九十者一子不事，八十者二算不事。武帝詔民年九十，復子若孫，令得身帥妻妾遂其供養。此所謂復羡卒也。漢法：長不滿六尺二寸以下爲罷癃。古者凡瘖聾、跛躃、童昏、僬僥以及偏枯、握遞、不耐自生者，上皆收而養之。晉胥臣乃云："官師所不材，以實裔土，"其不然乎？漢之鄉嗇夫，猶六鄉之族師閭胥，六遂之鄙師、酂長，其職主知人善惡及其貧富，爲役先後與賦多少，平其差品。朱邑第五倫嘗爲之，倫平繇賦、理怨結，得人歡心。而邑卒葬其鄉，祭祀不絶。蓋官彌卑者於民彌親，大而州里役要，小而馬牛車輦，辨其物，登其數，計丁定征，按年從役，非親民之吏不能知，知之亦不能悉。由是而施政教，行徵令，必不能得其平，是以先王尤重親民之吏。而嗇夫命半通，俸百石，職厮禄薄，儒者恥居是官。居是官者，亦不加選擇。兩漢之治不及三代之隆者以此。孝文四年，復諸劉有屬籍家無所與。後漢劉瑜上書，言豐沛枝裔，被蒙復除，不給卒伍。是兩漢宗室皆復也。凡孝順貞義、讓財救患，及學士爲民法式者，皆扁表其户，蠲除家繇。則賢能者復，至漢猶然矣。唐沈既濟謂天下無生而貴者，則雖儲貳之尊，與士伍同。故漢王良以大司徒司直，免歸蘭陵。後光武巡幸，始復其子孫邑中繇役。宰相之子，不得蠲户課。近代以來，九品之家皆不征。其高蔭子弟，重承恩獎，皆端居役物，坐食百姓，其何以堪之？蓋不問賢能及老疾，惟貴者一例復除，則又未免失之濫也。漢法高爵者復，然西北兩邊，守圉禦寇。雖有長爵，不輕得復，而其時亦未聞有均人大均之禮。往往輕重不均，民爵至五大夫以上，乃復一人耳。民有車騎馬一匹者，復卒三人。雖曰重武備，然不曰輕民爵乎？及武帝置武功爵，兵革數動，民多買復，徵發之士益鮮矣。賈捐之謂孝文皇帝偃武行文，丁男三年而一事。雖古全盛之世，亦有一歲三日之公旬，未聞三年一事也，豈其然？豈其然？

〔鄉師〕六鄉　三公

　　天子六鄉，諸侯三鄉。春秋，宋爲王者之後，獨立四鄉，二師掌之。二師者，右師、左師，猶天子之三公。華元曰："我爲右師，君臣之訓，師所司也。"則其官表率百僚，師保萬民。與王之三公内與王論道，中參六官之事，外與六鄉之教者，何以異焉？六鄉有六卿，四鄉有四正，三公領六鄉之卿，二鄉則公一人。二師令四鄉之正，二鄉則師一人。分掌其方，各司其訓，則知周禮不獨在魯也。宋非大國，而襄公用之，以霸諸侯。雖不能終，猶强於魯衛。蓋以《周官》之法存焉爾。晉六正,則三軍。【見《襄二十五年傳》。】宋四正,則二軍可知也。其三公之義,則董仲舒言之詳矣。其略曰:"天之大經,三起而成,四轉而終。天有四時,時三月。王有四選,【聖人、君子、善人、正人爲四選。】選三臣。寒暑與和,三而成物;日月與星,三而成光;天地與人,三而成德。是故以職曰三吏,以年曰三老,以爵曰三公。三公者,太師、太傅、太保。又有三孤以爲之貳焉。《書大傳》曰:"郊社不修,山川不祀,風雨不時,霜雪不降,責於天公。臣多弑主,孽多殺宗,五品不訓,責於人公。城郭不繕,溝池不修,水爲民害,責於地公。"其説見《論衡》。而康成注《大傳》則云:"一公兼二卿,舉下以爲稱。"太宰、司徒同職,則稱司徒公。宗伯、司馬同職,則稱司馬公。司寇、司空同職,則稱司空公。是合《周禮》與《大傳》而爲之説也。《書》之《君奭叙》曰"召公爲保,周公爲師",康成以師氏、保氏當之,似不見古文《周官》。然《鄭志》"趙商問"則引《周官》爲證,又非不見古文者。而云攝政三年作《周官》,六年制《周禮》。周公左,召公右,兼師保,初時已然。則古文《周官》一篇,康成固見之矣。公孤官不必備,惟其人。蓋有則兼之,無則闕焉。此《周禮》所以無公孤之職也。三公兼領六卿,而《顧命》孔傳謂"三公領三卿",豈其然乎?《文王世子》注以"師氏"爲"大司成",則非三公也。且云"師氏,司徒之屬",安有三公而屬司徒者哉?

輦 輂

鄉師輂輦,《注》云:"故書輦爲連。"愚謂:地名蓮勺,蓮讀爲輦,猶地名不羹,羹讀爲郎。以此知古音不忘故,俗語不失其方。【《釋名》云:"羹,汪也,汁汪郎也。"然則,羹音郎,得古音矣。】蓋古連、輦通。車從夫,雙引爲輦。車從辵,步挽爲連。一象形,一會意也。破連爲輦,變古從今,失之。《易·蹇》六四:"往蹇來連。"虞翻曰:"連,輦也。"《管子·立政篇》"畜連乘車",《海王篇》"服連軺輂",則古輦皆作連可知矣。《司馬法》云:"夏后氏謂輦車曰余車,殷曰胡奴車,周曰輜輦。輦:一斧、一斤、一鑿、一梩、一鋤,周加二版、二築。"梩者,鍬鍤。築者,杵頭鐵沓也,以築壘壁,故《武城》有"血流漂杵"之語。《孟子》以爲誣。賈誼《過秦》"伏尸百萬,流血漂櫓",而《益壤篇》又云"炎帝無道,黄帝伐之涿鹿之野,血流漂杵",秦至無道,暴於帝辛,血之漂櫓也,信矣。乃謂"黄帝之師亦然",不亦誣乎?壘壁起於黄帝,築杵自古有之,非至周而始備也。《方言》:"臿,趙魏之間謂之鍬,東齊謂之梩,朝鮮洌水之間謂之斛。"【注云:"斛者,鍬聲之轉,音湯料反。梩音駭,江東呼鍬刃爲鐅,普蔑反。鐅,一作枭,梩或作杞。"】鐅,一作斛。臿,一作䬱。《爾雅》謂之䬱,《注》云:"皆古鏊插字。"《説文》謂："梩與㭒同。【俗作耜。】從木以里,目爲聲。"一曰徙土䕺,齊人語也。景純讀若駭,或未聞於古。案：《説文》："趰從走,亦以里爲聲,讀若孩。"孩與駭音相近,亦必有據矣。

〔鄉大夫〕國中六十野六十五皆征之

鄉大夫以歲時登其夫家之衆寡,辨其可任者。國中自七尺以及六十,野自六尺以及六十有五,皆征之。司農謂征之者,給公上事也。康成謂國晚賦税而早免之,以其復多役少。野早賦税而晚免之,以其復少役多。愚謂：六十而免不爲早,六十五猶征則已老。《易孟氏》《韓詩説》"年二十行役,三十受兵,六十還兵",《祭義》"五十不爲甸徒",《王制》"五十不從力政,六十不與服戎",許叔重則云"五經説皆不同",亦無明文可據。漢承百王,而制二十三而役,五十六而免,得其中矣。六十五而周復征之,非用民意。康成駁之,以爲征之者,使爲胥徒,給公家之事,如今之正衛耳。《王制》所謂力政者,挽引築作；服戎者,從軍爲士卒也。胥徒事暇,二者皆勞於胥徒,故早舍之。愚謂：漢因周制,五十六而免,則五十有五猶未免也。故曰皆征之。其制與《周官》合,則五十誤爲六十,又何疑？《周官》殘闕,能保其必無誤乎？六十曰耆,邦饗耆老,外饔割亨,酒正共酒,既養之而又征之,叔重之説,未可非也。康成遷就而曲爲之解,豈其然？《荀子》曰"五尺豎子",《管子》曰"童五尺",《内則》"成童,十五以上",則六尺,非童豎矣。《論語注》云"六尺謂年十五",失之。且以身之長短定年之大小,則晏嬰長不滿六尺謂之幼少,可乎？秦法舉長,周以中人爲率,八尺爲長,六尺爲短,七尺爲中。《内經》謂丈夫年三十八而長極①,中人七尺亦其極也。故國中自七尺,野自六尺以上,不滿六尺者不爲夫。杞之城也,絳老與焉。清之戰也,汪錡死焉,末世之法也。是以《周官》徒役上不及老,下不及僮。《鹽鐵論》②云："古者十五入大學,與小役。二十冠而成人,與戎事。五十以上,血脈溢剛,曰艾壯。《詩》曰：'方叔元老,克壯其猶。'故商師若荼,周師若荼。今陛下哀憐百姓,寬力役之政,二十三始賦,五十六而免,所以輔耆壯而息老艾也。"然則,五十六而免,在始元、元鳳之間矣。孟康曰："古者二十而傅,【音附。】二十三而後役之。"如淳曰"律年二十三,傅之疇官",蓋從其父疇學之。高不滿六尺二寸以下爲罷癃。《漢儀注》云："民年二十三爲正,一歲爲衛士,一歲爲材官騎士,習射、禦騎、馳戰陳。

---

① 語出《黄帝内經》,原文爲："三八,腎氣平均,筋骨勁强,故真牙生而長極。"
② 即《鹽鐵論·未通》。

……五十六衰老，免爲民，就田里。"而《周官》六十五猶征，其不然必也。【《鹽鐵論·文學》曰："今五十以上至六十，與子孫服輓輸並給徭役，"非養老之意。則似五十六而免者，免爲士卒而已，有司仍役之。王莽亦云"漢氏輕租，三十稅一。常有更賦，罷癃咸出"，蓋以此。】楚襄王使昭常守東地，悉五尺至六十三十餘萬。是老弱未傅者皆從軍矣。則六尺非童豎，益明。【《說苑》，齊伐莒魯，下令丁男悉發，五尺童子皆至。】曹大家曰："古者十五受兵，六十還之。"《注》云："國中六十免役，野六十有五，晚於國中五年。國中七尺從役，野六尺，早於國中五年。"七尺謂二十，六尺謂十五。十五受兵據野外，六十還兵據國中。此本康成之說，仍存以備考。【康成引漢注①："民年二十五已上至六十出口賦錢，人百二十以爲算。"則征之者，謂出口賦錢也。故曰"今之算錢"，民或謂之賦。】

鄉射之禮一曰和二曰容

　　古者有容禮，有容臺。容其儀，臺其地也。帝癸三年，毀容臺。說者以爲夏桀之時，容臺振。振之言震，蓋人而無禮，天必棄之，故曰振。而和容，主賓客之官。晉羊舌大夫之爲和容也，温良而好禮，博聞而時出，則可謂無曠其官者矣。漢天下郡國有容史，即春秋之和容。魯徐生善爲容，後有張氏亦善焉。郡國容史皆詣魯學之，子孫相傳以爲家法。然皆不能通經，徒習其儀而已。世居禮官，不替其業，亦有所長，非苟焉者。及其蔽也，槃辟雅拜，詭衆立異，褒衣大袑，舒緩養名齊魯之間，遂成風俗。然灑掃、應對、進退之禮，少而習焉，長而安焉。儀容辭令，其節似小，而大行人以之同邦國、親諸侯。擯相之儀，不朝不夕，孟僖子所病未能者，不可以不學也。季孫之喪，哀公往弔。曾子、子貢入廄脩容，閽人辟之，卿大夫皆辟位，公降一等而揖之。蓋有德者必有容，見其容知其德也，故曰"盡飾之道，斯其行者遠矣"。公西赤善於威儀，篤雅有節。孔子以爲難，且曰："貌以擯禮，禮以擯辭，二三子欲學禮者，其於赤也。"故君子容色，天下儀象而望之，不假言而知爲人君者。《詩》曰："顏如渥丹。"其君也哉！鄉老及鄉大夫、群吏獻賢能之書於王，退而以五物詢衆庶。一曰和志，其志和也。二曰和容，其容和也。三曰主皮，志和容和，能中質也。四曰和頌，其聲和也。五曰興舞，其節和也。惟敬乃和。《莊子》曰"禮樂之士敬容"，此之謂也。春秋之官有和容，漢郡吏有容史，皆古之遺。雖失其本，而猶存其末。學者誠能講之詳，習之熟，則雖闇室無惰容。推而至於造次顛沛，亦不改其常度焉。是以史稱侯霸矜嚴有威容，而伏湛倉卒必於

---

①　"漢注"，四庫本作"漢法"。

文德。東京初建，草昧經綸，先區區奏行鄉射之禮，論者或以爲迂闊。不知禮樂乃政化之首，而五物斯須不可離。蓋修德力行而文之以藝，則三物備於心，然後五物備於身。動容周旋，無不中禮，所謂"德盛而禮恭也"。馬融以爲"射有五善"，不亦淺乎？射者儀之於此，中之於彼。發而不中，反求之身，此主皮所以列於和容之後也。文武具備，動靜中儀，舉錯廢置，曲得其宜。以此，出而長，入而治也。反求之己，而其道全矣。古者諸侯朝天子，以其教士畢行。天子以歲二月爲壇於東郊，抗大侯，設鵠畫物，乃升諸侯及諸侯之教士。教士執弓挾矢揖讓而升，履物以射，其心端，其容正，時以效之。時有慶以地，不時有讓以地。所謂"教士者"，諸侯之歲貢士也。教士以射，射有容體，五物備焉。諸侯三歲而貢士。舊説大國三人，次國二人，小國一人，非也。以其教士畢行，則小國豈止一人乎？《大戴禮·官人篇》①曰："平仁而有慮者，使治國家而長百姓；慈惠而有理者，使長鄉邑而治父子；直潞而忠正者，使涖百官而察善言；慎直而察鄉者，使長民之獄訟出納辭令；臨事而絜正者，使守內藏而治出入，慎察而絜廉者，使分財臨貨主賞賜；好謀而知務者，使治壤地而長百工；接給而廣中者，使治諸侯而待賓客；猛毅而度斷者，使治軍事爲邊境。"因方而用，九用有徵，所謂"出使長，入使治"者如此。而《大政篇》則謂"上選吏也，必使民與焉。故民譽之，上察而舉之。民苦之，上察而去之。王者取吏必使民唱，然後和之。故夫民者，吏之程也。察吏於民，必取其愛焉。十人愛之者，則十人之吏也。百人愛之者，則百人之吏也。千人愛之者，則千人之吏也。萬人愛之者，則萬人之吏也。萬人之吏，卿相之器。十人之吏，以長鄰比。千人百人爲豪、爲英"，所謂"使民興賢，使民興能"者如此。

〔黨正〕春秋祭禜

《祭法》："幽宗祭星，雩宗祭水旱。"康成皆破宗爲禜，云："祭星與水旱之壇。"而《説文》引《禮》亦云："雩禜，祭水旱。"則是漢儒皆讀爲禜，非創自康成。而《黨正》"春秋祭禜"，則謂雩禜，蓋亦爲壇位如社稷也。《晉志》摯虞奏："《肆師職》曰'用牲於社宗'，《黨正職》曰'春秋祭禜，亦如之'。肆師之宗與社並列，則班與社同。黨正之禜，文不繫社，則神與社異。"愚謂：黨正祭禜與州長祭社同時，水旱農祥、春祈秋報，其禮亦與祭社等。《周頌·絲衣》"繹賓尸"，高子曰："靈星之尸也。"《漢志》：高祖詔御史，令天下立靈星祠。張晏曰："龍星左角曰天田，則農祥也。辰日祀以牛，號曰靈星。"《風俗通》曰："辰之神爲靈

---

① 《大戴禮·官人篇》，四庫本作《官人篇》。

星。"故以辰日祀於東南。《淮南子》曰："零星之尸，儼然玄默，而吉祥受福。"古者，祭皆有尸，零與靈通。幽禜，蓋零星歟？一說，禜猶營也。賈逵以爲"營攢用幣"，孔疏謂"其祭非有常處，臨時營其地立攢，表用幣告之以祈福祥"。【王充曰"春二月、秋八月"，雩靈星之祀是也。今春雩廢。】

〔族師〕春秋祭酺

《詩》曰："去其螟螣，及其蟊賊，無害我田穉。田祖有神，秉畀炎火。"此族師春秋祭酺之辭也。酺者，布也，步也。布德曰酺，祭神曰步。步者神名，《詩》所謂"田祖有神"者即此。蓋四蟲當盛陽之月，感陰邪之氣而生。如木之蠹，器之蠹，處冥昧之中，秉賊害之性。説者以爲災猶政起，因以爲名。庶氏除蠹，翦氏除蟲，用"大祝六祈檜禜攻説"之法以牲祭而辭責之。祭詳於禮，辭見於詩。又以嘉山之草薰之，蓋焚其草以灰洒之曰薰，所以殄其類。《詩》所謂"秉畀炎火"也。《月令》"仲夏行春令，百螣時起"，蟲生於巽風，死於離火。夏行春令，則火不炎，故生百螣。族師，春秋祈報以敉四蟲百螣之災，因與族人飲酒而屬民讀法焉。王居明堂禮，謂之國醵。《説文》"醵者，會歠酒"【歠，古飲字。】"酺者，王德布也"。或云："出錢爲醵，出食爲酺。"趙武靈王滅中山，酺五日。蓋起於周，而戰國因。古者民無故不群飲酒。《誥》曰"群飲，汝勿佚"，謂收捕而殺之，其嚴若此。漢輕其罪，罰金而已①。沿及唐宋，國家每逢嘉慶，賜民大酺，即古祭酺之遺意。然古者合錢飲酒，本祭田神，且以屬民而糾其過惡，勸之道萃。後世舉一廢百，而庶氏、翦氏之法不行，四蟲百螣交相爲害。九穀不登，三物不教，所謂"德行、道藝爲一書，孝弟、睦婣、有學者爲一書，敬敏、任恤爲一書"，其風渺不可追矣。

刑罰慶賞相及相共

管子治齊，因《地官》比閭族黨州鄉之法，變爲什伍、游宗、里尉、州長、鄉師、士師之名，仍師其遺意而加詳焉，《地官》之教也。德行、道藝、賢能爲一書，孝弟、睦婣、有學者爲一書，敬敏、任恤、和親爲一書，過惡爲一書，有罪、奇邪爲一書。善相勸，惡相糾，慶賞相共，刑罰相及。而《管子》之法，凡孝弟忠信，賢良儁材，則其下以次復於上，長家復於什伍，什伍復於游宗，游宗復於里尉，里尉復於州長，州長以計於鄉師，鄉師以著於士師。計者，比也，是爲比法。著者，

---

① "已"，四庫本作"巳"。

書也，是爲書伐。凡有過惡，則其下以次及於上，家屬及於長家，長家及於什伍之長，什伍之長及於游宗，游宗及於里尉，里尉及於州長，州長及於鄉師，鄉師及於士師。及者，坐也。下有罪，坐其上也。故曰："有不孝不弟而不以告，謂之下比，其罪五。"然則，族師所謂相及者，比長及閭胥，閭胥及族師，族師以上罰皆相及可知矣。三月一復，六月一計，十二月一著，凡上賢不過等，使能不兼官，罰有罪不獨及，賞有功不專與。即族師所謂"賞相共，罰相及"之意。而五家爲比，十家爲聯，五人爲伍，十人爲聯，即《管子》所謂"什伍之長"也。用其法而變通之。一則以王，一則以霸。商鞅相秦，令民爲什伍，而相收司連坐。一家有罪，九家舉發。若不糾舉，連坐九家。說者以爲本族師之政，而益之以暴。故趙商問曰："《康誥》門內尚寬，族師鄉比相坐。"《書》《禮》不同，蓋疑之也。愚謂：《管子》法《周官》，事類相近焉。且民有過惡，州長糾之，黨正戒之，閭胥撻而罰之，比長圜土內之。未已也，又讀法以教之。州長一年四，黨正七，族師十有四，閭胥讀無時，射於序而觀之德，飲於序而訓之禮。師田行役，誅不用命者而示之法。如是而民猶有過惡，不亦鮮乎？若夫族師什伍其民，非若後世之孳孳求奸，懇懇用刑以爲事也。人與人相保，家與家相受，少相居，長相游，祭祀相福，死喪相恤，禍患相憂，居處相樂，行作相和，哭泣相哀，則驕躁淫暴衺惡之風於是乎革，孝友睦婣任恤之化於是乎興。大司徒以三物教萬民，鄉大夫以五物詢衆庶，禮明樂備，仁漸義摩，其道實始於此，成於此。而謂"暴秦收司連坐之法，亦於是乎出"，謬矣。

〔舞師〕皇舞

《舞師》"帗舞，羽舞，皇舞"，羽謂翟，手所執。皇謂冠，頭所戴。一言執，一言戴，互文。《東京賦》所謂"冠華秉翟，列舞八佾"者，薛綜云："冠華以鐵作之，上濶下狹，餚以翟雉尾，舞人頭戴。"愚謂：皇，《書》或爲翌，鳥冠也，即建華冠。狀如婦人縷鹿，飾以五采羽，若有虞氏之皇，故名曰皇。先鄭所謂"蒙羽舞者"即此。《說文》皇作翌，以羽翿自翳其首，以祀星辰。帗作翇，執全羽以祀社稷。則皇非翇，明矣。後鄭謂"羽形如帗"，皇亦如之。是三者皆同也。豈其然？賈公彥乃謂"自古未見蒙羽於首者"。《記》曰"知天文者冠鷸"，非蒙羽於首乎？宗廟冕而舞，旱嘆皇而舞。鷸知天將雨，故舞旱嘆，則冠之以禱焉。鷸讀爲述，亦作述，或作鴋，《禮圖》謂之"術氏冠"。古術、述通。《上林賦》"蒙鶡蘇"，鶡似雉鳥尾爲蘇，蒙其尾爲帽。先鄭蒙羽之說本此。《道應訓》曰："去其瞀而載之木。"瞀即鍪，兜鍪也。木即鶩，鳥冠也。賈疏抑先鄭而扶後鄭，誤矣。【唐作光聖樂，舞者鳥冠畫衣，蓋古之遺法。】《祭義》"術省"，《注》云："術當作述。"《士喪禮》"不述命"，《注》云："古文述皆作術，"是古術、述通也。蔡邕《獨斷》以爲，建華即鷸冠，鄭子臧好之。而術士冠，乃趙武靈王之服。今者不用，其説未聞。術士即術氏，或分爲二。失之。【漢虎賁中郎將服弁、戴鶡尾。】《説文》"羽舞爲雩"。雩，一作翌。翌，猶雩也。干寶曰："赤草染羽以爲翌。"康成亦云："染羽象鳳凰。"

〔牧人〕騂牲

《南齊志》：建武二年，何佟之奏，《牧人》云："凡陽祀用騂牲，陰祀用黝牲。"鄭云："陽祀，祭天南郊及宗廟。陰祀，祭地北郊及社稷。"《祭法》云："燔柴於泰壇，祭天也。瘞埋於泰折，祭地也。用騂牲。"鄭云："地，陰祀，用黝牲，與天俱用犢，故連言之耳。"前軍長史劉繪議語云："犂牛之子騂且角，雖欲勿用，山川其舍諸。"未詳山川合爲陰祀否？若在陰祀，則與黝乖矣。佟之又云："《周禮》以天地爲大祀，四望爲次祀，【五嶽、四鎮、四瀆。】山川爲小祀。【山林、川澤】自四望以上，牲色各依其方者，以其祀大宜從本也。山川以下牲色不見者，以其祀小從所尚也。"則禮論二説合爲一矣，從之。愚謂：犂牛之子，非犢而何？體醇騂而角繭栗，此天牲也。以天牲而用之山川，則近於非禮，故有勿用之疑。然天下未有歆於上帝而吐於山川者，故曰"山川其舍諸"。此聖人立言之妙也。説者據此以爲"山川用騂牲"，誤矣。何休云："別天牲主以角。"故知騂且角爲天牲。《淮南·説山訓》云："𠘯屯犂牛，既𢷎以犘，【𢷎無角，犘無尾。】決鼻而羈，生子而犧。"説者以爲仲弓父賤而行惡。然"犂"，《説文》作犛，耕也。犛牛爲耕牛。司馬犂，字子牛，古以牛駕犂，信矣。𠘯屯𢷎犘，醜牛之貌。以爲犂牛皆然，可乎？且謂其子而訾其父，君子弗爲也。【𠘯，古凭字。】仲弓可使南面，故舉天牲以況之。【《春秋》書"仍叔之子"，《左傳》曰"弱也"，《注》云"稱仍叔之子，乃幼弱之辭"。然則，犂牛之子爲犢，信矣。】

〔牛人〕享牛求牛

牛人共祭祀之享牛、求牛。先鄭云："享牛，前祭一日之牛。求牛，禱祈求福之牛。"後鄭謂享，獻也，獻神之牛。求，終也，終事繹祭之牛。愚謂：天神曰祀，地示曰祭，人鬼曰享。享牛者，享先王之牛也。凡祭祀前三日擇牲，君召牛納而視之，擇其毛而卜之，是謂求牛。求，猶擇也。卜吉而後養之，是爲享牛。享牛與帝牛，皆在滌三月。求牛者，惟具是視。具者，庀也，謂簡擇。先庀牲，後繫牲，凡牲必有副。唐禮：『省牲而犢鳴，則免之而用副。』求牛者，乃其副也。《曲禮》：

"天子以犧牛，諸侯以肥牛，大夫以索牛。"康成云："犧，純毛，肥養於滌，索求而得之。"孔疏謂下不得僭上，上得兼下。奉牲以告，博碩肥腯。是天子兼有肥牛，稷牛惟具。如有灾故，臨時得別求之。是天子兼有索牛。然則，求牛即索牛歟？《説苑》引《禮記》曰："上牲損，則用下牲。下牲損，則祭不備物。"有下有上，一求一享。或索或肥，同名爲犧。《左傳》："萊人賂齊以索馬牛皆百匹，"則索牛亦不獨用之於祭也。或云："享牛者，祀神之牛。求牛者，降神之牛。"一以祭，一以燎，惟郊用之鑿矣。《大宗伯》"祀天實柴"，故書作賓柴。實之言積也，賓之言升也。先儒謂實者，實牲體，則賓柴又何説乎？

牛牲之互

凡祭祀，牛人共牛牲之互。案：互，三物一名。或曰紡車，或曰楅衡，或曰縣肉格。《説文》互作𥯤，從竹，象形，互乃省文。人手推握可以收繩，此紡車也。一名輕。《廣雅》曰"輕謂之互"，其説本於此。輕讀若狂，或云一輪車。互狀如椴，謂之迦。互設於牛角，以防觸牴，此楅衡也。《詩》云："或肆或將。"毛傳云："肆者陳於互，將者，齊其肉。"《西京賦》所謂"置互擺牲"，此縣肉格也。三物一名，或圓以轉，或止不行，或象犬牙，一從一橫。《大宗伯》"膴辜"，故書膴作罷。先鄭讀爲披，後鄭破爲膴，音義不殊，語有輕重耳。古文擺作罷，猶倦作券。

禮說卷四

東吳　半農　惠士奇

地官二

〔載師〕宅田士田賈田官田牛田賞田

周之賦禄以田，王者居九畡之田，收經入以食兆民。是以天子一圻，諸侯一同。公食貢，大夫食邑，士食田。大國之卿一旅之田，上大夫一卒之田。衆一旅，田一成，成方十里。其税，百夫田萬畝，畝一鍾。《詩》曰"倬彼甫田，歲取十千"，卿之禄也。自此以降，至皂隸食職。其税，一夫田百畝，與庶人等。爲庶人在官其無田者，或有罪奪之既老歸之，去國收之，及外人之來與官吏承乏無田餼而徒理事者，否則皆有田。田百畝，夫一廛，謂之户。故《詩》曰"三百廛"，《易》曰"三百户"。一軫十夫，楚葉公子高有存國之功，食田六百畛。功崇者禄加豐也。《荀子》曰："上賢禄天下，次賢禄一國，下賢禄田邑。"楚莊王謂共雍曰："有德者受爵禄，有功者受田宅。二者，女無一焉。"宅在邑，故田宅謂之田邑。周之衰也，大夫刺幽王曰："佌佌彼有屋，蔌蔌方有穀。"豈非小人在位，有宅有田歟？禄田之外，有功而賞曰賞田。魏公叔痤爲將，與韓趙戰而勝。禽樂祚，魏王説，以賞田百萬禄之。然則，賞田亦謂之禄也。公叔痤讓功於吳起、巴寧、爨襄。於是索吳起之後，賜田二十萬。寧、襄各十萬。王曰："公叔，長者。"又與田四十萬。加之百萬之上，使百四十萬。此司勳所謂加田。康成云："既賞之，又加賜以田，所以厚恩。"一説，加田，官宰之田也。《晉語》："官宰食加。"若齊鮑國爲魯施氏之宰，有百室之邑，故國征不及焉。晉惠公賞以説衆，作爰田。【轅、爰通。】秦孝公用商君，亦制轅田，皆賞田也。《管子》曰："良田不在戰士，三年而兵弱。"然則，轅田之法以上田賞戰士，而中下授民。秦晉之良田盡歸戰士矣。賈田者，官賈之田。官田者，官工之田。《晉語》"工商食官"，《管子》云："賈知貴賤不爲官賈，工治功能不爲官工者，與功而不與分焉。"然則，工商不在官者，不與分田。

《周書》云："縣鄙商旅能來三室者，與之一室之祿。"言能招來外商三人，則與之一夫之田也。《白虎通》云："一夫一婦成一室。"漢《田令》"商者不農"。康成謂："賈田，在市賈人家所受田。"蓋在官之賈歟？牛田、牧田皆芻牧之地。若青之萊夷，秦之胡苑，魯牧在野，周牧在郊。邑外曰郊，郊外曰野，薦草多衍、六畜易蕃之地也。古有掌宅之官，凡仕者近宮，耕者近門，工賈近市。【齊使弗鄭為宅，掌宅之官也。】是為國宅，宅必有田，故曰宅田。武王伐紂，表商容，釋箕子，使各處其宅，田其田。漢高祖詔曰："有功勞，行田宅。"孝昭賜蘇武田二頃、宅一區。孝宣時，胡組、郭徵卿子孫，皆以舊恩賜田宅。漢猶如是，則周可知矣。田有稅，宅無徵。而漆林猶加重者，何也？舜為食器而漆墨之，諸侯以為侈。漢有工官主作漆器，南陽樊氏以富聞，欲作器物先種梓漆。蓋其利厚，民私之，故曰："民多私利者，其國貧。"且木不可獨伐，不可獨舉，不可獨運。必資民力，用妨農事，是以倍其徵。非私漆林，惡廢民於生穀也。古者計畝以鍾，故魏季成子食采千鍾。曾子始仕三釜，後仕三千鍾。秦漢易鍾以石而祿漸薄。六朝有職分田：一品五頃，又有公廨田，以供公用。至唐內官賦以石，外官賦以田。無地者，畝給粟二斗。五代廢之，至宋而復。大藩長史二十頃。及縣尉不滿五千戶者，令四頃，尉二頃，稍優於唐。其田每月不及十貫者，支茶湯錢以足之，所以厚其養廉之意。雖不逮於古，然所以示優厚，屬清操，猶得周家忠厚之遺焉。【晉有萊田、田驥，後魏有公田。】《戰國策》："子之相燕，貴重主斷。燕王噲收吏璽自三百石以上，皆效之子之。"【亦見《韓非子》。】說者謂"以石計祿始於此"，不知以石計祿本起於田。李悝盡地力，畝收一石半，下孰倍，中孰三，上孰四。蓋以石計田，以田賦祿。王登為中牟令，一日而見二中大夫，予之田宅。衛嗣君欲以薄疑為上卿，進田萬頃。吳起攻亭，下令曰："有能先登者，仕之國大夫，賜之上田宅。"人爭趨之攻亭，一朝而拔之。此戰國之賦祿皆以田也。吳起相楚悼王，以為"封君太眾，貧國弱兵之道"。於是，封君之祿二世而收，則采地之廢昉於此乎？文公欲弛孟文子之宅，云："欲利子於外地之寬。"景公欲更晏平仲之宅，云："請徙子於豫章之圃。"則國宅不皆官署，宅田不盡民居也。商君之法：斬一首者，爵一級。欲為官者，為五十石之官。斬二首者，爵二級。欲為官者，為百石之官。則以石計祿始於秦。然韓非子以為善田利宅，所以戰士卒也。而斷頭裂腹，播骨乎平原曠野者，無宅容身，身死田奪。大臣左右無功者，擇田而受，擇田而食。"① 則當時賦祿及賞仍以田明矣。

---

① 語出《韓非子‧詭使》，原文為："夫陳善田利宅，所以厲戰士也，而斷頭裂腹、播骨乎平原野者，無宅容身，死田畝；而女妹有色，大臣左右無功者，擇宅而受，擇田而食。"

《曲禮》："無田禄者不設祭器,有田禄者先爲祭服。"《祭統》："古者於禘賜爵服,於嘗出田邑。"田邑者,田宅也。康成以爲國地,其不然乎?【《左傳》衛公孫免餘曰:"唯卿備百邑,下有上禄,亂也。"邑謂十室之邑,百邑則田一成,卿之禄也。趙武以絳老爲絳縣師,與之田,使爲君復陶。案:縣師,上士,非所謂"士食田"者歟?晉侯賞桓子狄臣千室。千室者,千夫之田。桓子上卿,千室猶百邑也。古者,井有定,邑無常,《易》曰:"改邑不改井。"康成注《易·訟卦》云:"小國之下大夫,采地方一成。其定税三百家,故三百户也。"孔疏謂"一成九百夫"。宫室、塗巷、山澤,三分去一,餘有六百夫,又通率其地。不易、再易,一家而受二夫之地。故定税三百家。然春秋大國之卿,其田不過一旅。一旅之田,不過一成。如其説,一家受二夫之地,當定税四百五十家。言一旅者,舉成數也。三百户不滿一成,以田賦禄而予之以不食之地,其説妄矣。】古之人臣,苟非有功,不得食邑。《載師》所謂"宅田、賞田"是也。若夫公邑、家邑、小都、大都,皆非采地,亦非禄田。所謂"王命尸臣,官此栒邑",栒故豳國。提封萬井,兵車百乘,天子使之治其賦而主其民,又賜之鸞旂、黼黻、珪戈。而宗人掌其禁令,仍督其違失者。其地則載師任之,不得專焉。及周之衰,遂爲己邑。温子即狄,樊皮畔王,君子惡之。公邑之利,都家之主,地不成國,民不稱君,而内有六卿,外有六遂,甸稍縣置,犬牙相錯,雖有不臣之心,其力亦不能爲亂。所謂"無拳無勇,職爲亂階。巧言之卒,章得其情矣"。【《吕氏春秋》晉文公令曰:"有能得介子推者,爵上卿,田百萬。"《淮南·道應訓》:"宣王封子發執圭,列田百頃。"《左傳·莊十九年》:"惠王奪子禽祝跪與詹父田,而收膳夫之秩。"田猶秩也,秩亦田也。奪田收秩,所謂"奪以馭其貧也"。宣十四年,衛孔達縊而死,衛人以爲成勞,復室其子,使復其位室,謂"宅田禄也"。《周書》所謂"一室之禄",蓋禄其子,襲父位。杜預謂"室者,以女妻之",鑿矣。自一室之禄至千室之禄,皆田也。故古者名禄爲田。《成八年經》:"晉殺其大夫趙同、趙括。"是時趙朔已死,朔子武尚幼,以其田與祁奚。晉景公從韓厥之言"衰盾忠勳,不可無後",乃立武而反其田焉。然則,復室其子者,反其田也。】古者,天子畿内不以封。秦仲爲西垂大夫,隴西有秦亭、秦谷,而非子居犬丘。周之犬丘,漢之槐里,懿王都之本,非國也。及平王東遷,秦仲之孫襄公於是始國。而《詩》有秦風,則《車鄰》《駟鐵》,皆襄公時作。而序謂"《車鄰》美秦仲",失之。天子守邑之大夫,安得有内小臣傳令乎?《世本》云:"鄭桓公居棫林,徙拾。"《紀年》謂"始居洛,後居鄭父之丘",是爲鄭桓公。則是,西周畿内亦未聞有鄭國也。及桓公之子武公,與晉文侯夾輔平王,始滅虢會而都於溱洧焉。後世遂有新鄭之目,而指漢之京兆鄭縣爲舊都,豈非附會者爲之歟?《說文》云:"周制,天子地方千里,分爲百縣,縣有四郡。"說本《周書》。而《王制》則云:"天子縣內有九十三國。"其說多依《孟子》,然皆不合《周官》。【《漢書》薛瓚注言周自穆王以下,都於西鄭,不得以封桓公也。幽王既敗,虢會又滅,遷居其地,國於鄭父之丘,是爲鄭桓公無封京兆之文。其說本《穆天子傳》及《竹書》。而謂"桓公未聞封於京兆",其識卓矣。漢中南鄭,猶京兆西鄭也。《耆舊傳》云南鄭之號,始於鄭桓公。桓公死於犬戎,其民南奔,故以南爲號。其不然乎?有西鄭,故加南,又何與於鄭桓公也?】

夫家之徵

凡民有夫則有家,有家則有里。夫出口泉,故口以夫名。家給繇役,故役以家名。里樹桑麻,故樹以里名。夫布者,一口之夫;家徵者,一夫之家。里布者,一家之里也。徵有弛舍,惟賢能、老疾、貴者、服公事者,而閑民不與焉。故使之出三日二日一日之力徵。而田與追胥,轉移執事,亦在竭作之列,所謂"唯爲社田,國人畢作"是也。後鄭謂"家徵者,出士徒車輦",失之。又謂"里布,二十五家之布",罰一家而使出二十五家之布,勢必不能。且不毛與不耕孰重,宅不毛者罰布一里,田不耕者罰粟三夫。趙商嘗疑而問焉。康成亦不能言其故矣。宅之所處爲里。里者,居也。《夏官·量人》所謂"軍社之所里"是也。蓋屋在田,故田不耕者,出三夫之屋粟。宅在里,故宅不毛者,出一家之里布也。夫徵即夫布,說見前。案:漢律,民不繇,貲錢二十二。謂"民出貲錢以給繇役,每家二十二錢",蓋漢之家徵如此。則閑民反重其徵,必不然矣。【《漢律》見《說文解字》。】且民之無事者爲閑民,公族之無事者爲遊倅。等閑也,而貴賤分。故公族之無事者,諸子掌之,國徵弗及。而民之無事者,入衛於宮,則宮伯有徒役之事,出耕於野,則載師有夫家之徵。夫家,猶徒役也。國家既養而長之,又重徵以困之,有是理乎?《稾人職》:"外內朝有冗食,"即宮中之人民,而謂之冗食者。許氏《說文》云:"人在屋下無田事。"然則,冗食即閑民也。康成謂"留治文書",若今《尚書》之屬諸直上者,則凡外內朝之散吏。趣走給召呼之屬,亦皆閑民爲之矣。此民無家事而服公事者。鄉大夫舍而弗徵,則載師亦不得而徵之也。春秋,魯作三軍,各徵其軍。《注》謂"徵其軍之家屬",孔疏云:"丁壯從軍者,官無稅。其家屬不入軍者,稅之。"閑民出夫家之徵,蓋以此。

〔縣師〕馬牛車輦旗鼓兵器

《周書》:"西土方千里,分爲百縣。"《左傳》:"九縣長轂九百,四十縣遺守四千。"則每縣百乘，百縣萬乘。此國畿千里，出車之大數也。《地官》有縣師，《秋官》有縣士，凡縣之衆庶，縣士聚之，縣師作之。若將有會同、師田、行役之事，則縣師受法於司馬，甸稍、都鄙受法於縣師，是爲縣師之法，名曰縣法。而縣士則各掌其縣之禁令焉。《風俗通》曰："百里爲同，總名曰縣。县，玄也，首也，從系倒首，言当玄静徭役也。"① 然則，縣法者，徭役之法歟？鄭司農以"三百里至四百里爲縣"。康成則分爲五等：百里曰郊，二百里曰甸，三百里曰稍，四百里曰縣，五百里曰都。【《司馬法》："二百里爲州，三百里爲野，"餘同。】不知甸地、稍地、畺地，皆縣地也。稍人掌邱②乘，方士掌都家。所掌者，即甸地、稍地、畺地。而稍人則以縣師之法，爲邱③乘之政令。方士亦以時修其縣法而爲都家之治。其都邑則又縣師造之。量其地，辨其物，而制其域，故曰"縣，弦也"。縣聲近弦，施繩用法不曲如絃也。縣師掌師田，作衆庶，造都邑，故以取名。周曰師，楚曰尹，漢曰令，其職兼文武，并掌兵器。《春秋》《周禮》未改。楚武王授師子以伐隨，衛懿公將戰而國人受甲。古者兵器藏於國，有事而後授兵，既事復還兵。所謂"良兵藏於玉府及內府"者，必非民間所造。造之者，縫人、槀人。掌之者，司甲、司兵。戈盾、弓矢，各有司存。晉作州兵，使州作兵；魯作邱④甲，使邱⑤作甲，非古也。西京精兵，聚於雒陽武庫，故漢之武庫令，猶周之司兵。哀帝建平中，母⑥將隆奏言："武庫兵器，天下公用，國家武備，繕治造作，皆度大司農錢。"【蘇林曰："用度皆出大司農。"】未聞取之於百姓。説者謂《周官》，兵器出於鄉遂之民，誤矣。小司徒及鄉師，頒六鄉之比法。車輂，登其數。馬牛，辨其物，簡閱之而已。非籍而賦之，且古有命民。小司徒辨貴賤，所謂"民之貴者，亦得乘飾車駢馬焉"。而遂人鄭長，簡兵器以備追胥，非以供軍旅、會同之用也。《司馬法》：邱⑦出牛三頭、馬一匹，甸出長轂一乘、馬四匹、牛十二頭。此即春秋所謂"田賦"歟？古者，馬牛車輂皆謂之賦。魯使邱⑧甸出之，重傷民力。故《春秋》書之曰"用田賦"，較之初稅畝而尤甚矣。何以知之？以未用田賦之時知之。三軍

---

① 此處引文不規範，《風俗通》原文爲："百里曰同，總名爲縣。縣，玄也，首也，從系倒首，舉首易偏矣。言當玄靜，平徭役也。"
② "邱"，四庫本作"丘"。
③ "邱"，四庫本作"丘"。
④ "邱"，四庫本作"丘"。
⑤ "邱"，四庫本作"丘"。
⑥ "母"當爲"毋"，各本均誤，據《漢書》改。
⑦ "邱"，四庫本作"丘"。
⑧ "邱"，四庫本作"丘"。

作而三子各毀其乘。如依《司馬法》，則乘者甸之出也，奚爲毀之？且甸出車一乘，故甸讀爲賸，其訓爲乘。則是毀其乘者，毀其甸也。毀其乘則可，毀其甸則不可。毀其甸，是壞井田之法。先商鞅而決裂阡陌也。以是知"甸出車一乘"之説非也，自魯用田賦始也。自魯用田賦，列國皆然。名爲乘馬邱①牛，其實賦車籍馬。與秦之頭會箕斂，何以異焉？《周官》牛人有公牛，而牽傍同輓；校人有王馬，而毛物異頒；旗有司常，以待國事；鼓有鼓人，以和軍旅；車有巾車，而其用無常。又安用乘馬邱②牛重傷民力哉？然則馬牛車輦、旗鼓兵器③，皆非民間之物。縣師使其有司備之，各帥其民而至。及其會車人之卒伍，則五人爲伍，百人爲卒，而"一乘七十五人之説"，亦無所用之。先偏後伍，伍乘彌縫，廣有一卒，卒偏之兩，所謂"車人之卒伍也"。楚攻魏，張儀請出兵以勁魏。於是攻皮氏，而以卒萬人、車百乘與魏。是古者車一乘，卒百人。武王伐殷，革車三百乘，法當用卒三萬人。故田單曰："帝王之兵，所用不過三萬，而天下服矣。"説者謂《周官》無偏，則不然。古者士有卒伍，車有偏列，司徒主卒，司空主車。《冬官》亡，則偏法亦亡。廣車之萃，分爲左右。每廣一卒，謂之正法。偏者，廣之偏。左廣爲左偏，右廣爲右偏。偏之兩者，合則四兩以翼廣，分則五伍以承偏，謂之偏法，亦曰偏駕。則知車人之卒伍，未嘗無偏。君行師從，故覲禮有偏駕。過天子之城，宜櫜甲束兵，故偏駕不入王門。康成謂偏駕者，金、象、木、革四輅。其不然乎？魚麗之陳先偏，魏舒毀車爲卒，亦偏爲前拒。蓋無定數，因事制宜者歟？《鄭志》趙商問："一甸之田方八里，有戎馬一乘。大夫采四甸，一甸之税入於王，其餘三甸裁有十二匹。而《校人職》'家四閑'，何也？"答曰："四閑，八百六十四匹。此乃國馬，不出於民。"《司馬法》："民出軍賦，無與於國。"所謂"民出軍賦者"，即春秋之田賦也。古文田、陳同音，故齊陳轉爲齊田。甸、乘亦同音，故邱④甸通爲邱⑤乘。説者以爲甸出車一乘，故甸改爲乘，失之。司馬穰苴兵法因號《司馬法》。案：《戰國策》：『齊閔王時，司馬穰苴爲政，閔王殺之，大臣不親。則穰苴乃閔王之將，以故齊南破楚、西屈秦，用韓魏燕趙之衆猶鞭策者，蓋穰苴之力居多。及穰苴死，而閔王亡矣。』《晏子春秋》以爲齊景公，史遷因之。如其然，《左傳》曷爲不載乎？《韓非子》曰："私門之官用，馬府之世絀，"又曰："民産絶，則畜生少。……畜

---

① "邱"，四庫本作"丘"。
② "邱"，四庫本作"丘"。
③ "器"，四庫本作"氣"。
④ "邱"，四庫本作"丘"。
⑤ "邱"，四庫本作"丘"。

生少，則戎馬乏。……戎馬乏，則將馬出。"是將馬者，國馬，謂之馬府。戎馬者，民間之馬，所謂"民出軍賦者也"。民馬乏，故以國馬給軍。則其法非始於春秋行於戰國歟？何休曰："用田賦者，若漢家斂民錢以田爲率矣。"禮：『軍賦十井，不過一乘。』愚謂：以田爲率，乃稅畝，非田賦也。《魯語》："田一井，出稷禾、秉芻、缶米而已。"如以十井爲乘，則包咸之說，【見《論語注》。】吾未之前聞。【秦穆公送公子重耳入晉，革車五百乘，步卒五萬，疇騎二千。此一乘百人之法而兼有騎，則騎起於春秋，非始於戰國也。民年二十三，傅之疇官，學習騎射，故曰疇騎，見《韓非子》。】《春秋·隱四年傳》云："敝邑以賦與陳蔡從。"服虔云："賦，兵也。"《昭六年傳》："大夫有賦於軍，"故魯之禦叔，大夫也，而傲使人，令倍其賦，謂軍賦也。漢孝惠之初，令吏六百石以上及故吏，嘗佩將軍都尉印，及二千石官印者，家唯給軍賦，他無所與。則大夫有賦於軍，至漢猶然矣。《哀七年傳》："魯賦八百乘，邾賦六百乘。"故兵車曰賦輿？有稅有賦，稅以足食，賦以足軍。《論語》"治賦"，孔安國亦謂之兵賦。然則，用田賦者以田賦出兵，《司馬法》本諸此。【服虔引《司馬法》：五十乘爲兩，百二十乘爲伍，二十五乘爲偏。杜預引《司馬法》：車十五乘爲大偏，九乘爲小偏。則偏無定數，伍兩亦然。倍伍爲什，倍兩爲五十，倍卒爲二百。《齊語》五十人爲小戎，二百人爲卒，倍法也。《坊記》孔疏云，據《司馬法》之文，車甲馬牛皆計地，令民自出。鄉遂之衆七十五人，出革車一乘，甲士三人，馬四匹，牛十二頭，恐非力之所能，皆是國家所給。故《巾車職》"毀折入齎於職幣"。《質人》云："凡受馬於有司者，書其齒與毛。其賈馬死，則旬之内更。"《司兵》云："授兵，從司馬之法頒之，受兵亦如之。"是國家所給也。愚謂：《司馬法》出於田賦，始自春秋之末，行於戰國之時。】魯用田賦，猶鄭作邱①賦。服虔曰："作邱②甲者，一邱③之田出一馬、三牛。"其說是也。然以爲古法，則非。子產愛民而行病民之政，學者不能無疑焉。大宰有芻秣之式，大府以四郊之賦待之。則牛馬不出於邱④，明矣。秦孝公十二年，爲田開阡陌；十四年初爲賦。賦者，軍賦也。軍賦始於春秋，至是開阡陌而更定其法也。

〔師氏〕敏德

師氏三德，二曰敏德。敏者何也？克爲敏德，以己承之。孔子曰"克己"，曾

---

① "邱"，四庫本作"丘"。
② "邱"，四庫本作"丘"。
③ "邱"，四庫本作"丘"。
④ "邱"，四庫本作"丘"。

子曰"己任",一也。《説文》:克之象,肩也。其義,任也。《詩》云"佛時仔肩",毛傳曰"克",鄭箋曰"任",《釋詁》曰"勝"。蓋能勝其任謂之克。然則,苟非己,焉能克。苟非克,焉得敏。是故堯舜恭己,禹稷由己,成湯惟己,伊尹若己,皆敏德也。於文,以己承之曰弖。弖者,謹慎之辭。《詩》云"赤烏己己"【見《説文》。】蓋言謹也。周公之敏也若無己。則敬失其基,禮失其幹,慎失其藉。墮枝體,黜聰明,離形去智,變爲槁木死灰,亦終入於昏昏默默而已矣!學問求諸己,廉恥行諸己,忠恕推諸己,立達取諸己,安人、安百姓修諸己,孔子無我,非無己也。楊子爲我,非爲己也。己之欲非己,猶身之垢非身。爲仁由己,是謂當仁。仁以成己,惟敏乃成。訓己爲私,濫於王肅,浸於劉炫,異乎吾所聞。一曰至德,至者何也?中庸其至矣乎,民鮮能久矣,惟有敏德者能之。敏德所以爲仁。而孝德者,爲仁之本也。【春秋·昭十二年《左傳》云:"仲尼曰:'古也有志,克己復禮,仁也。'"則古有是言,而孔子引之。爲仁由己,而由人乎哉?此發明克己之義也。而復禮之目未詳,故顏子請問。】克爲敏德,其詳可得聞乎?不能謂之賊,不足謂之畫,浮況謂之溺,遊移謂之惑,中廢謂之弱,後退謂之卻,皆不能自克者,敏之蠹也,惟克乃敏。《詩》曰"農夫克敏",力耕數耘,收穫如寇盜之至,農夫之敏也。君子克己亦如之。《詩》曰"良士蹶蹶",言動而敏於事也。此敏德所以爲行本歟?【子曰"一日克己復禮";又曰"有能一日用其力於仁,用力者己也",能用力非克己乎?而皆曰一日者,言由己不由人也。故曰:"我欲仁,斯仁至矣。"不識己焉識仁。子貢之施濟求之人,孔子之立達反之己,故曰:"修己以敬,以安百姓,堯舜猶病。"】五行,己屬中宮土,《易》曰:"安土敦乎仁,故能愛。"未有不愛己而能愛人者也。求仁者於己取之可矣。史遷紀帝嚳,普施利物,不於其身,非吾儒之學也。吾儒學在己,利物本諸身。《莊子》曰"至人無己",無己是無仁也,故《莊子》不知仁。【《莊子》謂枝於仁者,擢德塞性。蹩躠爲仁,天下始疑。而其論仁也,則云:"中心物愷,兼愛無私。"以墨子之學爲孔子之語,其謬已甚,皆自"至人無己"之一言始。】

虎門

路寢,制如明堂,面有四門。虎門者,路寢之西門也。西爲成熟之方,學貴成熟,故小學在西,亦名西學。《祭義》云:"食三老五更於大學,所以教諸侯之弟也。祀先賢於西學,所以教諸侯之德也。"【西學,周小學也。先賢有道德,王所使教國子者。】大學在成均,則西學在虎門之左明矣。古者學在門,繆公學著人。《齊風》毛傳云:"門屏之間曰著。"著人者,《楚語》所謂"位宁有官師之典",【著與宁通。】蓋師氏保氏也。師氏、保氏同居門左，各司王朝。保氏不言者，省文可知。或云南稱門、北稱闈，此臆説也。蕭子良云："蕭何以署書題蒼龍、白虎二闕。"不知據何書？後漢德陽殿，東門云龍、西門神虎。虎金獸也，故在西。則虎門爲路寢，西門又何疑乎？家之學在門側之堂，故國之學在虎門之左。此蔡邕所謂"《周官》有門闈之學也"。【《文耀鈎》云："西宮白帝，其精白虎。"】《左傳·昭十年》："欒高與陳鮑相攻，遂伐虎門。晏平仲端委立於虎門之外。"蓋以虎門師保所居，講學視朝之地。故朝服立於其外歟？東漢有白虎觀，肅宗詔諸儒論定五經同異於此。白虎，門名。於門立觀，因以名之。蓋取《地官·師氏》虎門之義也。一說，虎門宫之外門，失之矣。師氏守王門，保氏守王闈。《爾雅》："宫中之門謂之闈。"康成謂"巷門相通者"。《雜記》："夫人奔喪，入自闈門，升自側階。"然則，闈門乃旁側之門也。路門外之應門爲正門，而虎門在西。師氏居其左，闈門又在內，似皆旁側之門。畫虎象秋嚴，漢制則然矣。康成以路門當之，豈其然乎？《廣韻》引《周禮》云："公卿之子，入王端之左，教以六藝，謂之門子。其後氏焉。"氏焉者，以門爲姓，若吳有胥門巢，晉有下門聰也。以虎門爲端門，國子爲門子，則似干寶註，而目爲《周禮》，誤矣。

師氏以媺詔王保氏諫王惡

師氏詔王媺，而教國子以三德三行。保氏諫王惡，而教國子以六藝六儀。國子者，公卿大夫之子。而王之世子亦齒焉。古者師保之官，掌國中失之事，中者爲媺。王有媺，則道之使成。失者爲惡，王有惡，則閑之使止。因以教王及王世子。而國之貴遊子弟，皆從王世子而學焉者也。降及春秋，其道息矣，然其風猶存。秦穆公益國十二，而學於蓍人。荆文王兼國三十，而學於保申。秦至穆而霸，楚至文而昌。二君能光大先世之業，以成其媺者，師保之力也。楚大子商臣之惡，其師潘崇實倡之。猶陳公子佗之惡，本於其傅之不良。蓋二人之性未必惡，師傅惡，故二人從之而惡。説者謂"商臣蠭目豺聲，形惡也"，豈其性惡乎？《詩》有《墓門》，刺陳佗也。陳佗無良師傅，以至於不義，惡加於萬民焉。故曰："墓門有棘，斧以斯之。"言斧能析薪，猶師能止惡也。秦不法古，律令爲師。胡亥學書，趙高教之。"夫也不良"，此之謂矣。夫之言傅也，謂師傅也。師傅不良，故陳陀惡加萬民，胡亥毒痛四海。《太元》曰："黄兒中蕃，君子洗惢。"言有老臣以爲師保，則君子庶幾免於惡焉爾。人之所好而不足者媺也，人之所醜而有餘者惡也。彊其所不足，拂其所有餘，此保氏師氏之職歟？漢成中主，委任外親。帝師張禹，國之俊臣，黨於王氏，變漢爲新。師保之官，安可非其人也？《易·兌》講習，《臨》教思，二陽咸臨，師保之象。初以志行正爲貞，二以不順從爲利，言"詔嬿諫惡，逆之吉，順之凶"。潘崇之於商臣，趙高之於胡亥，張禹之於漢成，皆不正而順從，何利之有？【君命順則臣有順命，君命逆則臣有逆命。君命逆而臣順之者，一言可以喪邦。《臨》九二爻辭曰："咸臨，吉，無不利。"夫子恐人以順爲利也，故特明其義曰："咸臨吉，無不利，未順命也。"未之言非，古語也。言非以順命爲利也。爲人臣者不明乎此義，則不免爲宋之"三旨相公"而已。三旨者：一曰取聖旨，二曰領聖旨，三曰已得聖旨也。此之謂順命，即六三之甘臨。故甘臨曰"无攸利"，咸臨曰"无不利"。《兑》象朋友，《臨》象師保。《易》曰"無有師保，如臨父母"，《書》曰"放黜師保"，則師保非三公也。三公，官不必備。師保，必備其官。《易》初元士，二大夫師氏、保氏。正當元士、大夫之位，故《臨》二陽象之。周公師保萬民，則三公亦得兼焉。《荀子》曰："從命而利君謂之順，從命而不利君謂之諂。逆命而利君謂之忠，逆命而不利君謂之篡。"然則咸臨之"无不利"，甘臨之"无攸利"，其義曉然矣。傳曰"從道不從君"，此之謂也。晏子曰："君正臣從謂之順，君僻臣從謂之逆。"君失其道，臣失其守，逆政行而有司不敢争，覆社稷危宗廟，是故上有行中之君，下有順命之臣。君不行中，故臣未順命，知臨之宜，咸臨之吉歟？】荊威王學書於沈尹華，昭釐惡之。有中謝者爲昭釐謂王曰："國人皆以王爲沈尹華之弟子也。"王不説，因疏沈尹華。甚哉！人之好爲師而恥爲弟子也。故細人一言，而威王不説，則師保廢於戰國矣。《商書》曰："能自得師者王，謂人莫已若者亡。"故荊興於文，衰於威，一傳而懷王遂亡其國，客死於秦。

〔保氏〕五射

《保氏》五射：白矢、參連、剡注、襄尺、井儀。案：《廣韻》"白矢"作"白勺"，"襄尺"作"讓尺"，"參連"作"參遠"。賈疏云："臣與君射，不與君並立，襄君一尺而退。"則襄讀爲讓，古今文也。《新序》云："左把彈，右攝丸，定操持，審參連。"《吴越春秋》云："射之道，從分望敵，合以參連。"連誤爲遠，失其義矣。《莊子》："鏑矢復沓。"《注》云："矢去復往沓。"然則，復沓猶參連也。《列子》曰："善射者能令後鏃中前括，發發相及，矢矢相屬，前矢造准而無絕落，後矢之括猶銜弦，視之若一焉。"是爲參連。後漢陳王寵善弩射，十發十中，中皆同處。其法以天覆地載，參連爲奇，又三微三小。三微爲經，三小爲緯，經緯相將，萬勝之方，然要在機牙。弩柄曰臂鈎，弦曰牙，牙外曰郭，郭下曰懸刀。合名之曰機，差以米，則不發。然則，參連弩射尤精矣。《詩》："四矢反兮。"《箋》云："反，復也。"禮射三而止，每射四矢皆得其故處，此之謂復，《莊子》所謂"復沓"也。

〔司諫〕糾萬民之德 〔司救〕禁萬民之衺

　　司諫糾萬民之德，而觀察其德行道藝，辨之以能。司救禁萬民之衺，而誅讓其衺惡過失，防之以禮。乃其職不列於六鄉六遂之中，而隸於師氏、保氏之下，何哉？蓋必先師氏詔王媺，而後司諫糾民德。民之德本於王之媺也。必先保氏諫王惡，而後司救禁民衺。民之衺本於王之惡也。糾民德者鄉三物，禁民衺者鄉八刑。師氏之詔，詔以此。一人有德以道民德，不令而行。保氏之諫，諫以此。一人無衺以閑民衺，不禁而止。本諸身，徵諸民，德道禮齊，風俗成焉。比長奇衺，閭胥觵撻，族師刑罰，皆所以禁民衺。民有過惡，州長歲糾，黨正月戒，司救復三讓三罰之，以故民無隱慝。比長教和親，閭胥聚衆庶，書其敬敏任卹者，族師每月屬民，書其孝弟、睦婣、有學者，是爲德行道藝。黨正歲屬民而書之，州長正月屬民而考之，然後入之於鄉大夫。鄉大夫三年大比，則復加考而舉其賢者、能者而獻其書。王再拜受之，登於天府，內史貳之。則所以糾民德者，較之禁民衺而尤詳焉。以故民無遺善，司諫復以之考鄉里之治，而詔廢置。蓋比閭、族黨、州鄉或有書之，未備考之，未精舉之。未當者，司諫巡問而觀察之，以進退其鄉之吏。由是窮居側陋之士無不上聞，言行必達，皆登於書，謂之史傳。至秦曠絶，其道廢壞。漢武始舉賢良方正，天子計書，先上太史。媺惡之事，靡不畢集。後漢光武始詔南陽，撰作《風俗》。故沛三輔有耆舊節士之序，魯廬江有名德先賢之贊，郡國之書由此而作。其後遂有《三輔決錄》《汝南月旦》之評。說者以爲處士橫議，然猶有古糾德禁衺之遺意。而朝廷無詔媺諫惡之官，則是不正其本而齊其末也。故東漢風俗，雖有氣節之名，而德行道藝，不及三代之純者以此。魏置州郡中正，區別人物，第其高下，定爲九品。其有言行修著，則升進之；儻或道義虧缺，則降下之。此古州長、黨正、族師、閭胥之職也。雖風教頗失而無典刑，然時有清議尚能勸俗。陳壽居喪，使女奴、丸藥積年沉廢。郤詵篤孝，以假葬違常，降品一等，其爲懲勸也如是。雖古之巡問、觀察、誅讓、防禁，何以加焉？後魏太和以前，精選德高一鄉者爲中正，當時頗得其人。及宣武孝明之世，寖以頹紊，而冀州大中正，排抑武夫，不入清品。武夫怨怒，遂聚火焚其第，殺其人。天下冤痛，乃詔斬其尤惡者，餘大赦以安之。而魏亦亡矣。中正置於延康，廢於開皇，立法未嘗不善，久而弊滋。榮辱在手，高下任意，此非出於法之不善，實由於本之未端。端本之道，先正朝廷，則化起於身，教成於國。《地官》"糾德禁衺"，既有比閭族黨以分其職，又有司諫司救以董其成。而爲司氏保氏之屬，旨哉！旨哉！祖已曰："惟先格王正厥事。"此之謂也。

〔調人〕和難

調人：掌司萬民之難，而諧和之，典瑞穀圭以和難。康成謂難，仇讎。和之者，若春秋宣公及齊侯平莒及郯、晉侯使瑕嘉平戎於王。愚案：僖公二十一年，楚執宋公。公會諸侯，盟於薄，釋宋公。《公羊》謂執，未有言釋之者。以公與議而釋之。何休謂"善。僖公能免宋公之厄"，《穀梁》謂"外釋不志，以公與之盟而目之"，康成謂"公有功焉"，此《典瑞》所謂"和難"也。二十七年，楚人圍宋，《公羊》謂此楚子，而貶稱人，以執宋公故。終《僖》之篇貶。何休謂"古諸侯有難，王者若方伯和平之。後相犯復，故罪。楚前執宋公，僖公與共議釋之。今復犯圍宋，故貶，終僖之篇"。貶者，言君子和平人，當終身保也。然則，調人和難，保之終身，故先動者誅之。康成謂"猶今二千石，以令解仇怨，後復相報移徙之"，即何休所謂"後相犯復，故罪"是也。楚人先動，其能免於王者之誅乎？二十八年，晉人執衛侯。三十年，公爲之請，納玉於王與晉侯，皆十穀。王許之，乃釋衛侯。《爾雅》："玉十謂之區。"《註》云："五穀爲區。"然則，雙玉曰珏，半珏曰隻。十隻曰區，倍之爲十。穀，和難之穀圭也。穀，之言穀。十，數之成。和難者成之，故用成數。僖公行禮，故記者善而志之。《大戴禮》曰："父母之讎不與同生，兄弟之讎不與聚國，朋友之讎不與聚鄉，族人之讎不與聚鄰。"《曲禮》亦云："父之讎弗與共戴天，兄弟之讎不反兵，交遊之讎不同國。"諸儒異說，莫能相一，學者惑焉。愚謂：不與同生者，孝子之心。令勿相讎者，國家之法。如其法則孝子之心傷，如其心則國家之法壞，欲兩全則兩窮。於是使不共戴天之讎，避諸海外，既不壞國家之法，亦不傷孝子之心。此調人之所以爲調也。千里之外遠於同國，而鄉近於國，鄰近於鄉，族人則疏於從父昆弟矣，亦可補調人之闕焉。或曰："父之讎避諸海外，是共戴天也。可乎？"曰："調人之和難，穎封人之錫類也。土中有水，弗掘無泉，四海之外別有一天。其誰曰不然？若夫殺人者死，傷人者刑，乃秋官之所弊而謀，非調人之所和而釋。"漢律：『衷刺刃者必誅。』以其雖未殺傷人而有殺傷之心也。《調人職》所謂"過而殺傷人者"，吉人良士，本無殺傷之心，時有過誤，不幸陷離者耳。漢律：『過失殺人，不坐死。』【過失，若舉刃欲斫，伐而軼中人者。】調人乃教民之官，故以其民共聽而成之。東漢之季，洛陽有主諧合殺人者，謂之"會任之家"，遂假託調人之法，因而爲奸利，受人十萬，謝客數千，由是法禁益弛。京師劫質，白晝群行，而漢亡矣。

〔媒氏〕中春合男女　夘卯夘酉之辨

　　《管子》"春三夘"【俗作卯。】十二始夘，十二中夘，十二小夘。而始夘合男女。"秋三夘"【今文酉，古文夘，俗誤爲卯。】十二始夘，十二中夘，十二小夘。而始夘合男女。冬夏兩至後九十二日，謂之"春秋兩至"。春至十日之内，室無處女。蓋始夘合男女者白露下，收聚之初，始夘之辰。《荀子》所謂"霜降逆女"，《家語》所謂"霜降而婦功成，嫁娶者行焉"是也。始夘合男女者，清明後出耕之日，始夘之辰。《媒氏職》所謂"中春之月，令會男女"是也。春至即春分十日之内，三夘之中。中春之月，會男女之時，於是時也，奔者不禁，故曰："室無處女。"謂"女盡行"。《詩·摽有梅》毛傳所謂"三十之男、二十之女，不待備禮而行者，所以蕃育人民也"。過此則非昏姻之時，不用令者罰之。荀卿子所謂"冰泮殺止"【殺止，一作殺女。】《家語》所謂"冰泮而農事起，昏禮殺於此"。衆説皆同，康成獨異。而《管子》尤合《周官》。故愚引以爲證焉。夘爲春門，三夘爲八舉。【木成數八。】夘爲秋門，三夘爲九和。【金成數九。】古文夘夘同形，書無善本，故正之。【《説文》："夘，象開門，夘象閉門。"】晉束晳以爲"四時皆可昏姻"，引《春秋》爲證。然民間嫁娶，吾聞之《詩》《禮》，未聞之《春秋》。《夏小正》"二月綏多士女"，《太元》："内婦始秋分。【陰外陽内，萬物之既。】自秋至春，辛壬癸甲皆嫁娶之時。"① 張融曰："《易·泰卦》六五'帝乙歸妹，以祉元吉。'"舊説六五爻辰在夘。春爲陽中，萬物生育，嫁娶大吉。此《管子》"春三夘合男女之義也"。《參同契》謂"二月榆落，魁臨於夘。八月麥生，天罡據夘"。蓋麥生而嫁娶行，榆落而昏禮殺，合於天時者歟？《左傳》："襄二十二年十二月，鄭遊販將如晉。未出竟，遭逆妻者奪之。"則春秋民間，嫁娶亦在秋冬也。媒氏會男女，即《管子》掌媒之合獨。所謂合獨者，凡國都皆有掌媒，取鰥寡而和合之。予田宅而家室之，三年然後事之，此之謂合獨。心星爲二月之合宿，故三夘爲合獨之時。《墨子》曰："丈夫年二十毋敢不處家，女子年十五毋敢不事人，聖王之法也。"然則，男三十、女二十而無夫家，皆過時不嫁娶者。媒氏會而合之，非合獨而何？夘從日爲昴，夘從日爲昴。昴，白虎宿星，當從夘。《説文》誤作昴。【徐鉉，音算飽切。】《詩》云："維參與昴。"毛傳云："昴，留也。"《元命苞》云："昴六星。"昴之言留，言物成就繫留。愚謂：昴，西方之宿，一名旄頭。昴與旄，若猶與搖。康成曰："秦人猶、搖聲相近。"則昴、旄亦聲相近也。夘象閉門，昴爲

---

① 原文爲："内婦始秋分陰外腸内萬物之。既自秋至春辛壬癸甲，皆嫁娶之時矣。"

白虎，不當從卯。《說文》非許氏之舊矣，俗本流傳，莫能正也。夘從田爲留，采地之名，因以爲氏。漢人改留爲劉，而有卯金刀之說。則卯夘之相亂也久矣。【虞翻云："古柳、夘字同。"王充曰："日出扶桑，暮入細柳。"故宅西曰柳穀，是日夕爲夘也。《左傳》："陳成子救鄭及留舒。"鄭箋引之作柳舒。是古留、柳亦通矣。《律書》言："二十八舍，北至於留。"留者，言陽氣之稽留也，故曰留，八月也。則直讀昴爲留也。】

禁遷葬嫁殤

媒氏禁遷葬。遷葬者，改葬也。改葬，非禮也，故禁之。改葬非禮，則冢人墓大夫之事也，曷爲媒氏禁之。媒氏聽陰訟，幽宅屬陰，且媒氏地官也，故爲之禁。然則，冢人墓大夫曷爲弗禁也？冢人固有墓禁矣。墓大夫之禁令，改葬在其中焉。何以知之？以族葬知之。大司徒族墳墓以安民，圖其兆，正其位，巡其厲，守之百年，遷之一旦，豈安民之意哉？冢人墓大夫又安得漠然坐視而弗禁乎？然而，古之改葬者多矣，何以知其非禮而禁之？春秋桓公十五年，天王崩，桓王也。莊公三年五月，葬桓王。自崩至葬距七年，左氏以爲緩，穀梁子疑之，因有郕尸以求諸侯之說。似非人情。公羊子以爲改葬，蓋得其實。改葬不書改，而春秋二百四十二年之內亦無改葬之文。以此知改葬非禮也，故禁之也。《左傳》隱公元年，改葬惠公。左氏謂"公弗臨，故不書"。子葬父，何故弗臨？如曰隱爲桓攝，攝主不臨喪，是何禮也？蓋改葬非禮，故不書。然則，喪服曷爲而有改葬緦？改葬緦者，成謂"墳墓崩壞，將亡失尸柩"。昔王季歷葬於渦山之尾，欒水齧其墓，見棺之前和，文王於是出而爲之更葬。雖其說近誕，然仁人孝子或不幸而遭之，此禮之變也，非是而改葬者。則《春秋》鄭改葬幽公，齊改葬莊公，皆君弒賊不討，葬不以禮。及鄭人斲子家之棺，齊人尸崔杼於市，賊既討而改葬其君，此皆得禮之變者。然非禮之正，故不書於經。則改葬非禮益明矣。古之葬也筮宅，其辭曰："度茲幽宅兆基，無有後艱。"是葬爲死者，非爲生者。後世有圖墓之術，以冢中枯骨求子孫富貴，於是遷葬者益多。則尤惑之甚者也，不可以不禁。媒氏遷葬與嫁殤本兩事，康成一之。謂"生非夫婦，死既葬，遷之使相從如成人耶"，則我未之前聞。如未成人耶，則曹孟德愛子沖死，爲聘甄氏亡女與合葬，是合葬非遷葬也。康成失之。周曰嫁殤，漢曰娶會，唐曰冥婚。【喪三日而殯，凡附於身者必誠必信，勿之有悔焉爾矣。言既棺不可復開也。三月而葬，凡附於棺者，必誠必信，勿之有悔焉爾矣。言既葬不可復改也。既葬而復改，猶既棺而復開，仁人孝子所不忍見、不忍言者也。後世無故而行之，遂成風俗。亦何異於狐埋之而狐搰之者哉？壽張侯樊宏遺勅薄葬，又

以爲"棺柩一藏不宜復見，如有腐敗，傷孝子之心"。使與夫人同墳異藏。光武善而從之，合於古矣。】

〔司市〕日昃而市

　　祝融作市，其象爲離。離明爲日，日有三時。三時者，朝時、昃時、夕時。不曰中而曰昃者，皇侃以爲日將中而未中，猶在東側，是中前爲昃也。賈公彥引《書》"日中昃，不遑暇食"，是中後爲昃也。《家語》"日出聽政，至於中昃"，王肅云："中，日中。昃，映中。"《説文》以日西爲昃，失之矣。日東爲朝，日西爲夕，日昃爲中。《春秋》"肆大省"，《公羊》曰："肆者何？跌也。"何休曰："跌，過度。昳之言跌也。"過猶不及，故中前、中後皆曰昳中。日至衡陽，是爲隅中；至昆吾，是爲正中，皆日昃時也。昃市於中，朝市於東，夕市於西。日中盛明，當王之位，故曰大市，而主萬民百族。平旦食時，爲公、爲卿，故曰朝市，而主四方商賈。日昳晡時，爲臺、爲僕，故曰夕市，而主販夫販婦。《莊子》曰："日方中方睨。"側視爲睨，睨猶昃也。方睨而中，方中而睨，其時有幾，日中不須臾，故《易》曰："日昃之離，何可久也？"説者謂"日昃，明將盡"，豈其然？日中爲市，取諸《噬嗑》，上明下動，日昃之大市也。行人之儀，不朝不夕，《晏子》云"室夕"，《管子》云"立朝夕"，古語皆以朝夕爲東西矣。月食必在望，月望爲盈。日昃必在中，日中爲昃。故《易》曰："日中則昃，月盈則食。"何休注《公羊》亦云："昃，日西"。是皆以昃爲夕也，可乎？昃有中、有下，皆非日夕時。古者罪人之喪以昏殯，故葬以朝不以夕，謂其近於昏。春秋九月丁巳，葬定公。雨不克葬，戊午日下昃【《穀梁》作稷。】乃克葬。何休云："下昃，蓋晡時。"晡時，則夕也。曷爲不書夕而書昃？且晡時而葬，是以罪人待其君也，必不然矣。《書傳》注云："平旦至食時爲朝，隅中至日昳爲中，晡時至黄昏爲夕。日出而葬，日中而虞，禮也。"魯葬定公以下昃，葬小君頃熊【一作敬嬴。】以日中。下昃去日中不遠，兩書以譏焉。朝市於西方，反天道也，故君子非之。《漢宫闕疏》曰："六市在西，其三在東。"① 有東西而無中，非古也。洛陽三市，取則《周官》。金市西，【一名商觀。】南市中，馬市東。古者爲市，一日三合。而河西姑藏市日四合，扶風美陽俗以夜市，則司市之法不行於天下矣。

---

① 語出《漢宫闕疏》，原文爲："長安立九市，其六市在道西，三市在道東。"

〔質人〕賣儥之質劑

質人掌賣儥之質劑，大市以質，若牛馬人民。小市以劑，若兵車用器及四時食物。巡而考之，犯禁者舉而罰之。古之質劑，後世之文券也。東晉及梁陳，凡貨賣奴婢、馬牛、田宅，有文券者，率錢一萬，輸估四百入官，賣者三百，買者一百。無文券者，隨物所堪，亦百文收四，名爲散估。説者謂"人競商販，不爲田業，故使均輸"，雖以此爲辭，實利在侵削，猶漢筭緡錢而已。質人所罰，謂之罰布。犯禁者罰之，謂用器。兵車不中度，布帛精麤不中數，幅廣狹不中量，則淳制不壹，度量不同，故舉其貨而罰之，所以同度量而壹淳制也。古者以質劑結信而止訟，安得有税乎？司市所徵謂之廛市，一名徵廛。廛人斂之，入於泉府，亦曰徵布。蓋徵其廛，不徵其貨，故《孟子》曰"廛而不徵"。後漢第五倫以京兆掾領長安市，平銓衡，正斗斛，市無阿枉，百姓悦服。此古質人之職也。度量爲斗斛，淳制爲銓衡。《孟子》謂之法，故曰"法而不廛"。謂廛人不徵貨，質人不徵廛。《荀子》謂之"室律"，治市者平之。室律者，質律也，質人之律。漢曰"月平"，所以平市價。【室、質音相近，楊注誤。】

買賣人民　越逐遁逃

儥人民者掌之質人，獲人民者告之朝士。古無奴婢，謂之臣妾，亦曰人民。《費誓》："馬牛其風，臣妾逋逃，勿敢越逐，祇復之，我商賚汝。"復之者，在軍則復於長，在國則復於朝，故曰"委於朝，告於士"。朝者，斷獄弊訟之外朝，朝士受而聽之，商度其所獲而畀之，是謂商賚。牛馬貨賄皆然。故曰："大者公之，小者庶民私之。"謂三分其所獲，二入公而私其一也。越逐者在國，越鄉者在軍。越伍，軍有常刑，國繋圜土。《易》曰："悔亡，喪馬勿逐，自復。"言勿逐，故悔亡，逐則有悔矣。《詩》曰："爰居爰處，爰喪其馬，於以求之，於林之下。"謂"國無政，軍無律"，故越逐者不加刑也。質人賣儥人民用長券，謂之質。王褒僮約、石崇奴券，古之質歟？質許贖，魯人有贖臣妾於諸侯者。而逋逃之臣妾，皆得歸其主焉。有主來識認，驗①其質而歸之。仍商度而賚告者。凡失物在市三日，在朝旬，而無主識認，乃没入官。故《易》有"億喪貝，躋於九陵之象，勿逐。七日得之"。占九陵，象朝之闈闓九重，言七日則旬之内也。《震》長陽，其數七，勿逐，與喪馬同。占而不言悔者，陽動而陰靜也。【喪馬，《睽》初九；喪貝，

---

① "驗"，四庫本作"騐"。

《震》六二。億發聲，古以貝爲貨。】古者，路遺不拾，人亡不追，非誘非竊，旬內自歸。太卜官有卜賣買臣妾馬牛，得之首仰足開，不得首仰足盼。【音琴，謂兆足斂。】然則，《易》之繇，《書》之誓，《周官》之文，參相合也。鄉有比、閭、族、黨，州遂有鄰、里、酇、鄙、縣，軍有伍、兩、卒、旅、師，皆不得相逾越。修閭氏掌國，野廬氏掌野，司虣掌市。市不屬遊，國不馳騁，野不相翔。司險守五溝、五塗而呵止行者，掌固復畫三巡、夜三鼜，以號戒之。先王寄軍政於鄉遂，輔之以什，司之以伍。伍無非其人，人無非其里，里無非其家。故奔亡者無所匿，竊盜者無所容。苟非遷徙，雖有逋逃，莫敢越逐。不獨軍中爲然矣。董逋逃，晉法也。楚作僕區，乃隱匿逃臣之法。【《說文》："匸，藏也。品，衆也。品在匸中。"踦區，藏匿也。僕，臣僕也。僕區者，藏匿逃臣。】芊尹無宇之閽，逃入王宮。無宇執之，有司弗與。及謁諸王，卒取以歸。歸之，禮也。執之，非禮也。當復之朝。【康成曰："復之言報也。"】復之朝而有司弗與，則失在有司也。朝有復者，宰夫掌諸臣之復，禦僕掌庶民之復。《晏子春秋》所謂"齊有北郭騷造於君廷而求復者"以此。

〔廛人〕掌斂布

太公爲周立九府圜法。顏師古以大府、玉府、內府、外府、泉府、天府凡六府當之。而又以職內、職金、職幣三官充其數焉。非也。《爾雅》以八方之八材、中原之五穀魚鹽爲九府。王應麟引之以當九府圜法，失之遠矣。所謂圜法者，重不廢輕，小不妨大，子母相權而有九品，故曰九府圜法，其名見《周官》者。夫布、里布、辟布、絘布、總布、質布、罰布、廛布、儦布，是爲布貨九品。其九品在國曰邦布，外府掌之。在市曰徵布，泉府掌之。載師有里布，閭師有夫布，皆邦布也。出諸民，入諸國，故曰邦布。百畝爲夫，五鄰爲里，民間之布，以夫里得名。說者以爲罰布，誤矣。司市有辟布，廛人有絘布、總布、質布、罰布、廛布，肆長有儦布，皆徵布也。斂諸市，入諸官，故曰徵布。辟布，一名辭布。辭之言貲也，猶漢之貲錢。或曰辟，法也。辟布，猶法錢。市中作布，皆取法焉。故曰："辟布者於其地之叙。"叙猶監也。作布之叙，蓋鑄錢之監歟？王莽布貨十品：一曰大布，次曰次布，蓋法《周官》之"絘布"，乃市中思次、介次之布也。總布未詳。質布者，質劑賣價之布。罰布者，質人所罰犯禁者之布。廛布者，門關徵廛之布。儦布者，無肆立持之布。《集韻》云："儦，塹也。音才鑒切。"徐邈讀《詩》云："抱布抱此。"《管子》云："握路握此也。"鄭司農曰："布參印書，廣二寸，長二尺，以爲幣貿易物。"此立持之布歟？《管子》謂"隰朋於國有不知政，於家有不知事"

"舉齊國之幣，握路家五十室"。而其人不知握猶持也。古之儳布也，肆長斂之，廛人掌之。而朋不與知焉。一説，儳布者，總布之別也。《盤庚》曰："無總於貨寶。"貨寶曰布，商賈阜貨而行之。立曰儳，行曰路，執曰總，皆商賈之事也。《盤庚》："戒在位，毋若商賈。"然職内主錢辨財而執總。總者，聚而束之，以書楬之。《漢律》曰："布謂之總，總曰升，升曰登。"《晏子春秋》"十總之布"，十總者，十升也。升、登音同。故或爲登，或爲升，皆名爲總。以此名布，亦以此名泉。故文子曰："萬物之總，皆閲一孔。"總，通作緵。漢令：徒隷衣七緵布。緵，一作稷。八十縷爲稷，五稷爲秭，二秭爲秅。【《西京雜記》曰："五絲爲躡，倍躡爲升，倍升爲緎，倍緎爲紀，倍紀爲總，倍總爲璲。璲者，古之佩，秦之綬，以縷爲絲，十絲爲升。"則異説也。凡先合單紡爲一繫，四繫爲一扶，五扶爲一首，五首爲一文，文采淳爲一圭，首多者繫細，少者繫龐，漢制如此，而緎紀無聞焉。五扶爲首，則二十繫也。漢之首，異乎古之升矣。《漢律》曰："綺絲數謂之絩，布謂之總，綬組謂之首。"《詩傳》曰："緵數。"《箋》曰："緵，總也。"《疏》云："緵謂麻縷，每數一升，而用繩紀之，故緵爲數。總而集之，故緵爲總。"】

〔泉府〕以國服爲之息

泉府：凡民之貸者，與其有司辨而授之，以國服爲之息。國服者，國軌也，亦曰國准。軌爲法，准爲平。古者珠玉爲上幣，黃金爲中幣，刀布爲下幣。中歲，黃金一斤，直食八石。五穀粟米者，民之司命也。黃金刀布者，國之通貨也。先王善制其通貨，以禦其司命。軌守其數，准平其流，於是穀與幣相權，而貨通食足焉。上無穀以幣，下無幣以穀，造公幣而寄之民，振其不瞻，以幣准穀，直穀而貸之。穀爲上，幣爲下，斂其有餘，以穀准幣，直幣而庚之。穀爲下，幣爲上，振時，穀重而幣輕，以輕權重。斂時，穀輕而幣重，以重權輕，如此則上不取息，下不出息，而上下交獲其贏，各有什倍之息，所謂"以國服爲之息者"蓋如此。有司者，職幣與倉人也。職幣掌振斂之式法者。凶豐之法用，倉人掌之。此非國軌之存於有司者歟？不瞻而莫之振也。則穀愈重而民流有餘，而莫之斂也。則穀愈輕而民病。蓋歲有凶穰，物有輕重。今歲糴賤，狗彘食人食。至來歲，而道有餓民。此皆不通國軌之法、輕重之權者也。較謂之服，式謂之軌。較出式上，是爲軌前。故知《管子》"國軌"即"泉府"。國服息者陽息，反是爲消。藏緵千萬，貫朽於庫；積粟萬億，紅腐於倉，謂之消。粟米財物上下通流，使相灌注，無有滯留，謂之息。流而不竭，出而不窮，此泉府之所以爲泉歟？辨而授之，謂辨合，【見《荀子》。】即稱責之傅別。蓋旅師以質劑頒斂，泉府以辨合賒貸，皆契券也。總名約，司約掌之。一説有司，鄉遂之吏也。《周書》云：“賦洒其幣，鄉正保貸。”洒謂散之，貸者鄉正保焉。又云：“成年不償，信誠匡助。”助且不償，安得取息乎？又云：“幣租輕乃作母以行其子。”此國軌所以輕重相權也。《秋官·朝士》：“凡民同貨財者，令以國法行之。”同貨者，司市以泉府同貨而斂賒。國服行之以國法，猶國軌平之以國準。所以制四方貨殖低昂，使萬物不得騰躍。其權在司市，而朝士慮貶國用，故亦得與焉。易《損》《益》二卦，《損》六五、《益》六二皆曰“益之十朋之龜”，兩貝爲朋，一龜直十朋。寶龜而貨貝，變通趨時，則上下交相益也。俗儒不明損益，焉識盈虚之數乎？國軌也，國服也，皆謂之乘。故稍人有丘乘之政，《管子》有乘馬之策。【《淮南子》：“元玉百工，大貝百朋。”《注》云：“二玉爲工，五貝爲一朋”。山虞服耙，《注》云：“服，牝服。”《疏》云：“車平較也。”】

〔司關〕掌百貨之節以聯門市

司關掌國貨之節，以聯門市，其法《管子》，行之於齊。以爲市者，天地之材具也，萬人之所和而利也。關者，諸侯之畎隧也，而外財之門户也，萬人之道行也。徵於關者勿徵於市，徵於市者勿徵於關，此司關聯門市之法也。市有廛市，關有徵廛，皆貨賄停儲邸舍之税。自外入者，徵於關。關移之門，門移之市，所謂徵於關者勿徵於市也。自内出者，徵於市。市移之門，門移之關，所謂徵於市者勿徵於關也。若自内而不由於市，自外而不出於關，然後舉而罰之，否則徵其廛而不税其貨也。康成謂“參相聯以檢猾商”，失之矣。《左傳》“廢六關”，《注》謂“關所以禁絶末遊而廢之爲不仁”。《家語》“置六關”，《注》謂“置關以税行者爲不仁”，兩説皆非也。國之有關久矣，不自文仲始，何得言置？設關以限内外，司出入，所以防非常，又焉得廢之。農有租而商無税，是將使民棄本而趨末，烏在其爲仁也。且六關之廢置，與三軍之作舍等耳。一書，一不書，則又何説？吾是以知廢與置兩説皆非也。廢者，謂廢司關之法。一作置，置與廢通。古醫用針，針有補瀉。《難經》言：“補則取氣，瀉則置氣。”置者，不取也。古者不取謂之置，不去亦謂之置。《春秋》“萬入去籥”，《公羊》謂“去其有聲者，廢其無聲者”。何休云：“廢，置也。置者，不去也。”齊人語，不去爲廢。則魯舊有關先王之法，名存而實息矣。魯之有名無情，皆若此。文仲號爲賢大夫，不能振而興之，故孔子謂之不仁。古以廢爲置，又以廢爲發。【《詩》“一發五豝”，發讀爲廢。】《莊子》“發藥”，《列子》“廢藥”，一也。豈獨齊人語乎？齊桓公三會諸侯，令曰：“市賦百取二，關賦百取一。”此《周官》關市之徵也。虚車勿索，徒負勿入，以來遠人，以通賓客。視其名，視其色，以察奇衺，國乃不惑，司關之職。唐天下關二十六，蕃客往來，閱其裝重。入一關者，餘關不譏，猶有古司關之遺意焉。【《莊子》："廢一於堂，廢一於室。"《釋文》曰："廢，置也。"是先秦之文皆以廢爲置矣。】

禮說卷五

東吳　半農　惠士奇

地官三

〔掌節〕守節達節

邦節有八，守節二。分其半於都國、都鄙，而掌節藏其半。達節六，掌節守之，小行人達之。達之邦國三：曰山國，曰土國，曰澤國。達之都鄙三：曰門關，曰貨賄，曰道路。節與瑞不同，瑞全而節半。君命召則合之，故當其常。則二節以走，一節以趨。值其變，則效節而出，握節而死。官守其節，故曰守官。一名符，一名契。隋樊子蓋守東都，衛元守關中，別造玉麟符代銅虎以給之。蓋取則《周官》玉節，所以重鎮守也。齊陳乞遺陽生，與之玉節而走之秦。安國君刻玉符，約立子楚爲適嗣。蓋析玉而分其半，爲後當迎之，合以爲信。唐則天時，崔神慶上疏曰：“古者，召太子皆用玉契，今則惟有文符，非慎重防萌之意。”然則，玉契自古有之矣，陽城君毀璜爲符以守國，司馬牛致邑與珪而適齊，皆玉節也。角節未聞，當考。英蕩有兩說，干寶謂英刻書，蕩竹箭，刻而書其所使之事，以助三節之信。是英蕩者，傳也。凡達節皆有傳。傳所以輔節，節以金，傳以竹。康成謂傳，若漢之移過所文書，古名關移。過所者，韓非所謂“關於州部也”。魯昭公使公衍獻龍輔於齊侯，孔疏云：“鑄金爲龍節，以玉爲函盛之，名爲龍輔。”是英蕩者，玉也。輔者，函也。玉采浮筠，故曰英蕩。兩說皆通，前說爲允。然漢之符與傳，則又不同。郡國頒符，門關用傳。傳以繒帛，與古用竹者殊。小行人，旌符管三節，皆用竹。漢之竹使符本此。使者所持節，則上加旄。注旄首曰旌，即古之旌節。古者刻符摹印，皆曰璽書。《呂氏春秋》：“吳起謂商文曰：‘置質爲臣，其主安重？釋璽辭官，其主安輕？’”《淮南子》亦云：“竈紐之璽以爲佩，是印爲璽也。”《戰國策》楚攻韓，泠繡求救於秦。公孫昧曰：“其言收璽，實猶有約。”《注》云：“璽，軍符。收之者，言欲止楚之攻韓，"是符爲璽也。然則，璽節以管爲之。鐫刻璽書，或曰貨賄，或曰都鄙者，謂"都鄙之貨賄"。璽管，一節兩名。《地》《秋》二官互見。貨賄者，商賈也。商賈阜通貨賄，出入於市爲璽節，出入於關爲貨節，而輔以傳焉。孟嘗君更封傳、變名姓以出關。則傳，書名姓也。門關古用棨，漢外人入宫門，長史爲封棨。傳至晉猶然。羊祜嘗欲夜出，軍司執棨當門，此其類歟？一玉一角，守節鎮焉。三金三竹，達節通焉。邦國之守以玉，而達以金，其地遠，防矯誑也。都鄙之守以角，而達以竹，其地近，從簡易也。舉邦國都鄙，則鄉遂在其中，故布治、布教、布政、布刑，不曰鄉遂，而皆曰邦國、都鄙。守之達之，職在掌節。古之道路，有節乃達，楚不與齊通，遂絕齊約。齊既與秦合，乃折楚符。約猶符也，是故勇士罵齊而借宋之符。樂毅適燕，而假魏之節。田鳩之楚，楚與之節以如秦。蓋非是則不達也。周人於韓，秦聞之而焚周之節，不通其使。漢使陸賈於南越，剖符通使焉。此皆達節也。六國擯秦，請焚天下之秦符而傳焚符之約。則當時列國往來，無節者有幾則不達，可知矣。或曰節，亦名瑞，謂之法瑞。《管子》曰："君發其明府之法瑞以稽之，立三階之上，南面而受要。"即此。《漢官儀》曰："秦以前皆以金玉、銀銅、犀象爲方寸璽，各從所好。奉璽書使者，乘馳傳，騎驛騎也。"然則，角節蓋犀象歟？《王制》"金璋"，璋，一作章。王氏謂金爲印章。孔疏謂章定本從玉，以金飾之，圭璧之類。周時稱印曰璽。未聞稱章。愚謂：金章者，金節也。周曰璽，秦漢曰章。秦法：凡官吏及民，有問法令者主法令之吏，各以所問者，明告之。爲尺六寸之符，明書年月日時及問者名，以左券予之，謹藏其右券。封以法令之長印，凡法令皆藏禁室。封以禁印，有擅發者及剟一字以上，罪皆死。此秦之符，猶周之節。主法令者，猶漢之符節令，藏於符節臺者也。符長尺六而節無聞。徐璆曰："昔蘇武困於匈奴，不墜七尺之節。"則漢之使節，長七尺矣。秦代周，以爲水德，數以六爲紀，故符六寸。然則，尺六之符，本於孝公，而始皇更定其制也。符節皆有副，吾故曰瑞全而節半。瑞之半者，六器惟璋璜。璋半珪，璜半璧，瑞以行禮，故屬《春官》。節以徵信，故屬《地官》。【許叔重曰："漢制以六寸之符，分而相合，是漢因秦制也。"應劭曰："竹使符長五寸。"《漢官儀》曰："節柄長八尺，以旄牛尾爲耗，三重。"馮衍《與田邑書》所謂"八尺之竹，犛牛之尾"是也。或云七尺，兩存備考。】

〔遂人〕上地中地下地

大司徒有不易之地，一易之地，再易之地。遂人有上地、中地、下地。《易》謂"休不耕，是爲萊"。六遂之萊，即六鄉之易。而鄉遂，一夫百畮，皆不易之地。

每歲種百晦，休百晦，爲一田一萊，謂之一易。每歲種百晦，休二百晦，爲一田二萊，謂之再易，是爲中地下地。而六遂上地，又加萊五十晦焉。所謂"上地，食者參之一"，蓋以其地三分之而休其一，則天下無不易之田也。康成謂"一易者，休一歲。再易者，休二歲"。何休謂"上田一歲一墾，中田二歲一墾，下田三歲一墾"。則田有三易矣。凡耕之大方，力者欲柔，柔者欲力。【強土爲力。】息者欲勞，勞者欲息。棘者欲肥，肥者欲棘。急者欲緩，緩者欲急。濕者欲燥，燥者欲濕，易之之謂也。何休謂"肥饒不得獨樂，墝埆不得獨苦，三年一換主易居"。張晏謂"周制三年一易，以同美惡"。孟康亦謂"古制三年爰土易居"。班固則謂"下田三歲更耕之，自爰其處，此乃秦晉之爰田"。爰，換也，猶移換。獄辭謂之爰書，而以當《周官》之易田，誤矣。人勞多癃，土勞多瘠，故必休之而土乃肥。其所謂休者，非棄之也。春萌而斫其新，夏夷而芟其陳，秋繩而敗其實，冬耜而剗其根。則有薙氏殺草之法，以治其地。農土、沃土、滔土、並土、中土、肥土、成土、隱土、申土，土各異物，物各異宜，則有草人土化之法，以物其地。畜水、止水、蕩水、均水、舍水、瀉水，水歸其澤。澤草所生，則有稻人揚芟之法，以作其地。如是而休一歲、二歲，然後復種，則土加肥美，其收數倍於歲墾之田。故曰："易者，不易也，變易也。"孟子所謂"深耕易耨，易其田疇者"以此。一說，易謂"已耕之土而休之"，萊謂"未耕之土而墾之"。六遂加萊者，先王於授田之時，寓墾荒之術也。周之易田，漢變爲代田，歲代處，故曰代田。疑即秦晉之爰田。孟子所謂"辟草萊任土地者"，蓋代處而不休，則地力盡矣，故孟子惡之。然其法則猶得易田之遺意焉。低爲甽，高爲隴，一晦三甽三隴，廣深各尺，苗葉方生，隤隴附根。及苗壯盛，隴盡甽平，能風與旱，是爲深耕。後世耕淺，有風灾旱則立稿矣。甽一名區，區猶丘也，隴也。氾勝之書分爲三等：上農區廣深各六寸，間相去七寸。中農區廣七寸，間相去二尺。下農區廣九寸，間相去三尺。深皆六寸。上農區多收亦多，下農區少收亦少，故曰："上田棄晦，下田棄甽。"言上田甽多，下田甽少也。晦欲廣以平，甽欲小以深。上得陽而下得陰，晦無不甽，田無不易。然惟六鄉地狹，故有不易之田。則天下田之不易者亦寡矣。【氾勝之奏曰："昔湯有旱灾，伊尹爲區田，教民糞種，收至晦百石。勝之試爲之，晦收四十石。"】

〔遂師〕大喪及窆抱磨

大喪及窆，遂師抱磨。案：磨當作秝。【郎擊切。】《說文》："秝，稀疏，適也。從二禾，讀若歷。"適者，適均。《吕覽·辨土篇》曰："稼疏而不適。"謂分布不均。故二禾相比，稀疏乃適也。然則，執紼者千人，分布於六綍。如禾稼有行，勿使疏，勿使密。衡行必得，縱行必術，正其行，齊其力，巡行挍，録遂師之職，執書數之名，曰抱秝。秝借爲歷，得其聲失其義矣。歷，過也。磨，石聲也。厤，治也。皆以秝得聲，聲同而義殊。《漢書》議郎耿育疏曰："太伯見歷知適，逡循固讓。"王充謂太王亶父以王季當立，故易名爲歷。歷者，適也。太伯覺悟，去而避之。《戰國策》：周有五庶子，皆愛之，而無適立也。然則，"適立謂之適歷"與"適均謂之適秝"不同。康成謂"磨者，適歷，執綍者名，或作磨，或作歷"，雖古文假借，音同者通，然得子失母，終非正義。《黃霸傳》"馬不適士"，馬少士多謂之不適，稀疏。適者，多少均也。孟康曰："關西人謂補滿爲適。"千人引而六綍滿，豈非適秝乎？韓昭釐侯出弋，上車，靷偏緩，其右攝而適之。高誘注云："適，猶等也。"合觀衆説，則適秝之義明矣。《廣雅》訓秝爲瀾遠，瀾遠非適也，失之。【《續漢書》曰："天子葬，太僕駕四輪輈爲賓車，大練爲屋，幠中黄門、虎賁，各二十人執紼，車著曰絲三糾，紼長三十丈，圍七寸。六行，行五十人執紼，有行適歷之義也。"案：《魏書·蔣濟傳》："帝幸廣陵，戰船數千，皆滯不得行。帝還盡留船付濟，船本歷適數百里中，濟更鑿地，蹴船令聚。"《廣雅》訓"秝"爲"瀾遠"以此。】

〔遂大夫〕四達

遂大夫之職：凡爲邑者，以四達戒其功事。馬融《廣成頌》曰："司徒勒卒，司馬平行，車攻馬同，教達戒通。"通者，掌固之通守政。達者，遂大夫之四達也。四達戒功以通守政，達猶通也。守在四通，故曰四達。衛宮中者，授八次之職。【四角四中。】守境内者，戒四達之功。晝三巡，夜三鼜，則戒之事也。在國曰守，在民曰功，教而戒之，職在有司，而掌固贊其不足焉。一説，四達謂飾器也，【兵甲之屬。】財用也，稍食也，材器也。【塹築藩落。】國之守政可通者四：遠近相移，有無相補，勞逸相調，緩急相救。推而至於師田行役，則有作帥之同徒；稼穡耕耨，則有歲時之合耦，皆守政之所通，而遂師、遂大夫移用其民，以救其時事者也。此之謂四達。《左傳》："親其人民，明其五候。"賈逵云："五候，五方之候。"王肅云："五候，山候、林候、澤候、川候、平地候。"董遇云："五候，候四方及國中之姦謀。"愚謂：五候，猶四達也。《夏官·候人》："各掌其方之道。"《地官·遂人》："各屬其地之功。"五方，故曰五候。四竟，故曰四達。《書》云："申畫郊圻，慎固封守，以康四海，"此之謂也。程典曰："固其四援，明其伍候，依其山川，利其守務。"此非掌固之所謂通守政歟？制地君曰："官府之藏，強兵強國。

〔里宰〕合耦於鉏

里宰合耦於鉏。康成謂"鉏者，里宰治處，若今街彈之室，於此合耦，使相佐助，因放而爲名"。愚案：《周書》曰："五户爲伍，以首爲長。十夫爲什，以年爲長。合閭立教，以威爲長。【古文，君讀爲威，閭胥里宰亦稱君。威猶君也。】合旅同親，以敬爲長。飲食相約，興彈相庸，耦耕而耘。"②此里宰合耦之法也。興彈相庸者，民功曰庸，佐助曰相，興起而撿彈之，以佐助其功也。漢於街立室，名曰街彈，蓋取之此。後漢《酸棗令劉熊碑》曰："以卒爲更，潛念烝民，勞苦不均，爲作正彈，造設門更。"則是，正彈者，所以平其繇役，使勞逸得均焉。《水經注》平氏縣城内有《南陽都鄉正街彈勸碑》，"街"誤爲"衛"。彈勸者，既彈之，又勸之也。洪氏《隸釋》載其文，亦云："縣令潛繇役之苦，"而其頌有"勸導有功"及"耕千耦，梵梵黍稷"之語。則知，彈勸不獨平繇，且合耦矣。《水經注》魯陽故城内又有《南陽都縣正街彈碑》。縣正、鄉正，即古之里正。何休曰："一里八十户，八家共一巷，中里爲校室，年耆有德者，名曰父老，辯護伉健者爲里正。……田作之時，父老里正旦開門坐塾上，晏出後時者不得出，莫不持樵者不得入。"蓋彈勸之略如此。禕祭有郵表畷者，謂田畯於井畔造田舍而止其中。郵，猶街也。蓋街之郵亭，督約百姓之處。里之有街，非起於漢，自古有之。《莊子》所謂"渠公之街"也。《注》云："渠公爲街正。"南陽孔嵩爲新野縣阿里街卒，正身屬行，街中子弟皆服其訓化。然則，街在里，里宰掌之，有正有卒。《漢官典職》曰："陽有二十四街亭。"③古者，二粗爲耦，挽犂以耕。《管子》："丈夫二犂，童五尺一犂。"是爲"以興鉏利甿，以彊予任甿"④。彊者童五尺，興鉏者犂也。説者謂"挽犂起於趙過"，誤矣。過用耦犂，二牛三人，此非古今合耦之遺法歟？抑又聞之《詩》曰："攸介攸止，烝我髦士。"《箋》云："介，舍也。"禮使民鉏作耘耔，閑暇則於廬舍及所止息之處，以道藝相講肄，以進其爲俊士之行。然則，合耦於鉏，非徒勸農功，亦所以烝髦士也。

---

① 《管子·問》"制地君"曰："理國之道，地德爲首。君臣之禮，父子之親，覆育萬人。官府之藏，疆兵保國，城郭之險，外應四極，具取之地。"
② 語出《逸周書》。
③ 語出《漢官典職》，原文曰："洛陽有二十四街，街一亭。"
④ 語出《周禮·地官·遂人》，原文爲："凡治野，以下劑致甿，以田裏安甿，以樂昏擾甿，以土宜教甿稼穡，以興鋤利甿，以時器勸甿，以疆予任甿。"

〔旅師〕鋤粟屋粟閑粟

　　屋三爲井，以井計曰鋤粟。井以鋤名，九夫之粟也。夫三爲屋，以夫計，曰屋粟。夫以屋名，三夫之粟也。夫一爲廛，以廛計，曰閑粟。廛以閑名，一夫之粟也。【廛民居區域猶閑架也。】一而三，三而九，所謂出民貢者，三三相保。小司徒考夫屋，以此考之。司稼出斂法，以此出之。師旅平興積，亦以此斂而聚之。聚而頒之者也。康成謂屋粟，不耕者所罰之粟。閑粟，閑民所罰之粟，誤矣。夫布屋粟，出於夫屋，非因罰得名。閑民既出布矣，復出粟，可乎？閑，猶廛也。《詩》曰："禾三百廛"，又曰："十畝之間，一夫之居曰廛，""十畝之閑，桑且閑閑泄泄。"① 非廛居之地歟？康成謂："六遂之民，奇受一廛，"《疏》云："餘夫奇别，更受廛，備後離居之法。"然則，閑粟者，餘夫奇受一廛之粟也。《魯語》："籍田以力，而底其遠近。賦里以入，而量其有無。任力以夫，而議其老幼。"籍謂鋤，夫謂屋，里謂廛。賦入以里，謂稅入以廛，廛謂之户。趙簡子使尹鐸爲晉陽，尹鐸損其户數。蓋損其户，則民優而稅少。是古者稅以廛也。一説，地有上壤、閑壤、下壤。管子相壤定籍，其法本《周官》。上壤者，上地不易之田百畝，是爲正夫，故曰鋤粟。下壤者，下地再易之田三百畝，是爲三夫，故曰屋粟。閑壤者，中地一易之田二百畝，在上下之閑，故壤曰閑壤，粟曰閑粟。鄉遂分上中下授田，故旅師亦分上中下斂粟。管子以此法行之齊，故能振貧補不足，下樂上而民不移。旅師以地之嫩惡爲之等者，蓋如此。土均平，政，亦以地嫩惡爲輕重之法而行焉。蓋土有三壤，稅有三粟，力有三科。【閑壤亦名閑田。《管子》曰："高田十石，閑田五石，庸田三石。其餘皆屬諸荒田。"】一説，《内經》有歲穀，有閑穀。閑穀者，旅師之閑粟也。辰戌之紀，其穀元黅。卯酉之紀，其穀白丹。寅申之紀，其穀丹蒼。丑未之紀，其穀黅元。子午之紀，其穀丹白。己亥之紀，其穀蒼丹，是爲歲穀。歲穀者，言其時之正色之純爾。或宜高，或宜下，或宜晚，或宜早，視其歲之有餘不及。無常地，亦無常時。土之利，氣之化也，是爲閑穀。穀之大者，保精辟邪，其類衆多，不純一色，故曰閑。大司徒辨十有二壤之種，司稼周知其名與其所宜地，而縣其種於邑閭以示民，及斂而入之倉。倉人與舍人辨其物。物有異種，種有異色，色有異名，而别爲書。旅師之閑粟即此。然則，鋤粟者其地，屋粟者其夫，閑粟者其種也。

---

① 語出《詩經·魏風·十畝之閑》，原文爲"十畝之間兮，桑者閑閑兮，行與子還兮。十畝之外兮，桑者泄泄兮，行與子逝兮。"

〔稍人〕掌丘乘

　　稍人掌丘乘。《韓詩》"維禹敶之"，《毛詩》"敶"作"甸"。蓋古敶、乘、甸通。其音同，後世失其音。由是，俗書陳、乘、甸，判然分爲三①矣。説者謂甸出車一乘，故曰甸。據《司馬法》而曲爲之説，亦見《管子·乘馬篇》，方六里【似八誤爲六。】爲一乘之地也。一乘者，四馬也。一馬其甲七，其蔽五。一乘【俗本"一"誤爲"四"。】其甲二十有八，其蔽二十，白徒三十人。奉車兩【一乘爲兩。】器制也。一甸四馬謂之甸馬，亦曰乘馬。《管子》因以名篇。似出於稍人之丘乘。然縣師之法，同徒輂輦，未聞乘馬丘牛。春秋魯作丘甲，實本於齊。一丘一馬七甲，四丘爲乘，故一乘之甲二十有八。司馬穰苴變通其法，一丘益以三牛，故一乘之牛十有二頭。盛行於戰國，而稍人丘乘之法亡矣。輂輦鄉師治之，縣師作之，稍人帥之。巾車，所謂良車、散車不在等者，若漢輜車後户之屬。【軍中輜車，車後開户。】毁折則入齎於職幣，而更造焉。《逸周書》所謂"三輪四輿歸禦者"以此。《大匡》②篇曰："同甲十萬。"猶同徒也。衆欲其齊，心欲其一。《荀子》曰："百將一心，三軍同力。"《詩》云："與子同仇。"言一心也。《問》③篇曰："鄉師車輜造脩之具，其繕何若？"然則，鄉師治輂輦，春秋亦如之。而謂"兵車出於丘甸"，不亦妄乎？《侈靡》④篇曰："乘馬甸之衆，齊法也，非周制也。"古乘馬未聞有鞍，而齊啍昭公以鞍爲几。秦送重耳疇騎二千，則鞍騎起於春秋矣。《山國軌》⑤篇曰："被鞍之馬千乘，齊之戰車之具，無求於民。"則軍中輜輦，亦非民間之物可知也。《揆度》⑥篇曰："百乘田萬頃，户萬户，開口十萬人，當分者萬人，輕車百乘，馬四百匹。千乘田，十萬頃，户十萬户，開口百萬人，當分者十萬人，輕車千乘，馬四千匹。萬乘田，百萬頃，户百萬户，開口千萬人，當分者百萬人，輕車萬乘，馬四萬匹。"蓋當分者爲卒無過户一人。謂之輕車者，輜重不存焉。此齊法合於《周官》者，其略如此。春秋宋昭公田於孟諸，公之祖母襄夫人使帥甸攻而殺之。帥甸者，稍人。《正義》謂"公邑大夫"，失之。稍人帥甸以聽於司馬，帥役以聽於司徒。帥甸，猶帥乘也，作同徒，帥乘和。

---

① 三，四庫本作"二"。
② 即《管子·大匡》。
③ 即《管子·問》。
④ 即《管子·侈靡》。
⑤ 即《管子·山國軌》。
⑥ 即《管子·揆度》。

〔土均〕掌平土地

　　遂人以土均平政，故六遂有土均之職。六鄉爲均人，皆掌土地之政令。而異其官者，一兼均力役，故曰均人；一專均土地，故曰土均。其在春秋，則謂之地均。《管子·乘馬篇》所謂"地均以實數"者也。地均之均地，則有蔓山、汎山、涸澤、流水、林藪，凡鎌纆、斤斧、網罟得入者，皆得均之。或百當一，或十當一，或九當一，或五當一。十仞至十五仞見水，比之於山。五尺至二尺見水，比之於澤。則有七尺之施，以手實焉，其至泉也。則五施之土音中角，四施之土音中商，三施之土音中宮，再施之土音中羽，一施之土音中徵，五土中五音。自六施至二十施，凡十五土皆可得泉。惟庚泥、青商、駢石、灰壤四土，不可得泉。而縣泉、復呂、泉英三土則在山上，其地不乾，鑿之二尺、三尺、五尺至於泉。而九州之土，則粟土、沃土、位土爲三土，群土之長也。蘟土、壤土、浮土爲上土。忎土、纑土、壏土、剽土、沙土、塥土，爲中土。猶土、弦土、殖土、觳土、鳧土、桀土，爲下土。皆在三土之下，而又分其等爲三。則楚蔿掩所書九度、八鳩、七辨、六表、五數、四規、三町、二牧、一井之土，亦不外是矣。土均之均地，守均地事者，其略如此。而匠人之井土，草人之化土，稻人之稼土，柞人之木土，薙氏之草土，山虞、澤虞、林衡、川衡之山林、林麓、川澤之土，卝人之金玉錫石之土，場人之場圃之土，土方氏之相宅任地之土，形方氏之所正犖離之土，凡在大司徒土地之圖者，十有二土之名，十有二壤之物，皆以土均之法均之。則皆與土均聯事而分掌之者也。若夫以五物九等，制天下之地徵，以作民職，以令地貢，職在載師、閭師。農貢九穀，圃貢草木，工貢器物，商貢貨賄，牧貢鳥獸，嬪貢布帛，衡虞各貢其物。貢之目雖在，均之之法已亡。而齊國之貢也，則以黃金爲率。無金則用絹，無絹則用布。季絹三十三制，暴布百兩，皆當黃金一鎰。田里之租，一鎰食百乘之一宿。關市之貨，百鎰爲一篋，十篋爲一穀。三歲脩封，五歲脩界，十歲更制。此齊之地均均地貢則然。而《天官·冢宰》九貢、《秋官·大行人》六服之貢，皆邦國也，而都鄙不及焉。然則，僅存其目而已，其詳不可得聞矣。貢之言供也，《書》曰"庶邦惟正之供"，邦國之貢也。"萬民惟正之供"，都鄙之貢也。言文王無滛逸、游田之費。故邦國、都鄙之貢，各得其正。司書合九貢、九賦，而立九正之名，蓋取諸此。正猶貞也，《禹貢》"厥賦貞和"，其政令調，其媺惡適，其輕重之平，是爲貞，亦曰均。均則庶土交正，故曰九正。《書》有《九共》篇。九共者，九貢也。其書曰："予辯下土，使民平平。"平平者，均之謂也。漢建武中，天下墾田多不以實。或優饒豪右，侵刻羸弱，百姓怨嗟。蓋土均之職廢，而土地不得其平矣。

〔草人〕九土

曰墳壚，曰疆㯺，曰輕㪍①。墳壤者，隱起若墳，地多蚡鼠，名曰㲄土。蟲易全處，乾而不斥，湛而不澤。土之最上者五沃也，其種大苗、細苗，樹宜五麻，菜宜五臭。勃壤者，無塊曰壤，膏肥膴膴，若澤若屯，名曰息土。不純一色，或黃，或白。土之次上者五壤也，穌莖黃秀，種無不宜。一說，壤者塲也。斜鼠之塲曰坻，螾塲曰坦。斜鼠者，蚡鼠謂之斜者，言起地若犂。坻坦，猶墳勃也。鹹瀉者，是爲淳鹵，甚鹹以苦，地不生物，狀如爐火。土之最下，名曰五桀。其種所宜白稻。長狹有土化之法，則惡者亦美矣。土黏曰埴，其色多赤，甚膩而堉。土之下者，五埴也。其種鴈膳，黃實朱跗。剛土曰壚，不黏而疏，既强且麗。土之中者，五纑也。【壚與纑通。】其種大細，邯鄲而粟大，埴壚二土合爲一，蓋中下錯歟？疆㯺者，磽磽磊塊墝埆之區，若糠以肥，色黃而虛。土之中者，五壏也。【㯺與壏通。】其種大荔、小荔、青莖、黃秀。《月令》"美土疆"【其丈切。】《左傳》"數疆潦"。説者謂"疆㯺墝埆之地，不堪種植"，豈其然乎？輕㪍者，火飛爲㪍，華然若芬，色如廬炭，有類屑塵。土之次中者，五剽也。【㪍與剽通。】其種大秬、細秬、黑莖、青秀。渴澤者，二尺見水，比之於澤水，去土柔，不離不垺，捍然如米色，黝以黑，種宜芒種、嘉蔬是殖，蓋五浮之土歟？驛當作墿，赤剛土也。《釋名》曰："土赤爲鼠肝。"其色似之。《地員》②篇曰："五弘之狀如鼠肝。"土之下者，其种青粱、黑莖、黑秀。然則，墿剛、赤緹，一土分爲二。蓋五弘之土歟？土有强有弱，有輕有濕，皆非中和。墿剛、赤緹、疆㯺、埴壚、鹹瀉，【虞翻曰："剛鹵非柔。"】强土也。墳壤、勃壤，弱土也。輕㪍，輕土也。渴澤，濕土也。强者弱之，弱者强之。甚輕者牛羊踐之，甚濕者芟艾燒之。使强弱相得，輕重相衡，燥濕相調，則有草人物地之宜、土化之法焉。取骨煑汁，漉去其滓。麋鹿、豻狐、牛羊、犬豕溲而曝之，汁乾乃止。欲稼耐旱漬以附子，欲稼不蟲和以鹽矢，古法用蕡蓋取之此。煑水以雪，名爲雪澤，冬埋地中。穀之精液，相宜糞種，畮收百石。我言不信，聞之先嗇。【糞種皆以獸，獨疆㯺用蕡。《北山經》曰："單狐之山多机木。"《注》云："机木似榆，可燒以糞稻田，出蜀。"蓋亦蕡之類也。緹，赤黃色。執金吾緹騎二百人。緹赤色，繒則墿剛，赤緹皆赤土，信矣。《禹貢》"廣斥"，《史記》

---

① "曰墳壚，曰疆㯺，曰輕㪍"，四庫本作："《草人》九土：曰墿剛，曰赤緹，曰墳壤，曰渴澤，曰鹹瀉，曰勃壤，曰埴壚，曰疆㯺，曰輕㪍。"
② 即《管子·地員》。

"廣瀉",瀉與斥古今文。冉駹土地剛鹵,不生穀粟麻菽,唯以麥爲資。① 然則,鹹瀉宜麥歟?】

〔稻人〕稼澤以水殄草而芟夷之

稻人凡稼澤,夏以水殄草而芟夷之。鄭仲師説,今時謂"禾下麥"爲"荑下麥"。《管子》所謂九月斂禾,麥之始也,是爲稻麥,謂稻下種麥。案:澤地爲稼,其説見《吕覽·任地篇》,以窐爲突,挹之以陰,保濕而處,菫夷毋淫,使子之野盡爲泠風。②【古音,風協淫。】五耕五耨,盡其深殖,陰土必得,大草不生,又無螟蜮。【兗州人謂蜮爲蟈,音相近也。】今兹美禾,來兹美麥,所謂"禾下麥者"以此。愚謂:稼下地者,一易再易之地也。今歲稼而明歲萊,故曰稼下地。以水殄草,揚芟作田。作者,易也,變也。否則,既曰田矣,又何待於作乎?康成亦謂澤地爲稼者,必於夏六月之時,大雨時行,以水病絶草之後生者。至秋水涸芟之,明年乃稼。《詩》曰:"以薿薿蓼。"薿,陸草。蓼,澤草。薿而去之,職在薙氏。稻人所芟,則澤草也。芟草所以成穀,故曰:"草土之道,各有穀造。"漢律因之,畸田薿艸。

〔土訓〕原其生以詔地求

《春秋》隱公二年,天王崩。三年,武氏子來求賻。桓公十有五年,天王使家父來求車。文公八年,天王崩;九年,毛伯來求金。《公羊》以爲王者無求,求賻、求車、求金,皆非禮也。繼文王之體,守文王之法度,文王之法無求而求,故譏之。《穀梁》以爲求之爲言,得不得未可知之辭。求之者,非正也。求車猶可,求金甚矣。《左氏》亦謂諸侯不貢車服,天子不私求財。然則,王者無求之之道歟?非也。《地官·土訓》:"原其生,以詔地求。"則王者有求之之道也。無其道,則不書於經。衛孫林父寧殖出其君,名在諸侯之策,孔子削而更之,曰"衛侯出奔齊"。蓋以臣出君,猶以臣召君,不可以訓,故不書。書求者,明有求之之道而失焉者也。楚貢不入,齊桓徵之,敢不共給。且列國相弔,賻以乘黃。周有大喪,魯不歸賻,其罪大矣。鄭輸晉幣,壞垣納車,盟主猶然,何況王者?魯不輸幣,故周

---

① 參見《後漢書·南蠻西南夷列傳》,原文爲:"冉駹夷者,武帝所開。元鼎……又土地剛鹵,不生穀粟麻菽,唯以麥爲資,而宜畜牧。"

② 語出《吕氏春秋·士容論·任地》,原文爲:"後稷曰:子能以窐爲突乎?子能藏其惡而揖之以陰乎?子能使吾土靖而甽浴土乎?子能使保濕安地而處乎?子能使菫夷毋淫乎?子能使子之野盡爲泠風乎?"

使來求，其譏亦在魯。荆揚之貢，惟金三品，未聞徐州貢金。金非魯地之產，非其地之產而求之，是土訓失其官也。《穀梁》謂"求車猶可者"以此。晉弔周喪，王求彝器，叔嚮譏之。韓宣聘鄭，私自求環，子羽拒之。皆失求之之道矣。上求於下，其象爲《益》。《益》之上九曰："莫益之，或擊之。"孔子曰："定其交而後求，無交而求，則民弗與也。莫之與，則傷之者至矣。"由是知君之於民，亦有求之之道焉。漢之匈奴稱臣朝貢，列爲北藩。而王根貪其材木所生之地，遣使求之。求而不得，因之怨恨。釁由是生，豈非所謂"莫之與，則傷之者至乎"？魏文帝遣使於吳，求雀頭香、大貝、明珠、象牙、犀角、瑇瑁、孔雀、翡翠、鬭鴨、長鳴雞。吳之群臣奏曰："荆揚二州，貢有常典。魏所求珍玩之物非禮也。"吳主孫權以爲彼在諒闇之中，而所求若此，寧可與言禮哉！然則，周之求賻未爲失禮也，適足以見王室之卑。自文公以後，王使來求，絕不復見者，天王之命，不能復行於諸侯矣。地之所生，詳於《禹貢》。制其貢各以其所有。周有《職方》，居山者不以魚鼈爲禮，居澤者不以鹿豕爲禮①，此之謂地求。《家語》："魯君求假於季孫，孔子曰：'君取於臣謂之取，臣取於君謂之假。'"此非孔子之言也。君可曰求，臣不可曰假。君曰求，下交也。臣曰假，上僭也。君下交爲泰，臣上僭爲凶。【楚公子圍之汰也，亦曰假之寡君。王莽盜漢，先假後篡。】《書大傳》："太子年十八曰孟侯，於四方諸侯來朝，迎於郊，問其土地所生，美珍怪異，人民之好惡，山川之所有無。"②此土訓之職也，又焉用問？且使太子問之諸侯，其說益誕矣！【宋真宗祀汾陰，趙湘爲考制度，副使請如《周官》置土訓，所過州縣、山川與俗好惡，目錄奏禦。從之。】《管子》曰："君有三欲於民：一曰求，求必欲得，求多者其得寡，未有能多求而多得者也。"《益》之上九"莫益之者"以此。其心無厭，雖天地亦不能贍其求，而況於人乎？

土訓道地圖誦訓道方志　地慝方慝

　　土訓道地圖，誦訓道方志，古之稗官也。稗官乃小說家者流。小說九百，本自虞初。虞初，洛陽人，漢武帝時，以方士侍郎，號黃車使者，蓋即古之土訓、誦訓。王巡守，則夾王車，挾此秘書儲以自隨，待上所求問，皆常具焉。王者欲知九州山川形勢之所宜、四方所識久遠之事及民間風俗，輶軒之所未盡采、太史之所未

---

① 語出《禮記·禮器》。
② 語出《尚書大傳》，其文曰："天子太子年十八，曰孟侯。孟侯者，於四方諸侯來朝，迎於郊者，問其所不知也，問之人民之所好惡，土地所生美珍怪異，山川之所有無。"

及陳。凡地慝、方慝、惡物、醜類，乃立稗官，使稱說之，故曰訓。解詁爲訓，偶語爲稗，其義一也。說者謂"街談巷語道聽塗說者所造"，豈其然乎？應劭曰："其說以《周書》爲本。"賢者識大，不賢者識小。而文武之道存，仲尼之所學也。君子有九能：一曰山川能說。說有兩義：一曰說，說者說其形勢；一曰述，述者述其故事。然則，訓兼兩義，或說之，或述之。《淮南·要略》曰："操舍開塞，各有龍忌。"《注》云："中國以鬼神之亡日忌，胡越謂之請龍。"① 此豈誦訓之所詔乎？非也。誦訓道方慝，土訓道地慝。慝者，惡也。陸子曰："惡政生於惡氣，惡氣生於灾異。蝮蟲之類，隨氣而生。虹蜺之屬，因政而見。治道失於下，則天文亂於上。惡政流於民，則蟲灾生於地。"聖人察物無遺，六鶂飛、五石隕、鸛鵒來、冬多麋，凡所謂慝備載《春秋》矣。開塞之龍忌，則未有聞焉。楚申公子培從王獵，王獲隨兕，子培劫而奪之。未幾，子培死。其弟曰："臣之兄嘗讀故《記》，曰：'殺隨兕者，不出三月。'是以臣之兄驚懼而爭之，伏其罪而死。"王令人發平府而視故《記》，果有《太元》曰："蒙柴求兕，其德不美。"測曰："蒙柴求兕，得不慶也。"兕者，隨兕，一名科雉。隨讀爲科，兕與雉音相近。獲之者不祥，此土訓所道之地慝也。發府視《記》而後知之，則土訓失其職矣。順氣成象而吉祥止，逆氣成象而凶慝生，於是有方慝，先王設爲辟忌之法以弭之。辟忌者，《易》之所謂"辟咎"，《春秋》之所謂"省灾"，《論語》之所謂"修慝"也。是故，每當天患行、地妖生、逢不若、見惡人，輒大自攻治，曰："予一人亦有慝焉。"此之謂修慝。修慝所以省灾，省灾所以辟咎，蓋天地人物凶慝之氣無方不有，聖人恐懼修省之意無地不然。誦訓所詔，詔以此。漢丞相魏相敕掾史案事郡國及休告，從家還至府，輒白四方異聞，或有逆賊風雨灾變，相輒奏言。而宋李沆爲相，亦日取四方水旱盜賊奏之。或以爲細事不足煩上聽，非也。古者，四方異聞盡在地圖方志，人君朝夕之所常聞。盜賊水旱風雨灾變，皆方慝也。誦訓又時時道之，以爲警戒。則人君之侈心，奚由而作乎？若夫陰陽禁忌，聖人不言，非誦訓之所詔也。《王制》："太史典禮，執簡記，奉諱惡。"蓋四方所諱所惡，謂之方慝。而《保傅傳》謂日月之時節，先王之諱，大國之忌，風雨雷電之眚，皆太史之任。則諱惡非灾眚歟？康成以爲四方言語所惡，不避之，則其方以爲苟於言語，失之淺矣。《荀子》曰："奇物怪變，所未嘗聞也，所未嘗見也。卒然起一方，則舉統類而應之，無所儗作。"如其說，則四方怪變，博物者能名之而已②。則又失誦訓詔之之義也。誦者

---

① 語出高誘注，原文爲："中國以鬼神之事日忌，北胡南越，皆謂之請龍。"

② 已，四庫本作"巳"。

爲王誦之。《韓非子》曰時稱，《詩》《書》道法往古，則見以爲誦。《楚辭》有《惜誦》，發憤抒情，因以風諫。至於身罹滑病而終不能忘，深得古誦訓詔之之義焉。《楚語》曰："倚几有誦訓之諫，乘必以几。"倚几亦謂王在車。漢法：駕出，侍中多識者一人參乘，散騎爲侍從，騎並乘輿車，謂夾王車也。周芮良夫之《詩》曰："聽言則對，誦言如醉。"《箋》云："見道聽之言則應答之，見誦詩書之言則冥臥如醉。"於是誦訓訓之官雖存，而實廢矣。《小雅·節南山》："家父作誦，以究王訩。"訩猶慝也，究王訩者，詔王慝也。

〔山虞〕〔澤虞〕山林厲禁

山虞澤虞，掌山澤之政令而爲之厲禁。厲，古列字。《玉藻》所謂"山澤列而不賦也"。列者，司農謂遮列守之。不賦者，謂取材於地而不賦於民。山虞令萬民時斬材，有期日。澤虞頒其餘於萬民，則與民共之矣。平其守者使之勿爭，舍其守者令之勿犯。入禁者有時，斬材者有法，竊木者有刑。服耜之季材，豆籩之川奠，玉府之財物，喪紀之葦蒲，皆取之於山澤焉。古厲、列同音。列山氏，一作厲山氏。《詩》"垂帶如厲"【古而、如通。】《左傳》"鑿厲游纓"，康成皆訓厲爲裂。《內則》"男鞶革，女鞶絲"，蓋裂帛以飾帶。帶謂之鞶，即《左傳》之鞶厲。厲乃鞶之飾，故毛傳云："厲帶之垂者。"謂裂帛垂之以爲飾也。《春秋紀》"裂繻"，《公》《穀》二傳作"履緰"，蓋履、厲音相近。古裂讀爲厲，文異音同。漢《郊祀歌》"迣萬里"，晉灼曰："迣，古迾字，讀爲厲。"學者不知音，以爲康成好破字，則是先王設官守山澤以厲民也，可乎？鄭大旱，使屠擊、祝欵、竪樹有事於桑山，斬其木，不雨。子產曰："有事於山，藝山林也。而斬其木，其罪大矣。"奪之官邑。而漢元時，禦史大夫貢禹亦云："斬伐林木，亡有時禁。水旱之灾，未必不繇此。"然則，虞衡之官養護繁殖，即子產之所謂"藝山林"。而毋竭川澤，毋漉陂池，取之以時，合於天道，則地藏不泄，山川得以含氣出雲，而國不憂水旱，亦聖人財成輔相之一端也。《王制》"名山大澤不以封"，《注》云："不以封者，與民同財，不得障管。"穆王里圃田之路，有東虞、西虞、南虞、北虞，凡十虞。作居範宮以觀桑者，乃命桑虞，用禁暴人。東至雀梁，休於深藿。休，謂舍其中。案：視守者而申戒之，命虞人掠林除藪以爲百姓材，所謂"與民同之者"，其略如此。及周之衰，諸侯各擅有山林藪澤之利，《春秋》書築以譏之。築者，障塞而管領之也。則天子虞衡之政令，不行於列國矣。《魯頌》曰："錫之山川土田附庸。"言錫之者，明非所當得也。附庸不得專臣，山川亦不得專有，爲王守其地之財物，仍以時入於王之玉府，而頒其餘於國之民。故季氏伐顓臾，成公築鹿囿，皆非禮也。且山爲苑，澤爲沈，雍氏禁之矣。乃公然築爲鹿地之苑，非犯先王之令哉！戰國山澤皆有賦，魏之梁囿、溫囿皆苑也。溫囿之利，歲入八十金。而燕有罿裘狗馬之地，齊有海隅魚鹽之地，楚有橘柚雲夢之地，此皆山澤川林之有賦者也。冢宰以九賦斂財賄。山澤之賦，閒師任而徵之，貢其物而已。惟漆林倍其徵。《左傳》謂澤之目藿，【藿蒲，《說文》作"目藋"。】藪之薪蒸，海之鹽蜃，齊皆有官守之，則倍其徵者，豈獨漆林乎？《齊語》："澤立三虞，山立三衡。"三虞者，大山、大林麓，中山、中林麓，小山、小林麓。三衡者，大川、大澤藪，中川、中澤藪，小川、小澤藪。侯國亦如王國也。秦大饑，應侯請發五苑之草著、蔬菜、橡果、棗栗以活民。昭襄王不許，以爲無功而民受賞，是亂國之法。魏惠成王發逢忌之藪以賜民，《紀年》書之以爲美談。則知當日之障塞而管領之者，其法之嚴，徵之暴，更甚於春秋矣。韓嬰曰："聖人通四方之物，使澤人足乎木，山人足乎魚，餘衍之財有所流，故民無凍餓。"此冢宰之九職。虞衡作山澤之材，而又使商賈阜通之者也。有蕃曰園，有牆曰囿。列者不蕃不牆，故曰隤牆填塹，使山澤之民得至焉。古山澤不築，築者隱以金椎，故曰："亭皋千里，靡不被築。"《春秋》書築以此。冢宰以九兩繫邦國，曰："藪以富得民。"富謂山澤川林之財物。霸者以富國，王者以富民。《管子》曰："山澤雖廣，草木毋禁。壤地雖肥，桑麻毋數。薦草雖多，六畜有徵。閉貨之門也，時貨不遂。金玉雖多，謂之貧國。"信哉。古者山澤作於虞衡，鳥獸養於藪牧，是謂"山澤之農，不生九穀者"。而《管子》謂："山澤之作，廢民於生穀，故先王禁之。"誤矣。甲子木行禦，而大斬伐則傷。庚子金行禦，而攻山擊石則死喪敗亡。故春秋之斬木不入禁，非其時也。壬子水行禦，位在北，山北曰陰，故冬不斬陰。丙子火行禦，位在南，山南曰陽，故夏不斬陽。非是則弗禁也。凡材必先掄之，然後斬之。斬有時，掄無時，故斬材禁而掄材不禁。自《管子》創爲"官山海"之說，海正鹽筴，山立鐵官，鹽鐵之利由此興，虞衡之職亦由此廢。

〔卝人〕掌金玉錫石之地　山虞之別

卝人：掌金玉錫石之地，蓋山虞之別也。山虞掌林，卝人掌金，斬山木、鼓山鐵，毋藉於民而用足，後世言利者得托焉。《地數篇》曰："出銅之山，四百六十七山。出鐵之山，三千六百九十山。戈矛之所發，刀幣之所起，能者有餘，拙者不足。"【亦見《中山經》。】昔者，葛盧之山、雍狐之山，發而出水，金從之。蚩尤受而制之，以爲劍、鎧、矛、戟、芮、戈。故《世本》曰"蚩尤作兵"。漢之精兵藏於武庫，而於武庫祭蚩尤以此。《路史》乃謂繇其威械，故貃焉，非也。表貃【貃，一作貉。】四時田，不祭蚩尤也。玉起於禺氏，【禺，一作牛。古牛、禺音同。】金起於汝漢，珠起於赤野，距周七千八百里。其塗遠，其至難，故先王度用其重而因之。珠玉爲上幣，黃金爲中幣，刀布爲下幣。權其高下、疾徐、輕重，於是玉幣有七筴：陰山之礝磻，燕之紫山白金，發朝鮮之文皮，汝漢水之右衢黃金，江陽之珠，秦明山之曾青，牛氏邊山之玉，是爲七筴。以狹爲廣，以寡爲多，天下之數盡於輕重矣。齊城陰里門九襲，牆三重，因於其中刻石而爲璧。尺者萬泉，八寸者八千，七寸者七千。珪中四千，瑗中五百。璧之數已具。遂西見天子，請率諸侯而朝先王之廟。因令天下諸侯，不以石璧不得入朝。於是，石璧流而之天下，天下財物流而之齊，故國八歲而無籍，陰里之謀也。其説似誕。然漢造銀錫爲白金，而以白鹿皮爲皮幣，直四十萬。王侯、宗室，朝覲、聘享必以皮幣，薦璧。實祖陰里之謀，而利析秋毫矣。上有丹矸【矸，一作沙。】者，下有黃金。上有慈石者，下有銅金。上有陵石者，下有赤銅青金。【一作金錫赤銅，似誤。】上有代赭，下有鹽鐵。上有蔥，下有銀沙。一曰，上有鉛者，下有鈺銀。上有丹沙者，下有鈺金。此山之見榮者也。榮者，山之精神。徵爲形色，占其氣，知其味，謂之物地。物地者，物生於地而原其生。著爲圖，説爲訓，故其官有土訓，其説有地圖。凡物先原而後求，故求無不得，康成所謂"占形色而知鹹淡者"。知鹹淡，即知金玉。金鹹而玉淡，故洗金以鹽。金在山，而童玉在山而潤。銅英青，金英黃，玉英白，或曰"嘗而知之"，豈其然？而《管子》謂山之見榮者，謹封而祭之。距封十里而爲一壇，使乘者下行，行者趨，若犯令者罪死不赦。噫，甚矣。又云："有犯令者，左足入左足斷，右足入右足斷。"其説益又甚焉。卝人之職，以時取之，物其地，圖而授之。蓋山師辨其物，土訓授之圖，辨其珍異與其利害，頒之邦國都鄙，遮迣以守之，而巡其禁令，未聞封爲壇也。古者，名山不封，好事者因卝人有禁令，遂創爲"犯令罪死"之説，而制斷足之刑。不亦誕且妄乎？又云："發徒隸而作之，則逃亡而不守；發民則下疾怨上；邊竟有兵則懷宿怨而不戰，未見山鐵之利而内敗矣。不如與民量其重，計其贏。民得其十，君得其三之爲善也。"然則，金玉錫石亦頒其餘於萬民歟？大麓、大川，徒皆百有二十人；大山、大澤，徒皆八十人，卝人之徒四十人，皆有常職以食於上，則又何説而逃亡也。齒角羽翮之政，緇紛草貢之材，染草炭灰互廛疏材之物，固斂之山澤之農，以當邦賦矣。若夫采取金玉錫石，發民群聚於山，亦未聞於古。

〔掌炭〕〔掌荼〕〔掌蜃〕皆豫共凶事

掌炭：掌灰物、炭物，以共邦用。掌荼：掌聚荼及疏材之物，以待邦事。掌蜃：掌斂互物、蜃物，以共闉壙之蜃。蓋皆畜聚之物，一時不可猝辦，故平時聚而斂之以待邦用。邦事兼以共喪，所謂"下里物"也。死者歸蒿里，葬地下，故曰"下里"。人皆以爲不祥，故不爲之備，而五禮遂有吉無凶。漢昭帝時，茂陵富人焦氏、賈氏，以數千萬陰積貯炭葦諸下里物。及昭帝大行，方上事暴起，用度未辦。大司農田延年，奏言商賈或豫收方上不祥器物，冀其疾用，欲以求利，非民臣所當爲請，没入縣官。奏可。然則，炭葦蜃物之官，其廢久矣。上失其官，下儲其物，舉而罰之。是時，霍光當國，遂可其奏，亦不學無術之一端也。宋熙寧初，判太常寺章衡建言："自唐開元纂修禮書，以《國恤》一章爲豫凶事，删而去之。故不幸遇事，則捃摭墜殘，茫無所據，今宜集禮以貽萬世。"從之。此凶禮之大者，固當講明而切究之矣。其小者，炭葦互蜃，至纖至微，皆物有其官，官有其備，安得謂豫凶事乎？

〔廩人〕大祭祀共接盛　接讀若扱

大祭祀，廩人共接盛。康成讀"接"爲"一扱再祭"之"扱"。凡禮成於三，故以柶祭醴三，始扱一祭，又扱再祭。《士昏禮》記文賈疏謂讀如特牲、少牢，誤矣。《說文》："皀，穀之馨香也。象嘉穀在裹中之形。匕，所以扱之。"鬯以秬釀鬱艸，芬芳攸服以降神。從凵爲器，中象米匕，所以扱之。然則，扱盛者，穀之馨香、秬之芬芳，而扱之者匕也。皀與鬯，皆從匕以此。匕，一名柶，用比取飯。古者飯以手，後世飯以匙。一名留犁。應劭曰："留犁，飯匕也。"蓋起於秦漢歟？《說文》謂："匕以扱米。"扱，收也，一作接。《孟子》"接淅而行"，謂"洮米未炊，收之而去"。然"接淅"，《說文》作"滰淅"。淅者，汰米。滰者，浚乾之，非廩人之事也。故云："扱以授舂人。"扱、接同音，故讀從之。《曾子問》"接祭"，《注》云："不迎尸，謂朝踐坐尸於堂。饋食迎尸入室，朝踐之後，饋食之初，既酌奠，復焫蕭，尚未迎尸，自此以前謂之接祭。"接之言捷也。跛倚以臨，不敬大矣，故禮敬則捷也。《荀子》曰："先事慮事謂之接，接則事優成。"《注》云："接讀爲捷。"《内則》："接己太牢。"《注》亦讀爲捷。《爾雅》："接，捷也。"古接、捷通，信矣。扱，一作捷。《士冠禮》"捷柶"，《注》云："扱柶於醴中。"蓋捷柶於醴，猶扱匕於盛，是爲扱盛。【捷又作錪，音義亦同。】穀梁子曰："甸粟而内之三宫，三宫米而藏之禦廩。"禦廩者，粢盛之所藏也。諸侯三宫，天子六宫。古者，后宫藏種，生而獻之。故帝耕於籍，后獻其種。及帝籍之，收藏於神倉。則有王后親舂之禮。禮蓋如天子三推，而舂人終其事焉。公羊子曰："周公盛，魯公燾，群公廩。"盛者新，廩者陳，燾者下陳上新，是故非天子不接盛。【春秋宋萬弒其君捷，鄭伯捷卒，《公羊》"捷"皆作"接"，古捷、接通，非誤也。三傳經文多類此。學者觀之，可察方言並識古音矣。】

〔舂人〕食米

《舂人職》：“凡饗食，共其食米。”康成謂“饗兼燕食”，賈疏謂“燕禮無食米，食禮無飲酒”。然《伐木》燕朋友之詩，而有八簋以盛黍稷，則燕禮有食米矣。《箋》云：“陳其黍稷，謂爲食禮。”蓋言或燕或食，互文相通，則不然。饗主恭，燕主醉，食主飽，是爲三大禮。陳饋八簋，即祭之饋食。籩豆有踐，即祭之朝踐。燕諸父諸舅而行祭禮，禮之盛也。君子敬則用祭器，三大禮之謂歟？行一禮而三者兼焉。或云：“燕有樂，食無樂。”非也。天子食三老、五更於太學，冕而總干，天子親在舞位，則其樂聲容之盛，非徒坎坎蹲蹲而已①。周人養老，三者兼行，故盛也。公食大夫，非禮之盛者，故無樂。然飲酒實於觶，加於豐，則食禮亦非無酒。或曰“食有酒”者，優賓也，蓋奠而不舉。燕雖主醉，天子賜爵則貌變。食雖主飽，擯者相幣則降辭，皆肅敬承命，又未嘗不主於恭也。故三者異而同。饗在朝，燕至夜，質明行事，日中禮成，故鄭饗趙孟，禮終乃燕。周饗隨會，燕以好合。彤弓饗諸侯也，而有賓客之勸酬。常棣燕兄弟也，而有王公之立飲。《大射儀》曰：“以我安。”安者，燕也。則未安之前皆行饗禮，既安徹俎而薦庶羞，然後燕禮行焉。則知饗禮不亡，盡在燕禮矣。舂人並舉饗食而不及燕。大行人饗禮，九獻、七獻、五獻。食禮，九舉、七舉、五舉，而燕亦無文。古者燕饗通，設俎爲饗，徹俎爲燕。或曰：“饗食在廟，燕則於寢。”寢者，廟之寢。《湛露》，天子燕諸侯也。曰：“厭厭夜飲，在宗載考。”則燕亦在廟矣。毛傳云：“夜飲必於宗室。”宗室者，大宗之廟也。

〔槀人〕槀爲犒

槀人主冗食者。司農讀“槀”爲“犒”，蓋本《書序·槀飫篇》。《注》云：“槀，勞也。飫，賜也。”服虔云：“以師枯槁，故饋之飲食。”展禽使乙喜以膏沐犒師。膏沐者，潤澤之義也。潤澤謂之槁，猶存謂之徂、治謂之亂，故謂之今，古語皆然也。將賞爲之加膳，加膳則飫賜。春饗孤子，秋食耆老，冬饗士庶子，是爲飫賜。槀飫之官名槀人以此。《小行人》：“國有師役，則令槁襘之。”《注》云：“故書槁爲槀。”《大戴禮·朝事儀》亦作槁，古文也。兩傳皆作犒，似後人所改而古無之。故《說文》不載。《牛人職》云：“軍事，共其犒牛。”洪氏《隸續》載《漢斥彰長田君斷碑》有“勞醐”之語，醐與犒同。何休曰：“牛酒曰犒，加飯羹

---

① 已，四庫本作“巳”。

曰饗。故犒醅，一從牛，一從酉。"何休之説信矣。則其文蓋起於漢歟?《淮南子·泰族訓》曰："湯之初作囿也，以奉宗廟鮮犒之具。"《注》云："生肉爲鮮，乾肉爲犒。"犒與槁通，未聞訓爲勞。《廣雅》謂犒與罷、倦煩御同義。《西京賦》曰："割鮮野饗，犒勤賞功。"槀人之事也。槀，從牛從酉，皆非古文。醅字雖奇，亦非無説，故并及之。

外內朝

《槀人職》："內外朝。"康成謂："外朝，斷獄弊訟之朝。今司徒府中有百官朝會之殿，云天子與丞相舊決大事焉。是外朝之存者歟?"蔡質《漢儀》曰："司徒府與蒼龍闕對，厭於尊者，不敢號府。"應劭曰："不然。丞相舊在長安時，有四出門，隨時聽事，東京本欲依之，迫於太尉、司空，但爲東西門耳。【東京司空，即西京禦史大夫。】每國有大議，天子車駕親幸其殿。"然則，東漢三公府，皆對蒼龍闕也。周之外朝，左右皆棘而中槐，則槐當在闕下。左九卿之廬，右諸侯之舍，中三公之朝，面三槐，對兩觀，與漢丞相殿對蒼龍闕者正同。【司徒殿面西，三公朝面北。】則外朝在雉門外矣。舊説在庫門外，非也。《覲禮》："諸侯受舍於朝。"《注》云："在廟門外，廟在中門之左。【雉門爲中。】出廟門至雉門，門外之右，九棘之下。"蓋諸侯之舍歟?《聘禮》："宗人授次，次以帷，少退於君之次。"次者，舍也。聘賓之次，當在群吏之舍，其次在諸侯之後而少退焉。《朝士職》所謂"右九棘，公侯伯子男之位，群吏在其後"是也。康成謂雉門設兩觀，與今宮門同。閽人幾出入者，窮民不得入，則又不然。兩觀之間，左嘉石而罷民平，右肺石而窮民達，中象魏而萬民觀，奚爲而不得入乎?且路鼓建於路門外以達窮，則窮民得至路門矣!先鄭謂"外朝在路門外，內朝在路門內"，亦非無説也。《匠人職》："外有九室，九卿朝焉。"《朝士職》："左九棘，孤卿、大夫位焉。"三孤、六卿爲九卿，則九卿即孤卿。樹棘以表位，則九棘即九室。康成亦謂在路寢之外，如今朝堂諸曹治事處。則外朝又在路門外歟?愚謂：王有三朝，曰聽朝，曰治朝，曰燕朝。聽朝者，鄉士、遂士、縣士等，所謂"職聽於朝"。訝士，所謂"四方之獄訟"，故曰視。四方之聽朝，冢宰贊之，王親往而會其期，三訊三詢皆在焉，小司寇與朝士所掌者是也。王與群臣治事之朝曰治朝，冢宰贊之，宰夫掌其法，司士正儀辨等而儐之者是也。王與宗人圖嘉事之朝，曰燕朝。每日視治朝畢，退而聽政於此。太僕掌之，是爲內朝，亦曰路寢。庭朝、治朝、聽朝，皆外朝。一在路門，一在雉門。

禮説卷六

東吴　半農　惠士奇

春官一

〔大宗伯〕掌天神人鬼地示之禮

王通曰："禮有祀焉，有祭焉，有享焉，古先聖人所以接三才之奥也。①"天統元氣，故推神於天，接以祀禮。地統元形，故示之以民，【古祇字，示旁作民。】接以祭禮。人統元識，故推鬼於人，接以饗禮。圜丘尚祀，觀神道也。方澤貴祭，察物類也。宗廟用饗，懷精氣也。愚謂：在天成象，昊天上帝、日月星辰、司中司命、飄師雨師，天之象也。天心見於復，其德圜而神，故祀之日以冬至，而位於圜丘。在地成形，社稷、五祀【五行也，故屬地。】五嶽、山林、川澤、四方百物，地之形也。萬物見乎離，其德方以知，故祭之日以夏至，而位於方澤。象者神氣也，故祀之禮燔燎而升煙，所謂"燔柴於泰壇"。祭天也，則有禋祀實柴槱燎以報陽。形者骨肉也，故祭之禮，殺牲而薦血，所謂"瘞埋於泰折"。祭地也，則有血祭貍沉疈辜之禮以報陰。天秉陽，垂日星。地秉陰，播五行。陰陽變化，精氣爲物謂之神，遊魂爲變謂之鬼。故人鬼居上下之際，天地之間。聖人合莫以嘉魂魄，而享之於宗廟焉。肆獻祼者，享之始也。饋食者，享之終也。祠、禴、嘗、烝者，享之時也。謂之享者，以人道事之。死如生，亡如存。百物者，五地之物神，仕職所謂"以夏至日致地示物魅"。物魅者，羽物、嬴物、鱗物、毛物、介物之魅，是爲百物之精。而以夏至日致之，則非蜡祭明矣。王有二社：王社在門右，大社在澤中。澤中方丘，謂之大社，亦曰泰折。折與社音相近，長言之爲社，短言之爲折。又壇圜折方，故郊曰泰壇，社曰泰折。【孔疏以門右之社爲大社。而王社所在，書

---

① 語出王通《中説》，原文爲："何獨祭也，亦有祀焉，有祭焉，有享焉。三者不同，古先聖人所以接三才之奥也。"

傳無文。崔氏謂"王社在籍田"，臆説也。《祭法》云："王自爲立社曰王社，故在中門之右。爲群姓立社曰大社，故在澤中之丘。"】社必兼稷者。稷麗乎土，猶日麗乎天。圜丘之樂六變，而天神皆降，則非獨昊天也。方丘之樂八變，而地示皆出，則非獨后土也。康成以五祀爲四郊，䍿蜡爲蜡祭，其不然乎？又云："不言祭地。"失之失者也。昆仑神州，誕矣哉！坤元不讚大，地示不稱皇，郊祀天而主日，社祭地而主稷。【《司服》："毳冕祀山川，希冕祭社稷。"此社在山川下者，王社也。《大宗伯》："血祭祭社稷，貍沉祭山川。"此社在山川上者，大社也。大社祭地，而五祀五嶽、山林川澤、四方百物皆及焉，則皆地示也。地統於天，故曰："郊社，地道也，妻道也，臣道也。"】天有三光：日、月、星；地有三形：高、下、平。故祀天之禮三，祭地之禮三。土爰稼穡，中央爲宅。五行之君，與天合德。坤位在中，黄裳元吉，號曰北郊，漢儒之惑。或曰："四方何神也？"曰："郊有四望，社有四方，一也。"《春秋傳》曰："不郊無望。"《詩》曰："以社以方。"在天曰望，在地曰方；漢《郊祀歌》云："練時日，侯有望，燭膋蕭，延四方。"謂選練吉日良辰，而有事於四望。取蕭合腸間脂而燭之，馨香以延四方之神。則漢並方望而爲一矣。上帝爲天，而五行之神，亦各以時爲帝。大社爲地，而二十五家之里，皆有社名。江淮間呼母爲社，俗儒遂謂"大社非地，上帝非天"，未可與言禮也。《鼓人職》云："以雷鼓鼓神祀，以靈鼓鼓社祭，以路鼓鼓鬼享。"《注》云："神祀祀天神，社祭祭地祇，鬼享享宗廟。"則康成亦以大社爲地矣。賈公彥以爲"舉社以表地"，舍其大而舉其細，何居？《公羊》曰："天子有方望之事，無所不通。"言惟天子得徧及四望四方也。然《春秋·昭十八年》："鄭子產大爲社，袚禳於四方。"明祭社必兼四方矣。然則，非天子不四望，諸侯亦得及四方焉。《曲禮》曰："天子祭天地。"明諸侯不祭天，亦不祭地。故大社惟天子得立之。《詩》曰："廼立冢土。"毛傳云："冢土，大社也。美太王之社，遂爲大社也。"則國社變爲大社矣。大社非地而何？大宗伯無地，猶許氏《説文》無劉。劉乃漢姓，許氏漢人，安得無之。非無劉也，留即古文之劉也。地乃大祭，宗伯掌禮，安得無之，非無地也，社即所祭之地也。《春秋》三傳盡改從劉，《毛詩·王風》尚存其舊。天神、人鬼、地祇三大禮，獨不言祭地，有是理哉！【劉爲夘金刀，説本讖緯。光武篤信之，故經傳盡从劉，汉儒识字若揚子云，未聞"夘金刀"之説。康成好讖緯，亦無聞焉。《王風》"留子"，毛傳云："留，大夫氏。"《地理志》："劉聚，周大夫。"劉子邑，《公羊》曰："劉者，邑也。"其稱劉何以邑氏也？《水經注》："劉氏聚，三面臨澗，在緱氏西南。周畿内劉子國，即《詩》所謂'丘中'"。鄭箋從毛，亦無異説。則留即劉，信矣。或云留子國，漢屬彭城，子房所封，

酈《注》以爲宋邑。《左傳》"侵宋呂留"，即其地也。安得指爲留子國乎？】

禋祀　實柴　槱燎

大宗伯祀天神，禋祀實柴槱燎。《注》云："禋之言煙。周人尚臭，煙氣之臭聞者。槱，積也，三祀皆積柴實牲體焉。或有玉帛，燔燎而升煙，所以報陽也。"愚謂：禋從示，煙從火，皆以垔得聲。精意以享謂之禋，燔燎升煙以達精意，當在祭初。天神之柴，猶人鬼之祼。郭景純注《爾雅》謂"既祭而燎"。是宗廟亦當既祭而祼也，可乎？天神之樂六變，地示之樂八變，人鬼之樂九變，蓋奏樂以致其神，而人鬼禮之以玉而祼鬯；地示禮之以玉而薦血；天神禮之以玉而燎柴。張說謂"樂六變，天神降，降神以樂不以燔，宜先祭後燔"，非通論也。唐宋皆有燔玉。宋元符初，曾旼言先儒以爲實柴無玉，槱燎無幣，今祀衆星不用幣以此。考《典瑞·玉人》之職，皆曰："圭璧以祀日月星辰。"則實柴非無玉矣。槱燎無幣，恐或未然。然圭璧以祀，未聞以燔。唐太和九年，王起議禮神九玉：蒼璧、黃琮、青珪、赤璋、白琥、黑璜、四圭、兩圭，圭璧各有二，其一禮神，一則燔焉。宋治平四年，詳定所言，禮天以蒼璧，燎亦如之。議者欲以蒼璧禮天，四圭從燎，非也。請皆用蒼璧。元大德九年集議，以爲鄭注"或有玉帛"，未定之辭。崔氏謂"天子自奉玉帛牲體於柴上"，引《詩》"圭璧既卒，以爲燔玉"。蓋卒者，終也，謂禮神既終，當藏之也。禮無燔玉，漢祠太乙，胙餘皆燎之，無玉。晉燔牲幣亦無玉，唐宋乃有之。顯慶修舊禮，乃云："郊之有四圭，猶廟之有圭瓚。並事畢收藏，不在燔列。"宋政和禮制局言："古祭祀無不用玉。《周禮·典瑞》：'掌玉器之藏，言事已則藏焉，有事則出而復用，未嘗有燔瘞之文。今後大祀禮神之玉時出而用，無得燔瘞。'"從之。蓋燔者取其煙氣之臭聞，玉無煙又無氣，祭之日但當奠於神座而已。又云："祀天之有煙柴，猶祭地之瘞血、宗廟之祼鬯。歷代以來，或先燔後祭，或先祭後燔，皆爲未允。"祭之日，樂六變而燔牲首，牲首亦陽也。祭終，以爵酒饌物及牲體，燎於壇。天子望，燎柴用柏。愚謂：煙柴猶祼鬯，廟先祼，郊先燔，曷爲而未允乎？《韓詩内傳》曰："天子奉玉升柴，加於牲上。"皇氏云："祭日之旦，王立丘之東南，西嚮，燔柴及牲玉以降神。"則崔氏之說亦非無據。玉有瘞、有沉，故《魯語》曰："不愛牲玉於神。"議者謂"古無瘞玉"，失之。牲玉同燔，行於唐宋政和大德。去玉留牲，未爲得禮。如謂"禮無燔玉"，亦未聞有燔牲。祭時積柴加牲其上，馬融說也。《大戴禮》："割、列、攮、瘞，是爲五牲。"① 割，割牲；

---

① 語出《大戴禮記·曾子天圓》，原文爲："割列攮瘞，是有五牲。"

列，副辜；禳，面禳；瘞，瘞埋。而燔無聞焉。獨羊人羵積，康成謂積，積柴，豈積柴實牲體獨用羊乎？必不然矣。積古文作晢，仲師讀爲漬，云："漬，軍器。"得之。《路史》謂："牛人，祭祀共享牛、求牛。享以祀神，求以降神。"一燔一祭，其説雖巧，未足憑也。祭天特牲，以少爲貴，先燔後祭，分而用之，豈非臆説乎？漢儀：南郊焚犢，北郊埋犢，皆在祭終。晉太常賀循以爲燎在壇南，用犢左胖。漢禮用頭，唐宋因之。先燔首後燔體，蓋本之。此祭終而燎乃牲幣耳。後世遂以祭終之燎，當祭初之燔，非禮也。祭初燔柴不燔牲。漢郊見通權火，蓋燔柴之遺法。《甘泉賦》："欽柴宗祈，燎薰皇天，招繇泰壹，舉洪頤，【旗名。】樹靈旗，樵蒸焜上，配藜四施，東燭滄海，西耀流沙，北爌幽都，南煬丹厓。"所謂"通權火"者如此，古燔柴之禮未嘗亡也。張晏曰："招繇，神名，一作皋搖。"如淳曰："皋，挈皋，積柴於挈皋頭，置牲玉於其上，舉而燒之。"其説近鑿。顔師古不知漢之權火，即古之燔柴，乃謂"衆祠一時，薦饗宜知早晚，故以火爲之節度"。其説益陋矣。

以脤膰之禮親兄弟之國

《説文》："社肉盛以蜃，故謂之脤。"《春秋傳》曰："石尚來歸脤。"《漢志》作"賑"，顔《注》云："脤讀爲蜃。"《公》《穀》兩傳皆曰："脤者，俎實生曰脤，【生，一作腥。】熟曰膰。"《左傳》："受脤於社，祀有執膰，戎有受脤。"則脤爲社肉矣。而《昭十六年傳》："爲嗣大夫，喪祭有職，受脤、歸脤。"似非指社。杜預謂"大夫祭社，歸肉於公"，孔疏乃云："大夫奉君命攝祭於社。"皆臆説也。大宗伯以脤膰之禮，親兄弟之國，大行人歸脤以交諸侯之福，《左傳》："王使宰孔賜齊侯胙。"古者，異姓聯兄弟，雖甥舅之國，亦以親兄弟之禮親之，故孔疏以胙肉爲脤膰。而掌蜃祭祀共蜃器，亦非獨盛社肉。則脤膰兼廟社，互舉通稱，審矣。何休曰："禮，諸侯朝天子，助祭於宗廟，然後受俎實。"豈其然？穀梁子曰："石尚欲書《春秋》，諫曰：'久矣，周之不行禮於魯也！請行脤。'貴復正也。"

五命賜則六命賜官

九儀之命，五命賜則。鄭司農云："則者，出爲子男。"① 康成謂"未成國"，皆本王莽"諸公一同，侯伯一國，子男一則"之説。愚謂：則者，則土也。茅土謂之則土，見《周書·作雒篇》。子男出封，賜則土也。《漢書叙》："坤作墜埶，高

---

① 《周禮·春官·大宗伯》"五命賜則"鄭玄注，原文爲："鄭司農云：'則者，法也。出爲子男。'"

下九則，故曰則土。"《天問》亦云："地方九則。"則，或作列，不知者以意改之耳。【《御覽》引《周書》作"列土"。】一説，則者制度也，禮有九錫二十則，車馬、衣服、樂爲一等，皆與之物；朱户、納陛、虎賁爲二等，皆與之則；鈇鉞、弓矢、秬鬯爲三等，皆與之物。惟盛德始封，得賜三等；子男始封賜一等，得有樂，是爲四命受器；器者，樂器也。後有功，稍賜至二等，是爲五命賜則，六命賜官。朱户納陛爲則，虎賁爲官，而皆謂之則者，蓋以二等有制度而無物也。進爵爲伯，是爲七命賜國；復有功，稍賜至三等，弓矢以征，斧鉞以殺，進爵爲八命之牧；秬鬯二卣，禋於文武，成王以賜周公。秬鬯一卣，告於文人，宣王以釐召虎，進爵爲九命之伯。毛傳云"九命賜秬鬯"是也。《昭十五年傳》"鏚鉞秬鬯，文公受之"，崔氏謂"晉未賜鉞，不得專殺"，誤矣。古者節以專殺，後世持節督軍而以黄鉞，非人臣之器，故不輕假。然揚干亂行，魏絳用鉞，大夫猶然，況盟主乎？魯且賜郊，豈徒秬鬯；齊亦賜履，非但斧鉞，而皆謂之侯。然則，周爵不過侯歟？一説，《公羊》"九錫之樂"。樂器，一作樂則。五命賜則者，樂則也。《典命》："大夫四命出封，加一等。"故得具聲樂。納陛者，堂階之礛爲陛級，以登朱户者，天子黄闥、諸侯朱户，所謂宫室異則也。大夫出封，雖加一等爲五命，未得賜則。三年考績有功，乃得賜焉。魏晉至隋，非受禪不加九錫。儒者諱言其禮，而《白虎通》以九錫分爲三，即易之三錫，非一時賜之也。如秦之白起，稍賜爵爲左庶長、左更、國尉、大良造，以至封侯爲上將軍，蓋稍稍賜之，與功大小相稱。俾建功者勸，而慕進者勤勞不倦，故曰："凡賞無常，輕重視功。王命諸侯，名位不同，禮亦異數。"書傳云："古者諸侯之於天子也，三年一貢士，一適謂之好德，再適謂之賢賢，三適謂之有功。有功者，天子賜以衣服弓矢，再賜以秬鬯，三賜以虎賁百人，號曰命諸侯。"各記所聞，其説不一。然賜必有功，而非一時驟加九錫，則同也。古者，天子有虎賁，習武訓；諸侯有旅賁，禦灾害；大夫有貳車，備承事；士有陪乘，告奔走。天子虎賁八百人，諸侯三百人，禮有等差，以漸而降至大夫士，亦得備承事而告奔走焉。故大夫出使，虎賁從行，禮也。至漢而其禮尤重，光武以賜東海王彊虎賁旄頭，擬於乘輿矣。中山王焉就國，虎賁官騎稱妣前行。《詩》曰："申伯番番，既入於謝，徒禦嘽嘽。"毛傳謂："番番，勇武貌。"諸侯有大功，則賜虎賁。嘽嘽者，稱妣前行之象歟？然則，六命賜官，蓋賜虎賁矣。曹莒無大夫，則六命或未有官臣也。【小國二卿，皆命於其君。晉士起，大國上卿，稱士。則小國無官臣可知。】

六 瑞

玉作六瑞，四方象鎮，雙植象桓，玉之體也。直身象信，【古伸字。】曲身象躬，玉之形也。粟文象穀，藻文象蒲，玉之彩也。其琢飾則無聞焉。琢者，覜聘之圭璧，卿大夫執之，以覜聘天子及聘問諸侯，故加琢飾以別之，六瑞則不琢也。故曰："大圭不琢，美其質也。"康成依漢禮而言，遂謂六瑞皆琢。如其説，則與覜聘之圭璧何以異乎？説者又謂覜聘之圭璧，有圻鄂琢起，無桓信躬穀蒲之文也。不知桓信躬穀蒲，乃玉之形體與其彩，非琢飾之文，故曰和氏之璧，不飾以五采。隨侯之珠，不飾以銀黃。其質至美，物不足以飾之。夫物之待飾而後行者，非至美者也。六瑞無琢飾者以此。《山海經》："圭璧十五，五彩惠之。"惠，猶飾也。祀山川，造賓客，皆曰素功。素功者，設色之工，畫繢之事，是爲琢。書之八體，大篆、小篆亦以此取名焉。説者謂素功無飾，其不然乎？【孔疏云："一圭之上，環爲二柱，象道旁二木，及宮室兩楹，故曰雙植象桓。"桓，亭郵表也。謂於亭郵之所立木，即今之橋旁表柱。諸侯葬用桓楹，謂每一碑樹兩楹。如淳曰："縣所治，夾兩邊各一桓，名曰桓表。陳宋之俗言桓聲如和，今猶謂之和表，即華表也。"愚謂：古桓獻同音，桓轉爲和，猶獻轉爲莎。《説文》桓作瓛，從玉獻聲，讀爲桓以此。《禹貢》"和夷底績"，鄭注云："和讀爲桓。"酈道元云："桓水以南爲和夷。"桓，一作洹。】

天產作陰德地產作陽德

天者神也，地者形也。天燥而水生焉。水陰德也，天產作陰，其色黑，位於北，至陰肅肅出乎天。禮之法屬陰，法不平則神傷，神傷則濕。濕則天不生水，故以中禮防之。地濕而火生焉。火陽德也，地產作陽，其色赤，位乎南，至陽赫赫發乎地。樂之聲屬陽，聲不和則形暴，形暴則燥，燥則地不生火，故以和樂防之。水火不生，則陰陽無以成氣，度量無以成制，五勝無以成勢，萬物無以成類，百業俱絕，萬生皆困，是故聖人以禮樂合天地之化、百物之產。蓋天地之化合於坎離，百物之產根於水火，節之以禮，和之以樂，則形神調而生理修，由是神不病濕，形不病燥，而水火成既濟之功焉。水流濕者，天產而其形行乎地。火就燥者，地產而其神上乎天也。氣由神生，道由神成，神備於心，道備於形，五禮六樂皆出乎身。明有禮樂，幽有鬼神，故其德上及泰清，下及泰寧，中及萬靈。鳳凰者，陽之精也；騏麟者，陰之精也；萬民百物者，陰陽之精也。德能致之，其精畢至。膏露降，白丹發，醴泉出，朱草生，衆祥具。鬼神以此事，萬民以此諧，百物以此致矣！蓋天地成於元氣，萬物乘於天地，神聖秉於道德以究其理，故流分而神生，動登而明生，明見而形成，形成而功存。聖人者，出之於天，收之於地。在天地若陰陽者，杜燥濕以法義，與時遷焉。流分者陰德，天作之。動登者陽德，地作之。法義者，中和之。禮樂，聖人以杜之者防之也。此《鶡冠子·度萬》《泰錄》二篇之説，實與《春官·大宗伯》互相發明，因竊取而合之云爾。水生於燥，故天有漢津，神之在天者也。火生於濕，故地有火井，形之在地者也。則天作陰，地作陽，其理不益顯乎？天產本乎地，故水地爲比。地產本乎天，故天火爲同人。深於《易》者知之。齊景公伐魯，得東門無澤而問魯之年穀何如。對曰："陰水厥陽，冰厚五寸。"景公不知，以問晏子。晏子曰："寒溫節也，節則刑政平，平則上下和，和則年穀熟。"故曰："形神調而生理修。"《月令》"仲冬行春令而水泉竭"，傷於濕也。仲夏火，王欲靜無躁。《易》及《樂》《春秋》説："夏至，人主與群臣從八能之士，作樂五日。"蓋以和樂防之，古之法歟？抑又聞之，天不發其陰，則萬物不生。地不發其陽，則萬物不成。天以陽生陰長，地以陽殺陰藏。物生有體，立之在禮，物成而充，其樂雍雍。故曰："立於禮，成於樂。"【荀爽曰："陽動之坤而成坎。坤者純陰，故曰濕陰；動之乾而成離。乾者純陽，故曰燥。其説似本《鶡冠子》。天作陰者，陽動之坤。地作陽者，陰動之乾也。《月令》"仲夏，用盛樂"，所謂以和樂防之。又云："止聲色。"則聲色乃美色淫聲，止者放而遠之爾。《文耀鈎》云："水土合則成爐冶，爐冶成則火興。"火生於濕亦以此。《莊子》曰："水中有火。"大雨雷電而火生焉。非所謂水中有火歟？】

〔小宗伯〕右社稷左宗廟

《周書》曰："天道尚右，武禮右還，順天以利兵。地道尚左，吉禮左還，順地以利本。"①《詩》曰："左之左之，君子宜之。右之右之，君子有之。"毛傳云："左陽道，朝祀之事。右陰道，喪戎之事。"然則，小宗伯建神位，右社稷，陰道也，故秋殺於右。左宗廟，陽道也，故春生於左。何休云："質家右宗廟，尚親親。文家右社稷，尚尊尊。"此緯書之説，豈其然乎？《詩》云："似續妣祖。"《箋》云："似讀如已午之已，謂已成其宮廟。"疏云："古者似、已文同，故'於穆不已'，師徒異讀。"【子思論《詩》"於穆不已"，孟仲子曰："於穆不似。"】廟在雉門外之左，社在其右。門當午，則廟當巳，社當未矣。乾位在亥，坤位在未，故

---

① 語出《逸周書·武順解》，原文爲："天道尚右，日月西移。地道尚左，水道東流。人道尚中，耳目役心。吉禮左還，順地以利本；武禮右還，順天以利兵。"

社位於未，取似續之義。故廟在於巳歟？《韓非子》曰："四海既藏，道陰見陽，左右既立，開門而當。"此之謂也。兆五帝於四郊，兆《説文》作"垗"，畔也。爲四界，祭其中，是爲域外祀之垗，典祀掌之。守各有域，周謂之垗，秦謂之畤。【《釋名》曰："祀，巳也，新氣生故氣巳也。"何休曰："祀者無巳，長久之辭。"此詩似續之義。古祀與巳同，又與似通。《易》"巳事遄往"，虞翻本巳作祀。《注》云："祀，舊作巳也。"古祀、巳同，信矣。以與巳本同，似與巳亦同，古音也。劉勰不知古音，乃曰："子思弟子'於穆不祀'者，音訛之異也。"古文祀作巳，猶域作或、倦作券，何訛之有？】

四郊四望四類

宋元豐詳定局，言漢儀：縣邑常以丙戌日祠風伯於戌地，己丑日祀雨師於丑地，從其類也。熙寧祀儀：兆日東郊，兆月西郊，是以氣類爲之位。至於兆風師於國城東北，兆雨師於國城西北，司中司命於國城西北亥地，則是各從其星位而不以氣類也。請稽舊禮，兆風師於西郊，祠以立春後丑日；兆雨師於北郊，祠以立夏後申日；兆司中、司命、司祿於南郊，祠以立冬後亥日。如是則壇兆從其氣類，祭辰從其星位。仍以雷師從雨師之位，以司民從司中、司命、司祿之位。愚謂：司民非星也，劉叡星傳"軒轅角有大民少民"，康成遂據以爲司民。案：軒轅后宮所居，月犯之，女主憂。《春秋元命苞》曰："熒惑守軒轅，貴妾爭。"《晉志》云："少民，后宗也。大民，太后宗也。"謂之司民可乎？司民，謂先民，猶先嗇也。神農爲先嗇。天地開闢，有神民爲先民。先民謂之司民，猶先嗇謂之司嗇。康成分爲二，失之。息田夫而祭司嗇，獻民數而祭司民。大宗伯樜燎不及焉。則司民非星，審矣。【《潛夫論》曰："天地開闢有神民。"蓋本《楚語》。《路史》乃謂古帝皇有神民氏，都於神民之丘，一曰神皇氏。然則，司民蓋神民氏歟？】梁天監六年，明山賓議曰："《舜典》'望於山川'，《春秋傳》'江漢沮漳，楚之望也'，今北郊設嶽鎮、海瀆，又立四望，竊謂煩黷。"徐勉議曰："岳瀆是山川之宗，而望祀不止嶽瀆也。"至十二年，詔更詳議。朱异議曰："望是不即之名，凡遙祭者皆名爲望。豈容局於星漢，拘於海瀆？請命司天，有關水旱之義。凡四海名山大川能興雲致雨，一皆備祭爲允。"愚謂：山川既包於四望，而四望之外更有山川，此明山賓所謂煩黷者也。四望天神從祀於郊，山川地祇附祭於社，蓋山澤通氣，實能降興上下之神，與水火雷風爲乾坤六子，故祀天、祭地皆兼及焉。後世以四望爲地祇，失之矣。先鄭謂"山川道氣出入"，言氣出入於山川之竅，其本在地而精神上屬乎天，故六宗四望皆天神也。日朝、月夕、風磔、雨收，謂之四類。《洪範》"庶徵"，日月風雨，日月成歲，風雨惟星，既合於丘，復分於兆，四類之爲用也大矣哉。大司樂奏姑洗，歌《南呂》，舞《大磬》，以祀四望。則四類亦用此樂可知。天神言祀，則四望非地祇，益信。康成以爲即五嶽、四鎮、四寶，豈其然乎？或曰："司民非星。"而《天府職》曰："祭天之司民。"何也？府曰天府，祿曰天祿，民曰天民，神之也，敬之也。《書》云："王司敬民。"賈誼曰："受計之禮，王所親拜者二：聞生民之數則拜之，聞登穀則拜之。"或曰："軒轅主后土之養氣，而庇祐下民也，故左角謂之少民。"【見《魏書志》。】

正室皆謂之門子

《公羊·隱三年》："武氏子來求賻。"武氏子者，天子之大夫。其稱子者，父卒，子未命也。《穀梁》亦云："未畢喪，孤未爵。"【謂天子諒闇，不爵命。】《公羊·桓五年》："天王使仍叔之子來聘。"稱仍叔之子者，父老子代從政也。《穀梁》亦云："錄父以使子也。父在，子代仕之辭。"愚謂：武氏子、仍叔之子，皆門子也。門子未爵命，故《周禮》無官。然代父從政，聘問列國，儼然大夫矣。故鄭伯盟於戲，六卿及門子皆從。子孔爲載書，大夫與門子弗順，入參謀議，出列會盟，位亞六卿，勢傾執政，豈非族大寵多使然歟？《周書·皇門篇》曰："其有大門宗子，茂揚肅德，以助厥辟，勤王國王家。"①則先王之所以育門子，與門子所以効忠於王室。濟濟一時之盛，可想見矣。及其後而世卿專政，尹氏亂周，非詒謀之不善也。《燕義》有諸子官，康成謂"門子將代父當門"。庶子猶諸子，副代父者。《諸子職》云："國子存遊倅。"遊者貴遊，倅者副倅。然則門子爲正，國子副之。蓋卿之側室，大夫之貳宗歟？學之師氏，掌之太子，會同賓客，作而從焉。修德學道，春合諸學，秋合諸射，先王教國子如此。則知所以育門子亦如此。昭穆之辨，適孽之分，職在少宗，掌其政令。而魯之司寇兼掌春官，臧孫氏世居其職。文仲後閟先僖，而昭穆無辨。武仲廢彌立紇，而適孽不分。則春秋門子不皆正室，可知矣。《詩·裳裳者華》，刺幽王棄賢者之類，絕功臣之世，以爲其先人有禮於朝，有功於國，故先王使其子孫嗣之。是時周、召爲勳賢之裔，尹、姞爲禮法之家，雖舊族衰門，豈無不肖。而賢人君子亦多出於其中，則先王教化使之然也。晉悼公即位，善政畢舉，而以育門子爲先，且曰："膏粱之性難正也。"故使惇惠者教之，文敏者道之，果敢者諗之，鎮靜者修之。則先王之育門子者，其遺風不可復追乎？

---

① 語出《逸周書》，原文爲："乃維其有大門宗子、勢臣，罔不茂揚肅德，訖亦有孚，以助厥辟，勤王國王家。"

【古大明堂之禮曰："日中出南門見九侯門子。"則門子學於虎門矣。《管子》曰："國子之義，入與父俱，出與師俱，上與君俱。"説者謂國子即門子。在家曰門，在朝曰國。】《雜記》曰："大夫之適子服大夫之服，尊其適，象賢也。"《詩》曰："凡周之士，不顯亦世。"言其臣有光明之德者，亦得世世在位。故曰："商祖伊尹，世世享商。"孟子所謂"故國有世臣"以此。

卜葬兆甫竁

《小宗伯》："卜葬兆甫竁。"《注》云："鄭大夫讀竁爲穿，杜子春讀竁爲毳，皆謂葬穿壙也。今南陽名穿地爲竁，聲如腐脆之脺。"【脆，七歲反，舊作脺，誤。劉音清劣、倉没二反，字書無脺有膬。今本或有作膬者，則與劉音協矣。沈云《字林》有脺，音卒。脺者，牛羊脂。膬者，耎易破。】案：《小爾雅》"壙謂之竁，填竁謂之封"，與鄭義合。於文從穴毳聲，讀依杜可也。然鄭大夫讀爲穿，亦非無據。《漢書》：王莽掘平共王母丁姬故冢，時有群燕數千，銜土投穿中。師古曰"穿謂壙"，即《小爾雅》所謂"壙謂之竁"。《水經注》引《漢書》"穿中"作"竁中"，則竁讀爲穿，信矣。許叔重曰："穿，通也。竁，穿地也。"文異義同，仍讀依先鄭爲允。《漢書》多古文，往往亂於後人，酈注所引蓋其舊也。《易》"不封不樹"，虞翻注云："封，古窆字。"然則，竁古穿字歟？宋郊祀歌"月竁來賓"，則又讀爲窟矣。竁與膬、窟與䯝音義同。【鄭注"腐脆之膬"，膬誤爲脺，當作膬。】

〔肆師〕序其祭祀及其祈珥　〔疏〕毛牲曰刉羽牲曰衈

《雜記》釁廟，用羊及雞，刉於屋中，衈於屋下。康成謂衈刉，割牲以釁，先滅耳旁毛薦之。耳主聽，告神欲其聽之。此刉衈之正義也。《小雅》"執其鸞刀以啟其毛"，《祭義》"鸞刀以刉毛"，牛尚耳，此所謂"耳旁毛"，取以告神，與血並薦，是爲衈。康成見《雜記》"用雞"，遂云"羽牲曰衈"，非也。《穀梁》"叩其鼻以衈社"，豈羽牲乎？《東山經》曰："祠毛用一犬祈聊。"《注》云："聊音餌，以血塗祭爲聊也。"《公羊傳》"蓋叩其鼻以聊社"。【今本《公羊》作"血社"，《穀梁》作"衈社"。】然則，刉，一作祈；衈，一作聊。《玉篇》："以牲告神，欲神聽之，曰聊。"蓋兼取脺脣，故耳從血。用祈神聽，故聊從申。《中山經》曰："刉一牝羊獻血。"《注》云："以血祭，刉猶刲。"又曰："祠，毛用一雄雞、一牝豚刉。"《注》云："刉亦割刺之名。"然則，雞豚皆曰刉。康成謂"毛牲曰刉"，亦非也。案：刉，《犬人職》作幾。康成謂《肆師職》，故書祈爲幾，杜子春讀爲祈。案：幾，《説文》作䰞，云："以血有所刉塗祭也。"【塗，猶釁。】䰞省爲幾。《廣雅》作禨，云"祭名"，楚人鬼而越人禨。【禨，一作幾。從示從鬼，一也。】然則，璣、幾、禨三字通，皆祭名也。刉非祭名，破幾爲刉，又何説乎？割牲曰刉，薦毛曰衈，祭血曰璣。三者相因，其名易亂，故正之。衈，《周禮》皆作珥。古文簡，假借多。《釋名》："珥，耳也，言似人耳之在面旁也。"從申從血，後人所加，故《説文》不載。先鄭云："珥，以牲頭祭也。"存之以備一説。

四時大甸獵祭表貉

凡四時大甸獵，祭表貉，【貉，一作貈。】肆師爲位。貉，一作伯。伯爲兵禱，其禮亡。《詩》曰："吉日惟戊，【音牡。】既伯既禱。【職救切。】"毛傳曰："伯，馬祖也，將用其力，故禱其祖。"《説文》引《詩》，"伯"作"禡"。應劭曰："禡者，馬也。馬者，兵之首，故祭其先神也。"案：《校人職》，春祭馬祖，夏祭先牧，秋祭馬社，冬祭馬步。明指四時之田，因田而祭矣。先牧始養馬者，馬社始乘馬者，馬步害馬之神，馬祖天駟房星。或弭其灾，或祈其福，或報其功，合而言之曰"四時之表貉"。肆師舉其凡，校人詳其目也。康成讀"貉"爲十百之"百"。祭造軍法者禱，氣勢之增倍。孔穎達謂："貉之言百，祭祀此神，求獲百倍。"則似貉，非祭馬祖矣。武王東觀兵，上祭於畢。蘇竟曰："畢爲天網，主網羅無道之君。故武王伐紂上祭於畢，求助天也。"説者謂"畢星主兵"，故師出而祭畢。然則，表貉蓋祭畢歟？唐禮，禡祀軒轅氏，或曰祭蚩尤。《世本》曰："蚩尤作兵。"《大戴禮》曰："蚩尤，庶人之貪者也，何兵之能作？"① 案：蚩尤冢在東郡壽張闞鄉，常十月祀之，有氣出如絳，號蚩尤旗。而山陽鉅野有肩髀冢，云蚩尤死而別葬焉。其説甚誕。漢禮於武庫祭蚩尤，非表貉也。軍前大旗曰牙，師出必祭，謂之禡。蓋立牙爲表，所謂"表貉"是歟？大司馬春蒐冬閲，有師表貉於陳前，即漢之貙劉，斬牲之禮。貙與貉皆獸也，田曰於貉，祭曰表貉，似謂取禽。既斬牲，即立馬。不用命者，視此斬牲。争禽而不審者，罰以假馬。獲籌曰馬，祭表曰禡。漢亦有乘之之名，似言尚武。然貙劉，一作貙膢。膢者，食新也。蘇林曰："膢，祭名。貙，虎屬。常以立秋日祭獸，王者亦於是日出獵，還祭宗廟，故曰貙膢。"而禡轉爲伯，伯轉爲貉，字滋益多，莫知其説。《小雅·吉日》美宣王田，則禱禮存焉。毛公大儒，鄭箋從之。田祭馬祖又何所疑？軒轅與畢皆兵禱歟？近有講音學者見"吉日戊協禱"，遂謂"戊古音牡"，不知文，焉知音？禱，一作禂，皆從示，以周、壽得

---

① 語出《大戴禮》，原文爲："蚩尤，庶人之貪者也。反利無義，以喪厥身，何兵之能作與？民皆生也。"

聲。平呼若周，去呼若呪，正與戊協，詁訓兼音義。祭以剛日，戊之日剛，其義也。戊之言牡，馬必乘牡，其音也。毛傳所謂"維戊，順類乘牡者"以此。且袤與牡古音通，何必強爲之辨乎？【《說文》云："禂，禱牲馬祭也。從示周聲。"《詩》曰："既禡既禂"。】

〔鬱人〕掌裸器　詔裸將之儀與其節

獻之屬，莫重於裸。裸之言觀也，《易》之《觀》卦於此取名。凡裸事，鬱人沃盥。故裸，一作盥。《易》曰："《觀》，盥而不薦，有孚顒若。"《詩》曰："顒顒卬卬，如圭如璋。"圭璋，裸玉。顒顒，溫貌。卬卬，盛貌。裸之儀也，君有君之儀，臣有臣之儀。君裸以圭瓚，臣助之。亞裸以璋瓚，《詩》曰："濟濟辟王，左右奉璋。奉璋峩峩，髦士攸宜。"濟濟者，辟王之容，君之儀也。峩峩者，奉璋之貌，臣之儀也。鬱人詔裸將之儀者此。宋人之享也，置折俎，仲尼使舉之，以爲多文辭。魯人之裸也，禘周公，仲尼欲觀之，以爲多威儀歟？既裸而往，不欲觀者，始則恭恪，後稍慢怠也。大享有裸賓之禮，《易·觀》之六四曰："觀國之光，利用賓於王。"上公，王禮再裸。侯伯子男，王禮壹裸。《洛誥》"裸於太室"，而曰王賓，則賓於王者，惟裸禮爲盛。君子於此觀威儀、省禍福焉。裸之節則亡矣。其畧有三：實鬱鬯於六彝，爲裸之初節；播芬芳於二瓚，爲裸之中節；達臭陰於淵泉，爲裸之終節。是爲三節，名曰肆、獻、裸。肆者，肆師築而鬻，鬱人實而陳。裸者，小宗奉而授，小宰贊而行。獻者，獻於尸，奠於神。小祝沃尸盥，小臣沃王盥，大祝令鐘鼓，肆師誅怠慢。其賓客，則大宗攝酌獻，王親拜送云："《詩》曰：'朋友攸攝，攝以威儀。'"言助祭之臣相攝佐以威儀之事。然則，鬱人詔儀節者，攝以威儀也。威儀攝而馨聞，威儀喪而腥聞，殷以此滅，周以此興。於呼，奈何弗欽？

大祭祀與量人受舉斝之卒爵而飲之

《鬱人》："大祭祀，與量人受舉斝之卒爵而飲之。"《量人》："凡宰祭，與鬱人受斝，歷而皆飲之。"【宰祭者，冢宰佐王祭，亦容攝祭。非也。量人掌俎實、制脯燔，故曰宰祭。】《郊特牲》："舉斝角，詔妥尸。"説者謂"特牲饋食祝酌奠，奠於鉶南"。是時也，天子奠斝，諸侯奠角。及尸入，主人拜妥尸。尸執奠祝饗，是爲舉斝角。主人拜如初。大夫士之祭，則方饋食之始。天子諸侯之祭，則在坐尸於堂之後，迎尸入室之初。鬱人受舉斝之卒爵而飲之，正當其節。非也。尸執奠而不飲，雖舉斝而實未嘗卒爵也。及加爵行，尸爵止，而後上嗣舉而卒爵焉。且是時皇尸未食，朝獻未行，而先獻鬱人、量人，其不然也必矣。故康成破畀爲嘏，謂王飲尸，尸嘏王。鬱人受王之卒爵，亦王出房時也。《特牲》"主人受嘏，出寫嗇於房，還而獻祝"。故曰："出房時謂當獻祝時。"其説近之。祭或無尸，未聞無祝。故天子有太祝，而佐食無聞。尸，神象也。祝相尸，佐食助之，三者事相成。尸之嘏王也，必先佐食搏黍授祝，祝授尸，尸乃執以嘏王，三者亦相成。則有祝不可無佐食也，故先獻尸，次獻祝，次獻佐食者，以此。且佐食一名利，利者養也。祭告利成，養之成也。佐食之功，君子報之。其人雖微，先卿而獻。然則，鬱人、量人，蓋天子之佐食歟？抑制從獻之脯燔，詔祼將之儀節，其事與佐食有聯，遂次佐食而獻之歟？《詩·卷阿箋》云："王之祭祀，擇賢者爲尸，豫撰几，擇佐食。尸之入也，祝贊道之。尸至，設几，佐食入助之。"賓筵，《箋》云："室人，有室中之事者，謂佐食也。"是天子必有佐食矣。賈公彥乃云："天子有獻鬱人、量人之禮，無祝及佐食之事。"此何所見而云然乎？愚謂：尸飲九，以散爵獻士及羣有司，鬱人、量人宜在羣有司之列。《特牲》謂之"私臣"，《少牢》謂之"私人"。舉斝者，舉觶也。所謂"賓一人舉觶於尸"。卒爵者，所謂"升受下飲"。卒爵升酌，歷而皆飲之者，所謂"交錯其酬"，皆遂及私人，爵無算也。位門東北面，其獻有薦脅，禮曰奠觶。【或作觚，《注》云："古文觚，皆爲觶。"】《詩》曰奠斝，皆爵也。奠斝，猶奠觶。則舉斝猶舉觶矣。有司徹，《注》云："古文觶皆爲爵。"延熹中，詔校書，定作觶。則古觶、爵通名。周曰爵，殷曰斝。斝，先王之爵，天子用以獻酬。諸侯以下用觶也。

〔鬯人〕共其鬱鬯

古熏字多作薰，鬯人鬱鬯，大祝隋釁，女巫釁浴，皆當讀爲熏。案：《齊語》"三釁三浴"，韋注云："釁或爲熏。"《呂氏春秋》："湯始得伊尹，祓之於廟，釁以犧猳。"《風俗通》引之作"熏以萑葦"，劉昭亦以此注《後漢志》矣。《漢書》"豫讓釁面吞炭"，顏《注》云："釁，熏也，以毒藥熏之。"是古熏多作釁之明文也。《王度記》曰："天子以鬯，諸侯以熏。"鬯爲香草，香草曰熏，熏之言釁也。女巫釁浴，注云："釁浴，以香熏藥草沐浴。"則康成亦讀釁爲熏矣。【《説文》釁從分得聲。故釁讀爲門，釁讀爲熏。】《王制》："諸侯賜圭瓚，然後爲鬯。未賜圭瓚，則資鬯於天子。"資，猶齎也。《少牢》"資黍"，《注》云："資，今文作齎。"外府"幣齎"，先鄭云："齎或爲資。"今禮家定作資。後鄭云："齎、資同耳。其字從貝，以齊次爲聲。"掌皮財齎，《注》云："予人以物曰齎。今詔書或曰齎計吏。"然則，資鬯者，謂齎以遺之。蘇秦之至趙也，燕文侯齎以車馬金帛。蜀守文翁以刀布齎計吏而遺博士。淮南王上書亦云"資衣糧，入越地"。古齎、資通信矣。爲鬯者有器與官，使其官築鬱，曰以梈，杵以梧。柏香桐潔，擣而煑之爲鬯。魯有鬯圭，則諸侯亦有鬯人也。資鬯者無器，故無官。天子齎遺之而不自爲焉，故曰"諸侯以熏"。熏即鬯明甚。説者謂未賜圭瓚，故不以鬯而以熏。吾不知熏爲何物也。喪禮有浴無釁。浴謂之湎，湎以鬯，斂以玉，摩莎鬱草以出其香，沙除眘琢以流其汁，故曰大湎。湎在斂初，先湎後斂。蓋兼用玉鬯矣。設斗沃尸不以酒，小宗伯因鬯連言秬耳。鬱人湎共肆器，大祝以肆鬯湎尸，典瑞祼圭以肆，則所謂肆器者，非玉器而何？康成以肆器爲大盤，非鬱人之所當共也。古無釁尸之禮，故先鄭破釁爲徽。徽言美，熏言香，兩讀皆通，從熏爲允。未築、未煑，曰鬱。已築、已煑，曰鬯。漢斂以玉匣，古之制也。珠襦金縷，失之侈矣。季孫以璵璠斂，孔子歷級而救之，救其僭也。以大夫而僭用天子之禮，是可忍孰不可忍？説者譬之暴骸中原，不亦陋乎？仲梁懷曰："改玉改步，猶晉文請隧而王弗許，曰：'大物其未可改也'。"霸主尚不敢改玉改行，而況若季氏之么麽者哉！案：《説文》："莙從草君聲，讀若威。"是威有君聲也。故《漢律》"婦告威姑"，威姑者，君姑也。又案：《吕氏春秋》殷皆作郼，是郼有殷聲也。故曰："湯立爲天子，夏民大悦，親郼如夏。"親郼者，親殷也。威讀爲君，郼讀爲殷，故徽亦讀爲熏。先鄭破釁爲徽，以此。【高誘曰："郼讀如衣，今兖州人謂殷氏曰衣。"《中庸》"壹戎衣"，《注》云："衣讀如殷，齊人言殷聲如衣。"今有衣姓者，殷之胄歟？愚謂：古文殪作壹，方言殷作衣。壹戎衣者，殪戎殷也。説者謂"壹著戎衣"，誤矣。古威與震通，見《詩·長髮》。鄭箋《易·革卦》上六《象辭》"君協蔚"，其音若威。《采芑》卒章"威協獫"，其音若君，是威與君古音同也。《説文》："齊人謂靁爲霣，讀若云。"《詩》曰："嘽嘽焞焞，如霆如霣。"霣音云。"顯允方叔，征伐玁狁，蠻荆來威"，威音君。《説苑·正諫篇》曰："好道者多資，好樂者多迷。好道者多糧，好樂者多亡。"資讀爲齎，與迷協，此古音也。】

〔司尊彝〕饋獻用兩壺尊

秋嘗冬烝，饋獻用壺尊。饋獻者，饋食之獻，當薦熟時。於是，后薦豆籩而獻以壺焉。揚子《太元》曰："家無壺，婦承之姑，或洗之塗。"《注》云："壺禮也，婦承姑事，猶洗濯而以塗。"愚謂：婦承之姑者，婦饋食於姑。猶后薦豆籩於廟，而獻以壺尊。故其測曰："家無壺，無以相承也。"其義本《易·睽》之上九，曰："先張之弧，後説之壺。"古説與設通，虞翻云"猶置也"。《離》上與《兑》三，陰阳相应，而家道睽乖，故先疑后释。張弧者拒之如外寇。【三至五，象坎，坎爲盜。】設壺者，禮之若内賓。壺誤爲弧，失其義矣。壺者，家之禮法，故家無壺，婦無以承姑，妻無以事夫。上九、六三，婚媾之象，始以爲寇也，故先張之弧。非寇，乃婚媾也，故後設之壺。古《易》皆作壺。壺，尊也。《昏禮》設尊於室爲内尊，又尊於房户東爲外尊，此之謂設壺。《大射儀》"兩壺獻酒"，獻讀爲莎，是壺尊亦盛鬱矣。後世以三酒實壺尊，失之。諸臣之所酢皆有罍。小罍謂之坎，故《坎》之六四有"貳用缶"之象。缶，即罍也。《禮器》："門外缶，門内壺。"説者謂壺缶皆飲諸臣，貴者以壺，賤者以缶。燕禮皆用壺，卿大夫方而士圜焉。古者貴賤不嫌同名，饋獻之壺，其最貴者乎？腹方口圓曰壺。反之曰方壺，有爵飾。《三禮圖》曰："壺受一斛，口徑一尺，頭高五寸，大中身兊下，赤漆中，上加青云氣。"

四時之間祀

《司尊彝》"四時之間祀"，鄭司農謂："禘祫在四時之間，故曰間祀。"非也。禘以夏四月，祫以冬十月。三年一祫，五年一禘。名曰殷祭，而以間祭當之，可乎？後漢孝明遺詔："無起寢廟，藏主於光烈皇后更衣别室。"有司奏言更衣在中門之外，處所殊别，其四時禘祫於光武之室，如孝文祫祭於高廟故事。間祀悉還更衣。《續漢書》曰："禘之爲諦，祫之爲合，諦審昭穆，合食於祖，謂之殷祭。四時正祭外，有五月嘗麥，三伏立秋嘗粢，盛酎十月嘗稻等，謂之間祀，即各於更衣之殿。"更衣者，光武廟之别室也。東京廟制：異室同堂，合祭於堂，是爲正殿；間祀於室，是爲便殿。便殿爲更衣，則間祀非正祭矣。《月令》：仲春，獻羔開冰；季春，薦鮪；孟夏，嘗麥；仲夏，嘗黍，羞含桃；孟秋，嘗穀；仲秋，嘗麻；季秋，嘗稻；季冬，嘗魚。《禮運》"十二月蜡賓"，皆間祀也。非正曰間，歲穀之外有間穀，正色之外有間色，正祭之外有間祀，一也。康成以追享爲請禱，朝享爲月祭，故遂以二者爲間祀。間祀也，追享也，朝享也，判然爲三，安可合爲二哉？西京舊制：日祭於寢，月祭於廟，時祭於便殿。寢日四上食，廟歲二十五祠，便殿歲四祠。則便殿乃時祭也。與東京不同，而間祀皆於陵寢。諸儒以爲非禮而罷之。陵寢雖非古，間祀之禮本於《春官》，其不可罷也審矣。

鬱齊獻酌 〔注〕獻讀爲儀　凡酒修酌

鬱齊獻酌，《郊特牲》"汁獻涗於醆酒"，《注》云："泲秬鬯以醆酒。"獻讀爲莎，齊語，聲之誤也。秬鬯中有鬱，和以盎齊，摩莎泲之出其香汁，因謂之汁獻。

愚案：獻酌、獻尊，皆讀爲莎，【素何反。】似非聲誤。獻，一作犧。毛傳云"犧尊，有沙飾也"，【沙、莎通。】謂刻鳳凰之象於尊，其形婆娑。然鄭仲師亦云"飾以翡翠"，而雞彝、鳥彝，皆刻畫爲雞鳳之形，是尊彝同飾矣。然鬱齊獻酌，盛之以尊，是爲獻尊，似非以飾得名。康成謂"獻尊酌醴而不和鬱"，豈其然乎？鬱人詔裸將之儀，故仲師讀獻爲儀，亦非無據。後之學者信其所不可信，疑其所不必疑。犧讀莎，獻讀儀，【音俄。】觀之書，其文通。【《大誥》"民獻有十夫"，《大傳》"民儀有十夫"。古獻、儀通。王莽作《大誥》合而用之，曰："民獻儀九萬夫。"】考之《詩》，其音協。【《小雅》"儀協莪"，《魯頌》"犧協多"。】稽之禮，其義愜。學者猶疑之。而魏太和中，掘地得尊如牛象，遂目爲古犧尊，實未敢信以爲然也。醴齊縮酌，縮酌用茅。《注》云："醴齊和以事酒泲之，以茅縮去其滓。"《詩》曰："伐木所所，釃酒有藇。"毛傳云："所所，梳貌。以筐曰釃，以藪曰湑。"湑，茜也。茜，古縮字。是爲縮酌。古文所與許通。漢《疏广傳》數問金餘尚有幾所，《注》云："幾所猶幾許。"故所所，一作許許。説者謂"許許，邪許聲"。案：邪許，一作邪軒，一作嘘嗚，一作輿謣。【邪許見《淮南子》，邪軒見《文子》，嘘嗚見《劉子》，輿謣見《吕氏春秋》，一也。】挽車者唱邪軒，牽石拖舟者歌嘘嗚，舉大木者呼輿謣，皆勸力之歌。前呼而後應，乃舉木非伐木也。所者削梳猶斯者析薪，故斯、所皆從斤。晉王濬治船於蜀，吾彦取流梳以呈孫皓，是爲削梳。《説文》依毛傳而云："所所，伐木聲。"遠聞其聲，近見其貌。傳言貌者以伐木之梳，與縮酒之茅。若作邪許，何所取義。且以伐爲舉，是改詩辭。先儒訓詁斷不可易，信矣。凡酒修酌，康成讀修爲滌，【滌與滫通。】以水和而泲之。今齊人命浩酒曰滫。愚謂：廟用修，故曰修酌。猶朝踐用獻尊，故曰獻酌。不必破爲滌也。陸佃云："修，爵名。"《荀子》曰："修爵無數。"孔疏云："修爵無算。"爵蓋所謂凡酒歟？大宗伯以肆獻祼享先王，《典瑞》"祼圭有瓚，以肆先王，以祼賓客"，則祼一事有三名。肆者，實而陳之；祼者，將而行之；獻者，奉而進之。實以彝祼之陳，將以瓚祼之行，獻以爵祼之成，祼禮始於肆，成於獻，故曰肆、獻、祼。祼當朝踐，用兩獻尊，名曰獻酌。則獻尊酌鬱齊又何疑？【瓚如盤，其柄圭尺有二寸。黃金勺、青金外、朱中央、龍頭鼻口、有流前注，蓋用以行酒。尊以酌之，瓚以行之，爵以獻之，六彝陳而不行，二瓚行而不獻。】一説，修猶溲。《士虞記》"明齊溲酒"，言以明水溲之，貴新之義，修當作滫。《内則注》："秦人溲曰滫。"滫與滌古音通。《説文》皆從水。以脩、條得聲。條狼氏，條讀爲滌。滌本音條，故不言誤。帝牛在滌，滌謂之搜。【通作趡。趡者，圂養牢中。】故《注》云"搜除"，是滌讀爲搜矣。漢周亞夫封條侯，《功臣表》作修。師古曰："修讀爲條。"是脩、條通，而潾滌亦通也。秦人曰潾，齊人曰滌，《儀禮》曰溲，三者音義同。酌以尊，獻以爵。司尊彝及鬯人不言爵，但言尊。《集韻》卣或作攸。康成讀脩爲卣者，以此。《禮器》"賤者獻以散"，《特牲》"利洗散，獻於尸"，則散似爵名。康成以爲漆尊，亦必有本矣。圭瓚以行酒，《王制》注云"鬯爵"，或未之前聞。周有獻尊，又有獻豆，摩莎疏刻兩義相兼，犧獻同聲。齊人之語，不其然乎？《祭義》言朝事覵蕭光以報氣，饋食加鬱鬯以報魄。則知鬱齊不獨用之於祼也。且云："覵以俠甒，加以鬱鬯。"俠甒謂兩甒，即朝踐之兩大尊，明大尊亦和鬱矣。《大射禮》："尊於大侯之乏東北，兩壺獻酒。"獻酒者，鬱齊也。祭侯以鬱，神之。然則，神尊皆酌鬱歟？鄭司農云："鬱十葉爲貫，百二十貫爲築。"許叔重亦云："十葉爲貫，百廿貫築以煑之爲鬱。其文從鬯。彡，其飾也。"明鬯皆和鬱。而斝爲飲器，中有鬯酒，又以持之，則鬯斝非圭瓚明矣。《周語》："鬱人薦鬯，犧人薦醴。"蓋陳之爲犧尊，和之爲犧酌，薦之爲犧人。王即齋宫，祼鬯饗醴以自香潔。然則，犧人即鬯人。不和鬱者，皆凡酒也。【應劭曰："鬱，芳草也。百草之華，煑以合釀黑黍，或説今鬱金香。"漢《郊祀歌》一章曰："尊桂酒，賓八鄉。"晉灼曰："尊，大尊也。"元帝時，太宰丞李元記曰："以水漬桂爲大尊酒。"其十二章曰："百末旨酒布蘭生。"師古曰："百末，百華之末也，以之雜酒，故香且美。"《説苑》曰："天子以鬯爲贄。"鬯者，香草之本也。上暢於天，下暢於地，無所不暢。然則，鬯者，合釀百草之華以祀天祭地，非獨用之宗廟也。】

禮説卷七

東吴　半農　惠士奇

春官二

〔典瑞〕五采三采二采　圭璋璧琮

《白虎通》曰："天子圭，尺二寸，博三寸，剡上，寸半，厚半寸，半珪爲璋。方中圓外曰璧，半璧曰璜。圓中牙身玄外曰琮。"璜以徵召，璧以聘問，璋以發兵，珪以質信，琮以起土功之事。圭上兑下方，位在東。璧方中圓外，位在中。璜半璧，位在北。璋半圭，位在南。琮内圓而湊，外直而牙，位在西。《尚書大傳》曰："天子執瑁以朝諸侯，諸侯無過者復得其圭，有過者留其圭，能正行者復還之。三年圭不復，紬以爵，還圭留璧。"璧所以留者，以財幣盡，輒更造也。禮曰："圭造尺八寸。"有造圭，明得造璧矣。案：白琥禮西方，不聞以琮。元璜禮北方，不聞以徵召。徵召自有珍圭也。疏琮以斂而有渠，聘琮以享而有瑑，駔琮以權而有鼻，大琮以鎮而有牙。宗后以爲鎮，后理陰教，故以起土功。又黃琮禮地，則土功其類也。可補典瑞之闕焉。《春秋繁露》曰："主天法商，玉厚九分，白藻五絲。主地法夏，玉厚八分，白藻四絲。主天法質，玉厚七分，白藻三絲。主地法文，玉厚六分，白藻二絲。"① 然則，藻之絲、玉之厚，取則天地陰陽。又藻地白而加采，典瑞玉人之所弗及也，存以備考。絲謂采，五絲五采也。《周官》"射無四正，藻無四采"，《逸詩》"四正具舉"，是射有四正也。《繁露》"白藻四絲"，是藻有四采也。蓋二王之後歟？【《射人職》："王五正，諸侯三正，卿大夫士二正。"《典瑞職》："王藻五采，公侯伯藻三采，子男藻二采。"鄭注："四正謂正爵。"非也。】藻藉以韋衣木板而畫之，繫以元纁焉。《聘記》謂之組，《繁露》謂之絲，蓋染絲織之以

---

① 原文爲："商質者主天，夏文者主地，春秋者主人，故三等也。……玉厚九分，白藻五絲，衣制大上，首服嚴員。鸞輿尊……玉厚八分，白藻四絲，衣制大下，首服卑退。"

爲組也。或屈之，或垂之。屈之爲質，垂之爲文。組之大者如綬，小者如條。條以結纓，綬以結璲，皆染絲爲之。繫玉之組亦然，不畫也，畫者其韍耳。綬即古之佩，條即古之紃。康成曰繶，【繶、藻通。】雜文之名也。合五采絲爲繩，《繁露》謂之絲者以此。《公羊》曰："寶者何，璋判白。"《注》云："判，半也，半珪曰璋。白藏天子，青藏諸侯。魯得郊天，故錫以白。"璋所以郊，禮珪以朝，璧以聘。琮以發兵，瑛以發衆，璋以徵召。《詩》"斯干"，毛傳曰："裳，下之飾。璋，臣之職。"故《顧命》"王受瑁，臣秉璋"。械樸言賢人衆多，奉璋者皆髦士也。王肅謂群臣從王行禮之所奉，杜預亦謂臣爲君使執璋，康成以璋瓚當之。則惟用之於祼矣。禮天用蒼璧不以璋，赤璋禮南方不以白。何休謂璋以郊，其色白者，蓋群臣奉以行禮，不徒用之於祼也。段氏《雜俎》曰："安平用璧，興事用圭，成功用璋，邊戎用珩，戰鬬用璩，城圍用環，灾亂用雋，大旱用龍，大喪用琮。"愚謂：發兵用琥，禱旱用龍，祠廟用瑒。【瑒即鬯圭，所謂祼圭尺二寸，有瓚。】節行用珩，引陞用瑗。【上下除陛，從官扶輦。瑗，大孔璧，奉以引之，防傾覆也。】聘人用珪，召人用環，絕人用玦，穀圭聘女，親迎加琮。【親迎，諸侯以履二兩加琮，曰："某國寡小君，使寡人奉不珍之琮、不珍之履。"大夫、士、庶人以履二兩加束脩，曰："某之父、某之師友，使某執不珍之履、不珍之束脩。"】或曰："古之璋，猶今之笏。"故天子搢珽，群臣奉璋。

〔典命〕諸侯適子誓於天子攝其君下其君禮一等未誓以皮帛繼子男

《春秋》桓九年冬，曹伯使其世子射姑來朝。十年春，曹伯終生卒。蓋世子冬朝而曹伯春卒。故知曹伯有疾，使其世子來朝。《春秋》志之，以爲合於禮。《公羊》謂譏父老子代，而依違其說，未知在曹在齊。在齊者，世子光代父出會；在曹者，世子射姑代父來朝。《穀梁》謂曹使世子伉諸侯之禮，則失在曹。魯以待人父之道待人之子，則失在魯。獨《左氏》以爲，曹太子來朝，賓之以上卿，禮也。《典命職》："凡諸侯之適子，誓於天子，攝其君，則下其君之禮一等；未誓，則以皮帛繼子男。"而周制：大國之卿，當小國之君。曹世子未誓，故待以上卿，皮帛繼子男之禮。何休《膏肓》謂左氏以人子安處父位，尤非衰世救失之宜，於義爲短。康成《箋》云："必如所言，父有老耄罷病，孰當理其政預王事也。"藐寬亦云："誓於天子，下君一等；未誓，繼子男，皆降下其君，非安居父位。"然則，攝者，攝行其事不居其位也，吉凶皆然。父有癈疾不勝喪，則適孫承重爲攝主，不得以父在爲辭。吉禮可攝，則凶禮獨不可攝乎？《鄭志》趙商問謂父有癈疾不立，而立適孫，父在而爲其祖服，非世子，乃諸侯也。故康成答以"天子諸侯之喪皆斬，衰無期"。宋孝宗崩，光宗病不能執喪，寧宗嗣服。已大祥，議者欲持禫兩月。監察禦史胡紘議曰："孫爲祖服，已過期矣。議者欲更持禫兩月，是何禮也？若謂嫡孫承重，則太上聖躬康復，自於宮中服三年喪。而陛下又行之，是喪有二孤，不可。"是時，朱子獨以爲非，而未有以折之。及檢《喪服傳》，得《疏》所引《鄭志》，大喜，以爲有疑，父在不當承重者。時無明白證驗，今得《鄭志》，方見父在而承國於祖之服，乃始無疑。嚮使無鄭康成，則此事終無斷決。而知學之不講，其害如此。愚謂：議者不行三年，而持禫兩月，固非禮矣。天子絕期而爲其祖期，吾不知是何代之禮也。且古未有父在而子受國者，故曰攝。寧宗既受國矣，居其位不行其禮，可乎哉？春秋晉景公有疾，立太子州蒲以爲君，而會諸侯伐鄭。父在而子居父位，經書晉侯以惡之。故攝者不居其位也。魯隱公元年，不書即位，攝乎？非乎？曰非也。吾聞貴妾攝妻，【禮有"攝女君"。】適子攝父，未聞臣攝君。周公非攝乎？曰非也。君薨，百官總己以聽冢宰。武王崩，周公位冢宰，正百工，何攝之有？坐明堂，朝諸侯，是賊莽假之以盜漢也。楚昭王出奔，子西攝王，保於脾洩，以靖國人。由於責之凜凜，若秋霜焉。吾故曰："臣不攝君。"攝者，攝行其事。事之大者，喪也、祭也。《曲禮》"老而傳"，傳謂傳重喪，祭子爲主，而父不與。故七十處於內，不居廬。八十齊喪之事弗及也。寧宗受重而不服重，身登大寶而委重於親，失之甚矣。父在爲祖斬，非喪有二孤歟？曰："喪有無後，無無主。"孝宗崩，光宗病不能執喪，喪無主矣。宗不爲之主而誰主乎？無二孤者，無二主也。胡紘不學，焉知禮。禮有宗子之父，父在而稱宗子，則爲祖斬，何疑？《春秋》僖公二十有八年，踐土之會，衛侯出奔，母弟叔武攝位，受盟，從公侯在喪之例。《書》曰："衛子猶葵邱之會。"宋襄在喪，而書宋子也。其載書曰："晉重、魯申、衛武，與晉魯同名，儼然人君矣。"然則，弟可攝兄歟？曰否。宋背殯爲不子，衛立君爲不臣。臣不攝君，禮有攝主何也？曰："祭有主，主有位，王不與祭。大宗攝位謂之攝主。"《管子》曰："祭之時，上賢者也，故君臣掌。君臣掌，則上下均。其亡茲適。上賢者亡，役賢者昌。"掌，猶攝也，言臣行君事。惟祭則然，其他不攝也。苟非祭而亦攝焉，名爲上賢適足以亡而已。禮：賤不攝貴，故士不攝大夫，而況臣與君乎？周厲王流彘，周、召二相行政，號曰共和。《呂氏春秋》乃謂："厲王之難，天子曠絕，共伯和修其行，好賢仁而海內皆來。"《竹書紀年》遂謂："共伯和，攝行天子事。"妄矣。自古豈有攝天子哉！子代父曰義也，臣代君曰篡也，管氏之論篤矣乎？

〔司服〕王祀昊天上帝大裘而冕

司服：王祀昊天上帝，則服大裘而冕。祀五帝亦如之。司裘：掌爲大裘，以共王祀天之服。鄭司農云："大裘，黑羔裘服，以祀天，示質。"《鄭志》："大裘之上又有元衣，與裘同色。"《隋志》："大裘冕無旒，以羔正黑者爲之，取同色繒爲領袖，其裳以纁而無章飾。"唐罷而宋復之，陸佃以爲大裘與衮同冕。古者，裘上必有衣，王服大裘以衮襲之。冬至祀天，中裘表衮。夏至祀地，服衮去裘。以順時序，何洵直以爲節。服氏有衮冕，有裘冕，是各異。冕無同冕，兼服之。《理記》曰："大裘不禓，故露質見素不爲表襮，何必假他衣以藩飾之。"佃又以爲，覆之曰襲，露之曰裼。大裘不裼，非襲而何？愚謂：裘之裼也，見美也。見則美在外。服之襲也，充美也。充則美在中。裘質衮文，中裘表衮，是美在外也。謂之襲可乎？《玉藻》："惟君有黼裘以誓省，大裘非古也。"王肅增損《郊特牲》之文托爲《家語》，乃云："天子大裘以黼之。"又自注曰："大裘爲黼文則合。"大裘與黼裘爲一矣。又云："被裘象天，既至泰壇，王脱裘服衮以臨燔柴。"其説不知何據？脱裘服衮，以衮襲裘，兩俱無據，孰者爲優？熊氏云："六冕皆有裘，君用純狐青，大夫士雜以豹褎，諸侯朝服緇衣。羔裘不用狐青也，狐青乃冕服之裘。"劉氏云："凡六冕之裘，皆黑羔裘也。"《論語注》："緇衣羔裘，祭於君之服。"【卿大夫以朝服助君祭。】是祭服用羔裘矣。然則，五冕不言裘，省文。黼裘以誓。省者，聽誓命，省牲鑊也。【誓在祭前十日，省在祭前一日之夕。】黼如斧形，刃白而身黑。康成謂："以羔與狐白雜爲黼文。"蓋大裘之次。天子黼裘以聽誓，省牲。大裘以祀天、享帝焉。《玉藻》："君衣狐白。"《管子》曰："狐白應陰陽之變，六月而一見。"蓋物之難得者。故君衣狐白，臣衣狐青，士不衣狐。白物以難得者爲貴也。犬羊之裘不裼，非以其賤乎？祀天尚誠貴質，而服賤者之裘。愚所未通，以俟達者。《荀子》曰"天子山冕"，又曰"大路之素，郊之麻冕，一也"。山冕謂山龍，郊乘素車，服麻冕，則大裘不被衮明矣。【《白虎通》曰："天子狐白，諸侯狐黄，大夫蒼，士羔裘，别尊卑也。"魏秦静議曰："麻冕者，素冕麻不加采色。"漢祭天，乘殷路，謂之桑根車。周乘玉路，非素也。《荀子》不見《周官》。】

五冕

《司服》五冕：衮爲龍，鷩爲雉，毳爲虎蜼，希爲粉米，元①無文，裳刺黻，

---

① "元"應爲"衣"之誤。《司服》"玄冕"鄭注："玄者，衣無文；裳刺黻而已。"

鄭說也。唐楊烱述其說而爲之議曰：龍變無方，象先王之德，享先王服之。雉被五采，表先公之賢，享先公服之。毳祀四望，嶽瀆之神也。虎蜼山林之獸，所以象其物。希祭社稷，土穀之神也。粉米由之而成，所以象其功。小祀百神，不可徧擬，惟取黼之相背異名而已，鄭義也。希冕刺而不繡，故曰希。希當作黹，假借作希，蓋黻冕也。《詩》曰"玄衮及黼"，《箋》云"黼黻謂絺衣"，《秦風》謂之黻衣。《爾雅》"衮，黻也"，《注》云"衮有黻文"。故黻衣，一名黻冕。黻亦作紱。顏師古曰："畫爲亞衣。"亞，古弗字。於文，亞爲撟弗狀，似兩已。古之尊彝禮器，皆作亞形。晉以黻冕命士會。說者以爲蔽郤，失之。孔安國謂衮龍黼黻，天子諸侯服之。粉米藻火，大夫服之。士藻火而已。孔穎達謂衣則尊者在上，故首衮龍。裳則尊者在下，故先黼黻。古有是說，馬融亦云。蓋衣在上爲陽，陽統於上，故所尊在前。裳在下爲陰，陰統於下，故所重在後。《詩》"玄衮及黼"，《书》"麻冕黼裳"，是裳先黼黻矣。此說近是，然以宗彝繪在尊，則毳冕又何物？先鄭以毳爲罽衣，或非無據也。宋禮局官宇文粹中議曰："有虞氏服韍，夏后氏山，殷火，周龍章。"韍者，乃黼冕，非蔽郤之芾也。愚謂：黻者黑與青，而芾色皆赤，以淺深爲尊卑。天子純朱，諸侯黃朱，大夫赤而已。安得以芾爲黻乎？《明堂位注》云韍，或作黻。四朝之服，其詳未聞。《論語》"禹美黻冕"，虞也。《荀子》"天子山冕"，夏也。《傳》有"火龍黼黻"，殷也。《禮》有"日月龍章"，周也。且黻與韍異物，韍從韋以韋爲之；黻從黹，紩衣也。則黻非蔽郤，亦明矣。今之蔽郤，古之蔽前。《爾雅》："蔽前謂之襜。"《釋名》曰："跪襜，跪時襜然張也。"江淮之間或謂之袚。袚即芾字，見《說文》。【古文從巿，篆文從友。】芾與韍，一字兩形。韍與韠，一物兩名。黻與韍，異物同聲。《詩》之毳衣，即《禮》之毳冕。青如綟，赤如䄖。《釋名》："毳，芮也。畫藻文於衣，如水草之芮。"豈其然乎？《說文》以毳爲罽，色如虋，故謂之䄖虋，禾之赤苗。然則，罽也者，毳衣也。或赤或青，五色備。秦去韍而佩綬，故《蒼頡》篇以韍爲綬，非古也。古者革帶以佩韍。《廣雅》云："韍謂之韠。"而《五經異義》曰韍者，大帶之飾，非韠也。蓋芾從巾，象連帶之形。故《玉藻》曰"紳韠"，《晉語》曰"韠帶"，異義之說，誤矣。【《說苑·修文篇》曰："士服黻，大夫黼，諸侯火，天子山龍。"諸儒異說，存以備考。】

王爲公卿錫衰諸侯緦衰大夫士疑衰首服皆弁絰

　　司服：王爲公卿錫衰，爲諸侯緦衰，爲大夫士疑衰，首弁絰。案：西漢帝師褒成君孔霸薨，元帝素服臨吊者再。至東漢建武中，凡大臣薨，素服臨之。永平初，太常桓榮病，顯宗臨幸，入街下車。及卒，變服臨喪送葬。東海恭王薨，發哀而已，制服無聞焉。晉咸寧二年詔：大臣薨，三朝發哀，一月不舉樂。一朝發哀，三日不舉樂。亦未聞爲之服也。東晉賀循議曰："《雜記》，君於卿大夫之喪，比葬不食肉，比卒哭不舉樂。古者君臣義重，雖以至尊降而無服，三月之內猶錫衰以居，不接吉事。"愚謂：君爲臣服錫衰以居，出亦如之。素弁加絰，同姓以麻，異姓以葛。漢舊儀：丞相有疾，皇帝親問，從西門入。即薨，移居第中，車駕往弔。帝師鄧弘卒，安帝服緦麻幸其第，此君爲臣服，猶古之錫衰緦衰歟？然弘太后兄，太后服齊衰，故子從母服，非礼也。春秋，知悼子卒，平公飲酒，則君不服臣久矣。禮：大夫卒，闕一時之祭。祭猶闕之，何況飲酒？既不飲酒，焉可作樂？禮：小功至不絕樂，則股肱之痛甚於小功，旁尊皆報，至尊不報，故臣爲君斬，君爲臣無服。無服者，無報服也。孰謂君不服臣乎？《小記》："君弔，必皮弁錫衰。【未當事也，當事乃弁絰。】主人未喪服，則君亦不錫衰。主人服，君乃服也。"禮：君不撫僕妾。而士之喪，君若有賜，則視斂。斂卒，君坐撫當心。士雖微，亦不以僕妾視之矣。魯隱公元年，公子益師卒。小斂，公不與。《春秋》非之，故不書日。君不服臣蓋始於此。【《大記》①曰："君於大夫、世婦，大斂焉。爲之賜，則小斂焉。"熊氏曰："卿則小斂焉。爲之賜，則未襲而往。"孔疏曰："柳莊非卿，衛君未襲而往，急弔賢也。"然則，公子益師魯之卿歟？】

玄端素端

禮服：正幅爲端，朝祭之衣，端正無殺。康成謂士服則然，大夫以上侈袂，其服遂不復端乎？非也。袂屬於服，袂之侈何害於服之端？且端不徒言服，兼言冠。其冠冕，則曰端冕。其冠委貌，則曰委端，亦曰端委。【《穀梁》"委端搢笏"，《左傳》"弁冕端委"，《周語》"端委以入"。】其冠章甫，則曰端章甫。其服端，其冠元，則曰冠端而襲。《玉藻》："天子元端朝日，諸侯元端以祭。"皆元冕也。章甫、委貌，皆元冠也。元冕、元冠，同曰元端。則元端所包者廣矣。服虔以爲端委者，衣尚褒長。其長委地，故曰委。杜預因之，亦云端委禮衣，而不言冠。蓋以齊桓委端、晉文端委，皆大國之侯，疑非委貌，故異其語。《晉語》"委笄"，章昭曰："委，委貌。"一説委，冠卷。秦人曰委，則端委，非委貌也。然端委即元端，委貌即元冠。天子亦服之，況諸侯乎？康成云："四命以上，齊祭異冠。"孔疏謂齊祭異冠，自祭其廟，若助祭於人。則《鄭志》答趙商所謂"大夫冕、士弁而祭於公"，齊時服之，祭清服之，則又齊祭同冠矣。然士助祭爵弁，其齊元端，安在其爲同也？且所謂異冠者，締

---

① 即《禮記·喪服大記》。

冕祭，元冕齊。元冕祭，元冠齊。爵弁祭，亦元冠齊。以爵弁非齊服，故與元冕祭者同服元冠。惟殊其組纓之色耳。推而至於天子，雖裘冕祭、袞冕祭亦元冕齊。故曰元冕齊，戒鬼神陰陽也。又曰齊之元也，以陰幽思也。鬼神陰幽，故衣冠陰色，所以交接鬼神，表其如見所祭者之心。祀大神、祭大祇、享大鬼皆然，故齊則君臣同服。《司服職》云其齊服有元端、素端，自天子達於士，一也。素冠、素衣爲素端，其制如元端而素。毛傳謂"練冠"，鄭箋謂"既祥之冠"。愚謂："練祥之齊冠。"説者謂"練冠以布，素乃白練，則素非練冠"。失之矣。周人弁而葬，殷人冔而葬，與神交之道也。有敬心焉。接神之道，不可以純凶，變服而葬，故亦變服而齊。則練祥二祭，齊服素端，又何疑乎？天子練祥之事，大祝掌之。元端則爵韠，素端則素韠。熊氏、皇氏謂諸侯已下皆元端齊，而以爵韋爲韠，同士禮，天子亦如之。練祥之齊，服素端素韠，或曰練無韠，祥有韠。【葬則素冠而加葛絰，練則首絰除矣。素衣而要葛絰練。筮日、筮尸，皆在三日齊之前也。《少牢》"旬有一日，筮日"；《特牲》"前期三日，筮尸"。】削幅爲素服，正幅爲素端。

〔守祧〕廟祧

《祭法》："遠廟爲祧，有二祧。"康成曰："天子遷廟之主，藏於二祧。"《聘禮》："不腆先君之祧。"謂始祖也。案：禮冠於廟。《春秋·襄九年傳》曰："君冠，以先君之祧處之。"如康成説，則魯之周公、衛之康叔，乃得稱先君之祧。是時，公會晉侯，反及衛，曷爲不冠於康叔之廟而冠於成公之廟乎？服虔以成公爲衛之曾祖，曾祖即云祧，則祧非始祖廟矣。《昭元年傳》："楚公子圍聘於鄭，且聘於公孫段氏。"公孫段者，穆公之孫，子豐之子，其家惟有禰廟，而《傳》云"豐氏之祧"，則禰廟亦稱祧也。《春官·守祧》：先王先公之廟，皆曰祧。然則，遠廟爲祧之説，非乎？三昭三穆與太祖廟而七，則文武列於昭穆也。及遠而親盡，當遷。獨文武以功德不毀，故後世謂之二祧。因是有遠廟爲祧之説。魯之世室，魯公、武公象周之文武。而武公之廟，立於成公六年，則知文武二祧之名，必起於東遷之後矣。享人鬼曰先妣、先祖，立廟祧曰先王、先公。而先妣不聞有廟，則姜嫄無廟也。無廟而爲壇祭之，蓋高禖也。殷祠娀簡，周享姜嫄，曰高禖神之也。曰先妣，尊之也。以爲我祖之母，周之所自出，故《魯頌》因后稷而推本姜嫄。説者遂以閟宮爲姜嫄之廟，妄矣。周無先妣之廟，魯安得有姜嫄之廟哉！孟仲子曰禖宮，亦非也。高禖有壇，不聞有廟。守祧奄八人者，每廟一人，又一人爲長。女祧，每廟二人者，廟各以其妃配。魏景初元年，有司請於太祖廟左爲文帝昭祧，右擬明帝穆祧。帝方在位，預立二祧，君子是以知魏之將亡也。

廟則有司修除祧則守祧黝堊

廟祧黝堊，守祧掌之。其廟修除，職在有司。穀梁子曰："禮，天子、諸侯黝堊，大夫倉，士黈。"徐邈曰："黝，黑柱也。堊，白壁也。"《爾雅》："地黝而牆堊。"①青邱之山，其陰多鸌，黝屬也。東萊用蛤，謂之叉灰，堊屬也。不獨飾牆與地，兼以飾楹。魯莊丹楹，《春秋》書而非之。則廟飾不以丹也。朱門洞啓，當陽之色。鬼神尚幽，故宜黝堊。或曰"修除謂坲糞"，非也。《士喪禮》記所謂"朔月，執帚垂末，內鬣，舉席坲室"，童子爲之，其事近褻。故坲除糞灑，隸僕之事，似非修除。修除者，除陳而新之。《詩》曰："新廟奕奕，奚斯所作。"《箋》云："修舊曰新，……奚斯作者，教護屬功課章程也。"是爲修除。公子奚斯，大夫也，爲修除之。有司則守祧，奄人不得主其事，可知矣。文十三年，世室屋壞久不修也，極稱之，志不敬也。然則，修除大禮，宗伯主之。奄人陰類也，故爲主黝堊而已。或言祧，或言廟，猶或言宮，或言室。壞廟之道，易檐改塗，塗者黝堊，易者修除也。何休曰："易其西北角，示昭穆相繼，代有所改更。"【何休所謂"西北角"者，即《喪大記》所謂"廟之西北厞薪"。禮：取其廟室筐以爲死者炊沐。】案：《山海經》"堊"非一色，黃白青黑。故范氏注《穀梁》"黝""堊"，皆黑也。《韓非子》曰："殷人四壁堊墀。"

既祭藏其隋與其服

《守祧職》："既祭，藏其隋"。案：隋，《說文》作陊，一作墮。《戰國策》曰"墮飯"，趙孝成王方饋，不墮飯是也。飯以手，謂放飲於器曰墮。《春秋傳》曰"墮幣"，楚有宗祧之事，將墮幣焉是也。祭用幣謂奠幣，於神曰墮。《士虞禮》曰"墮祭"，墮之爲言下也，猶放飯於器也。墮之爲言輸也，猶奠幣於神也。其音近綏。《曾子問》《士虞記》《少牢饋食》皆作綏。因綏爲挼，因墮爲隋，轉相假借，失其本義，當定作陊。康成謂"守祧之陊"，即《士虞禮》之苴，非也。祭於苴者謂之饗，《士虞記》所謂"饗祭于苴"。《特牲》《少牢》不言者，省文。蓋祭必有饗，饗必有苴。《士虞記》備載饗辭，而《特牲》饗在迎尸之後，說者遂以饗神爲饗尸，誤矣。尸與主人、主婦之祭，祝命之。佐食助之者，謂之陊。陊者，神饗之後，尸祭神餘。尸飽之後，主人、主婦又祭尸餘，皆祭於豆間及地，不於苴也。而主人陊祭，則當受嘏之時。孔疏云："將受福，先陊祭。佐食既受陊祭，遂搏黍授

---

① 語出《爾雅·釋宮》，原文爲："地謂之黝，牆謂之堊。"

祝，祝授尸，尸執以親嘏主人。主人受而詩懷之，出而寫嗇於房，祝以籩受。"《少牢》則尸命祝嘏主人。尸不親，天子受嘏之禮，見於《詩》。《詩》曰"公尸嘉告"，嘉告者，告以善言，謂嘏辭也。然則，藏其隉，蓋嘏辭歟？隉爲嘏設，不嘏亦不隉。故言隉則嘏可知也。及周衰，而嘏辭藏於巫史之家，則其禮亦廢矣。一説，大祝隉釁在逆牲前，牲猶未殺，非薦血也。灌鬯求神，謂之釁鬯。既灌，然後迎牲。然則，隉者灌也，灌於茅，象神歆之，是爲苴茅。先鄭云"隉神前沃灌器名"，近之矣。一説，隉當作綏，《周頌》載見。諸侯助祭之詩，曰："綏以多福，俾緝熙於純嘏。"《箋》云："純，大也。天子受福曰大嘏。"則所謂綏者，非綏祭而何？綏與受嘏，其事相連。頌言綏者不一，而隉無聞焉。竊意隉者，皇尸祭神之目。而綏者，孝孫受嘏之名。《白虎通》曰："坐尸而食之，毀損其饌，欣然若親之飽。"故尸祭謂之隉，隉者，毀也。凡幣以禮神，灌以降神，皆曰隉。綏者，安也。《曾子問》"攝主不嘏"，故不綏。《士虞記》"喪主不嘏"，故亦不綏。蓋攝非正喪，非吉，皆不受福。不受福，故皆不綏。然則，受福謂之綏也。【《詩》曰："以綏後禄。"又曰："綏我眉壽。"言綏者不一，皆受福之辭。】《少牢》："主婦綏祭如主人之禮，不嘏。"《注》云："不嘏者，夫婦一體，主人受福，主婦亦與焉。"且祭禮：『尸無不墮。』主有不綏，則墮爲尸祭，綏爲主人受福之祭，明矣。【《士虞禮》"尸祭爲墮"，《少牢》"主祭爲綏"，《有司徹》"主祭亦爲綏"，曰其綏祭其嘏。】如前説，則藏其墮者謂嘏辭。【古文假借，墮與綏通。】蓋既祭則藏於桃，守桃掌之。《禮運》所謂"祝嘏辭説藏於宗祝巫史，非禮也"。如後説，則藏其墮者謂苴茅。蓋既祭則藏於館，司巫共之，守桃藏之，以依神也。黍稷肺脊，不可久藏。鄭説失之。祝以孝告，謂祝通孝孫語於先祖。嘏以慈告，謂嘏傳先祖語於孝孫。則祝輕而嘏重。藏其墮，舉重者而言其實，祝嘏辭説皆藏之也。周公祝册，納於金縢之匱【鄭注云："凡藏秘書藏之以匱，必以金緘其表。"】則嘏辭可知。蓋藏之，無故不啟。《漢儀注》："祭天地、五時，皇帝不自行祠還致福，謂之受釐。"釐，《説文》作禧，言受神之福也。受福之釐，猶受嘏之綏歟？【文帝詔曰："吾聞祠官祝釐，皆歸福於朕躬，不爲百姓。"漢之祝釐，即周之祝嘏也。】司巫蒩館，館或作飽。飽，古文包字。《天文訓》曰："酉者，飽也。任包，大也。"《説文》"包象裹妊"，故曰"任包"。然則，蒩飽者，謂"以茅包墮祭而藏之也"。兩説皆通，前説爲允。有司徹，司宫掃祭。《注》云："掃豆間之祭。"崔説埋之西階東。明黍稷肺脊。既祭掃而埋之，不藏也。【墮與膬同，藏非豆間之祭。鄭注《曲禮》綏讀爲妥，音湯果反。《説文》"墮"，音徒果切。綏與墮以音近而通，當從綏爲正。】《鶡冠子》曰："增規不圓，益矩不方。墠以全犧，正以齊明。傳之子孫可持可將以爲神享。禮靈之符藏之宗廟，以璽正諸。"所謂"藏其墮者"，蓋如此。其嘏辭之意，《詩》曰："卜爾百福，如幾如式。既齊既稷，既匡既勑。永錫爾極，時萬時億。"幾猶期也，式猶法也。言高曾規矩，不增不益，可持可將也。齊猶齋也，稷猶疾也，所謂"墂以全犧正以齊明也"。匡猶正也，言正之以璽也。勑猶符也，所謂"神享禮靈之符也。長賜女以中和之福，而藏之宗廟，億萬年享天之休"。此非天子嘏辭之存者歟？

《司服》："卿大夫之服元冕，士之服皮弁。"① 春秋崔杼，齊卿也，莊公以其冠賜人。劉炫云："崔子之冠，元冕也。"孔穎達曰："非也。"《禮運》"冕弁、兵革不藏私家"，則冕在公府，非助君祭不得服之。愚謂：冕弁藏於私家，猶祝嘏辭說藏於宗祝巫史，皆非禮也。故祝嘏之辭與冕弁之服皆藏於廟。將祭則出之，既祭則藏之。守祧所謂"藏其墮與其服也"。墮者，墮祭之嘏辭。則服者，祭服之冕弁矣。祖宗之遺衣爲重，子孫之祭服爲輕。先其重者，首列遺衣。後其輕者，末言祭服。兩之也，非一之也。或云其服即遺衣，誤矣。祭服視其尸，先王之尸袞冕，先公之尸鷩冕，故祭服亦如之。孫爲祖屈，不敢以袞冕祭先公。尸衣其衣，子孫亦服其服而助祭，群臣則各服其上服焉，司服掌之。凡大祭祀，共其衣而奉之。穀梁子曰："衣服不修，不可以祭。大夫士助祭之服，受之於君。"《月令》"收繭稅"以共造云。

〔冢人〕以爵等爲樹數

冢人掌公墓，以爵等爲樹數。許叔重云："天子樹松，諸侯樹柏，大夫欒，士楊。"欒木似欄。欄，桂類。《春秋緯》所謂"藥草也"。《王制》"庶人不封不樹"，墓大夫掌國民之墓，亦無封樹之文。而《春秋緯》則云："庶人無墳，樹以楊柳，蓋起於近世。古者生無爵，死無墳，故不封者亦不樹也。"

踵墓域

將冢人掌公墓之地，正墓位，踵墓域。凡諸侯及諸臣葬於墓者，爲之踵。則踵通上下之名。齊崔氏側莊公於北郭葬諸士孫之里，四翣不踵。案：禮，大夫四翣，葬以大夫，冢人當爲之踵。四翣而不踵，則非大夫之葬禮也。側者，不殯之名。死

---

① 語出《司服》，原文爲："公之服，自袞冕而下，如王之服；侯伯之服，自鷩冕而下，如公之服；子男之服，自毳冕而下，如侯伯之服；孤之服，自希冕而下，如子男之服；卿大夫之服，自玄冕而下，如孤之服。其凶服，加以大功、小功。士之服，自皮弁而下，如大夫之服。"

於兵者不入兆域，謂投之域外。里名士孫，乃墓中之室，墓大夫之所居，萬民之葬地。則是葬諸邦墓而非公墓，不但投之域外矣。蹕者止行人，又曰辟。辟者，辟行人。王燕出入，士師辟；邦有賓客，訝士辟；三公有邦事，鄉士辟；六卿有邦事，遂士辟；大夫有邦事，縣士辟。辟者身爲前驅，宮中有事隸僕蹕；邦有大事遂士蹕；諸侯爲賓，士師蹕；喪祭賓軍，鄉士蹕；賓客居館，訝士蹕。蹕者，帥其屬夾道。鄭司農謂"若今衛士填街蹕也"。【填街，一作填衛。應邵《漢官儀》曰："鹵簿五營校尉在前，名曰填衛。"】然內豎爲王后之喪蹕，又爲內人蹕。內人，六宮之人，則蹕之名通上下矣。至秦，天子出入稱警蹕，諸侯出入稱課促，惟至尊乃蹕也。古者，王門蹕，郊兆蹕，山林蹕。古文蹕爲避，杜子春云："避當爲辟，謂辟除奸人。"則蹕與辟名異而實同。朝士之辟也，帥其屬以鞭呼且趨，條狼氏亦如之。【公墓，《春秋》謂之公氏。魯葬昭公，季孫使役如闞公氏，將溝焉。闞者，公墓之地。氏猶家，言死者以墓爲家。溝者，兆域也，溝而絕之爲域外，溝而合之爲域內。】

〔大司樂〕三大祭還宮無商

圜丘之樂，圜鐘爲宮，黃鐘爲角，太簇爲徵，姑洗爲羽。方丘之樂，函鐘爲宮，太簇爲角，姑洗爲徵，南呂爲羽。宗廟之樂，黃鐘爲宮，大呂爲角，太簇爲徵，應鐘爲羽。《注》以圜鐘爲夾鐘，函鐘爲林鐘，而十二律配十二辰。夾鐘生於房、心之氣，天帝之明堂，爲天宮。林鐘生於未之氣，未坤之位。而天社、地神，在東井輿鬼之外，爲地宮。黃鐘生於虛危之氣。虛危，宗廟也，爲人宮。又以律呂相生之次，卑者不用，尊者避之。後生先用，先生後用，則上下損益相生之古法亂矣。又謂"祭尚柔"，商，堅剛也，故樂無商。五味調謂之和，五采備謂之綉，五聲和謂之樂。五聲無商，猶五味無辛、五采無白也。無辛，則五味不調，未可謂之和。無白，則五采不備，未可謂之綉。無商，則五聲不和，未可謂之樂也。說者謂"鬼神惡商"，如其說，則天神地示皆惡商矣。而天有四時，地有五行，是將使四時無秋，五行無金而後可也。有是理哉！唐趙慎言謂："三大祭無商，商音金也。周木德，金尅木，故去之。唐土王請加商調，去角調。"又云："聲無定性，音無常主。剛柔之體實由其人，人和則音和，人怒則聲怒。"以破商聲堅剛之說，是則然矣。而木德去商，土德去角，豈其然也？水德去宮可乎？宋紹興中，有司議以爲天宮取律之相次，圜鐘陰聲第五，陰將極而陽生，故取陽聲之首黃鐘爲角，陽聲第二太簇爲徵，陽聲第三姑洗爲羽。天道有自然之秩序，故取其相次者以爲聲。地宮取律之相生，函鐘上生太簇爲角，太簇下生南呂爲羽，南呂上生姑洗爲徵。【宮生徵，徵生商，商生羽，羽生角，此古法也。宮生角，角生羽，羽生徵，或未之前聞。】地道資生而不窮，故取其相生者以爲聲。人宮取律之相合，黃鐘子爲宮，大呂丑爲角，子合丑也。太簇寅爲徵，應鐘亥爲羽，寅合亥也。人道以合而相親，故取其相合者以爲聲。其説似近理，然顛倒四音，尤拂於經。五聲六律還相爲宮，三大祭之樂古還宮法也。天宮黃鐘爲角者，【夷則之宮，黃鐘爲角。】夷則之上宮聲。清爲上，以清角爲宮，故曰上宮。《周語》武王伐殷，二月癸亥夜，陳未畢而雨，以夷則之上宮畢之，故長夷則之上宮，名之曰羽。羽生角，【夷則之宮，仲呂爲羽，仲呂生黃鐘。】故推本其所生而名之。羽者，雨也。《易林》曰："羽動角，甘雨續，草木茂，年歲熟。"蓋取諸此。太簇爲徵者，【林鐘爲宮，太簇爲徵，姑洗爲羽。】林鐘之下宮，聲濁爲下，以下徵爲宮，故曰下宮。《周語》所謂"以太簇之下宮布令於商者也"。【太簇之宮，南呂爲徵，以下徵爲宮，故曰太簇之下宮。】姑洗爲羽者，林鐘之羽。是圜丘六變，三宮四均。圜鐘宮、夷則宮、林鐘宮，是爲三宮。圜鐘以其宮爲均，夷則以其角爲均，林鐘以其徵其羽爲均，是爲四均。方丘八變，宗廟九變，四宮四均，函鐘宮以其宮爲均，無射宮以其角爲均。【無射之宮，太簇爲角。】南呂宮以其徵爲均。【南呂之宮，姑洗爲徵。】黃鐘宮以其羽爲均。【黃鐘之宮，南呂爲羽。】黃鐘宮以其宮爲均，大呂宮以其角爲均。【南呂之宮，大呂爲角。】林鐘宮以其徵爲均。【林鐘之宮，太簇爲徵。】太簇宮以其羽爲均。【太簇之宮，應鐘爲羽。】是爲四宮四均。宮君商臣，以商爲均，君臣易位，革命之象，故商不爲均。非無商也，商不爲均也。均一名調，古者一宮四調。沿及魏晉，三調猶存，曰正宮調，曰清角調，曰下徵調。而羽調亡矣。函鐘一名大林，其聲函胡濁而下。《周語》所謂"黃鐘之下宮也"。《六微旨大論》曰："君位臣則順，臣位君則逆。逆則其害速，順則其害微。故宮可居商位，而商不可居宮位。旋宮獨無商者以此。"《鶡冠子》曰："東方者，萬物立止焉，故調以徵。【角木調以徵火。】南方者，萬方華羽焉，故調以羽。【徵火調以羽水。】西方者，萬物成章焉，故調以商。北方者，萬物錄藏焉，故調以角。【羽水調以角木。】中央者，太一之位，百神仰制焉，故調以宮。"調，猶均也。徵居角位，羽居徵位，角居羽位，更迭爲均，謂之調。惟宮商君臣之位不易其方。古者商不爲均信矣。北方羽而調以角，猶《周語》夷則角而名以羽也。韋注失之。董仲舒曰："風者，木氣也，其音角。雨者，水氣也，其音羽。雨以潤，風以散，角羽調則燥濕平。"

凡建國禁其淫聲過聲凶聲慢聲

《大司樂》："凡建國，禁其淫聲、過聲、凶聲、慢聲。"《詩·鼓鐘》傳曰：

"幽王用樂，不與德比。會諸侯於淮上，鼓其淫樂以示諸侯。賢者爲之憂傷。"《箋》云："爲之憂傷者，嘉樂不野合。今乃淮水之上作先王之樂，失禮尤甚。"王基云所謂"淫樂者，鄭衛桑間濮上，師延所作新聲之屬"。王肅云："凡作樂而非其所，則謂之淫。淫，過也。幽王用樂不與德比，又於淮上，所謂過也。桑間濮上亡國之音，非徒過而已。"孫毓云："四章之義明皆正聲。欽欽，人樂進之善。同音，四縣克諧。爲雅爲南。大德廣及四夷，以爲籥舞，和而不僭，安得謂之淫？"①愚謂：樂則先王之樂也，德非先王之德矣。淑人君子，其德不回。回，邪也。德正則樂正，雖邪者亦正。德邪則樂邪，雖正者亦邪。假令操新聲於虞廷，則群後讓庶尹諧自若也。鼓雅音於亡國而欲挽政散民流，其可得乎？孟子謂"今樂猶古者"以此。曰淫、曰過、曰凶、曰慢，皆邪也。淫者其德侈，過者其德僻，凶者其德暴，慢者其德偷，德貞則聲無淫，德中則聲無過，德吉則聲無凶，德恭則聲無慢。《大司樂》禁之於建國之初，所以正其行而糾其德也。王肅謂"作樂非其所則淫"，失之。苟無回德，雖以《咸池》之樂張於洞庭之野可也。若德之回，則凡祀大神、饗大賓，用之郊、奏之廟，聞者痛心，見者蹙額矣。是故，淮水三洲，鼓鐘笙磬皆先王之樂也。賢者獨以爲淫，其誰曰不可？

〔樂師〕詔來瞽皋舞

樂師：詔來瞽皋舞。《說文》云："氣皋，白之進也，從夲【土刀切。】從白。"禮祝曰皋，登謌曰奏。皋、奏【古奏字。】皆從夲。《周禮》曰："詔來鼓皋舞。"皋，告之也。先鄭謂"詔來瞽"，來，勑也。勑爾瞽，率爾衆工，奏爾悲誦。【讀爲容。】肅肅雍雍，毋怠毋凶。古文勑作來，勑有來音，猶刻有亥音。凶者凶聲，怠者慢聲。大司樂之所禁也。肅肅則敬，故聲無怠。雍雍則和，故聲無凶，蓋逸詩也。又云"瞽當爲鼓""皋當爲告"，則皋讀爲告矣。後鄭謂皋之言號。《漢書》服虔注曰："告，音嘷呼之嘷。"則皋有號、告二音。《左傳》齊人歌曰："魯人之皋，數年不覺，【古孝反。】使我高蹈。"言魯俗舒緩，皋者緩聲而長引之也。喪禮之復望，反諸幽求諸鬼神之道。故北面緩聲長引而招之，曰"皋某復者"以此。案：《詩》"九皋"，皋，當作臯。臯，古澤字，讀若浩。皋從夲，臯從大。《韓詩》云"九臯，九折之澤"，俗作皋，失之。《越絕書》有馬嗥者，吳伐越，道逢大風，車

---

① 語出《毛詩正義》，原文爲：孫毓云："此篇四章之義，明皆正聲之和。'欽欽'，人樂進之善。'同音'，四縣克諧。'以雅以南'，既以其正，且廣所及。……則未知幽王曷爲作先王之樂於淮水之上耳。"

敗馬失，騎士墮死，疋馬啼皐。事見《吳史》。是皐與號古文通也。【《左傳》"豺狼所嗥"，嗥與號通。】

〔小胥〕正樂縣之位王宮縣諸侯軒縣

小胥：正樂縣之位，王宮縣，諸侯軒縣。鄭司農曰："宮縣，象宮室四面有牆，一名牆合。"《周書·大匡篇》曰："維周王宅程三年，遭天之大荒，……樂不牆合。"大荒者，大司樂所謂"大札、大凶、大災、大憂"。不牆合者，令弛縣也。縣如牆合，是爲宮縣。軒縣三面，其形曲，《春秋傳》謂之曲縣。康成謂"去南面以辟王"。何休曰："天子周城，諸侯軒城。"軒城者，缺南面以受過也。春秋城不以制，魯墮三都。墮謂減損之。酈道元曰："叔孫氏墮郈。"今其城無南面，蓋闕之以象軒城矣。說者遂謂南面無城，則不然。《說文》："𢾅，缺也。"古者城闕其南方，謂之𢾅。其形曲，古文曲作凵，象缺之形。然則，宮如口，【《說文》："口，回也，象回帀之形。"】軒如凵也。【古文，曲作凵。】王肅曰："軒縣，曲一面。"吳姚信有昕天說，昕讀爲軒，言天北高南下，若車之軒。《詩》云："如輊如軒。"毛傳："從後視之如輊，從前視之如軒。"《通俗文》云："前重曰輊，後重曰軒。"蓋前重則後輕，後重則前軒。不平曰軒，不周亦曰軒。軥車曲輿，謂車牀曲前，闌與軒同義。衣成則缺衽，宮成則缺隅，謙之義也。軒城、軒縣，蓋所以示謙歟？《唐志》："軒縣去南面，設於辰丑申之位。天子宮縣四面，將射改縣。"《大射儀》不言改者，國君與臣行禮，不具軒縣。東西縣在兩階之外，兩階之間有二建鼓。東近東階，西近西階，又無鐘鼓，不妨射，故不改也。天子辟廱，諸侯泮宮。辟廱者，築土雝水，外圓如璧，其水旋邱以節觀者。天子四面，諸侯三面。泮宮闕其北，軒縣闕其南。

大夫判縣士特縣

小胥職：大夫判縣，士特縣。《曲禮》："大夫無故不徹縣，士無故不徹琴瑟。"熊氏案：《春秋說題辭》："樂無大夫士制。"鄭氏《箴膏肓》從題辭之義。小胥判縣特縣者，大夫士治心及治人之樂也。《特牲》《少牢》，大夫士祭祀無樂；而《鄉飲酒》有工歌，所謂"治人之樂"。而大夫不徹縣，士不徹琴瑟，所謂治心之樂，不可斯須去者，惟疾病乃徹而去之。聲音動人，病者欲靜也。康成謂"去琴瑟者"，不命之士，以爲命士特縣，非徒琴瑟而已。然鄭《詩》"女曰雞鳴"，士也。而曰"琴瑟在禦"，此非侯伯一命之士歟？賈誼曰："大夫特縣，士有琴瑟。"諸侯之大夫，視天子之士，故牲縣。魏絳有金石之樂，僭矣。《左氏》以爲禮，失之。《唐風·山有樞》刺晉昭公，而曰："子有鐘鼓。"明諸侯乃得有鐘鼓也。《鄉飲酒記》曰："磬階間縮霤。"則大夫特縣惟磬而已。程繁曰："諸侯倦於聽治，息於鐘鼓之樂。士大夫倦於聽治，息於竽琴之樂。農夫春耕、夏耘、秋斂、冬藏，息於聆缶之樂。"然則，非諸侯無鐘鼓，信矣。《魯詩傳》曰："天子食日舉樂，諸侯不釋縣，大夫士日琴瑟。"

〔大師〕教六詩風賦比興雅頌

大師教六詩：曰風，曰賦，曰比，曰興，曰雅，曰頌。賦之言鋪也，比之言類也，興之言歆也，風之言發也，【長言之若凡，短言之若發。】雅之言秀也，頌之言容也。分爲六，合爲三，曰風、雅、頌，而賦、比、興在其中矣。天有三時，三時不害王化之基。春三月，是爲發陳，天地俱生，萬物以榮，故風者如春之發也。發乎情性，根乎陰陽，男女歌詠，各言其傷。風之所以爲不逐者，取是以節之也。夏三月，是爲蕃秀，天地氣交，萬物華茂，故雅者如夏之秀也。養長之道，賢賢親親，歌於朝廟，上下歡欣。《小雅》之所以爲《小雅》者，取是而文之也。《大雅》之所以爲《大雅》者，取是而光之也。秋三月，是爲容平，天氣以肅，地氣以明，故《頌》者如秋之容也。百穀登，萬寶成，禮樂作，鬼神歆，肅肅雝雝，毋怠毋凶，《頌》之所以爲至者，取是而通之也。舜歌《南風》，《夏小正》"正月有俊風"。俊者，大也。大風者，南風也。故風莫盛於南。祈年歈幽雅，祭蜡歈幽頌，則《風》兼《雅》《頌》矣。南，其風之始；幽，其風之終乎？物之容狀，至秋而平，故以雅治人，風成乎頌，而樂興焉。武始而北出，再成而滅商，三成而南，四成而南國是疆，五成而分周公左召公右，於是樂有二南。及周東遷，南風不競，天道在西北。而秦有夏聲，繼周之舊。周之舊者，南也。故曰"以雅以南"。則雅亦名南，不獨風矣。雅之變也，與風俱變也。雅之亡也，與風俱亡也。一成而不可變者，其惟頌乎？古文"雅"作"疋"，鄭箋以疋爲萬舞。《文王世子》"胥鼓南"，胥讀爲雅。【即古文"疋"字與"胥"通。】古者舞詩，歌之，鼓之，故曰胥鼓。南言肄雅，則鼓南風也。春誦者誦此，夏弦者弦此。子之武城，聞弦歌之聲。弦歌者亦弦歌此。南夷之樂曰任，古南、任音同，遂以南爲夷樂，非也。正南曰荆州，荆爲楚。南有江漢，江漢，楚之望。說者謂"南風者，楚也"，亦非。季札觀樂而知周之興，師曠歌風而知周之廢。或曰："天文，周楚同野，故同風。"【《左傳》："歲棄其次，以害鳥帑，周楚惡之。"①】鳥帑者，鶉尾也。則周楚同野矣。鶉首秦，

---

① 語出《左傳·襄公二十八年》，原文爲："歲棄其次，而旅於明年之次，以害鳥帑，周楚惡之。"

鶉火周，鶉尾楚，皆在南，故秦有夏聲。夏，猶南也，皆言大也。】

執司律以聽軍聲詔吉凶

雷出地奮，豫；地中有水，師。先王作樂以象出地之雷，造律以法地中之水。水者，萬物之準也，其色素，其味淡。準爲五量之宗，素爲五色之質，淡爲五味之中，故律由此生，樂由此作。得意愷歌以示喜，偃伯靈臺以示休，《豫》之義也。《豫》順以動，故利行師。師克在和，故由《豫》者大有得。將驕必敗，故鳴《豫》者，志窮凶。天下既平，天子大愷，故曰："志大行也。"師出以律，失律者凶。王者制事立法，物度軌儀一稟於六律，六律爲萬事根本焉。其於兵械尤所重。望敵知吉凶，聞聲効勝負。武王伐紂，吹律聽聲，故名其樂曰《武宿夜》，言武王宿商郊，士卒皆歡娛。夜半持律管至敵壘，大呼有聲來應管，乃五行之符。《太師職》所謂 "執同律以聽軍聲，而詔吉凶者" 蓋以此。若師有功，則大司馬左執律、右秉鉞，以先。愷樂獻於社，左爲陽，陽主生，左執律者德成衡也。右爲陰，陰主殺，右秉鉞者傷成鉞也。一獻於祖，用命者賞之。一獻於社，不用命者戮之。愷猶豫也，振旅之樂歌。説者謂黃帝涿鹿有功，命岐伯作《愷歌》，厲士諷敵。其曲有《靈夔吼①》《雕鶚争》《石墜崖》《壯士怒》之名，出於後世。而漢有短簫鐃歌，名爲鼓吹。其聲惟用正宫調。宋元豐中，以爲其聲害雅樂，欲調治之。或以爲不可，然皆莫知其故。蓋本武王十三年正月，師渡孟津，甲子至於牧野，推律自孟春及季冬，殺氣相並而聲尚宫。故歷代鼓吹惟用宫調，是爲軍聲，可知消息而決勝負，其術亡矣。或云："枹鼓之音爲角，見火光爲徵，金鐵矛戟之音爲商，嘯呼之音爲羽，寂寞無聞爲宫，角聲當以白虎，徵聲當以元武，商聲當以朱雀，羽聲當以勾陳，宫聲當以青龍，所謂五行之符也。"

---

① 《宋史》卷一百四十作《靈夔兢》。

禮説卷八

東吴　半農　惠士奇

春官三

〔瞽矇〕世奠繫鼓琴瑟

小史奠繫世，辨昭穆。瞽矇，世奠繫，鼓琴瑟。【故《書》，奠或爲帝，杜子春讀爲定。其字爲奠，《書》亦或爲奠。】杜子春謂奠，猶定也。小史主次序先王之世、昭穆之繫。康成謂"世之而定其繫，書於世本"。然則，繫者姓也，六世親屬竭矣，繫之以姓，故曰繫世。古有正姓，有庶姓。庶姓六世而别，正姓百世弗殊。《周語》"司商協名姓"，説者謂"司商掌賜族受姓之官"，非也。司商，樂官也。人始生，吹律合之定其姓名。易京君明識音律，君明本姓李，推律自定爲京氏。故繫世必鼓琴瑟以定焉。司商者，大司樂，瞽矇其屬也。協名姓者，同姓合族，異姓主名，故昏禮問名。協，猶合也。《詩》曰："文王初載，天作之合。"聯兄弟也。定世繫者，蓋以協名姓、聯兄弟歟？太師掌同律以合陰陽。陰爲柔，陽爲剛，陰陽合，剛柔分，鼓瑟鼓琴，以播其音。《易林》曰："剛柔相呼，二姓爲家。"此之謂也。殷之德陽，以子爲姓。周之德陰，以姬爲姓。故殷王以男書子，周王以女書姬。姓有陰陽，出於律吕，不鼓琴瑟，焉能定之？《天問》"啟棘賓商"，賓商，樂章名。棘，猶革也，【古棘革。】改定樂章。【古樂皆名商，賓商誤爲賓天①，猶詩商誤爲誅賞，字之誤也。】《荀子》曰："審詩商。"商者，五帝之遺聲。《大招》有楚《勞商》，楚之樂也。故大司樂，一名司商。瞽矇世奠，繫而弦歌諷誦者以此。《墨子》曰："誦詩三百，弦詩三百，歌詩三百，舞詩三百。"《周語》"瞍賦矇誦"，康成謂"諷誦詩"，蓋當作匱②諡時，其作之也。太師帥瞽而廞。

---

① 天，四庫本作"失"。
② 匱當爲柩。《周禮·春官宗伯第三·大司樂》曰："大喪，帥瞽而廞，作柩，諡。"

廞，陳也，興也。陳王之行迹而興起之。於是瞽矇諷誦其治功之詩以爲諡，且定繫世而昭明德焉。故有德者世興，無德者世廢。《楚語》所謂"教之世以休懼其動"者也。《荀子》曰："葬埋，敬藏其形；祭祀，敬祀其神；銘誄繫世，敬傳其名。"銘，謂銘旌。爲銘各以其物，王則太常。誄之言累，累其行而諡成。繫世，古之世本，今之譜牒。傳其名者，繫世乱則名不正。故子爲衛政，必先正名。不曰正而曰奠，奠者定而安之。衛輒有祖無父，繫世之亂甚矣。國之傾危，何時定乎？魯昭二十有二年，景王崩，王子朝與子猛争立。《春秋》書曰："王室亂。"穀梁子曰："亂之爲言，事未有所成。成者定也，言繫世之未定也。"二十有三年，書曰："天王居於狄泉。"書天王則其名正，名正而後繫世定。胡廣曰："宗正：歲一治諸侯世譜，差叙秩第，亦奠之之義。"後周有宗師掌皇族，定世繫，辨昭穆。《魯語》所謂"工史書世，宗祝書昭穆也"。小宗伯掌之。《書》曰："七世之廟，可以觀德。"父子異世曰繼，兄弟同世曰及，祖孫隔世曰詒，非是則不世也。不世則不廟。《春秋》子般卒。公羊子曰："未逾年之君也。有子則廟，無子不廟。"蓋無子則不世也，故不廟。小宗入繼大宗，則世其大宗，不世其小宗。《喪服》疏"衰期不杖"章："爲人後者，爲其父母報。"【古無伯侄、叔侄之名。疏廣疏受、蔡質蔡邕，今之所謂叔侄也，兩漢書皆曰父子。至晉書始有叔侄之名。敗壞禮法者，晉也。謂我父者，我謂之子。謂我姑者，我謂之侄。名安可以不正乎？】報者何也？至尊不報，旁尊皆報。降其父母至尊，而爲世父母、叔父母之旁尊，故曰："世其大宗，不世其小宗。"自天子至於大夫士皆然。故曰："凡周之世不顯亦世。"此之謂世奠繫。若夫姑爲姬耦，子孫蕃阜。嬀育於姜，後世其昌。嬴能敗姬，秦竟滅周。【古音，周讀若朱。】以此定世，百世可知。其術已亡，徒存其説而已。《堪輿經》有五姓之説，陰陽因以五姓協五音，亦未見其合也。世無神瞽，誰知其説乎？

〔鍾師〕九夏

《詩》曰："肆於時夏。"夏，大也。肆，陳也。陳其功，夏而歌之。樂歌之大者稱夏。夏有三：王夏之三，以享宗廟；肆夏之三，以享元侯。分爲三，合爲九。九德之歌，九磬之舞，九夏之奏，一也。杜子春曰："王出入，奏王夏；尸出入，奏肆夏；牲出入，奏昭夏。四方賓來，奏納夏；臣有功，奏章夏；夫人祭，奏齊夏；族人侍，奏族夏；客醉而出，奏祴夏；公出入，奏驁夏。"愚謂：行以肆夏。《爾雅》："堂上謂之行。"王出至堂而肆夏作，則王出入奏肆夏矣。非獨尸出入也。朝聘之賓，入大門而奏肆夏，則四方賓來亦奏之矣。肆夏猶納夏歟？燕禮，賓及庭,奏肆夏。鄉飲酒,賓出,奏陔。則是入奏肆夏,出奏祴夏?陔與祴通,所以示戒也。故其文從示從戒。而鄭司農謂"人君行步以肆夏爲節",若今行禮於太學,罷出,以鼓陔爲節。則肆夏又與祴夏同。《禮器》:"大饗之賓,其出也,肆夏而送之。"則賓出入又皆奏肆夏。如司農説,不必破肆爲陔也。然大夫得奏陔夏,不得奏肆夏。康成曰:"奏陔夏以鐘鼓,天子諸侯備用之,大夫士鼓而已。"肆夏之類有采薺。薺,一作齊,蓋齊夏也。趨以采齊,《爾雅》:"門外謂之趨,王出路門而采齊作。"則是門内奏肆夏,門外奏齊夏。升車亦如之。和鸞中采齊,俗讀齊爲齋。齋不聽樂,金奏何居?失其義矣。杜子春謂"夫人祭,奏齋夏",王齋未聞有樂,夫人安得獨奏哉?《大射儀》"公入驁",公出而言入者,射宫在郊,以將還爲入。燕不驁者,於路寢無出入也。或曰驁,大也。燕不驁而大射驁,大之也。或曰驁,敖也。《射儀》"母幠母敖",或曰登車之樂。驁,駿馬也。死日壬申,乘馬忌之。吉日庚午,差馬以之。奏以出入,亦猶誦訓,詔辟忌歟?《昭夏》,一作《韶夏》。韶者,昭也,牲出入奏之。大饗不入牲,則弗奏也。博碩肥腯,本於民力之普存。君子見郊牛之口傷,而知魯之民力盡矣。五官奉牲,封人歌舞,《昭夏》之奏也。以昭德也,豈徒贊牲而已乎?《納夏》奏而九賓設,《章夏》奏而九功叙,《族夏》奏而九族睦,皆德音也。敬以和,寬而栗,所以表王度之如玉如金。故凡進退周旋,皆視以爲節,而不敢越焉。周之盛也,鐘師奏九夏。及其衰也,祭公作祈招。招者,九招也。【招與磬同。】春秋時,九招存其三,曰:祈、徵、角。【祈招、徵招、角招。】九夏存其三,曰:繁、遏、渠。【孔疏云:"《王夏》者,天子所用。其餘八夏,諸侯皆得用之。其《祴夏》,卿大夫亦得用之。故《鄉飲酒》,客醉而出,奏《陔夏》"。】

〔笙師〕春牘應雅以教祴樂

笙師:春牘、應、雅,以教祴樂。先鄭謂春牘以竹,其端兩空,髹畫,以兩手築地。大五六寸,長七尺。短者一二尺。應中有椎,長六尺五寸。雅狀如漆筲而弇口。鞔以羊韋,有兩紐。疏畫,大二圍,長五尺六寸。後鄭謂牘、應、雅三器在庭,皆春以築地。賓出奏祴,爲之行節,明不失禮。案:《舊唐書》:"春牘虚中,如筲無底,舉以頓地如春杵,亦謂之頓相。"相,助也,以節樂也。或云梁孝王築睢陽城,擊鼓爲下杵之節,名睢陽操,用此。後世代以拍板,長濶如手,厚寸餘。以韋連之,擊以代杵。愚謂:春牘如杵,信矣。然云"起於睢陽",則非。《樂記》"治亂以相",《注》云:"相即拊相者,以韋爲表,裝之以穅。"今齊人或謂穅爲相，故一名相。而舂牘亦有頓相之名。似牘與相爲一物。《白虎通》所謂"拊革著以穅者"，或非頓相也。且拊以會守、相以治亂，《樂記》已分爲兩物矣。又拊名撫拍，以手拍之；牘名頓相，以手築之。拊中實，相中虛，康成合爲一，可乎？賓出奏祴，築之於地，以明醉而不失禮，所謂"治亂以相"也。則相爲舂牘亦明矣。古曰舂相，【《曲禮》："鄰有喪，舂不相。"】漢曰雅舂，【楚元王，傳雅舂於市。】相與雅皆送杵聲，作樂象焉。"牘、應、雅，三器皆曰舂"以此。

〔鎛師〕掌金奏之鼓

鎛師：掌金奏之鼓。許叔重曰："鎛，淳于之屬，所以應鐘磬也。"愚謂：鎛即金錞。錞，錞于也。錞之言敦，鎛之言薄。以薄爲敦，古人好作反語，猶以徂爲存，以亂爲治，以甘爲苦，【甘草，一名大苦。】以故爲今也。《鼓人職》，以晉鼓鼓金奏。又云"以金錞和鼓"，謂擊晉鼓時以金錞和之。鎛師掌金奏之鼓者，晉鼓也。然則，鎛即和鼓之錞，明矣。不然，鎛師何不明言擊鎛，而云掌金奏之鼓乎？金奏謂金錞，金奏之鼓謂金錞所和之晉鼓，鎛師主擊之也。許氏云："堵以二金，樂則擊鎛應之。"謂"奏金而鎛應"，則鎛非即和鼓之錞歟？《周語》："細鈞有鐘無鎛，昭其大也。"《晉語》："鄭納歌鐘二肆及寶鎛。"則鎛非大鐘。戚施不能仰，而使直鎛，則鎛不高縣。金錞圓如筩，甚薄，故一名鎛。以芒筒捋之，其聲極震。隋開皇定樂，有金錞二，四人舁，二人作。宋宣和樂府，就擊於地，然則鎛不高縣也。鎛當作鑮，省作鎛。《爾雅》："大鐘謂之鏞。"《注》云："鏞亦名鎛。"失之。康成謂："鎛如鐘而大。"亦非。或曰鎛亦縣，但不高耳。《舊唐志》曰："錞于圓如碓頭，大上小下，縣以籠牀，芒筵捋之以和鼓。"

凡軍之夜三鼜皆鼓之守鼜亦如之

鼓人：凡軍旅，夜鼓鼜。鎛師：凡軍之夜，三鼜皆鼓之，守鼜亦如之。《司馬法》曰："昏鼓四通爲大鼜。"杜子春云："守鼜一夜三擊。"《春秋傳》所謂"賓將趣者聲相似"。愚謂：趣，一作掫，皆從聚省得義，亦得聲。《說文》："掫者，夜戒守。"故行夜爲干掫。掫，一作諏。服虔曰："干，扞也。諏，謀也。"從言爲聚謀，從手爲聚守，皆取聚義。俗誤爲趨，得其聲失其義矣。沈約《宋志》云："長丈二尺者曰鼜鼓，凡守備及役事，則鼓之。今世謂之下鼜。"古音戚，今音切豉反。然則，讀若刺也，語有輕重，故讀有異同。鼜以蚤爲聲，故又讀爲造次之造，【七報反。】亦與趣音相近。《左傳》"扞掫"，《齊世家》作"爭趣"。趣或讀爲促，又與戚音相近矣。《田竇列傳》："局趣若轅下駒。"應劭曰："局趣，蹙小之貌也。"史傳皆作趣，或作趨，假借字。

〔籥章〕豳詩 不曰豳風

昔者，長琴處搖山，始作樂風。樂之有風，尚矣。然孔子正樂，雅頌得所。關雎之亂，而不言風。季札觀樂，使工爲之歌周南、召南，歌邶、鄘、衛，歌王，歌鄭，歌齊，歌豳，歌秦，歌魏，歌唐，歌陳，亦不言風。《晉語》姜氏引《鄭詩·將仲子》之卒章，楚成王引《曹詩·蜉蝣》之三章，皆曰詩，不曰風。猶《籥章》"中春逆暑，龡豳詩"①，不曰豳風。然則，豳詩與鄭詩、曹詩等耳。康成謂："此風也，而言詩，詩總名也。"豈其然乎？說者謂"南與豳非風，故不言風"，誤矣。十三國皆然，豈獨南豳也？南爲周公左，豳爲周公東。舊豳次齊。孔子刪詩移之於末，則十三國實以周公爲始終焉。齊曰泱泱，魏曰渢渢，風之美者歟？唐有陶唐氏之遺民，則亦有陶唐氏之遺風矣。吉甫作頌，穆如清風，則雅頌亦可謂之風也。風雅頌猶賦比興，分爲六合爲一。故一詩而賦比興兼焉，風雅頌備焉。或曰豳非國也。《地理志》"栒邑，有豳鄉"，《詩》豳國，公劉所都，是豳亦國矣。如謂周無豳國，亦未聞有邶鄘也。《說文》："邶舊商邑，豳即美陽。民俗以夜市，有豳山。"②先鄭謂："豳籥，豳國之地竹。"後鄭謂："豳人吹籥之聲章。"匡衡亦云："太王躬仁，邠國貴恕。"曷爲而非國乎？《爾雅》："四極，西至汃國。"《說文》："汃，西極之水也。"《南都賦》"砏汃輣軋"，波相擊之聲。《埤蒼》曰："汃，大聲也，讀爲八。"《說文》亦云："從水八聲。"徐鉉音府巾切。失之。汃誤爲邠，形聲兩失。其地不同，皆名爲國，謂豳非國，鑿矣。古邦國皆仍舊名，夏后相十五年，商侯相土遷於商邱。少康十一年，使商侯冥治河。帝杼十三年，商侯冥死於河。帝芒三十三年，商侯遷於殷。孔甲九年，殷侯復歸商邱。至商侯履遷於亳而有天下，爲殷商，凡二十九王。而周武王滅之，封其後於宋。及春秋而吳夫差伐齊，闕溝深水出於商魯之間，此宋也。而仍曰商，則商爲宋之舊也。【《左傳》："孝惠娶於商。"陸德明曰："定公名宋，是哀公之父，故諱夏爲諱而稱商。"非也。如其然，則夫差曷爲而亦爲之諱乎？】殷祖乙十五年，命邠侯高圉。盤庚十九年，命邠侯亞圉。祖甲十三年，命邠侯組紺。武乙元年，邠遷於岐周。三年，命周公亶父。文丁四年，【一作太丁。】命周公季歷爲牧師。至西伯發伐殷而有天下，爲周及周公

---

① 語出《周禮·春官·籥章》，原文爲："中春晝，擊土鼓，龡《豳》詩，以逆暑。"
② 語出《說文解字》，原文爲："豳，美陽亭即豳也。民俗以夜市。有豳山，從山從豩，闕。"

旦居東。陳詩而仍繫之豳，則豳爲周之舊也。商豳皆夏殷之舊邦，宋有《商頌》，周亦有《豳雅》《豳頌》者以此。《春秋》昭七年，衛侯惡卒，王追命之曰："余敢忘高圉、亞圉。"言不敢忘豳也。二圉居豳國，爲豳侯，祖澤存焉耳。古者謀事必就祖，發政占古語①，故稱祖以命諸侯。周自公劉發迹於豳，至二圉而殷策命爲侯伯。此王命衛侯，所以獨稱之也。二圉蓋其字，非其名。孫稱祖字，禮也。稱名，可乎？【《世本》"高圉侯侔，亞圉雲都"，二圉之名也。或雲："雲都，亞圉字。"或云："亞圉弟。"皆非。】季札以邶鄘爲衛風，明邶鄘亦衛之舊矣。分爲三，失之。《漢書》："詩國十五，拊徧九州。"師古謂十五者：周南、召南、衛、王、鄭、齊、魏、唐、秦、陳、鄶、曹、豳、魯、商，得之。《周書》曰："昔南氏有二臣，力鈞勢敵，競進争權，君弗禁，南氏以分。"然則，二南，古之國也。韓嬰叙《詩》云："其地在南郡、南陽之間。"《吕氏春秋》亦云："禹自塗山巡省南土，作爲南音，周公、召公取風焉。"孰謂南豳非國哉？《説苑》："成王翦桐葉爲圭，而封唐叔虞於晉。"《晉語》："唐叔射兕於徒林，殪爲大甲以封於晉。"《易林》曰："唐邑之廬，晉人是居。"晉曰唐，宋曰商，皆仍其舊也。《書》終費秦，《詩》終魯商。商之爲宋也，又何疑？【《左傳·昭八年》："大蒐於紅，自根牟至於商衛。"《注》云："商，宋地。魯西竟接宋衛。"是春秋皆名宋爲商也。】

〔太卜〕三兆

太卜三兆：一曰玉兆者，龜號玉靈，《龜策傳》所謂"玉靈夫子"是也。祝曰："假爾玉靈，炤見物情。"祓之以卵，灼之以荊，問焉如響，克紹天明。乾爲玉，故曰玉兆。天龜靈，故玉亦稱靈。然則，玉兆者，天龜也。二曰瓦兆者，旅人爲篡，合土爲之。其形象龜。篡一名敦，敦首亦象龜。古器質，故用瓦。篡者，龜也，瓦象其體。火氣初交，厥陰甍啟，其德爲坤。黄中通理，坤爲土，故曰瓦兆。地龜仰敦，首嚮南，仰之象也。然則，瓦兆者，地龜也。三曰原兆者，易有原筮，禮有原兆，一也。揲蓍必原筮而後吉，卜龜必原兆而後從，朕志先定，鬼神其依，帝之原兆也。我有大事休，朕卜並吉，王之原兆也。阪泉之兆，晉文以霸；大横之兆，漢文以興，此之謂原兆。言鬼謀必先人謀也。故原兆者以人，而參天地焉。【少牢之敦，即禮器之篡，皆象龜南首。孔疏云："篡與龜，聲相近也。"】祭器有宗彝，有瓦篡，先王以宗彝之象繪爲章，以瓦篡之象開爲兆。或曰兆者，寶龜之名。衛有昭兆，《龜策傳》"三瓦而陳，以應之天"。陳謂陳龜，瓦謂瓦兆，其兆有

---

① 語出《漢書·韓安國傳》，原文爲："是以古之人君謀事必就祖，發政占古語，重作事也。"

三,與天相應,古之法也。舊注失之,又云"卜之不中,以土卵指之者三"。蓋以土爲卵,三度被除,則三瓦之以兆也審矣。《司常》"龜蛇爲旐",《釋名》云:"龜知氣兆之吉凶也。"周天統,玉兆周;殷地統,瓦兆殷;夏人統,原兆夏。先周,次殷,次夏,由今王而上及前王,故觀樂者先觀周樂,占兆者先占周兆,三才兼、三兆全,《龜經》有壽房兆、棲鶴兆。房者,下房,象后宮也。鶴者,介鳥,象高人也。一説,壽房象坤。【卜兆得壽房,筮得坤之比。】即古之瓦兆。而王莽起明堂,卜波水北、金水南,惟玉食,謂龜爲玉兆之文而墨食也。豈其然乎?《易林》萃之縣曰:"陰弗能完,瓦碎不全。"蓋《兑》爲毁折,故瓦兆不成也。【《萃》爲《兑》之二世卦。】

〔卜師〕四兆

卜師四兆:一曰方,二曰功,三曰義,四曰弓。方者其德也,弓者其體也。其德方,其體正,則義由之立,功由之成。未有德不方、體不正,而能立義成功者也。故四兆以方兆始,以弓兆終焉。蓍之德圓,言其用也。卦之德方,言其體也。用陽而體陰。龜陰也,其德方,故其兆亦方。灼龜以荆,謂之楚焞,所以必用荆者。凡木心皆圜,而荆心獨方,故用以爲灼龜之契,此方兆之所由名也。卜人定龜,史定墨,君定體。定在占先,體在兆先,先定而後占,體正則兆正。而體之正者莫如弓,析幹不迤,析角無邪,寒而奠體。唐太宗嘗以良弓示弓工,工曰:"非良弓也。"問其故,曰:"角幹不正,脈理皆邪。弓雖剛勁而遣箭不直,非良弓也。"太宗以爲然。此弓兆之所由名也。不曰正而曰弓者,取其形曲而體正也。凡問卜筮,曰義歟?志歟?義則可問,志則否。王何卜攻讐?臧會卜僭,皆非義也。而皆獲吉者,問正爲貞。問者不正,鬼神亦不能見其情焉。兆如山陵,征者喪雄,禦寇之利,兆遇沈陽。伐齊則可,不利子商,此戰功也。邾文公卜遷,梁元帝亦卜遷,此國功也,民功也。一不利,一不吉。當時以爲不吉者,此兆爲鬼賊所留。卒之,元帝喪邦,而文公保國。苟利於民,其功大矣。如以爲不利於君而不遷,安知文公不爲元帝乎?其國不保,焉能保身?然則,功兆義兆相因也。義則有功,不義則無功。文公不利而遷,所謂義兆也。而有利民之功,元帝以爲不吉而不遷,失其義矣,喪其功也。宜哉!吾故曰:"其德方,其體正,則義立而功成。"

〔龜人〕掌六龜之屬

龜人掌六龜,龜俯者靈,故天龜靈。謂行頭低,甲亦前低。仰者繹,故地龜繹。繹,猶謝也,謂行頭仰,甲亦前仰。前弇果,故東龜果。謂甲前長,後弇獵。

故南龜獵，謂甲後長。《爾雅》曰"諸果、諸獵"，《龜人》曰"果屬、獵屬"，諸猶屬也，言其類衆多也。左倪類，故西龜靁。類，猶靁也，謂左食者行頭左庫，甲亦左長。右倪若，故北龜若。倪，猶庫也，謂右食者行頭右庫，甲亦右長。郭景純曰"甲形皆爾""以卜則審"，其説得之。然則，靈而俯者，象天氣下降。繹而仰者，象地氣上騰。前後弇而長者，東南象陽爲經。左右庫而長者，西北象陰爲緯。卜師所謂"辨龜之上下左右陰陽者"以此。賈公彥以"睨"爲"睥睨"，失之。龜人所辨者，甲之體耳，安問龜之左右顧哉？墨子曰："昔者，夏后開鑄鼎於昆吾，而卜於白若之龜，其兆之由曰'逢逢白雲，東西南北。九鼎既成，遷於三國。'"所謂"白若者"，即右倪若也。北龜墨而白，若屬非一色。千歲者青純，豈盡東龜也。其方之色，惟龜人能辨之。其書亡，學者莫能言矣。辨其體者，龜無定體，恒隨四時。春在後左，夏在前左，秋在前右，冬在後右。龜人各以其時辨之，太史及占人亦以其時視而作之，而占之。故曰"動乎四體"，象膽亦然。隨四時，在四足，皆神物也。龜無定體，亦無定色。故靈龜其五色者以此。【《説苑》曰："靈龜五色，似玉似金。背陰嚮陽，上隆象天，下平法地，槃衍象山。四趾轉運象四時，文著象二十八宿。蛇頭龍翅，左精象日，右精象月。"】《管子》曰："龜龍伏闇，能存能亡。龜生於水，發之於火，於是爲萬物先，爲禍福正。"正之言貞也。故國大遷，大師則貞龜。貞，猶問也。問者先正志，故曰："今日良日，行一良貞。"龜人各以其物入於龜室。室在廟中，王者發軍行將，必鑽龜廟堂之上，以決吉凶。漢高廟中有龜室，古在禰廟，《郊特牲》"作龜於禰宮"。上春釁龜，日用甲乙。《龜策傳》曰："擇日齋戒，甲乙最良。乃刑白雉，及與驪羊，以血灌龜於壇中央。"

〔占人〕四占

大祝八命，占人八頌，皆兆也。兆有體有色，有墨有坼。兆象曰體，兆氣曰色，兆廣曰墨，兆釁曰坼。占人之四占，即《洪範》之卜五。《宋世家》載古文《尚書》：曰雨，曰濟，曰涕，曰霧，曰克，是爲卜五。① 孔安國今文《尚書》"濟"作"霽"，"涕"作"驛"，"霧"作"蒙"。《齊詩》："魯道有蕩，齊子豈弟。"《爾雅·釋言》曰："愷悌，發也。"舍人李巡、孫炎，皆曰"闓明發行"。鄭箋亦曰："豈弟，猶發夕也。"又引古文《尚書》，以弟爲圉，而訓圉爲明。蓋本《爾雅》而爲之説。孔穎達誤以鄭注《尚書》爲古文，且云古文《尚書》無"以弟爲

---

① 語出《尚書·舜典》，原文爲："曰若稽古，帝舜……曰雨，曰霽，曰蒙，曰驛，曰克，曰貞，曰悔，凡七。蔔五，佔用二，衍忒。"

圖"之字，是不考《宋世家》故爾。古文假借，悌一作涕。《索隱》偶忘鄭箋，專據孔疏，乃云"驛者，駱驛連續。涕者，涕泣相連"，令人嘔噱。而孔疏謂古文作悌，今文作圉。賈逵以今文校之，定爲圉。然則，孔安國《尚書》乃今文，非古文也。康成之説非徒本《爾雅》，又見相如《封禪書》。其書曰："闇昧昭晳，【之世及，】昆蟲闓懌。"闓懌猶愷悌，愷悌猶開明。蟄蟲以發出爲曉，故康成以昆蟲爲明蟲。陸佃不知其説，乃引《説文》以駁之，誤矣。《爾雅·釋詁》："愷悌，樂也。"言開發則樂。服虔曰："哀生於晦，樂生於明。"此其義也。龜兆有明有昧，霧、闇、圉、昭謂之占坼。動乎四體，見乎墨色。八命曰象，乃占人之體。卜五曰克，乃八命之徵。八命曰瘳，乃卜五之濟。古濟、霽同。《釋天》云"濟謂之霽"，《鄘·載馳傳》曰："濟，止也。"病瘳雨止，其理本通。占人占之，以視吉凶。一説，圉云也。《逸書》①曰："圉圉升雲，半有半無，"雨、雲、霧，皆兆之氣象也。《説文》圉讀若驛，故遂誤爲驛，得其聲失其義矣。發動爲明，故圉兼明義，即古悌字。則悌有圉聲，故愷悌通爲闓懌，可補《説文》之闕。班固謂司馬遷從安國問故，遷書載《堯典》《禹貢》《洪範》《微子》《金縢》諸篇多古文説，信矣。今安國《尚書》，往往與遷書所載不同，學者疑焉。鄭注《洪範》曰雨，曰濟，曰圉，曰蝥，曰克，蓋今文也。蝥與霧，古音同，或讀爲蒙，故一作蒙。【《爾雅》"覭髳"，猶冥霧也。天氣下地，不應曰雰。地氣發天，不應曰霧。霧謂之晦，故曰覭髳。髳雰蝥，音義同。《釋文》"霧，音亡弄反"，故一讀爲蒙。《爾雅疏》引《洪範》曰："雰，鄭注云雰聲近蒙。"《釋文》雰或作霧，音亡公、亡侯二反。是霧有蝥、蒙二音，故今文《尚書》一作蝥，一作蒙。】

〔筮人〕九筮

筮人九筮：一曰筮更。更者造事之端，其象爲《蠱》。更者行事之權，其象爲《巽》。《蠱》象先甲後甲，《巽》五先庚後庚。甲木爲仁，庚金爲義，門内之治恩揜義，故《蠱》象父子門外之治義斷恩，故《巽》利武人。《太元》所謂"庚斷甲者"以此。更之言庚也，甲爲始，庚爲續，先甲後甲者開其始，先庚後庚者續其終，此筮更之義歟？二曰筮咸。咸，感也。蓋嫁娶之占，《咸》"男下女"、《漸》"女待男"，則吉。《姤》"柔遇剛則凶"，《蒙》九二"納婦"，《泰》六五"歸妹"，《屯》六二"女貞而常"，《小畜》上九"婦貞而厲"，《蒙》三"見金夫"，《睽》四"遇元夫"，《豐》初"遇配主"，《畜》三"夫不正"，《漸》三"婦不

---

① 即《逸周書》。

育"，《恒》五"婦吉夫凶"，《家人》"女正男正"，皆同氣相感而吉凶生焉。《咸》之義也。《歸妹》互象《坎》《離》，《坎》月《離》日，陰陽之義。配日月，故其卦爲嫁娶之吉占，是爲筮咸。三曰筮式。式，之言法也。八卦建五氣，立五常，法象天地，順於陰陽。古者占卜皆用式。太史抱天時，《注》云："抱式以處吉凶。"此佔用式也。宋蔡興宗爲郢州參軍，彭城顔敬以式卜，曰："亥年當作公。"此卜用式也。筮亦如之，是爲筮式。四曰筮目。目，之言數也。天數五，地數五，五位相得而各有合。甲乾乙坤，相得合木，天地定位也。丙艮丁兑，相得合火，山澤通氣也。戊坎巳離，相得合土，水火相逮也。庚震辛巽，相得合金，雷風相薄也。天壬地癸，相得合水，陰陽相薄而戰乎乾，此合之之數。天一地二，水甲火乙。天三地四，木丙金丁。天五地六，土戊水己。天七地八，火庚木辛。天九地十，金壬土癸。此分之數。一分一合，體立用行。二篇之策，大衍之數，皆出於此。是爲筮目。五曰筮易。運機布度，其氣轉易，則天而行，與時消息。若不變易，不能通氣。五行迭終，四時更廢。孔子曰，易有四易：一世二世爲地易，三世四世爲人易，五世六世爲天易，遊魂歸魂爲鬼易。八卦，鬼爲繫爻，財爲制爻，天地爲義爻，【父母。】福德爲寶爻，【子孫。】同氣爲專爻，【兄弟。】水配金①位爲福德，木入金鄉居寶貝，土臨内象爲父母，火來四上嫌相敵，金入金鄉木漸微。六親九族，五星四氣，福德形殺，王相休廢，君子吉，小人否。是爲筮易。六曰筮比。比，輔也，下順從也。一陽居尊，群陰從之，其卦辭曰："原筮，元永貞，無咎。"故卜有原兆，筮有原筮，謀之鬼，又謀之人，故卜筮皆以比名。先王巡守必先卜徵，卜必兼筮，歲習其祥，祥習則行，不習則增修德而改卜焉。改卜則亦改筮，是爲筮比。七曰筮祠。《隨》王享西山，《升》王享岐山，《豫》王薦上帝，《觀》有盥賓，《困》有赤紱，《鼎》有雉膏，《坎》有樽簋，皆祠也。《渙》有立廟，《晉》二受福，《損》初祀事，《益》二用享，《萃》二用禴，《震》主七鬯，《巽》用史巫，《既濟》殺牛，不如淪②祭。淪③，之言薄也。春祭曰祠，祠者詞也，品物少文詞多也。是爲筮祠。八曰筮參。參，猶三也。三代異法，三法並筮，法立一人，故筮有三人。筮則參，而占則旅也。無中曰兩，有中曰參。兩則争，參則和。故三占從二，是爲筮參。九曰筮環。環，之言還也，蓋筮征人之歸期。《詩》曰："卜筮偕止，會言近止，征夫邇止。"此筮環之辭。霍光素與李陵善，遣陵故人任立政等。

---

① 金當爲衍文。《京房易傳》曰："水配位爲福德。"
② 淪，四庫本作"禴"。
③ 淪，四庫本作"禴"。

至匈奴招陵，單於置酒，陵亦侍坐。立政等未得私語，乃目視陵而數數自循其刀環，言可還歸漢。此環之義也。一説，環者，八卦歸魂也。更爲變，環爲還。《乾》變於《巽》，還於《離》。《坤》變於《震》，還於《坎》，故九筮以更始，以環終。【庚從貝爲賡，古文續字。】

〔占夢〕六夢

占夢掌其歲時，觀天地之會，辨陰陽之氣，以日月星辰，占六夢之吉凶。康成謂天地之會者，建厭所處之日辰，今八會其遺象也。賈公彥謂陽建左還，陰建右還。陰建謂之厭，厭在辰前一次。假令陽建寅，辰在亥，陰建辰前一次，在戌。然則，建者，斗建也。建有陰陽者，《天文訓》所謂"北斗之辰有雌雄者"是也。雄左行，雌右行，始建於子，月從一辰。五月合午謀刑，十一月合子謀德。【五月斗建午，日在未。厭日前一次，故合於午。十一月斗建子，日在丑，厭日前一次，故合於子。】太陰所居辰爲厭日，厭日不可以舉百事。數從甲子始，十日十二辰，周六十日，子母相求凡八合。康成所謂八會其遺象者，即此。合於歲前則死亡，合於歲後則無殃。堪輿，大會八，小會亦八。《越絶書》曰："太歲八會，壬子數九。"此大會歟？十日爲母，十二辰爲子，是爲子母相求。五月合而一陰伏，故謀刑。十一月合而一陽萌，故謀德。陽爲德，陰爲刑，陰陽刑德有七舍。七舍者，室、堂、庭、門、巷、術、野。冬至，陰氣極，德左室；夏至，陽氣極，德在野。三十日而徙，德在室，則刑在野。德在堂，則刑在術。德在庭，則刑在巷。陰陽合德，則刑德會門。八月、二月陰陽氣均，日夜平分，故二月會而萬物生，八月會而萬寶成。此占夢所謂"觀天地之會辨陰陽之氣歟"？日明於畫，畫動爲陽。月與星辰明於夜，夜靜爲陰。動有爲，靜有夢，夢必有所遇，故《太元》《遇》之初取象於夢，曰幽。遇神，言不以形遇而以神遇。陽神日魂，陰神月魄，故其象見於日月星辰。[①]占夢之官，以經運之別九十，占六夢之吉凶。經運者在人，爲精神。心術之運在天，爲日月星辰之氣也。後世失官，而其書亡矣，其詳未有聞焉。《列子》曰："覺有八徵，夢有六候。"八徵者：曰故，曰爲，曰得，曰喪，曰哀，曰樂，曰生，曰死。此八者，形所接。六候者：曰正夢，曰蘁夢，曰思夢，曰寤夢，曰喜夢，曰懼夢。此六者，神所交。形接爲事，神交爲夢，一體之盈虛消息，皆通於天地。應於物類，能識感變之所起，與其所由然。則無所怛。是以占夢者，推明十運九變之術與夫八徵六候之端，雖譎怪無窮而其理昭然不惑。故其時之民，皆得甘瞑於太宵

---

① 語出《參同契》，原文爲："陽神日魂，陰神月魄，魂之與魄，互爲室宅。"

之宅，而其神不驚。舍萌四方，獻吉贈惡，亦猶方相氏時儺驅疫之意云爾。吾聞醜夢不勝正行，妖祥不勝善政。《詩》曰："召彼故老，訊之占夢。"言不尚道德而信徵祥也。左氏之說，吾無取焉。漢儀，大儺侲子辭，有"伯奇食夢"。伯奇者，神名。食夢者，食於夢，猶食於火、食於土也。蓋古舍萌之禮歟？舍萌者，釋菜於神，贈之在堂，送之四方，男巫之職也。《招魂》"帝告巫陽"，巫陽對曰"掌夢"，蓋以此。①【噩夢，《列子》作䚋夢。《莊子》曰："使人乃以心服，而不敢䚋立，定天下之定。"《釋文》："䚋，音悟，又五各反，逆也。"逆猶迎。《說文》："關東曰逆，關西曰迎，"兩相遇也。相遇而驚謂之遌，則䚋讀爲遌矣。杜子春讀爲驚愕之愕。釋其義，非改其文。《法言》《周書》"噩噩"，義非驚也。古文假借，音同者通。《脉要精微論》曰"陰盛則夢涉大水，恐懼。陽盛，則夢大火燔灼。陰陽俱盛，則夢相殺毀傷。上盛則夢飛，下盛則夢墮，甚飽則夢予，甚饑則夢取"云云，亦見《列子》，此古占夢書。】《逸周書》言太姒得吉夢以告文王，文王不敢占。召太子發，命祝以幣告於宗廟群神，然後占之於明堂。遂作《程寤》。言文王在程而得吉夢。蓋六夢之寤夢也。然則，堂贈者，贈之於明堂歟？精誠發於宵寐，吻昕寤而仰思，是爲寤夢。《楚辭·九章》言天不純命，百姓震愆，離散相失，仲春東遷。說者謂仲春二月，刑德合會，嫁娶之時。遷徙東行，室家離散，則在上者失其道也。占夢觀天地之會，媒氏以仲春令會男女。則《淮南》"刑德會門"之說，信矣。《藝文志》有黄帝《長柳占夢》十一卷，甘德《長柳占夢》二十卷。其占出於天文，本於歷象。《易》曰："占事知來。"象占非一，而夢爲大，故占夢之官曰大人。言惟大人可以占之，小人妄言禍福。雖言而偶中，奚足信哉！【朱穆曰："丁亥之歲，刑德合於乾位。"《注》云："太歲在丁壬，歲德在北宮。太歲在亥、卯、未，歲刑亦在北宮。"故曰："合於乾位，堪輿天老。"所謂"四月癸亥，十月丁己"，爲陰陽交會者也。】

〔祇祲〕十煇　煇

祇祲十煇：一曰祲，二曰象，三曰鑴，四曰監，五曰闇，六曰瞢，七曰彌，八曰叙，九曰隮，十曰想。鄭司農云："鑴謂日旁氣，四面反鄉，如煇狀。"然則，鑴者，鑴也。《說文·玉部》瓊、璚、瓗通。故鑴或從雟，或從巂。長言爲夐，短言爲雟，形聲皆同。鑴省作雟。一曰錐，有所穿。一曰滿，有所出，象日旁雲氣。揚

---

① 語出《楚辭·招魂上》，原文爲："帝告巫陽曰：'有人在下，我欲輔之。魂魄離散，汝筮予之。'巫陽對曰：'掌夢上帝其難從。若必筮予之，恐後之謝，不能複用巫陽焉。'"

雄《太元》所謂"紫蜺喬雲朋圍日也"。雲氣刺日，形如缺環，謂之鐍。與鑴通，讀爲觿軜之觿。觿，一作鐍，亦見《説文》。康成讀爲佩觽之觽，失之。《淮南子》曰："君臣乖心，則背譎見於天。"《注》云："日旁五色，氣在兩邊。外出爲背，外嚮爲譎。"則喬非瑞也。説者以爲内黄外赤，謂之喬雲，瑞應氤氲之氣。誤矣。喬或作穴，音相近也。漢延平元年六月丁未，日暈中外有僑，背兩耳。【譎、鐍、僑、喬，實一字。】後魏皇始二年十月壬辰，日暈有佩璃。【佩即背，璃即僑。】則佩璃爲鑴，信矣。康成曰："監，冠珥也。"凡氣在日上爲冠，爲戴；在旁直對爲珥。雜占書曰："日冠者如半暈也，法當在日上。"有冠，又有兩珥，尤吉。荆州占曰："月珥且戴，不出百日主有大喜。"然則，冠珥爲吉祥，兼占月矣。隮，虹也。隮之言齊，與日齊升也。升氣爲虹。虹之言攻，其攻也不在日側而當日衝。《詩》曰"蝃蝀在東"，言日在西而見於東，啜飲東方之水氣也。朝隮於西，見於西方曰隮，日東出而虹西見也。《春秋元命包》曰："陰陽之氣，聚爲雲氣，立爲虹蜺，離爲倍僑，【一作鑴。】分爲抱珥。【一名監。】刺日曰僑，【其象鑴。】嚮日曰抱。【其象監。】"《星占》曰："虹蜺主内淫，土精填星之變。"司農謂："彌者，白虹彌天。"康成謂："貫日也。"郎顗云："凡日傍色氣白而純者名爲虹。貫日中者，侵太陽也。邪氣乘陽，則虹蜺在日。"而蘇伯況云："天有白虹，自子至①午，廣可十丈，長可萬丈，正臨倚彌。倚彌即黎丘，秦豐之都也。"是時，秦豐都，黎丘正值其都，豐當其咎，此所謂彌天也。然則，貫日與彌天異矣。犯日者謂之貫，竟天者謂之彌。永建六年正月丁卯，日暈兩珥，白虹貫珥中。永和六年正月己卯，日暈兩耳，中赤外青，白虹貫暈中。此所謂貫日也。兩説相兼乃備。《淮南子》曰："欃槍衡杓之氣，莫不彌靡，而不能爲害。"如其説，則十暈之彌，蓋彗孛之屬歟？司農以闇爲日月食，非也。京房占曰："國有佞讒、朝有殘臣，則日不光，闇冥不明。"孟康曰："日月無光曰薄。"《京房傳》曰："日月雖非同宿，陰道盛，猶上薄日光。"元帝永初元年四月，日色青白無影，正中時有影無光。是夏寒，至九月日乃有光。靈帝時，日出東方，赤如血，無光，高二丈餘乃有景，是爲瞢。中平四年三月丙申，黑氣大如瓜，在日中。五年正月，日色赤黄，中有黑氣如飛鵲，是爲闇。《易》曰："豐其沛，日中見昧。"此之謂也。説者以爲"昧者日月之灾"，且云："折其右肱，無咎。"言遇此灾，當退去右肱之臣乃免咎。後漢用其説，遂以水旱日食策罷三公，失之矣。【《通俗文》曰："缺環曰鐍。"《説文》："鐍，環之有舌者。"與鑴通。】日旁之氣爲十煇，其色爲五雲。保章觀色，祗禖觀氣，是爲禖象。

---

① "至"，《後漢書·列傳第二十》卷三十作"加"。

象之言想也。楊賜曰："善不妄來，灾不空發。王者心有所惟，意有所想，雖未形顏色，而五星以之推移，陰陽爲其變度。"故十運以禩始，以想終。其經十，其別九十。盛哉日乎，丙明離章，五色淳光。夜則測陰，晝則測陽。晝夜之測，或否或臧。積善至於明，五福以類升。積不善至於幽，六極以類降。① 蓋天人之際，精禩相盪，善惡相推。升降之氣，各以類應。祇禩於是叙其降而告之王，救其失，安其宅，故曰安宅叙降。寶典四位：一曰定，定得安宅，定乃靜，靜乃正。厥惟敬哉！敬所以宅天命也。成開五示：四曰安宅示祭。言安宅自妻子始，蓋由妻子以及兄弟，由兄弟以及家邦云爾。康成讀運爲煇。《淮南子》："晝隨灰而月運闕。"高誘讀運爲圍。《方言》："日運爲躔，月運爲逡。"《説文》："運，迻徙也。"然則，運爲行而非氣，故運讀爲煇。煇讀爲圍。煇，一作暉，春日青煇，夏日赤煇，秋日白煇，冬日元煇，從火韋聲。高誘讀爲圍以此。蓋自漢始。【運，一作暈。《吕氏春秋》曰："日有暈珥。"高誘注曰："暈讀爲君，氣圍繞日周匝，有似軍營相圍守，故曰暈。"《釋名》曰："暈，卷也。氣在外轉結之也，日月俱然。"《爾雅》："弇日爲蔽云。"《注》："云即暈，氣五彩覆日也。"】愚謂：暉讀爲員，音云。古員、運音同。故《周官》暉作運。《墨子·非命篇》"運鈞"，一作"員鈞"。京相璠曰："琅琊姑幕南員亭，故魯鄆邑。"【鄆，《公羊》作運。】是古員、運音同矣。《詩》曰："夜如何其，夜鄉晨，庭燎有煇。"是煇讀爲云也。或音熏，失之。《春秋説題辭》曰："雲之言運也，含陽而起以精運也。"煇爲雲氣，明煇即雲。《釋名》曰："雲猶云云，衆盛意也。又言運也，運行也。"《吕覽·圜道篇》曰："雲氣西行，云云然。"故其文運，其音云。《覽冥訓》曰："光煇熏萬物。"《釋名》讀爲卷，【渠云切。】薛綜讀爲渾。【見《西京賦》《史記·功臣表》。】渾渠，鄉名。渾作煇，漢表亦然。《莊子·雜篇》曰："不暉於數度。"暉，一作渾，薛讀本此。春秋魯地下讙，俗名夏暉。是暉聲近讙，故《釋名》讀爲捲。】

〔大祝〕六辭二曰命六曰誄

太祝六辭：二命與誄。誄乃凶禮，命兼吉凶。《春秋》莊元年，王使榮叔來錫桓公命。杜氏云："追命桓公，褒稱其德。"然則，上錫之曰命，下讀之曰誄。其誄辭，則昭七年，衛襄公卒，王使成簡公弔且追命之，曰："叔父陟恪在我先王之左右，以佐事上帝，餘敢忘高圉亞圉。"此追命之文，杜氏以爲如今之哀策。孔疏謂

---

① 語出《太玄經上》，原文爲："盛哉日乎，炳明離章，五色淳光。夜則測陰，晝則測陽。晝夜之測，或否或臧。陽推五福以類升，陰幽六極以類降。升降相關，大貞乃通。"

"襃德叙哀，載之於策。將葬，賜其家以告柩"，即小史所謂"讀誄"是也。然賜謚讀誄，其事相因，累其行而爲辭，因之以定謚。若不賜謚，焉用讀誄乎？春秋時，但有追命之文，未聞賜謚之禮。蓋諸侯之無王久矣。《曲禮》曰："言謚曰類，類猶象也，請謚於王，象聘問之禮。"一曰請謚必以其實。類者，類於平生之行。言猶告也，天子之謚成於天，故天子將葬則作謚。太師帥瞽而廞。諸侯之謚成於天子，故諸侯將葬則言謚。嗣子遣官而告下，不告喪，故上不賜謚。桓公之錫命也，莊公告之可知。然既葬而謚已成，然後王追錫命，非禮也。薨而不告，則失在魯。葬而追命，則失在王。交譏之。許慎云："追錫死者，非禮也。"《白虎通》云："臨葬而謚之何，因衆會欲顯揚之也。"何休謂："生有善行，死加善謚。桓行惡復追錫之，尤悖天道。故不言天王。"然《春秋》生而錫命曰加之服，死而錫命不曰予之謚。則諸侯之無王久矣。太史賜謚曰小喪，小史賜謚曰卿大夫之喪。則小喪，指諸侯可知也。一説，大夫將葬而請謚，諸侯既葬而言謚。《曲禮》："類見與言謚，皆既葬乃行。"存以備考。魯昭公薨，季孫意如欲爲惡謚以示子孫。則君之謚，其臣定之矣。與楚何以異乎？《説文》："讄，禱也，累功德以求福。"《論語》云："讄曰：'禱爾於上下神祇。'"又誄謚也，謚行之迹也。謚以誄成，故誄訓爲謚。則似誄必有謚矣。然魯莊公誄縣賁父，哀公誄尼父，未聞有謚。康成謂哀公謚仲尼爲尼父，蓋以字爲謚，賁父、尼父皆是也。春秋有命而無謚，或史氏失其傳歟？【王充曰："謚，臣子所誄列也。"蓋起於春秋，則太史不賜謚久矣。】《白虎通》云："諸侯薨，天子遣大夫會其葬而謚之。"然《春秋·文元年》"天王使叔服來會葬"，三《傳》皆无賜謚之文。穀梁子曰："謚所以成德也，於卒事乎加之。"言事卒於葬，故葬乃舉謚，亦不言命於天子。何休以爲"諸侯薨，天子謚之"。又以爲"祖祭乃謚，王者當遣使者與諸侯共會之"，皆疑辭也。則天王不賜謚可知矣。《隱八年》："無駭卒，羽父請謚與族。"無駭者，公子展之孫，故公命爲展氏。請者謚與族，而命者惟族而已①。未聞更賜之謚也。蓋其祖既以展爲謚，其孫因以展爲族。雖賜族不賜謚。然一命而二者，實兼焉。康成之説，信矣。《桓二年》："宋督殺其君與夷及其大夫孔父。"穀梁子曰："孔氏父字，謚也。"康成之説本此。范氏因爲之説，曰："孔父有死難之勳，故其君以字爲謚。"愚聞君之所不名臣者四：諸父、諸兄不名，先王之臣、盛德之士不名。孔父，先君之臣也；孔子，盛德之士也，故皆字之而不名。古有字謚蓋以此。《春秋》惠公仲子，僖公成風二君之母也，其尊同，其禮同。一曰仲稱字，一曰成稱謚，則又不同，何也？曰皆謚也，仲子以字

---

① "巳"爲"已"之誤。

諡。【或云以字爲諡，字當作氏，非也。羽父請諡與族，曷爲而改諡爲氏乎？】是失請之之義也。《少牢》《饋食》"皇祖伯某"，《注》云："伯某且字也。大夫或因字爲諡，《春秋傳》展氏是也。"① 《疏》云："公子展以展爲諡。" 在春秋前，其孫無駭取以爲族，故公命爲展氏。《檀弓》："魯哀誄孔丘。"《注》云："誄其行以爲諡。"《疏》云："尼則諡也，父且字。"】

衍祭　衍延羡通

大祝衍祭，男巫望衍。康成皆讀衍爲延，得之。而云"聲之誤也"，似失之。延、衍、羡三字，音同，古文通。《漢書·西域贊》② 有漫衍之戲，即《西京賦》所謂"巨獸百尋"，是爲蔓延。此衍與延通也。《東京賦》"乃羡公卿，登自東除"，《注》云："羡，延也，謂延之上殿。"是羡與延通也。《玉人》"璧羡"，《注》云："羡猶延"，《東京賦》本此。古文假借，音同者通，何誤之有？【《秦始皇本紀》："葬以下③，閉中羡，下外羡門。"羡皆讀爲延。匈奴呼衍王，貴種也，其後遂爲呼延氏，以其號爲其姓，衍亦轉爲延。】

享右祭祀　右祐侑宥通

大祝辨九拜，以享右祭祀。康成謂右爲侑，引《特牲》"祝侑主人拜"，然則右與祐通，義與侑同。《易·大有》上九"自天祐之"，子曰："祐者，助也。"虞翻云："《大有》，兑爲口，口助稱祐。"口助者，祝之職也。《禮器》"周立尸，詔侑無方"，所謂詔侑者，非口助而何？則祐與侑，其義同矣。古文《儀禮》，侑皆作宥。古有宥坐之器，亦謂置器於坐，以詔侑人也。《詩》云"既右烈考，亦右文母"，《箋》謂"右助於光明之考，與文德之母"，此祝傳嘏辭。故曰："綏予孝子"，又曰"綏我眉壽，介以繁祉"。蓋當綏祭而祝嘏主人之辭，則仲翔口助之説，信矣。《爾雅》："右，導也，助也，亮也，介也，尚也。"《注》云："介、紹、勸、尚，皆相佑助。"或訓右爲尊，則我未之前聞。【《家語》"宥坐"，《説苑》作"右坐"，則宥與右通。《文子》曰："三皇五帝有勸戒之器，名④侑卮。"侑與宥，古今文。《易》"天命不祐"，祐，一作佑，又作右。馬《注》云"天不右行"，則祐、

---

① 原文爲："伯某且字也，大夫或因字爲諡。《春秋傳》曰'魯無駭卒，請諡與族。公命之以字，爲展氏'是也。"
② 應爲《漢書·西域傳贊》。
③ "葬以下"，《史記》作"大事畢，已臧"。
④ 名，《文子·守弱篇》作"命曰"。

佑、右皆通。《繫辭》"可與祐神"，荀本祐作侑，古祐與侑通，益信。祭之有侑，猶賓之有擯。《孝經說》曰："以身擯侑，有司徹右幾。"《注》云："古文，右作侑。"《祭統》"啟右獻公"，《注》云："右，助也。"】《說文》："右，助也，手口相助也。"徐鍇曰："言不足，復以手助之，"仲翔之說本此。

大祝小祝男巫女巫皆古祝由之術

古者，巫彭初作醫，故有祝由之術移精變氣以治病。《春官》大祝、小祝、男巫、女巫，皆傳其術焉。大祝言甸讀禱，代受眚災。小祝將事候禳，求遠罪疾。男巫祀衍旁招，弭寧疾病。女巫歲時釁浴，祓除不祥。故曰："病者寢席，醫之用針石。巫之用糈，藉所救鈞也。豈非以巫祝能治病歟？祝祈福祥則曰求永貞，貞，正也。巫有大災，則曰造巫恒。恒，常也。言正而有常，精爽不貳。敬恭明神，然後神降之嘉生，祈福則福來，卻病則病去。故孔子思見有恒者。無恒之病，巫醫弗爲，信矣。黃帝問於岐伯曰："古之治病可祝由而已，今世治病毒藥治内，鍼石治外，或愈或否，何也？"岐伯曰："往古人居禽獸之間，動作避寒，陰居避暑，内無眷慕之累，外無伸屈之形，此恬憺之世，邪不能深入也，故可移精祝由而已。今之世不然，憂患緣其内，苦形傷其外。虛邪賊風，入空竅肌膚，達五藏骨髓，小病必甚，大病必死。故祝由不能已也。"祝由，即祝褕，說者以爲南方神。失之。古聖人傳精神，服天氣。有疾，勿藥自已，亦無待於祝由。後世德薄，史巫紛若，齊景公欲誅祝史者，蓋以此。岐伯曰："拘於鬼神者，不可與言至德。"然則，惟修德可以禳之，豈祝由之所能已乎？《管子》曰："上恃龜筮，好用巫醫，則鬼神驟祟。"是故，事神之道，惟貞與恒。《大戴禮》曰："昭天之福，迎之以祥；作地之福，制之以昌；興民之德，守之以長。"此之謂也。《王會》篇："爲諸侯之有疾病者，阼階之南，祝淮氏、榮氏次之，皆西南，彌宗旁之。諸侯有疾病者之醫藥所居。"《注》云："淮榮二祝之氏，世居是官，實掌醫藥。"蓋古之祝由歟？《史記》篇："昔者，元都賢鬼道，廢人事天，謀臣不用，龜策是從，神巫用國，哲士在外，元都以亡。"然則，神巫亦足以亡國歟？此巫祝之所以利於貞恒也。《易》曰："貞疾，恒不死。"後世舍貞恒，而別求不死之藥，妄矣。

九拜吉拜凶拜

九拜：五曰吉拜，六曰凶拜，皆喪拜也。喪有吉凶，拜亦如之。有兩說：一、小功以下爲吉，大功以上爲凶。其拜也以吉凶分左右：吉尚左，凶尚右。《逸奔喪禮》曰："凡拜吉喪，皆尚左手。"《注》云："尚左手，吉拜也。"吉喪故吉拜。孔子有姊之喪，拱而尚右，則大功以上皆凶拜矣。《奔喪禮》云："聞遠兄弟之喪，既除喪而後聞喪，免袒成踊，拜賓則尚左手。"《注》云："小功緦麻不稅者，雖不服猶免袒。"則小功以下皆吉拜也。一，齊衰不杖，以下爲吉杖。齊衰以上爲凶，其拜也皆稽顙。以吉凶分先後，吉先拜凶後拜。《雜記》曰："三年之喪以其喪拜，非三年之喪以吉拜。"《注》云："稽顙而後拜曰喪拜，拜而後稽顙曰吉拜。"拜爲賓，顙爲己。先拜者先賓後己，後拜者先己後賓。孔子曰："拜而後稽顙，頹乎其順也。稽顙而後拜，頎乎其至也。"① 順者，先拜賓，順乎事。至者，先觸地，哀之至。禮，惟主喪者拜賓。秦穆公弔公子重耳，重耳不主喪，故稽顙而不拜，示不爲後也。言爲後乃主喪耳。《晉語》反之，云再拜不稽顙，誤矣。杖齊衰，父在爲母，夫爲妻。《雜記》："爲妻，父母在，不杖、不稽顙。母在，不稽顙。稽顙者，其贈也。"拜謂母在，爲妻稽顙者，他人以物來贈己也。輕己哀情而重人贈物，可謂禮乎？愚謂：贈者，君之贈也。《士喪禮》："公使宰夫贈元纁束，主人去杖不哭，由左聽命，賓由右致命。主人哭拜，稽顙。"此將葬而柩至邦門，贈拜之禮如是。夫主妻喪，敬君之贈，故雖母在，得稽顙。舅主適婦之喪，喪無二主，則父在，贈拜不稽顙矣。天子諸侯絶期。而后、夫人之喪，亦曰三年者，蓋父在爲母期，父必達子之志，三年然後娶。故杖齊衰之喪，亦謂之三年也。賵、賻、唅、襚，總謂之贈。《士喪禮》："既祖還車，公賵元纁束馬。"兩賵有馬，贈無馬。賵則奠幣於車箱，贈則實幣於棺。蓋主人皆拜稽顙，其禮不同。同名爲贈，則君贈皆稽顙矣。

九拜稽首頓首空首

大祝九拜：一曰稽首，二曰頓首，三曰空首。《説文》稽與頓，皆云下首，而不言至地。《荀子·大略篇》："平衡曰拜，下衡曰稽首，至地曰稽顙。"蓋平衡謂頭與腰平，下衡謂頭下於腰。《説文》所謂"下首"，則稽首、頓首，皆頭至手，而不至地也。稽顙，觸地無容，然後頭直至地耳。《公羊傳》："齊侯唁昭公，公再拜顙。及至②糗於從者，公再拜稽首。"何休曰："顙者猶今叩頭矣"。齊桓使使者式闔而聘稱貸之家，皆齊首而稽顙，蓋叩頭也。則稽首非叩頭明矣。凡拜皆以手爲容也。賈誼《容經》曰："跪以微磬之容，揄右而下，進左而起手，有抑揚，各尊其紀。拜以磬折之容，吉事尚左，凶事上右。隨前以舉，項衡以下，寧速無遲，背

---

① 語出《禮記·檀弓上》，原文爲："孔子曰：'拜而後稽顙，頹乎其順也；稽顙而後拜，頎乎其至也。三年之喪，吾從其至者。'"
② 至，《春秋公羊傳》作"致"。

項之狀如屋之霤。"所謂項衡以下者，蓋稽首也。《商書》："拜手稽首。"孔傳云："拜手，首至手。"然則，手先據地，首乃至手。是手與首俱至地。其實手在地，首在手，故拜手與稽首連言，是一事，非兩事。孔傳合爲一，得之矣。孔疏分爲兩，云："初拜，頭至手，乃復申頭以至地。至手爲拜手，至地爲稽首。"豈其然乎？康成謂："空首者，頭至手，是爲拜手。"① 孔賈疏皆謂臣於君則稽首，平敵則頓首，君於臣則空首，臆説也。《穆天子傳》："天子賜七萃之士高奔戎，佩玉一隻，奔戎再拜稽首。賜許男駿馬十六，許男降，再拜空首。"然則，空首猶稽首，降拜謂之空，未升成拜也。豈君於臣之禮哉！《左傳》：秦哀公賦《無衣》，申包胥九頓首而坐。則頓首亦非獨行之平敵也。三者將母② 同。【《玉藻》："君賜稽首，據掌致諸地。"此言稽首之禮甚明。據掌謂兩手據地，非拜首而何？故拜手與稽首連言者以此。《注》云："據掌，以左手覆按右手。"疏謂："郤右手，而覆左手於其上。"此何禮也？愚所未達。】

九拜振動

《通禮義纂》曰："自後魏以來，臣受君恩，皆手舞足蹈以鳴喜歡。"蓋本古者拜手稽首之禮。愚謂：拜有容，惟凶拜無容。振動者，舞蹈之容也。振動，或作振董。鄭大夫謂振董者，兩手相擊。兩手相擊曰抃。《吕氏春秋》曰："古者帝嚳，乃令人抃，或鼓鼙、擊鐘、吹笭、展管，因令鳳鳥天翟舞之。帝嚳大喜，乃以康帝德，是爲抃舞。"後世舞蹈實出於此，今倭③ 人拜猶然，古之禮也。

九拜肅拜褒拜

鄭司農曰："肅拜，但俯下手，今時擅是也。"《釋文》云："擅，即今之揖。"《容經》曰："端服整足曰經立，微磬曰共立，磬折曰肅立，垂佩曰卑立。平衡曰經坐，微俯曰共坐，俯首曰肅坐，廢首低肘曰卑坐。"觀肅、立肅，坐則肅拜，可知肅者磬折之象，下於拱，上於卑，但俯首，不廢首。《左傳》曰："敢肅使者。"《公羊傳》曰："揖師而行。"揖猶肅也。何休曰："揖於師仲，介胄不拜，爲其拜如蹲。"【《曲禮》"爲其拜而蓌"④，古而、如通。蓌，猶蹲也。】杜預曰："肅手至地。"誤矣。《士昏禮》："婦拜扱地。"扱地者，手地也。婦人扱地，猶男子稽首，

---

① 語出鄭玄注，原文爲："空首，拜頭至手，所謂拜手也。"
② 根據文意，母當爲"毋"。
③ 倭，四庫本作"倭"。
④ 原文爲："爲其拜而蓌拜。"蓌，四庫本作"荽"，下同。

禮之重者。尋常肅拜，焉得手至地乎？《鄉飲酒》："賓厭介，介厭衆賓。"《注》云："推手曰揖，引手曰厭。今文皆作揖。"蓋舉手嚮外爲拱，引手嚮身爲厭，古之擅也。則肅不至地益明。《少儀》："婦人有肅拜、手拜。"《注》云："肅拜，拜低頭。手拜，手至地。"疏云："手拜之法，手先至地，頭來至手，猶男子之稽首矣。"然則，扱地者，古之手拜也。褒讀爲報。《樂記》："禮有報而樂有反。"《注》云："報讀爲褒。"褒拜者，答拜也。天子賜諸侯衣曰褒衣，天子答諸侯拜曰褒拜。

禮説卷九

東吳　半農　惠士奇

春官四

〔小祝〕及葬設道齎之奠

小祝：及葬，設道齎之奠。杜子春曰："道中祭也。"漢儀：每街路輒祭。賈公彥云："禮，道中無祭法。"非也。《荀子》曰："郊止乎天子，社至於諸侯，道及士大夫。"道，行神，士大夫亦得祭焉。《説文》"道上祭謂之禓。一曰道神"①。禓，或作塲。《國語》"壇塲之所"，孔注云："塲，祭道神。"是古道中有祭矣。天漢二年，止禁巫祠道中者。文穎曰："漢家於道中祠，排禍咎，移之於行人百姓。"師古曰："非也。秘祝移過文，帝久已除之。"愚謂：小祝有道齎之奠，則其禮非起於漢也。喪事旬師代王受眚災，小祝設奠，大祝讀禱。豈非排禍於人，移過於下乎？乃知古者相沿之禮俗，雖先王亦不能盡除。文帝除之，武帝禁之，其識卓矣。康成以道祭爲遣奠，豈其然乎？哀帝時，董賢母病，長安厨給祠具道中，過者皆飲食。如淳曰："禱於道中，故行人皆得飲食。"然則，武帝雖禁之，而其後仍不絶也。一説，諸侯適天子，道而出。②《注》云："祖道，禮有出祖，天子之出也亦如之，其葬也亦如之。"喪禮躐行，行神之位在廟門外西方。行者，七祀之一，祭行兼及靁、門、户、竈，故曰分禱五祀。王七祀而五者，康成謂："司命、大厲，平生出入，不以告。"説者云祈請道神，謂之祖，有事於道者，君子行役則列之於中路。喪者將遷。則設之於階庭。【見《後魏志》。】

---

① 語出《説文》，原文爲："道上祭也。一曰道神。"
② 語出《禮記・曾子問》，原文爲："孔子曰：'諸侯適天子，必告於祖，……道而出。'"

〔甸祝〕禂牲禂馬

甸祝：禂牲禂馬。爲牲祭求充，爲馬祭求健①。康成讀禂爲侏，【音朱。】大也。莫知其説。賈公彥謂俗讀，則然。而漢時人傍侏爲侏大，義取肥意，學者惑焉。案：揚雄《國三老箴》曰："負乘覆餗，奸宄侏張。"侏張，猶張大也。【《左傳》"張我三軍"，《史記》"陳涉自立爲王，號爲張楚"。張而大之，故曰侏張。】《文選》李善注云："侏張即輈張，輈與侏古字通。"得之。而以侏張爲驚懼之貌，失之。《周書》："譸張爲幻。"猶《詩》所謂"哆侈成箕"。哆，大貌。侈者，因物而益大之名。禮有侈袂，半而益一。侏者侈也，故訓爲大。侏侏譸輈皆通。無爲有，虛爲盈，約爲泰，謂之譸張。譸張者，其情難知，故爲幻。哆侈者，其形不測，故成箕。其情其形，皆張而大之之義。初無有驚懼之説在其間也，則又何説而訓爲驚懼哉？《晉書》苻堅報慕容垂曰："侏張幽顯，布毒存亡。"《宋書》蓋吳表曰："獫狁侏張，侵暴中國。"②《魏書·趙修傳》曰："擅威弄勢，侏張不已。"《島夷傳》曰："桓元侏張。"則侏張，非驚懼也。《太元》曰："修侏侏，比於朱儒。"侏侏，長大貌，言雖長大，與朱儒等。又曰："陽去其陰，陰去其陽，物咸倜倡。"倜與侏同。【從周從朱等耳，周與朱古音同。】倜倡，言大而盛也。則侏訓爲大明矣。

〔司巫〕共匱主

司巫共匱主。《説文》："匚，【府良切。】受物之器，從匚，單聲，宗廟以盛主。"《廣雅》"匧、匱、笥也"，蓋廟有石室，室中有祏有匱。祏爲石函，則匱爲木笥矣。《春秋·僖十四年傳》"典司宗祏"，《昭十八年傳》"徙祏於周廟"，《哀十六年傳》"反祏於貳車"。曰徙，曰反，可舉而移，則祏非石室也。蓋祏謂之函，以其函主，故亦謂之主。孔疏有兩説：以爲石室者，慮有火災，於廟之北壁內爲之以藏主。有事出之，既祭納焉。而又以石室不可舉而移也，故變文爲石函，蓋依杜注而曲爲之説。則所謂北壁內者，其説不攻而自破矣。《説文》云："祏，宗廟主也。"《周禮》有"郊宗石室"。一曰，大夫以石爲主。案：郊宗石室，《周禮》無文。後魏清河王懌議云："饋食設主，著於逸禮。"唐人《正義》據一家之説，不旁及異聞。康成見《少牢》饋食不言主，遂謂"大夫不禘祫，故無主"。孔惺反祏

---

① 語出鄭康成注《周禮》，原文爲："爲牲祭求肥充，爲馬祭求肥健。"
② 語出《宋書·列傳·索虜》。

者，孔氏所出公之主耳。孔穎達謂孔氏姑姓，惟南燕。孔悝仕衛已久，未詳其所出。蓋僭爲之。各以意說如此。何休注《公羊》引《士虞記》曰："桑主不文，吉主皆刻而謚之。"蓋爲禘祫時，別昭穆也。案：《士虞記》亦無"桑主吉主"之文，皆出於逸禮。【宋元豐二年，秘閣校禮何洵直言虞禮，桑主不文，請罷題虞主。太常言："嘉祐治平，虞主亦不題謚。"】焚書之後，學者不見全經，先儒人人異說又如此。《坊記》子云："祭祀之有尸也，宗廟之有主也。"大夫、士皆有廟，特牲、少牢皆有尸，有廟有尸而獨無主，愚所未達。户、竈、門、行祭皆有主。出祖釋軷，猶以菩芻棘柏爲神主焉。而士、大夫之廟反無主，束帛依神，結茅爲菆。① 是何禮也。宋元豐三年，禮文所言，古者宗廟爲石室以藏主謂之宗祐。夫婦一體，同几共牢一室之中。有左主、右主、正廟之主，各藏四壁。遷廟之主藏於太主廟之北壁，其垎去地六尺一寸。案：漢儀皇后配食於左坐。應劭曰："坐於左而並食者，若禮以其妃配右父母，内主西壁。"虞信注《穀梁》亦云然。衛宏《漢舊儀》曰："已葬收主爲木函，藏廟太室西壁坎中。"去地六尺一寸，祭則立主於坎下。然則主函漢以木，不以石也。唐諸臣廟室各爲石室，一於西墉，距地四尺，容二主。三品以上有神主，五品以上有几筵。愚謂：盛主之函與藏主之坎同名爲祐，本於孔疏。無主之廟祔以几筵。依鄭說耳。《決疑要》注曰："毀廟主藏廟外户之外西廂之中。"有石函名曰宗祐，函中有笥以盛主。蓋坎中有祐，祐中有匱。祐石而匱木，其說得之矣。公羊曰："虞主用桑。"《中山經》曰："桑封者，桑主也。"方下銳上，中穿而加金。

道　布

祭祀：則司巫共匱主及道布②。杜子春云："道布，新布三尺。"或曰布者以爲席。康成謂道布者，爲神所設巾。《中霤禮》曰："以功布爲道布，屬於几案。"《封禪書》有諸布，索隱引《爾雅》"祭星曰布"，非也。大祝六號：一曰神號，二曰鬼號，三曰示號。布者，鬼號也。秦漢之布，即《周官》之酺。《淮南子》曰："禹勞天下而死爲社，后稷作稼穡而死爲稷，羿除天下之害而死爲宗布。"此鬼神之所以立。立者爲之立號。或立爲社，或立爲稷，或立爲布。布，猶酺也，步也。《族師》祭酺，《校人》祭步，所謂布也，巫掌其禮。【酺、步、布，音相近而通。】然則，道布即宗布歟？祭必有主，故因匱主而連及之。蝝螟之酺，人鬼之步，皆除

---

① 《說文解字》謂"大夫束帛依神，士結茅爲菆"。
② 語出《周禮·春官·司巫》，原文爲"祭祀，則共匱主，及道布，及蒩館。"

天下之害者也。蓋起於周而秦漢因焉。《冪人》布巾，疏畫皆黼①。《莊子》所謂"盛以篋衍，巾以文繡"。篋，衍笥也，即盛主之匱。覆之以巾，亦曰道布。冪人共之，非司巫之職也。《士喪禮》"商祝執功布"，《注》云："執之以接神，爲有所拂仿。拂仿者，去凶邪之氣。"《説林訓》"曹氏之裂布"，《注》云："楚人名命爲曹。俗祭，司命以始織布，繫著其旁，謂之曹布。"《風俗通》云："俗取新斷織，夏至以繫户，亦此類。"蓋布者鬼號，故或執之以接神，或繫之以迎神。功布、道布、宗布、曹布，名異而實同也。

菹舘

祭祀：菹舘，司巫共之。康成引《士虞禮》"苴實於筐，刌之而饙，於坎上洗之，而設於几東"。説者以爲，籍祭之物，而祭之用菹，非徒籍祭而已。志六穀之名謂之幟，即《肆師》之"表齍盛"也。護群神之位謂之蔟，即《左傳》之"群屏攝"也。皆以菹爲之。一共之鄉師，一共之甸師。而師巫共舘，所謂"包匭菁茅"。故舘，一作包。然則，茅之爲物薄，而其用也重矣。春秋，楚子入鄭，鄭伯肉袒，左執茅旌，右執鸞刀，皆宗廟之器。蓋以宗廟將不血食，歸首於楚。以爲不如是，不足以感動仁人孝子之心也。何休曰："茅旌，宗廟所用迎道神。指護祭者，斷曰籍，不斷曰旌。用茅者取其心理順一，自本而暢於末，所以通精誠、副至意。"其説近是。鄭衆亦云屏攝，攝束茅以爲屏蔽。獨韋昭以屏爲屏風，攝爲要扇，説本康成。翣，以木衣布，其形如福，漢之扇也。葬則置於牆，遂謂。宗廟亦然。或未聞於古。一説，菹舘蓋糈籍也。糈與菹同，籍之以舘，是爲菹舘。《淮南子》曰："巫用糈籍。"《中山經》曰："糈用五種之精。"《離騷注》"糈，精米"，是也。云"以享神"，似非。古者卜或用茅，或用糈。故靈氛占以茅，巫咸要以糈。《詩》曰："握粟出卜。"《管子》曰："守龜不兆，握粟而筮者屢中。"然則，精米古用以卜矣。《莊子》所謂"鼓筴播精也"。【播精，一作播糈（音所），見《文選注》。】鼓筴揲蓍，播糈卜卦，鼓之播之，皆卜之之法。其法用六，六觚爲一握，故曰握粟。《日者列傳》云："卜有不審，不見奪糈。"此卜以糈之明文。合觀衆説，非徒享神也，祭祀必卜，故巫共之。《算經》曰："粟從六甲出，故六粟爲一圭。"②卜用六者以此。《楚辭》"啟匱探筴"，《注》云"發匣引籌"今之匣，古之舘也。

---

① 語出《周禮·天官·冪人》，原文爲："祭祀，以疏布、巾冪八尊，以畫布、巾冪、六彝，凡王巾皆黼。"

② 原文爲："粟是陰陽而生，從六甲而出。故六粟爲一圭，十圭爲一抄。"

【一說，糈與賑通。《說文》："齎財卜問爲賑。"古以米爲財，故其文或從貝，或從米，皆以疋得聲，讀若所。握粟，猶齎財也。】

祭祀守壝

凡祭祀，司巫守壝。《注》謂祭地祇，埋牲玉，守之者，祭未畢，畢則去之。《鄭志》張逸問："五嶽血祭，山川埋沈。不審五嶽當埋否？"答曰："五嶽始於血，何嫌不埋？"① 則血祭皆埋矣。《爾雅》"祭山曰庪縣"，不言埋。張逸亦引以問，答曰："《爾雅》之文雜，不可據以難《周官》也。"《校人》《玉人》注皆云"祈沈以馬"。孔穎達引之作庪沈。《釋文》亦讀祈爲庪。【九委反。】《集韻》作庋，云"祭山名"。蓋祈誤爲庋耳。邢昺云："庪謂埋藏，即大宋伯貍沈之禮。"孔穎達謂"庪非埋"，郭景純亦云"或庪或縣，迄無定論"。康成所謂雜者以此。《詩》"鳧鷖"，《箋》云："潀水外之高，有壝埋之象。"《疏》因謂"祭川，既沈而復埋之"，誤矣。昭公二十四年，冬十月癸酉，王子朝用成周之寶珪於河。甲戌，津人得之河上，沉而自出，言神不歆其祭也。安得有沉而復埋之說乎？壝者，禮云"壝繪"，李巡謂"埋玉"，則玉帛及牲皆壝可知。孫炎曰："既祭埋之。"康成謂守壝者，祭未畢。故孔、賈皆謂壝在祭初，不在祭末也。《南山經》"壝用一璋"，《西山經》"壝用百瑜"，《北山經》"壝用一珪"，《東山經》"壝用一璧"，則壝即庪審矣。《中山經》曰："縣以吉玉。"又曰："嬰以吉玉。"則嬰縣皆祭名，祭曰縣，埋曰庪，庪與壝古文通。【《說文》有壝無庪，徐鉉增之，贅矣。】古有壝玉，有祭玉。祭玉三璋，天子巡守宗祀，執以先焉。既祭，藏之，不埋。【《廣韻》庪又作庋。庋，《集韻》通作庪。】

巫降之禮

凡喪事，司巫掌巫降之禮。康成謂"巫下神之禮"。今世或死既斂，就巫下禓，其遺禮。蓋人無賢愚，皆有魂魄。魂魄分去則病，盡去則死。故分去，則術家有錄人之法。盡去，則《典禮》有招魂之義。《元命苞》曰："心者，火之精，上爲張星。腎者，水之精，上爲虛危。脾者，土之精，上爲北斗。"故軫星逐鬼，張星拘魂，東井還魂。《六微旨大論》曰："天符爲執法，歲位爲行令。太一天符爲貴人。中執法者，其病速而危。中行令者，其病徐而持。中貴人者，其病暴而死。"此之謂禓。禓，

---

① 原文爲："《鄭志》張逸問曰：'以血祭祭五嶽，以埋沈祭山川，不審五嶽亦當埋否？'答曰：'五嶽尊，祭之從血腥始，何嫌不埋？'"

之言疆也，疆死能爲神也。司巫與神通，故掌下神之禮。楚人名巫爲靈子，言靈降其身也。《離騷·九歌》皆歌其事。【《九歌·湘君》云："隱思君兮陫側。"陫側者，《喪大記》"甸人取所徹廟之西北厞薪"，《士虞禮》"設於西北隅，厞用席"厞與陫同。謂"西北隅，厞隱之處"，故曰陫側。不知神之所在，故改設於此，庶幾歆饗，所謂"隱思君兮陫側"也。西北隅謂之筦，筦者側也，説者以側爲不安，失之甚矣。】禓讀爲傷，《俶真訓》曰："傷死者，其鬼嬈。"【音繞，《注》云："善行病祟人。"】《楚語》曰："余左執鬼中，右執殤宮。"《注》云："執謂把其録籍，制服其身，知其居處。若今世云能使殤也。"使殤猶下殤，所謂巫降之禮，蓋如此。或曰巫降者，巫咸國在女丑北，右手操青蛇，左手操赤蛇，在登葆山，群巫所從上下也①。其説誕矣。漢司直師丹，薦邑子丞相史，能使巫下神爲國求福。則知當時禮俗皆然，而杜業以爲背經術，惑左道，蓋借此以毁師丹，非公論也。

〔男巫〕掌望祀旁招以茅

男巫望祀旁招以茅，古者禳皆用茅也。齊景公爲路寢之臺，而鴞鳴其上，公惡之，臺成而不踊。【踊，上也，登也，齊人語。《公羊》"踊於棓而闚客"。】柏常騫，齊之巫也，請禳而去之，且曰："築新室，置白茅公。"② 如其説，築室置茅焉。柏常騫夜用事，明日使人視之，鴞當陛布翼伏地而死矣。菙蔟氏掌覆夭鳥之巢，以方書歲月日辰及二十有八星之號，縣其巢上，則去之。未聞築室置茅，且去之而已，亦未聞殺之也。古有巫毉，毉屬天官，以治疾病。巫屬春官，以事鬼神，後世毉存而巫廢。其術猶傳於人間，方士竊之，以役使百鬼。柏常騫蓋得其術者也。既禳鴞而殺之，遂欺景公，云能益壽。而又恐其無徵也，是時鉤星在四心之間，地當動，柏常騫占而知之，遂以得壽地且動爲徵。苟非晏子知其術、洞其情以折之，則必爲漢之文成五利矣。古巫知天道，故曰史巫，亦曰神。士觀天文而知地動，得其術者，惟東漢張衡。其術不傳而遂絶。後之方士學不如張平子，術不及柏常騫，敢爲大言以欺人主，皆庸愚誕妄之尤者歟？【《漢志》："維星散，句星信，則地動。……極後有四星曰句星，斗杓後有三星曰維星，散者不相從也。"《晉志》："西河中九星如鉤狀，曰鉤星，直則地動。"高誘曰："勾星，客星也。勾星守房心，則地動。"《天官書》辰星亦然。】

---

① 語出《山海經·海外西經》。
② 語出《晏子春秋·內篇·雜下第六》，惠士奇引用斷句有誤。"公"應劃歸後一句。原文爲："晏子見，公問曰：'寡人使吏禁女子而男子飾者，裂斷其衣帶，相望而不止者，何也？'……對曰：'築新室，爲置白茅焉。'"公使爲室，成，置白茅焉。"

〔女巫〕掌歲時祓除釁浴

女巫掌歲時祓除釁浴。《夏小正》："五月蓄蘭，爲沐浴也。"① 康成謂"三月上巳如水上"，賈疏謂"三月三日，水上戒浴"，會點暮春浴沂以此。曆法，三月建辰巳卯，退除可以除災。《韓詩》："溱與洧方洹洹兮。"薛君注云："鄭之俗，三月上巳，溱洧之上，招魂續魄、祓除不祥。"《月令》"季春始乘舟"，蔡邕章句謂"陽氣和暖，禊於名川也"。《漢書》"八月祓灞上"，劉楨《魯都賦》"素秋二七，人胥祓除"，又以七月十四日矣。《九歌·禮魂》會鼓、傳芭、春蘭秋菊、姱女容與者，即女巫祓除之禮。不獨春三月也。《素問》謂"蘭除陳氣"，菊亦宜然。蓋除舊迎新，祓除疾病云爾。所以必之水上者，去宿垢灰爲大絜。古者顓頊浴沉淵，舜浴從淵，澡身而已。燕人惑，易浴以蘭湯，浴之陋也。北朝竇泰母，娠及期而不產，巫曰："渡河湔裙，產子必易。"如其言，果生泰。此古女巫之術歟？

〔太史〕正歲年以序事

太史：正歲年以序事。康成云："中數曰歲，朔數曰年。"朔謂合朔，中謂中氣。氣盈朔虛而閏生焉。《內經》曰："五日謂之候，三候謂之氣，六氣謂之時，四時謂之歲。……五運相襲，……周而復始，時立氣布，如環無端。"所謂"中數曰歲也"。又曰："應天之氣，動而不息，故五歲而右遷。應地之氣，靜而守位，故六期而環會。""天以六爲節，地以五爲制。周天氣者，六期爲一備。終地紀者，五歲爲一周。五六相合，七百二十氣爲一紀，凡三十歲，千四百四十氣。凡六十歲而爲一周，不及太過，斯皆見矣。"氣盈爲太過，朔虛爲不及，天行六氣，地播五行，以作民事，以厚民生。事由之序，功由之成，此太史之職也。朔數曰年者，或曰"四時具爲年"，或曰"五穀熟爲年"。《春秋》編年，五穀大熟則書大有年，而四時或不具，蓋闕文歟？《白虎通》曰："三年一閏，五年再閏，陰不足陽有餘也。"故讖曰："閏者，陽之餘。"二帝曰載，三王曰年。三載遏密，謂二帝也。諒陰三年，謂三王也。歲者以紀氣物，帝王共之。《太元》曰："歲寧恙而年病，十九年七閏。"滿爲寧，虛爲恙，置閏以償焉。

閏月詔王居門終月

《春秋·文公六年》："閏月，不告朔。"公羊子曰："天無是月也，閏月矣。"

---

① 語出《大戴禮記·夏小正》，原文爲："五月……蓄蘭，爲沐浴也。"

何以謂之"天無是月",非常月也。穀梁子曰:"閏月者,附月之餘日,積分而成月。天子不以告朔,而喪事不數也。"左氏獨以爲非禮,且云:"不告閏朔,棄時政也。"《春官·太史》"頒告朔於邦國",謂頒十二朔之政於諸侯。閏月謂之"後月附於前月",則後月奉前月之政而行之,故閏月之政,天子不頒,諸侯不告。如左氏說,則似別有閏月之政。天子頒之,諸侯不告,而後可謂之棄時政也。《明堂》《月令》曷爲止有十二月而無閏月乎?且十二月,王居堂,閏月獨居門,非常月也。故居門,門非堂,則閏非正。"餘分閏位,獨紫色蛙聲"①,則謂天無是月也。其誰曰不可?喪不數閏,千古遵行。閏不告月,諸儒異議,愚竊惑焉。劉歆以爲文公元年,閏當在十一月後,則六年無閏。無閏而置閏,故曰:"天無是月。"《左傳》元年閏三月,故六年有閏,失於前,遂誤於後。是附會左氏而曲爲之說也。然則,春秋何以書曰爲朝廟,書正月謂之朝正,餘月謂之朝廟。《周語》謂之月祀,《周官》謂之朝享。是禮也,告朔乃行。何休曰:"朝者因視朔政爾。"無政而朝,故加猶以譏之。不言朔者,閏月無告朔禮也。穀梁子曰:"天子頒朔於諸侯,諸侯受乎禰廟。"或曰祖廟。《春秋》兩書閏月,一爲朝廟書,一爲葬齊景公書。魯閏朝廟,猶可也。齊喪數閏,喪禮亡矣。故穀梁子曰:"不正其閏也。"宣十年夏四月丙辰,日食在晦,故不言朔。則已巳齊侯元卒,閏月自明,故不書閏。此說非是。凡日食必在朔,不書朔者,皆官失之。《春秋》固有在閏月而不書閏者,襄二十八年十二月甲寅,天王崩;乙未,楚子昭卒。乙未與甲寅,相去四十二日,蓋閏月也。東晉寧康二年,博士謝攸、孔粲等議,以爲乙未閏月之日不書閏,而書十二月,明閏非正,宜附正之文。杜預獨謂乙未日誤者,以爲前年十一月乙亥朔,辰在申,再失閏,頓置兩閏以補之。前年有兩閏,則後年不應復閏,故云日誤。蓋預之妄如此。一年兩閏可乎?張齊賢謂:"閏月,王居門。"是天子雖閏亦告朔。康成亦謂閏月聽朔於明堂門,還居路寢門終月。凡聽朔,必以特牲告其帝及神,配以文武。非也。居門不視朔,告帝不於門。一說,天子頒朔,諸侯告朔。告朔,諸侯之禮也。穀梁子曰:"天子朝日,諸侯朝朔。"《玉藻》亦云:"朝日於東,聽朔於南。"此天子每月視朔,必先朝日,古之禮也。後世朝日以春分,而視朔之禮廢矣。《時則訓》孟春朝於青陽左個,仲春朝於青陽太廟,季春朝於青陽右個,十二月皆然,各就其時之堂而朝日焉。蓋先朝日,後朝廟也。【《五經異義》曰:"閏月不以朝者,諸侯歲遣大臣之京師受十二月之正,還藏於太廟,月旦朝焉。"有司告曰:"今月當行某正。"至閏月,蓋殘餘分之月,故不朝。經書猶朝是也。】

---

① 語出《漢書·王莽傳贊》,原文爲:"紫色蛙聲,餘分閏位,聖王之驅除雲爾。"

太史①抱天時與太師同車　注太史主抱式

　　王大出師，太史抱天時與太師同車。鄭司農謂："太史主抱式，以知天時，處吉凶。"式，即拭也。《漢書》"天文郎桉式"，抱猶桉也。顏師古曰："式，所以占時日天文，即今之用拭者也。"《龜策傳》："運式定日月，分衡度，視吉凶。"徐廣曰："式音勅。"《太元》曰："戴神墨，履靈式。"【小司馬云："拭之形，上圓象天，下方法地，用之則轉。天綱加地之辰，故曰旋拭。"猶運式也。】《藝文志》有《羨門式法》二十卷。其法出於律曆之數，而小數家因此以爲吉凶而行於世焉。劉勰曰："星筮有占式。"占者，覘也。星辰飛伏，伺候乃見，故曰占。式者，則也。陰陽盈虛，五行消息，變雖不常，稽之有則，故曰式。筮人九筮，三曰筮式。筮亦用之，不獨占天文也。星用占，筮用式，故曰："星筮有占式。"

〔保章氏〕以十有二歲之相觀天下之妖祥以十有二
　　　　　風察天地之和命乖別之妖祥

　　保章氏：以十有二歲之相，觀天下之妖祥。康成以爲"歲者，太歲也"。案：太歲有兩説：一曰咸池，一曰歲陰。斗杓爲小歲，左行十二辰。咸池爲大歲，右行四仲，終而復始。大歲，迎者辱，背者強，左者衰，右者昌。小歲亦如之。東南則生，西北則殺，大時者咸池，小時者月建。天元建寅，始起右徙，一歲而移。十二歲而大周天。歲星爲陽，右行，大歲爲陰，左行。歲陰所居不可背而可鄉，前三後五，【歲陰前後。】百事可舉。蟄蟲首穴而處，鵲巢嚮而爲戶，歲陰在四仲。則歲星行三宿。歲陰在四鈎，則歲星行二宿。【四仲謂：卯、酉、子、午，四面之中。四鈎謂：丑鈎，辰申鈎，巳寅鈎，亥未鈎，戌在四角。】二八十六，三四十二，徧於二十八宿，十二歲而小周天。咸池主五穀，平秩西成，故曰大歲。或云咸池，即陰陽家所推以忌乘航者，誤矣。咸池，日也。日出暘穀，浴於咸池。日右斗左。揚子《太元》曰："巡乘六甲，與斗相逢，曆以紀歲，百穀時雍。"是爲大歲。天道十二歲而一終。右行四仲者，《堯典》命羲和獨舉，四仲各統一時，故曰大時。仲讀爲中，《書傳》曰："春張昏中種穀，夏火昏中種黍，秋虛昏中種麥，多②昴昏中收斂。"天子南面而視，四方星之中，知人緩急以授民時，則歲功成矣。天神之貴者

---
①　太史，原文作"太師"，依正文改。
②　多應爲冬之誤。原文爲："主春者，張昏中，可以種稷。主夏者，火昏中，可以種黍菽。主秋者，虛昏中，可以種麥。主冬者，昴昏中，可以收斂也。"

青龍，其雌在地。《太元》曰："倉靈之雌，不同宿而失離則歲之功乖。"此之謂也。大歲或言日，或言星。日爲大歲，星爲太陰，一左一右，一陰一陽。右與左應，陰爲陽妃，以成歲功，故曰："十有二歲之相。"相之爲言合也。合，至和也。蟄蟲、鵲巢皆嚮天，一者至和在焉爾。六合之間，四海之内，經之以星辰，要之以大歲。六歲一穰，六歲一康，十二歲以爲常。順之有德，逆之有殃，可以觀天下之妖祥矣。日星同宿謂之合辰，歲超一次龍度天門，四仲四鈎皆天門也。説者謂"天門在戌"，豈其然乎？《五運行大論》曰："奎壁角軫，天地之門户也。""西北爲天門，東南爲地户。"其説本於此。郎顗亦云："涉歷天門，災成戊己。"注云："戌亥之間爲天門也。"《詩·汜歷樞》曰："卯酉爲革政，午亥爲革命。神在天門，出入候聽。"言神在戌亥爲乾方，而卯爲春門，酉爲秋門，歲星超辰不獨在戌也。保章氏觀十有二歲之相，察十有二風之和。康成謂："十二辰皆有風吹律以知和否，其道亡矣。"《生氣通天論》曰："夫自古通天者生之本，本於陰陽，其氣九州、九竅、五藏、十二節，皆通乎天氣。"然則，天有十二節之氣，故生十二辰之風。其理本諸身，建諸天地而不悖焉。由是，先王造爲十二律以應十二風。天地之風氣正，則十二律定。後世言律者不知風，焉知律哉！天地之和者，《尸子》所謂"太平祥風"也。其風，春爲發生，夏爲長贏，秋爲收成，冬爲安寧。四時和爲通正，此之謂景風，亦曰永風。反是爲乖别。《管子》曰："東方曰星，其氣曰風。風生木與骨，其德喜贏，發出節時，……柔風乃至。百姓壽，百蟲蕃，此謂星德。星者掌發，發爲風。"① 保章氏掌天星，故兼風星。主土在地，爲土在天，爲星星好。雨在地爲雨，在天爲雲，分九州之封域，辨五雲之祲象，其職皆在保章氏。育隧出凱風，中穀出條風。東方曰折，來風曰俊。北方曰鷓，來風曰狹。西北方曰石夷，來風曰韋。正月有俊風。俊者，舜也。舜風者，南風。舜作五弦之琴以歌之，故曰俊風。惟號之山，其風若刕。【惟，一作雞。刕，一作飊。】三力爲同。先耕五日，瞽奏協風。刕，猶協也。天地之和，於是乎協。保章氏之所察也。或讀刕爲戾。戾者，乖别，是爲韋風戾相韋背，保章氏之所命也。非刕之謂，失其義矣。管如篪，六孔。十二月之音以候十二月之氣。氣至則風動，風動則吹灰。古之制管以候氣者，所以候風也。然氣應有早晚，灰飛有多少，説者謂吹灰不出爲衰，全出爲猛，半出爲和，豈其然？風出乎土，故候風必於土。古有候風地動儀，蓋保章之術也。

---

① 語出《管子·四時》，原文爲："東方曰星，其時曰春，其氣曰風，風生木與骨。其德喜贏，而發出節時。其事：號令修除神位，謹禱獘梗，宗正陽，治堤防，耕芸樹藝，正津梁，修溝瀆，甃屋行水，解怨赦罪，通四方。然則柔風甘雨乃至，百姓乃壽，百蟲乃蕃，此謂星德。星者掌發，爲風。"

虞幕能聽協風，以成樂物生，非所謂"察天地之和者乎"？音官省風，省以此。《五行傳》曰："思心之不容，是謂不聖。厥咎霿，厥罰恒風。"貌言視聽以心爲主，金木水火以土爲中，雨暘寒燠以風爲本。凡思心傷者病土氣，土氣病，故其罰常風、候風，而知地動者亦以此。漢官靈臺待詔有候風十二人，又星官有風隅占四隅之風。四隅者，四鈎並四中爲十二風。隅，角也，故一名風角。六氣之位，土位之下，風氣承之。故風勝，則地動。《陰陽大論》言之詳矣。知其說者，豈獨張平子乎？【賈逵、服虔皆謂"風屬東方"，説本《管子》。康成據《五行傳》"風爲土氣，土乃木妃"，故箕好風；"東方之木合於中央之土"，大言之爲陰陽，小言之爲夫婦。兩説未嘗相背也。孔穎達駁之，誤矣。且《内經》亦以風屬東方也。《陰陽大論》又云："風承土。"兩説豈相背乎？《巽》爲風爲木，《管子》之說本乎《易》也。】

〔内史〕掌八枋

大宰，以八柄詔王馭群臣。内史，掌八枋①之法，詔王治：曰爵，曰禄，曰予，曰置，曰生，曰奪，曰廢，曰殺，是爲内史所掌之八柄。而大宰詔王之馭群臣也，則曰爵，以馭其貴；禄，以馭其富；予，以馭其幸；置，以馭其行；生，以馭其福；奪，以馭其貧；廢，以馭其罪；誅，以馭其過。不曰殺而曰誅，誅猶讓也，謂有過則譴責之。不言殺者，馭之有道，焉用殺哉？其曰馭何也？若朽索之馭六馬也，危之也。張衡曰："周姬之末，不能厥政，政用多僻，始於宮鄰，卒於金虎。"蓋言不制之臣，比周相進，與君爲鄰。貪求之德，堅若金，惡若虎也。象在《易》之《頤》，《頤》之上九，一陽統四陰。四陰並進，故六四爻辭曰："虎視眈眈，其欲逐逐。"有宮鄰金虎之戒焉。而其占無咎者，蓋上九有以養之，又有以馭之其下，雖眈眈逐逐而仍無咎也。故上九爻辭曰："由頤厲吉。"厲者危之也，言危則吉，否則凶。小宰以六叙正群吏，曰："以叙制其食。"眈眈逐逐，得其叙矣。上九有以制其食，馭其幸，是以上施光，大有慶，【音羌。】下皆順以從上焉。不然逐逐變爲宮鄰，眈眈成爲金虎，衰周之象也，何慶之有？或曰："聖人養賢，未聞馭賢。"馭群臣，豈養賢之謂哉？人不皆賢，有直有枉。子曰："舉直錯諸枉，能使枉者直。"錯之言置也，所謂"置以馭其行"也。言舉一直而置之群枉之上，則群枉皆直。蓋由上制而馭之得其宜，故在位之臣莫不興行，而所養皆得其人也。不明《周禮》，焉知《周易》。【王弼謂《頤》爻之貴，六四爲盛，非也。陰賤陽貴，而《頤》之爻

---

① 枋，四庫本作"柄"。

義，靜吉動凶，故曰頤。徵凶，居貞吉。初九，靈龜貴也。動而朶頤，亦不足貴矣。六四，陰爻，何足貴乎？《頤》爻之貴，上九爲盛矣。六三，處《震》之極，故曰道大悖。上九，居《艮》之終，故曰大有慶也。丘，古音區，與頤協。六二，顛頤，拂經於丘，顛以從貴。謂上，非謂初。四陰爲類，二取在下，越而從貴，故象曰"失類"。《廣雅》："顛，末也。本在初，末在上。"說者以顛爲初，失之甚矣。】《管子》六秉，有殺、生、貴、賤、貧、富，而無予置，非也。予謂賜予，置謂錯置。予失其道，如漏卮無當，雖江河不能滿也。置失其方，如曲木無繩，非斧斤所能直也。六秉雖存，又何以馭群臣？

命諸侯公卿大夫則策命之王制祿則贊爲之以方出之

《內史職》："凡命諸侯及孤卿大夫，則策命之。王制祿，則贊爲之，以方出之。"是命爵以策，出祿以方。策曰簡，方曰版。案：《聘記》："百名以上書於策，不及百名書於方。"古之名，今之字。鄭注《尚書》云："一簡之文三十字。"似不盡然。劉向以中古文校三家書，《酒誥》脱簡一，《召誥》脱簡二，率簡二十五字者，脱亦二十五字。簡二十二字者，脱亦二十二字。則一簡不滿三十字矣。服虔曰："古文篆書，一簡八字。"蓋簡有長短，故字有多少歟？鄭序《論語》則云："《易》《詩》《書》《禮》《樂》《春秋》，策皆尺二寸，《孝經》半之，《論語》八寸。"是策有長短也。竹牒曰簡，編之曰策，不編曰方。齊桓定令，削方墨筆，薦之於廟，而云"不及百名"，則一方不止三十字矣。《漢制度》："策長二尺，短者半之，……以命諸侯王。"即周內史命諸侯之策也。三公以罪免，亦賜策，而用尺一木兩行，選舉亦如之，皆版長尺一。而手書賜方國，一札十行，細書成文，則似百名以上矣。《士喪禮》："書賵於方，若九行，若七行，若五行。"① 其數奇，未聞其義也。古之方，猶漢之牘。牘者吏所持，亦曰簿，魏晉謂之手版。漢遺單於書，以尺一牘，則與策同，似非手持之版。槧版長三尺，笏二尺六寸，牘形如笏。然笏有正方、圓殺、貴賤等差，而牘無等差，不殺其角。可執、可書，則一也。周勃下廷尉，恐不知置辭，獄吏乃書牘背示之。昌邑王賀廢，居故宮。宣帝使山陽太守張敞察其狀，賀簪筆持牘趨謁。是牘可書兼可執矣。漢稱三尺法，孟康曰："以三尺竹簡書法律也。"《鹽鐵論》則云："二尺四寸之律。"後漢曹褒制禮，寫以二尺四寸簡。周磐亦云："編二尺四寸簡，寫《堯典》一篇。"則是漢時竹簡皆長二尺四寸，言三尺者，舉成數也。內史讀四方之事，《書注》云："若今《尚書》入省

---

① 語出《禮記正義》，原文爲："《士喪禮》下篇曰：'書賵於方，若九、若七、若五。'"

事。"《疏》云："漢法奏事讀之。"案：張蒼爲秦禦史，主柱下方書。蓋柱下有藏書之室，禦史居其下，主四方文書。故張儀説趙王曰："敝邑秦王敢獻書於大王禦史。"然則，四方之事書，禦史賫焉，内史讀焉。或曰事書，即書名。書以象事，故曰事書。古書必同文，故外史達之，瞽史諭之，内史讀之。達者同其文，諭者會其意，讀者正其音，保氏教國子者亦以此。流傳既久，人用其私，莫能辨正。古今異文，是非異意，南北異音，由是六書亂、小學亡，而俗師失其讀矣。班斿與劉向校秘書，每奏事，斿以選受詔進讀群書，内史讀書亦如之。蓋古之讀書有師承也。左史倚相能讀《三墳》《五典》《八索》《九邱》。不有師承，其書雖存，焉能讀乎？【孔穎達曰："鄭注《論語》序以《鉤命決》，云：'《春秋》二尺四寸書之，《孝經》一尺二寸書之。'"故知六經之策，皆長二尺四寸。蔡邕言二尺者，漢之所用策書與六經異也。】

〔巾車〕王之喪車五乘

王之喪，車五乘：曰木車，漢儀謂之蠃蘭車，始遭喪所乘；曰素車，卒哭所乘；曰藻車，一作轅車。轅，即蒲蒻，倉色，既練所乘。曰駹車，髤黍色，大祥所乘；曰漆車，雀頭色，禫所乘。而木車有橐有服，橐㚇戈戟，服衣刀劍。素車有服無橐，餘皆無服。康成謂始遭喪，君道尚微，備奸臣也。卒哭，則君道益著，在車可去戈戟。如其説，則既練以後，君道乃全，並去短兵矣。而士喪乘堊車曷爲？亦有犬服建之笿間，以兵器自衛乎？且有貳車攝服，又何所備，而防衛之謹嚴若是也。蓋兵者，不祥之器，古之用兵以喪禮處之。喪車設兵，非備不虞，持險奉凶以表哀戚，貴賤無等，上下皆同。及其葬也，乘車載干笮，設依撻，獫矢、志矢皆具焉。亦豈有所備而然歟？王之出入，虎賁、旅賁執戈盾，夾車先後而趨。凡祭祀、會同亦如之，不獨遭喪爲然矣。《書》所謂"以虎賁百人，逆子釗"①者，蓋以天子之禮，迎入翼室居憂，而爲天下宗主。故曰："一有元良，萬國以貞，推心置腹。"光武中興，乃云："恐有奸臣，設兵以備。"何示天下以不廣也？且爲君之道，自世子時而已著矣。既登大寶，猶謂"君道尚微"，不亦悖乎？士之喪車，亦有五乘。斬衰堊車，與王始喪同；齊衰素車，與王卒哭同；大功藻車，與王既練同；小功駹車，與王大祥同；緦麻漆車，與王既禫同。士乘棧車，其制如漆車。【魏氏故事，國有大喪，群臣凶服，以布爲劍衣。及晉定新禮，以在喪無佩，欲去之。摯虞謂："《周禮》虎賁氏以兵守王宮。國有喪故，則衰葛執戈楯守門。葬則

---

① 語出《尚書·周書·顧命》，原文爲："以二干戈、虎賁百人，逆子釗於南門之外。"

從車而哭。……又，成王崩，太保命諸大夫以干戈内外警設，明喪故之際重宿衛之防。"愚謂：宿衛不因喪而設，亦不因喪而弛。故旅賁氏夾王車，或服而趨，或介而趨。喪則衰葛不介也。則戈楯豈因喪而設乎？】

虎車然幦髹飾

虎車，然幦，髹飾。《說文》云："幦，鬚布也。"虎車犬幦，幦即幦。覆軾曰幦，一作幭。髹，即髤，木汁可以髤物。然誤爲犬，磨滅之餘。

孤乘夏篆　士乘棧車庶人乘役車

孤乘夏篆，故書篆作緣。緣讀爲篆，古緣篆同音。《夏小正》元校者，黑若緣色，則緣色黑也。故鄭司農曰"夏，赤色。緣，緣色"，謂以赤黑色飾轂，蓋雀頭色歟？或曰夏篆，篆謂轂約。《說文》作夏輈，謂車約輈也。一曰，下棺車曰輈。輈讀爲輈，則篆緣輈輈音義同矣。《詩》曰："約軝錯衡。"毛詩云："軝長轂之軝，朱而約之。"故司農以夏爲赤色。孔疏云："以皮纏轂上，加朱漆。"《考工記》所謂"陳篆"也。康成謂以五采畫轂約者，夏染五色故云然。及箋詩而不破毛傳，義得兩通。棧車，一曰臥車，棧與輚通，《左傳》"逢丑父寢於輚中"是也。一曰役車，《詩》曰："有棧之車。"毛傳以棧爲役車，鄭箋亦云："役車輂者，以載任器，謂之輜重，故曰輜輂。"而臥車亦名輜軿，蓋衣車也。前後有蔽，陽貨載蔥靈即此。中立二木，兩傍開蔥，内容人臥，亦可載物。則棧與役二車，形制畧同矣。而士乘之爲棧車，庶人乘之爲役車，則又何以別士庶也？《尚書大傳》曰："未命爲士，車不得有飛軨，不得朱軒。"《注》云："軒，輿也。士以朱飾之飛軨，如今蔥車也。"然則，役車無飛軨，不得開蔥矣。棧車無革鞔而有漆飾，故其輿飾以朱，是爲雀飾，亦曰朱軒。黑多赤少，非純朱也。庶人木車單馬，其輿無飾，士庶別者以此。其形制仍同也。蔥靈即窗櫺，古今字。《說文》："櫺，窗間也。"徐幹《齊都賦》曰："窗櫺參差。"古之臥車取名焉。《詩》曰："我任我輂。"任者任車，即牛人職所謂"牽徬轅外，輓牛以載公任器"者也。載任器，故曰任車。寧戚欲干齊桓公，窮無以自達，於是爲商旅將任車以至齊。暮宿郭門外，飯牛車下。桓公郊迎客，夜開門，辟任車。《詩》所云"我任者"，謂此車。一名牛車，即庶人之役車。康成謂"負任者"，高誘云："任猶將也。"皆失之。【服虔曰："車有藩曰軒。"然則，役車有藩，不以朱飾。《說文》云："軒，曲輈也。"謂軒車有藩蔽也。】

〔車僕〕苹車之萃輕車之萃

《車僕職》：“蘋①車之萃，輕車之萃。”杜子春云：“蘋②當爲軿。”《蒼頡篇》曰：“軿車，衣車也。”《后汉书·舆服志》曰：“輕車，古之戰車。同朱輪輿，不巾不蓋，畜矛戟幢麾。”③畜謂建之，有蔽者爲蘋④，無蔽者爲輕。

〔司常〕九旗之物

九旗之物，物當作勿。一作㫃，謂之旗勿。《説文》云：“勿，州里所建旗，象其柄，有三游。雜帛，幅半異。所以趣民，故遽稱勿勿。”猶匆匆也。《説文》云：“多遽恩恩。”周之司常，即秦之職志。志者徽識，九旗之屬。康成謂：“物名者，所畫異物則異名。”然孤卿不畫，大夫士雜帛。則許氏恩恩之説，抑或非無據也。【古文物作勿，猶域作或。】

〔都宗人〕掌都宗祀之禮凡都祭祀致福於國

都宗人掌都宗祀之禮，凡都祭祀致福於國。家宗人掌家祭祀之禮亦然。而《祭僕職》：“凡祭祀，王之所不與，則賜之禽，都家亦如之。”康成謂都家：“王子弟立其祖王之廟。”孔穎達則云：“周制，王子有功德出封者，得廟祀所出之王。”故魯與鄭皆有周廟。《襄十二年傳》曰：“魯爲諸姬之喪，臨於周廟。”《昭十八年傳》：“鄭人救火，使祝史徙主祏於周廟。”魯祖文王，鄭祖厲王，是爲所出之王，各立廟於其國，故謂之周廟。《吕氏春秋》謂"魯惠公使宰讓請郊廟之禮於天子"，則似魯有周廟始於惠公。惠公者，孝公之子，隱公之父。惠公立四十六年而隱公即位，當平王之四十九年。似周之郊廟，平王命之。司馬遷謂"成王命魯得郊祭文王，魯有天子禮樂者"⑤，豈其然也？夫禮：『諸侯不敢祖天子，大夫不敢祖諸侯。』公廟之設於私家，由三桓始。魯以周公之故，立文王廟，三家見而僭焉。故於其家亦立桓公廟。然則，周廟之設於列國，猶公廟之設於私家，其爲非禮顯然矣。孔穎達謂：“天子之子以上德爲諸侯者，得祀所自出之祖。王子母弟無大功德，不得出封，食采畿内。”則又何説？而

---

① 蘋，四庫本作“苹”。
② 蘋，四庫本作“苹”。
③ 《後漢書·輿服志》，四庫本作“《續漢書》”。《後漢書》原文爲：“輕車，古之戰車也。洞朱輪輿，不巾不蓋，建矛戟幢麾，轚轤弩服，藏在武庫。”
④ 蘋，四庫本作“苹”。
⑤ 此處，惠士奇斷章引文，原文出自《史記·魯周公世家》：“於是成王乃命魯得郊祭文王。魯有天子禮樂者，以襃周公之德也。”

亦得於采地立祖王之廟哉。蓋其禮起於東遷之後，濫觴於春秋，通行於戰國。齊靖郭君封於薛，其子孟嘗君代立，願請先王之祭器，立宗廟於薛。薛者，齊之都家也。薛有齊廟，孟嘗君請之，猶魯有周廟，惠公請之，平王命之。都家立祖王之廟，誰請之而誰命之歟？我未之前聞。宗人所掌之祭祀曰宗祀，非先王之廟也。康成謂："都有山川，及因國無主九皇、六十四民之祀。"其說近之。《王制》："天子諸侯，祭因國之在其地而無主後者。"謂伏羲以前九皇、六十四民，【民，一作氏】皆上古無名號之君，絕世無後。周有都宗人家宗人主其祀焉。《祭法》所謂"泰厲、公厲、族厲"，即此。謂之厲者，前代有功之人而無主，後立祀以報其功，且使無歸之鬼不為厲也。《管子》曰："昔堯之五吏五官無所食，請立五厲之祭，祭堯之五吏。"五吏者，五官之神。重食於木，犂食於火土，該食於金，修與熙食於水，皆有所食。無所食而有功者謂之厲。泰厲者，有功於天下，天子立之。公厲者，有功於一國，諸侯立之。族厲者，有功於一家，大夫立之。先王報功之祀典至詳且悉若此。俗儒疑焉，以為古無厲祀。其不然乎？鯀障鴻水而殛死，禹能修鯀之功，故夏后氏郊鯀。至杞為夏，後而更郊禹。由是鯀無所食而為厲。晉侯夢黃能入寢，而祀夏郊焉。鯀於天下有治水之大功，而食泰厲之祀，其誰曰非宜也。若夫漢祀秦中，秦中者秦二世，近乎古之泰厲。秦祀杜主，杜主者，周右將軍，近乎古之公厲。皆無功烈於民，而祀典亦及焉。失之矣。《春秋》："鄭公孫黑肱有疾，召室老、宗人立段，而使黜官薄祭。祭以特羊，殷以少牢，足以共祀。"所謂宗人者，家宗人也。少牢饋食，大夫之禮。未聞祀所自出之公，則都家安得有祖王之廟乎？且宗廟享烝則獻禽，尊之也。都家祭祀則賜禽，卑之也。司農謂"都家自祭其祖"，得之。齊遣祝佗父祭於高唐。高唐，齊都，有齊別廟。楚有宗祧之事於武城，明武城亦有楚之別廟也，猶漢立廟於郡國。吾故曰"濫觴於春秋"。【漢制：『厲殃，祀天地、日月、星辰、四時、陰陽之神，以師曠配之。』王肅曰："厲殃，漢之淫祀耳。"師曠自是樂祖，無事於厲殃。學者遂疑祭法之厲起於漢，非也。西王母居玉山，虎齒善嘯，蓬髮戴勝，是司天之厲及五殘。蓋自古有之矣。韋昭云："人皇九人，所謂九皇。"《雜書》云："九男相像，其身九章。"或云："即九頭紀。"孔廟碑所謂"前開九頭以葉言教"者也。九皇氏沒，六十四氏興；六十四氏沒，而三皇興。《漢舊儀》曰："凡聖王之法，祭天地、日月、星辰、山川萬神，皆古之人，能紀尺地五行之氣，奉其功以成人者，故其祭祀皆以人事之禮食之。又祭三皇、五帝、九皇、六十四氏，凡八十有一姓，皆古帝皇。"在漢皆饐，則厲非淫祀，即祭法之泰厲也。鄭司農以為即小宗伯之四類，抑或然乎？又《舊儀》曰："臘者，報諸鬼神。古聖賢有功於民者皆享之。"《甘氏星經》曰："太白上公，妻曰女媊，居南斗食厲，天下祭之，曰明星。"食厲者，食於厲也，故配享明星。】

禮説卷十

東吴　半農　惠士奇

夏官一

〔大司馬〕以九伐之法正邦國　眚 壇 殘 杜 減

大司馬以九伐之法正邦國：曰眚，曰伐，曰壇，曰削，曰侵，曰正，曰殘，曰杜，曰減。康成謂眚，猶眚瘦。《王霸記》曰："四面削其地。"如其説，則眚與削何以别乎？《春秋·莊公二十有二年》"肆大眚"，穀梁子曰："肆，失也。眚，災也。災，紀也。"范氏注云："災謂罪惡。紀，治理也。有罪當治之。"然則，眚之者治其罪也。無虐㷀獨，不侮鰥寡。馮虐犯寡者，謂虐而侮之。《道術篇》曰："兄愛弟謂之友，反友爲虐。"兄曰寡兄，弟稱弱弟。春秋衛侯殺其弟叔武，可謂之馮虐犯寡，不可謂之賊殺其親。賊殺其親者，其罪焚，《易·離》九四"倒子爲突"，有焚如之象。春秋，子弑父、臣弑君，名之不正久矣。故曰："名其爲賊，敵乃可服。賊殺其親者，正之，正其賊之名也。"而康成以衛侯殺叔武當之。則人君有絶宗之道，公子不得戚君。衛侯君也，叔武臣也，君殺其臣，名非不正也。而其臣無罪，天子使其吏治之可矣，又焉用正之？經書"晉人執衛侯，歸之於京師"，眚之也，非正之也。眚，《公羊》作省，省與眚通。宣王命程伯休父爲大司馬，而作《常武》之詩，曰："率彼淮浦，省此徐土。"眚，之言省也。省其土，非削其地也。則眚之非削之，亦明矣。暴内陵外則壇之，康成讀壇爲墠。《王霸記》曰："置之空墠之地。"然則，壇之者，幽之也。《荀子》曰："官人失要則死，公侯失禮則幽。"幽謂囚之。《左傳·哀公八年》："邾子無道，吴子使大宰子餘討之，囚諸樓臺，栫之以棘，使諸大夫奉大子革以爲政。"此古幽之之法，蓋置之空墠之地，制其出入不得自由，亦不離其國内。康成以爲出其君，出非幽也。失之。《易·履》

九二稱"幽人"。虞翻謂履變訟初爲兌，訟二在坎獄，故稱幽人。《周書》"囚蔡叔於郭鄰"，幽之也。叔卒，仍立其子仲於蔡。則郭鄰乃空埤之地名，明在蔡之境內矣。賊殺其親，放弒其君，一曰正，一曰殘，互文。正之者，鳴鐘鼓以聲其罪。殘之者，或焚或轘。春秋邾人戕繒子於繒。穀梁子曰："戕猶殘也，捝殺也。"《注》云："捝，謂搥打。"《方言》謂之掄。【音廩，又洛感反。】關西人呼打爲掄，晉魏河內之北謂掄曰殘。蓋殘賊而殺之爲捝殺。《詮言訓》"羿死於桃棓"，《注》云："棓，大杖桃木爲之，以擊殺羿。"則似古有是刑，而邾人行之。故《春秋》書之曰戕。《小爾雅》亦曰："戕，殘也。"蓋邾人假其名以行其虐也。殘乃九伐之正法，豈捝殺之謂哉！董仲舒、劉向以爲，戕者支解之謂。解四支，斷骨節，蓋近乎殘矣。殘，之言轘也，弒君者轘，古之法也。說者謂起於秦，誤矣。犯令陵政，則杜之。《注》云："杜者，杜塞使不得與鄰國交通。"古杜之之法，諸侯不出境，大夫不出門。《管子》曰："城陽大夫嬖寵被絺綌，鵝鶩含餘秫，伯叔、父母、遠近兄弟皆寒而不得衣，饑而不得食，欲盡忠於國，能乎？以令召城陽大夫，滅其位，杜其門而不出"。① 此古者有罪杜門之法也。商鞅相秦，太子犯法，以爲君嗣，不可施刑，刑其傅公子虔，故趙良曰："公子虔杜門不出已八年矣。"大夫如是，則諸侯可知。戰國中山稱王，齊閉關不通其使以隘之。隘之者，猶杜之也。《春秋》宋人遷宿，公羊子讀遷爲還。【還與環通，一音胡慣切。】曰遷者何？不通也，以地還之也。何氏曰："還，繞也，繞取其地使不得通四方。"蓋杜之也。然則，宿孰滅之，曰宋滅之，假杜之之法，行取之之計，而掩滅之之名焉爾。楚欲吞宋，要宋田，夾塞兩川使水不得東流。晉伐齊敗之，亦欲使齊之境內盡東其畝。此楚土宋，而晉土齊。【古土、杜通。《毛詩》"自土沮漆"，《齊詩》"自杜沮漆"，《公羊》"土齊"，猶杜齊也。《注》云："以齊爲土地。"失之。】土，之言杜也，即九伐杜之之法也。晉文公反鄭之埤東、衛之畝者，亦以此。魏錮諸侯，吉凶之問塞，慶吊之禮廢。王公徒有國土之名，禁防壅隔同於囹圄，此非古杜之之法歟？無罪而杜之，因以雕翦本支，委權異族，其亡也不亦宜乎？外內亂，鳥獸行，則滅之。滅之者，滅其君，不滅其國。春秋滅國，利其土地而已，非誅其君也。公羊子曰："滅者，上下同力，亡國之善辭。"② 滅者善，則滅之者之惡益顯矣。滅者誅君之辭，誅君之子不立，更擇其先世子孫賢者立之。"然則，不曰誅而曰滅何也？君死曰滅。《春秋》："吳敗

---

① 語出《管子·輕重丁》，原文爲："管子對曰：'城陽大夫，嬖寵被絺，鵝鶩含餘秫，齊鐘鼓之聲，吹笙簧，同姓不入，伯叔父母遠近兄弟皆寒而不得衣，饑而不得食。子欲盡忠於寡人，能乎？故子毋複見寡人。'滅其位，杜其門而不出。"

② 語出《春秋公羊傳》，原文爲："滅者，亡國之善辭也。滅者，上下之同力者也。"

頓、胡、沈、蔡、陳、許之師於雞父，胡子髡、沈子逞滅。"杜預曰："國雖存，君死曰滅"是也。《公羊》謂"邾婁之君顏淫九公子於宮中"近乎外內亂鳥獸行焉。天子爲之誅顏，而立其弟叔術，則滅之之事也。誅顏之天子死，叔術乃致國於顏之子夏父。當此之時，邾婁人常被兵於周，曰何故？死吾天子，則誅君之子不立，信矣。《鄭語》："彭姓豕韋則商滅之，其後仍爲商伯。"蓋湯滅豕韋，不滅其國，故子孫得更興爲伯也。《左傳·襄公四年》曰："滅斟灌。"《哀公元年》又曰："殺斟灌。"王肅云："古者滅殺同名。"然則滅之者，殺之而已。

師帥執提旅帥執鼙

仲春振旅，師帥執提。《注》云："提，馬上鼓，有曲木提持立馬髦上者，故謂之提。"案：髦，一作駬。《集韻》云："車翼也，以禦風塵。"古有旄車。然則，提鼓立於車上矣。一曰馬髦，馬長毛。《大周正樂》曰："馬上鼓曰提，有木可提執。施於朝，則登聞鼓，敢諫之鼓是也。施於府寺曰朝鼓，在邸墅曰枹鼓。"枹，一作桴，擊鼓物也。在邊徼曰警鼓。然則，達窮之路鼓，即後世之登聞，亦有木可提持者歟？旅帥執鼙，《司馬法》："千人之師執鼙。"鼙或作鞞，騎鼓也。其形似鞀而庳薄，則又以鼙爲馬上鼓矣。古無單騎，凡軍中之鼓皆曰騎鼓可也。周宅酆鎬，近戎人，與諸侯約爲高葆，禱於王路，置鼓其上，遠近相聞，即戎寇至傳鼓相告，此古之警鼓歟？

中夏教茇舍辨號名之用

中夏教茇舍，辨號名之用。號名者，徽幟也。縣鄙以名，家以號，百官以事，在國以表朝位，在軍又象其制而爲之，被之以備死事焉。蓋象喪禮之銘旌也。其說見《墨子·旗幟篇》。守城之法，有旗有幟，以形名爲旗。形名者，木爲蒼旗，火爲赤旗，石爲白旗，水爲黑旗，食爲菌旗，死士爲倉英之旗，竟士爲雩旗，多卒爲雙兔之旗，五尺男子爲童旗，女子爲梯末之旗，弩爲狗旗，戟爲荏旗，劍盾爲羽旗，車爲龍旗，騎爲鳥旗，是爲形名之旗，號名之用。茇舍群吏撰車徒，讀書契而辨之者也。凡所求索旗名不在書者，皆以形名名之，故曰號名之用。亭尉各爲幟，竿長二丈五，帛長丈五，廣半幅。有大寇：鼓三，舉一幟；鼓四，舉二幟；鼓五，舉三幟；鼓六，舉四幟；鼓七，舉五幟；鼓八，舉六幟。大司馬中冬大閱，三鼓作旗以此。吏卒男女，皆荍異衣章。衣章者，小徽幟也。城上吏卒置之背，卒於頭上；城下吏卒置之肩，左軍於左肩，中軍置胸前。蓋被之以備死事者也。大旗署戶邑及財物，建旗其署，令皆明白知之，曰"某子旗"，若"高子之鼓""國子之鼓"，所以題別衆臣。在朝表位，在軍象事。某某之名，某某之號，其用蓋如此。故曰"人執旌旗以號相命"，此之謂也。後世詭道行軍，伏旗鼓，謬號令，自以爲出入若神，然非所謂明白知之之義矣。尉繚子曰："卒有五章，前一五行，置章於首，次二五行。置章於項，次三五行。置章於胸，次四五行。置章於腹，次五五行。置章於腰，自腰至首，五色爲章。"九旗之屬，職在司常。帥之旗，書曰"某門某子"。卒之章，書曰"某甲某士"。秦刻石之罘，其東觀辭曰："作立大義，昭設備器，咸有章旗，職臣遵分，各知所行，事無嫌疑。"然則，章旗所以定職守，決嫌疑也。【徽幟之長短無文，孔穎達以事喪禮證之，蓋長三尺。】

帥以門名　鄉以州名

帥以門名。《註》云："軍將皆命卿。"古者軍將蓋爲營，治於國門。魯有東門襄仲，宋有桐門右師，皆上卿爲軍將者。《舜典》曰："辟四門。"鄭注云："卿士之職，使爲己出政教於天下。言四門者，卿士之私朝在國門。"後世東門襄仲、桐門右師，取法於古也。宋有澤門晳，吳有胥門巢，晉有下門聰，秦有橫門君，趙有廣門官。春秋戰國皆然，遂謂唐虞亦然，豈其然乎？宋襄戰於泓，而門官殲焉。門官者，軍之帥也。宋向戌稱盧門合左師，而華氏亦居盧門。二族皆卿而爲軍帥，謂之門官者以此。其後遂爲將軍，晉六卿號六將軍。古者軍營在門，故死事之老孤，養以門關之委積。蓋就其地而養之，所以勵士而勸功也。鄭瞞伐宋，司徒皇父禦之。耏班爲禦，以敗狄於長邱，皇父之二子死焉。宋以門賞耏班，使食其徵。徵者，門關之委積。耏班食之，因謂之耏門。死者未見恤而生者獨旌焉，豈先王之法乎？韓非謂："死士之孤，饑餓乞於道，而優笑酒徒之屬，粲車衣絲。"則知遺人之職廢於戰國矣。鄉以州名，《注》云"南鄉甄、東鄉爲人"是也。案：《世本》有宋大夫東鄉爲。似東鄉氏而爲名，人衍文。① 晉國高士全，隱於南鄉，因以爲氏。則南鄉甄者，亦氏南鄉而名甄也。賈疏謂："甄與爲人，皆當時鄉名。"失之。居門者以門氏，居鄉者以鄉氏，則南鄉、東鄉皆氏，何疑？

中秋教治兵辨旗物之用

《左傳》孔疏云："大司馬職：中秋教治兵，辨旗物之用；司常職：國之大閱，贊司馬，頒旗物。"大閱治兵皆教戰，而旌旗之物所建不同者。康成謂："凡頒旗物，以出軍之旗，則如秋。以尊卑之常，則如冬。……大閱備軍禮，而旌旗不如出

---

① 《世本八種·王謨輯本》："東鄉氏，宋大夫東鄉爲人之後。"

軍之時，空避實。"然則，大閱所建尊卑之常，治兵所建出軍之禮。三年治兵，與秋教治兵，其名既同，建當不異。故服虔引司馬職文明此。旌旗所建用秋，辨旗物之法也。案：治兵，王載大常。《巾車職》大麾以田，大白以即戎。先儒以爲，王田：春夏則大麾，秋冬則大常。旌旗所用，雖如治兵之時，然王若親軍則建大白。《王制疏①》云："旌旗無旒者，謂之大麾。一名綏。"《王制》："天子殺則下大綏，諸侯殺則下小綏。"《注》云："綏當作緌，有虞氏之旌旗也。"《巾車注》云："大麾，色黑，夏后氏所建"。蓋夏后氏之旗。去其旒旇爲有虞氏之緌，即巾車之大麾。《王制》："三田皆用之，合於巾車。"大麾以田之説不在九旗中，惟田抗之以表獲，故《詩傳》云："天子發抗大綏，諸侯發抗小綏。"抗則舉之，下則弊之。皆以田言，明非田不建大麾也。中冬大閱，中秋治兵，固建太常矣。及其田也，仍建大麾以表獲焉。先儒謂"春夏用之，秋冬則否"，誤矣。司常之屬，旌旗之細也。名爲徽幟，亦謂之章，《詩》曰"織文鳥章"。有九旗，又有九章。九章著明，五教不亂。九旗：曰常，曰旂，曰旜，曰物，曰旗，曰旟，曰旐，曰旞，曰旌。九章：曰日章，曰月章，合之爲日月之常。曰龍章，曰虎章，即交龍之旂、熊虎之旗。曰鳥章，曰蛇章，即鳥隼之旟、龜蛇之旐。晝行舉日，夜行舉月，行水舉龍，行林舉虎，行陂舉鳥，行澤舉蛇。曰鵲章，曰狼章，曰韓章。行陸舉鵲，行山舉狼，載食而駕舉韓。韓者，建皋也。虎皮，一名皋比，武王克紂，包干戈以虎皮，故曰韓。【櫜、皋、韓，古文通。康成作櫜，服虔作皋，《管子》作韓。】《曲禮》"前有士師，則載虎皮"即此章，是爲九章、九旗之屬也。五教：曰耳目，曰身，曰足，曰手，曰心。坐作進退，疾徐疏數，所以教其身。車馳徒走，車驟徒趨，所以教其足。鼓三闋，車三發，徒三刺，所以教其手。誓於陳前，斬牲以徇，所以教其心。春辨鼓鐸，夏辨號名，秋辨旗物，所以教其耳目。司常所謂"象其事，象其名，象其號"者，蓋謂"形色之旗也"。徽幟既然，旌旗獨不然乎？曰軍吏，曰百官，所謂"官府各象其事"。曰師都，曰州里，曰縣鄙，曰鄉遂，曰郊野，所謂"州里各象其名"。曰孤卿，曰大夫士，所謂"家各象其號"。一旜也，或曰孤卿，或曰師都。一物也，或曰大夫士，或曰鄉遂。謂師都之孤卿，鄉遂之大夫士。一舉其名，一舉其號也。一旗也，或曰軍吏，或曰師都。一旟也，或曰百官，或曰州里，謂師都之軍吏，州里之百官。一舉其名，一舉其事也。一旐也，或曰郊野，或曰縣鄙。縣鄙在六遂，遂人掌邦之野，故曰郊野。舉其名，則知其事與號也。分之爲事，爲名，爲號；而合之以形色之同。秋冬所以教其耳目者，又如此。康成謂："冬大閱

———

① 疏，四庫本作"旒"。

爲空，秋治兵爲實，而變易其旌旗。"旌旗所以號令也，數變易焉，五教亂矣。又安能一氣專定，進無所疑，退無所匱乎？幟象銘旌，被之於背，是爲徽。《説文》謂："以絳徽帛著於背。"《春秋傳》"揚徽者公徒"，孔穎達謂"爲公者揚徽，猶爲劉氏者左袒是也"。徽，一作揮。《東京賦》"戎士介而揚揮"，薛綜云："揮爲肩上絳幟，如燕尾然。"則幟垂於肩，被於背，吳語所謂"肥胡"，《吳都賦》所謂"祀姑"。【肥胡、祀姑，形聲相似。韋昭讀爲肥胡，左思讀爲祀姑。】《注》云："幡名麾，旗之屬。"康成謂九旗之屬亦然，今城門僕射所被及亭長著絳衣，皆其舊象。《方言》："亭父謂之亭公，其卒謂之弩父，或謂之褚。"褚當讀爲帾。【帶古反。】帾與徽皆幡名，見《廣雅》。所謂"亭長絳衣"，徽之象也。郭景純讀爲赭，言其衣赤，義亦通。仍讀從帾爲允。漢時走卒皆赤幘絳褠，謂之褚者以此。秦攻齊，齊威王使章子將而應之，與秦軍交和而舍章子，乃變其徽章以雜秦軍，由是秦軍大敗。而淮陰擊趙，亦陰選輕騎入趙壁，拔趙幟立漢幟，以亂其軍，或持之，或立之，或被之，或揚之，皆同物也。【《廣雅》："亭父、更褚，卒也。"】

中冬教大閱以旌爲左右和之門

中冬教大閱，遂以狩田。以旌爲左右和之門，群吏各帥其車徒，以叙和出。案：《戰國策》：韓齊魏共攻燕，燕請救於楚。楚使景陽將而攻魏雝丘以救燕，三國之兵皆罷。魏軍其西，齊軍其東，楚軍不得還，景陽乃開西和門通使於魏，晝以軍騎暮以燭，齊師怪之，以爲楚與燕魏合謀，遂引兵去，楚師乃還。是軍門有東西和也。《韓非子》曰："李悝警其兩和，曰：'敵人且至。'如是再三而敵不至，兩和懈怠不信。秦襲之，幾奪其軍。一日①，悝與秦人戰，謂左和曰：'速上，右和已上矣。'又馳而至右和，曰：'左和已上矣。'左右和皆爭上。"是軍壘有左右和也。和者，壁壘之名，因於其壘立旌門，是爲左右和之門。師克在和，故曰和。唐禮：『仲冬講武，四出爲和門，建旗爲之，如其方色。』是軍之四面皆有和門矣。《東京賦》："叙和樹表。"《注》云："軍之正門爲和。"失之。

獻禽以享烝

祭以首時，薦以仲月。而大司馬中夏苗田，獻禽以享礿。中冬狩田，獻禽以享烝。康成謂："冬夏田，主於祭宗廟者，陰陽始起，象神之在内。"是祭以仲月，非首時也。《王制》"天子諸侯之田"，一爲乾豆，亦見《公羊》。何休云："一者，第

---

① 日，《韓非子》作"曰"。

一之殺也。自左膘射之，達於右腢，中心死疾鮮潔，故乾而豆之，薦於宗廟。"不知所謂薦者因田而薦歟？抑因祭而田歟？孔氏、賈氏皆以爲，《周禮》四仲祭者，獻禽也。然則，因田而薦，非因祭而田。直曰獻禽可矣，又曰享祠、享烝何也？孟夏礿而中夏又礿，孟冬烝而中冬又烝，不亦黷乎？南師解曰："祭以首時者，謂大夫、士也。"天子諸侯祭天及禘祫以孟月，祭宗廟以仲月。而《左傳》則有"始殺而嘗，閉蟄而烝"之文。始殺在仲秋，則閉蟄亦當在仲冬矣。杜預分爲上下限，十月半蟲始蟄爲上限，十一月初蟄蟲閉爲下限，皆可烝。《周官》祭以四仲，蓋在下限。是因祭以首時而曲爲之說也。《昭元年左傳》"十二月，晉既烝"，蓋周建子爲春，故烝祭在十二月，於夏爲孟冬，於周爲季冬。《桓八年經》"春正月己卯烝"，於周爲孟春，於夏爲仲冬。如杜預說，在可烝之下限不爲過而書者。《穀梁》以爲："烝，冬事，而春興之，志不時也。"然則，不行夏時，祠礿嘗烝皆失其正。故《春秋》書而非之。《周官》蒐、苗、獮、狩，獨用夏時，祭以四仲，得其正矣。桓四年春正月狩，與八年春正月烝，皆在仲冬之月，合於《周官》。說者以爲，春狩與春烝皆非禮，故書月。莊四年冬，狩於郜。昭八年秋，蒐於紅，爲得時，故不月。【《公》《穀》皆曰："秋曰蒐。"】何休亦云："狩例時，書月者，譏不時也。"【范寧亦云："祭祀得禮者時，失禮者月。"】然則，春秋亦行夏時歟？不然莊四年冬狩，夏之八月，乃仲秋之獮。昭八年秋蒐，夏之五月，乃仲夏之苗。秋而狩，夏而蒐，烏在其爲得時乎？春秋祭不書祠礿而書嘗烝，田不書苗獮而書蒐狩，則凡書於策者皆非時。田時祭，可知也。大閱在中冬，經書秋八月。【桓六年。】《左氏》以爲簡車馬，《穀梁》以爲觀婦人。而《昭十八年》七月，鄭人大蒐治兵於廟，則搜閱皆非時田，明矣。【何休曰："比年蒐，三年大閱，五年大蒐，漢禮猶然。"】《昭二十有二年》春，大蒐於昌閒。穀梁子曰："秋而曰蒐，此春也，其曰蒐何也？以蒐事也。"如其說，四時皆可蒐。而《桓八年》夏五月丁丑烝，則亦四時皆可烝歟？吾故曰："時田時祭不書於策。"董仲舒曰："祠者以正月食韭，礿者以四月食麥，嘗者以七月嘗黍稷，烝者以十月進初稻。"是薦也，非祭也。又曰："春上豆實，夏上尊實，秋上机實，冬上敦實。豆實，韭也，春始生。尊實，麷也，夏初受。机實，黍也，秋先成。敦實，稻也，冬畢熟。"始生曰祠，初受曰礿，先成曰嘗，畢熟曰烝。一年之中，天賜四至，至則上之，此宗廟所以歲四祭也。蓋合祭薦爲一而以首時，其義如此。劉向曰："苗者毛取之，蒐者搜索之，狩者守留之夏，不田何也？"曰："天地陰陽盛長之時，猛獸不攫，鷙鳥不搏，蝮蠆不螫，鳥獸蟲蛇且知應天，而況人乎哉？……其謂之田何？去禽獸害稼穡者，故以田言之。"何休謂："田以共承宗廟，夏不田而於苑囿中取之。"劉向不信《周官》，獨主《公羊》

"夏不田"之說。《周書》曰："夏數得天，百王所同。商湯革命，建丑爲正。易民之視，亦越我周。改正異械，以垂三統。至於敬授民時，巡狩祭享，猶自夏焉。"①此《周官》用夏時之明證也。【何休曰："春薦尚韭卵，夏薦尚麥魚，秋薦尚黍肫，冬薦尚稻鴈。"無牲而祭謂之薦。天子四祭四薦，諸侯三祭三薦，大夫、士再祭再薦。漢叔孫生曰："古者有春嘗果，方今櫻桃熟，可獻。"上許之。諸果獻由此興，此無牲之薦也。然堯嘗麥，犬嘗麻，則薦有牲矣。《王制》注云："有田者既祭又薦。士薦用特豚，大夫羔，所謂羔豚而祭百官皆足。"《詩》曰："獻羔祭韭。"說者謂："祭特牲薦以豚，祭少牢薦以羔。薦貶於祭，不用成牲。無牲者，無成牲也。"康成謂："鬼亦在祧，薦而不祭。祭有尸，薦無尸。"譙周謂："月朔加薦象生時，朔食謂之月祭，祧廟則否。"】

及師大合軍

《詩》："時邁其邦。"巡守也。曰："薄言震之，莫不震疊。"《箋》云："兵所征伐，甫動以威，則莫不懼而服者。"《疏》云："王巡守，以軍從故也。"《大司馬職》曰："及師大合軍，以行禁令，以救無罪，伐有罪。"又曰："若大師，則掌其禁令，涖聲主及軍器。"上云師，下云大師，二者不同。大師言征伐之事；則所云師者，乃巡守，非征伐也。故《注》云："師，謂王巡守及會同，司馬起師合軍以從。不言大者，未有敵，不尚武。"是巡守之禮以軍從矣。大合軍，猶大合樂。大合樂者，徧作六代之樂。明大合軍者，亦六軍皆行也。而《雜問志》云："天子巡守，禮無六軍之文。"以禮無正文耳。天子，海内之主，安不忘危，且云："救無罪，伐有罪。"安得無六軍也？或云："《詩》：'言戢干戈，載櫜弓矢。'則震疊不以兵矣。"且定三革，隱五刃，偃武行文，帥諸侯而朝天子，齊桓之所以立伯功也。況天子之巡守，曷爲威之以兵，然後懼而服乎？說者謂小宗伯立軍社，大司馬涖聲主，皆曰大師。是命將出師曰師，天子親征則加大焉。大合軍者，天子治兵之禮。然康成謂"巡守若會同"，亦非無說也。《大行人》："時會以發四方之禁，殷同以施天下之政。"時會者，諸侯有不順服，王將討之，乃爲壇以合諸侯而發禁焉。殷同者，十二歲王不巡守，六服盡來朝，故曰殷同，亦曰殷國，言其盛也。王亦爲壇合諸侯而命其政。政與禁，謂九法九伐，所以平邦國、正邦國，而大合軍以行其禁

---

① 語出《逸周書》，原文爲："夏數得天，百王所同。其在商湯，用師於夏，除民之灾……一文一質，示不相沿，以建醜之日爲正，易民之視。……改正異械，以垂三統，至於敬授民時，巡狩祭享，猶自夏焉。"

令者也。《詩》曰："周王於邁，六師及之。"於邁猶時邁，則巡守有六軍見於此矣。昭王南征，抎於漢中。穆王東征，渴於沙衍。周德之衰也。宣王東蒐，軍行嚴肅，大路所歷，黎元不知。故《詩》曰："之子於征，有聞無聲。"龐龐乎，奕奕乎，豈非一時之盛哉！東蒐者，王之東巡守也。選車徒、大合衆，則巡守有六軍，又何疑？《春秋》"天王狩於河陽"，《穀梁》狩作守，讀爲狩。蓋王巡守，會諸侯而田獵，因以修戎事，故一名蒐。《書》曰："其克詰爾戎兵，以陟禹之迹，方行天下，至於海表，罔有不服。以覲文王之耿光，以揚武王之大烈。"方行天下，非巡狩而何？觀光揚烈，曷嘗不詰戎兵也？兵所以昭文德，信矣！是故嚮戌弭兵，而春秋益亂。蕭俛消兵，而河朔遂亡。

大役與慮事屬其植受其要

大役，與慮事，屬其植，受其要。① 鄭司農謂："植者，《春秋傳》華元爲植巡功，屬謂聚會之。要者，簿書。"案：春秋昭三十二年，諸侯城成周，屬役賦丈，書以授帥。及會城而栽，宋仲幾不受功。② 栽者，植也，謂楨榦。書者，要也，謂役要。不受功者，不受要也。《公羊》謂"不蓑城"，何休曰："若今以草衣城。"或讀蓑爲衰。【初危反。】謂"功之等衰次第"，非也。魏揚州刺史劉馥高爲城壘，多積木石，編作草苫數千萬枚爲備。及吳圍合肥，天連雨，城欲崩，於是以苫蓑覆之，是爲蓑城。即何氏所謂"以草衣城"之法，蓋古皆土城，故覆之以防傾頹。漢魏皆然，春秋胡獨不然乎？戰國董閼於之爲晉陽也，宮垣皆以萩蒿楛楚，其牆之楛高至丈餘。然則，古者不獨覆城垣兼覆宮垣矣。蓋水昏正而栽，賞群幹、聚群材，百物皆具焉，所謂屬其植也。司農以爲部曲將吏，失之。《管子》謂："水官之吏，常按行堤。有大雨，各葆其所。可治者趣治，堤防，可衣者衣之。"③ 則蓑城與衣堤皆古法也。【《四時篇》曰："西方曰辰，其時曰秋，賞彼群幹，聚彼群材，百物乃收。"】

大祭祀饗食羞牲魚

大會同，則大司馬帥士庶子，而掌其政令。大祭祀饗食，羞牲魚。孔穎達謂

---

① 語出《周禮·夏官·司馬》。
② 語出《左傳·定公元年》，原文爲："孟懿子會城成周，庚寅，栽。宋仲幾不受功，曰：滕、薛、郳，吾役也。"
③ 語出《管子·度地》，原文爲："常令水官之吏，冬時行堤防，可治者章而上之都。都以春少事作之。已作之後，常案行。堤有毀作，大雨，各葆其所，可治者趣治，以徒隸給。大雨，堤防可衣者衣之。"

"司馬掌會同薦羞之事"。《春秋·襄二十七年》諸侯之大夫會盟於宋。宋人享趙孟，司馬置折俎，禮也。體解節折謂之羞，羞牲魚，蓋饗兼燕矣。仲尼使舉是禮也，以爲多文辭。古者於旅也語。文辭者，饗燕之辭。魏侯觴於苑臺，魯君舉觴而言。孔子射於矍相之圃，公罔之裘揚觶而語，皆是也。服虔以爲，仲尼舉而用之，後世謂之孔氏聘辭。聘行享禮，其說必有據矣。

〔司勳〕有功者祭於大烝

《夏官·司勳》："凡有功者，祭於大烝。"① 謂功臣配享。案：唐貞觀禮：『祫享功臣，配於廟廷，禘則否。』是時令文，祫禘並得配享。貞觀十六年，集禮官議。大常卿韋挺等議曰："《周禮》六功之官，惟配大烝而已。先儒皆以大烝爲祫祭。高堂隆庾蔚之等皆遵鄭學，未有以爲時享者。又漢魏祫祀皆在十月，晉朝禮官欲用孟秋殷祭。左僕射孔安國啟彈，坐免者不一。梁初，誤禘功臣，左丞何佟之駁議，武帝從之。降洎周齊俱依此禮，今禮禘無功臣，誠謂禮不可易，乃詔改令從禮。至開元改修禮，復令禘祫並配焉。"案：司勳大烝，《月令》所謂"大飲烝"也。孟夏飲酎，孟冬大飲烝，皆祭宗廟之禮。《左傳·襄二十二年》所謂"見於嘗酎與執燔焉"是也。執燔助祭，非宗廟而何？康成謂"飲酎，與群臣飲於朝；大飲烝，與群臣飲於學"，鑿矣。孟冬百物大備，其禮尤盛，故祫祭於太廟，曰大飲烝。是時，大享先王，功臣皆從與享。而天子亦得與其助祭之群臣飲酒於廟之寢歟？《盤庚》孔傳曰："大享，烝嘗也。"孔疏云："時祭烝嘗爲大，秋冬之祭，尚及功臣，則禘祫可知。"近代惟禘祫配食，時祭不及，失之矣。冬祭曰大烝，乃時祫爾，非謂三年一祫也。配享列於庭。魏高堂隆議曰："燕禮，大夫以上皆升堂，士位於庭，功臣配食而在庭。"此貶損，非寵異也。《周書》曰："勇則害上，不登於明堂。"【見《周書·大匡篇》。《左傳》引之曰《周志》。今之《周書》，古之《周志》也。】言有勇而無義，不登堂配食。此配食在堂之明證也。北面於庭，朝立之位，燕則升堂脫屨，位不在庭。君禮：『大夫三獻，大祝三進爵於配食者可也。』古有立朝，有坐朝。治朝則君臣皆立，燕朝則君臣皆坐。坐則脫屨升堂，大夫以上皆然。士則立於下，故曰："朝不坐，燕不與。"孔叢子謂："天子諸侯之臣，生則有列於朝，死則有位於廟，其序一也。"《左傳》："以王命討不庭。"杜預云："下之事上皆成禮於庭中。"然則，有位於廟，其位在庭矣。朝有著位，廟亦如之。《詩》著三章，先言著，次言庭，末言堂。則著不在堂也。其配饗神座。齊永明十年，何諲之議曰：

---

① 語出《周禮·夏官·司馬》，原文爲："凡有功者，銘書於王之大常，祭於大烝，司勳詔之。"

"功臣配饗題列坐位，具書官爵諡名。前朝遺事無主，設板大小厚薄與《尚書》召板相同。"然則，板即主也。晉安昌荀氏祠制謂之祭板，長尺一寸，博四寸五分，厚五寸八分。大書某之神座，盛以帛囊而檢封焉。唐禮：『祫禘，功臣神座各設版於座首，其版文各具題官爵姓名。』自漢及唐，未聞配食在堂之禮。楚詞云："三公穆穆登降堂，諸侯畢極立九卿。"【音羌，與堂協。】但言登降而已，非謂位在堂也。覲禮，侯氏奠圭、奠幣在中庭，皆升堂致命，降階再拜稽首，亦升堂成拜。則朝位亦不盡在庭。蓋天子以賓客禮之，故致命成拜皆在堂歟？春朝與秋覲不同，秋覲天子當依而立。《爾雅》："牖戶之閒謂之扆。【與依通。】"扆當牖東戶西，則扆位在堂矣。春朝天子，當寧而立。《爾雅》："門屏之閒謂之寧。"蓋門旁有塾，門外有屏，天子立於其閒，以待諸侯之至，故曰寧。諸公東面，諸侯西面，東西對立，則君臣之位皆不在堂。所謂"不下堂而見諸侯"者，惟覲禮為然也。或曰"寧位在門堂"，寧與著通。諸侯內屏著在門內，天子外屏著在門外。《爾雅》："兩階閒謂之鄉，中庭之左右謂之位。"位者，群臣東西之列位。《雜問志》曰："春祭蒼帝，大皞食焉，句芒祭之於庭。"則知在庭之位非始於漢矣。【《曲禮下》"卿位"，《疏》云："卿位，路門內，門東，北面位。"《論語》："過位，色勃如也。"《注》謂："入門右，北面，君揖之位。"包氏以為君之空位，誤矣。入門尚未升堂，則位非君位也。燕朝在路寢，大夫得升堂。】

〔馬質〕禁原蠶

《馬質》"禁原蠶"，《注》云："原，再也。"天文辰為馬，《蠶書》蠶為龍精，月直大火，則浴其種。是蠶與馬同。氣物莫能兩，大禁原蠶者為傷馬也。宋雍熙中，嘗欲禁之。值史館樂史以為：『國賦再熟之稻，鄉貢八蠶之綿。蠶之有原，其來久矣。編民之內，貧窶者多。春蠶所成，止充賦調之用。晚蠶薄利，方及卒歲之資。今若禁之，竊恐病民，未見其利。』上覽之，遂寢其禁。司業孔維以為：『晚蠶之繭出絲甚少，再采之葉，來歲不茂，豈徒傷馬，桑亦殘焉。【《淮南子》曰："禁原蠶為殘桑也。"】今坰野之地，官馬多死。苟無明據，豈敢妄陳。案：《本草注》："以僵蠶塗馬齒，則不能食草。"物類相感如此。仲春祭馬祖，季春享先蠶，皆天駟房星也。為馬祈福謂之馬祖，為蠶祈福謂之先蠶。請依《周禮》禁原蠶為允。』上雖不用而嘉之，以其言付史館。而有司檢討先蠶故事，以為先蠶者始蠶之人，與先農、先牧、先炊，一也。開元享禮，瘞炊於壇之壬地。又：《郊祀錄》載先蠶祀文，有"肇興蠶織"之語。而為壇北郊，不設燔燎，則先蠶非天駟房星矣。《中山經》："宣山有桑，其枝四衢，葉大尺餘，名曰帝女之桑。"《詩》所謂"猗彼女桑"也。《海外北經》："有歐絲之野，在大踵東，一女子跪據樹歐絲。"即《荀子》所謂"身女好而頭馬首"者，是爲蠶神，與馬同形，故與馬同氣，實爲龍精。而《晉志》"祭先蠶以少牢"，其神曰菀窳婦人、寓氏公主。《隋志》"祭先蠶以太牢"，其神曰西陵氏，則肇興蠶織者也。《校人》"秋祭馬社"，《注》云："始乘馬者。"《世本》作曰"相土作乘馬"，似非。《易》"服牛乘馬"，蓋取之《隨》。神化宜民，始於黃帝。然則，作乘馬者，軒轅氏矣。【《路史》謂："軒轅氏，古帝皇，非黃帝也。"其言不雅馴。】禡，之言馬也，禡禮祀軒轅以此。北齊以馬蠶同祖，故先蠶亦祀軒轅，失之。《校人》"夏祭先牧"，《注》云："始養馬者，其人未聞。"《呂氏春秋》曰："乘雅作駕，寒哀作禦。"寒哀者，韓哀侯也。古寒、韓通。《世本》云："韓哀侯作禦。"說者謂，古雖有禦，至是加精巧焉。《詩》曰："自古在昔，先民有作。"菀窳寓氏，乘雅寒哀，似皆起於近世，非古。昔先民安可謂之作乎？軒轅娶於西陵氏之子，謂之嫘祖氏，淳化鳥獸蟲蛾，故後周以先蠶爲西陵氏。然則，先蠶猶先牧，始養蠶者，而馬蠶之祖則龍精也。

〔量人〕量市朝州塗軍社之所里

量人：掌建國及造都邑之法，營軍之壘舍，量其市朝、州塗、軍社之所里。司農謂："州塗者，還市朝而爲道。"【還與環通。】康成謂："一州之衆，二千五百人爲師。"先鄭以州爲道，失之。後鄭以州爲師，亦未爲得也。塗謂之術，術謂之遂。《月令》"審端徑術"，《學記》"術有序"，皆是。蓋田首曰遂，而五縣爲遂，亦以遂名。邑中道曰術，而十里爲術，亦以術名。《度地篇》曰："州者謂之術，不滿術者謂之里。"故百家爲里，里十爲術，術十爲州，州十爲都。然則，州塗者，州術也。州之内有塗，塗之内有里。面朝後市，左祖右社，而壘舍成焉。營軍之壘，象建國之都，皆以其法別而制斷之。量人所以造都邑者如此，則其所以營軍壘者亦如此。掌固：掌修城郭、溝池、樹渠之固，其法亦見《度地篇》。其言曰："聖人之處國者，必於不傾之地，而擇地形之肥饒者。鄉山左右，經水若澤，內爲落渠之寫，因大川而注焉。天下有萬，諸侯天子中而處，因天之固，得地之利。內爲之城，外爲之郭。郭之外爲之土閬。【閬謂隍。】地高則溝之，下則堤之，命曰金城。樹以荊棘，上相穚著者，所以爲固也。《掌固職》所謂"城郭溝池樹渠之固者"，蓋如此。康成亦云："樹謂枳棘之屬，有刺者。"則知先秦兩漢皆然矣。一說，量人所量者里數也。《司馬法》曰："中壘六千尺，積尺得四里，以中壘四面乘之，一面得地三百步。壘内有地三頃餘百八十步，正門大將居之。"① 其數則量人之所量也。蓋營壘以里計，所謂"軍社之所里者"即此。孫臏曰："燒其積聚，虛其市里。"然則，軍市、軍社之所在皆曰里也。壘，謂軍壁。崔瑗《中壘校尉箴》曰："堂堂黄帝，設爲壘壁。"【《春秋》秦伯使術來聘，《公羊》術作遂，古術、遂通。故《學記》術有序，《注》云："術當作遂，或改術爲州。"妄之甚矣。《王制》鄭注云："屬連卒，州猶聚也。"《疏》云："屬者，繫屬。連者，連接。卒者，卒伍。州者，聚居。"《齊語》亦云："群萃州處。"② 然則，里術、州都、市朝、州塗，皆聚也。】

〔司爟〕 四時變國火　焚萊有刑

司爟：故書爟爲燋。【燋與爝通，音哉約反。】杜子春讀爲爟，爟爲私火。康成謂："爟讀如予若觀火之觀。今燕俗名湯熱爲觀，則爟火爲熱火歟？"然則，司爟夏主熱，司烜秋主明。熱以爨取其新，明以照取其潔。而明者不皆熱也。故司爟專取火，司烜兼取水。乃知火之寒者，非獨蕭丘之焰矣。《吕氏春秋》："湯得伊尹，祓之於廟，爝以爟火。"齊桓得管仲亦然。高誘謂"火所以祓除不祥"。《周禮》："司爟，掌行火之政令。"爟讀如權，置火於桔皋，燭以照之。如其説，則爟火者，權火也。張晏曰："權火，烽火也。狀若井挈皋矣，欲令光明遠照。"如淳曰："權，舉也。"《説文》亦云："舉火曰爟。"而以爟火爲烽火，則似不然。祭祀舉爟，與寇至舉烽不應同類。漢祀五時於雍，五十里一烽火，與寇至舉烽，何以別乎？且伊尹、管仲，所以皆爝以爟火者，亦謂得賢臣良弼以告上帝鬼神。即所謂"祭祀通權火"也。然則，通權火者，祭爟之禮凡祭祀則舉焉，名曰祭爟。秦漢因之，是爲通權火。《甘泉賦》所謂"樵蒸焜上，配藜四施。東燭西爟，北爌南煬"，蓋即實柴槱燎所以報陽歟？一説，祭爟者，祭火星也。古之火正掌祭火星，行火政。季春，昏心星出東方，而咮七星、鳥首正在南方，則用火。季秋，星入則止，以順天時，救民疾。帝嚳有祝融，堯時有閼伯，民賴其德。死則以爲火祖，配食火星。周之司爟，實掌其祭，以報其功。康成謂："禮如祭爨。"是燔柴於爨也。必不然矣！所謂"四時變國火者"，《管子》曰："春爨以羽獸之火，夏爨以毛獸之火，秋爨以介蟲之

---

① 語出《司馬法》逸文，原文爲："故一軍以三千七百五十人爲奇兵，隊七十有五以爲中壘，守地六千尺，積尺得四裏，以中壘四面乘之，一面得地三百步。壘内有地三頃，餘百八十步。"

② 語出《國語·齊語》，原文爲："令夫士，群萃而州處。"

火，冬爨以鱗獸之火，中央爨以倮蟲之火。"① 羽獸南方朱鳥，火煙赤；毛獸西方白虎，火煙白；介蟲北方元武，火煙黑；鱗獸東方蒼龍，火煙青；倮蟲中央黄龍，火煙黄。然則，春取榆柳之火於南方，夏取棗杏之火於西方，秋取柞楢之火於北方，冬取槐檀之火於東方，中央取桑柘之火於坤方。舊説以爲春青冬黑。又以爲榆柳不青、槐檀不黑，皆非也。南宫朱鳥，軒轅爲權，主火。權火之名蓋出於此。柳爲鳥喙，衡散爲榆。蕉萸在地，赤心者善。則榆柳爲南方之火，信矣。【蕉萸，榆也。】《春秋説》曰："槐木者，靈星之精也。"② 非東方之木乎？賈誼曰："柳者，南方之木；桑者，中央之木；棘者，西方之木。"棘者，棗也。秦漢有別火之官，主改火之事。春青冬黑，乃其常也，又焉用別？荀爽曰："火生於木，木盛於火，其德爲孝。至夏乃王，其精在天。温暖之氣，養生百木，是其孝也。至冬則廢，其形在地，酷烈之氣焚燒山林，是其不孝也。"故夏官掌火，冬禁焚萊。後世因之，而莫知其由盛冬去火，目爲龍忌。蓋龍星木位，火生於寅，壯於午，死於戌。夫文，戌火爲威，故爲之禁。焚萊者罰。並州舊俗，遂莫敢煙爨。每冬中輒一月寒食，好事者因附會介子推焉。《時則訓》曰："仲春始出，仲秋始内。季春大出，季秋大内。"萬物皆然，而司爟亦以此施火令。《春秋·桓七年》："春二月，焚咸丘。"火田也。周之二月，夏之季冬，禁火之時而以火田，此《春秋》所以書而非之也。蒐火弊，苗車弊，獮羅弊，狩徒弊。《王制》："昆蟲未蟄，不以火田。"《爾雅》："火田爲狩。"皆失《周官》之義矣。【《羅氏職》："蜡則作羅襦。"康成謂："今俗放火張羅，其遺教。"説者遂云"冬以火田"，非《周官》之義也。】

〔司險〕設五溝五塗樹之林爲阻固

司險：設國之五溝五塗，而樹之林以爲阻固。康成謂"五溝者"：遂、溝、洫、澮、川；"五塗者"：徑、畛、塗、道、路。此井田之法，匠人掌之。遂溝洫澮專達於川，而山間有川，川上有塗。造溝因地勢，梢溝因水勢。曲爲磬以行之，深爲淵以積之，大爲防以障之，此博舉天下之水，詳其利害。而國必依山川，因之設險以守其國。則知司險所設之五溝，不獨井田爲然也。而匠人溝洫之法，亦從此出焉。《度地篇》曰："水之出於山，流於海，曰經水。水別爲他水，曰枝水。山之溝一有水、一無水者，曰谷水；水之出於溝，流入大水及海者，曰川水；出地而不流者

---

① 語出《管子·幼官》，原文："春行冬政，肅；行秋政，雷；行夏政，閹。十二地氣發……以羽獸之火爨。藏不忍，行驅養。坦氣修通……以介蟲之火爨。"

② 靈，《春秋説題辭》作虛。其文曰："槐木者，虛星之精也。"

曰淵水。"此五水者，因其利而往之，因而阤之，乃迂其道而遠之，以勢行之，是爲司險所設之五溝。其設之之法，先具備水之器，籠臿、板築、土車、兩輂，藏於里中，常以朔日出具閱之。取完堅，補弊久，去苦惡。而以冬少事之時，令其徒以次積薪水旁。其積之也，以事之。已其作之也，以事未起。大爲堤，小爲防。地不生草者，必爲之囊。夾水四道，禾稼不傷。歲埤增之，樹以荆棘以固其地，雜之以柏楊以備決水。民得其饒，是謂流膏。令其地之民守之，往往而爲界。《司險職》所謂"樹之林以爲阻固，皆有守禁"者，其大署如此。後世井田既廢，而講水利者，或引以溉田，或疏以通漕。然五水不分，五溝不設，馬戎横行如入無人之境，而司險藩塞阻路之意蕩然無復存焉矣。司險掌九州之圖，以周知其山林川澤之阻，而達其道路，其說亦見《地圖篇》，曰："凡兵主者，必先審知地圖櫃轅之險，濫車之水，名山、通谷、經川、陵陸、丘阜之所在，苴草、林木、蒲葦之所茂，道里之遠近，城郭之大小，名邑廢邑困殖之地，【困謂不耕之地，殖謂壤田。】必盡知之；地形之出入相錯者，盡藏之。然後，可以行軍襲邑，舉錯知先後，不失利，此地圖之常也。"苟非地圖，焉知陀塞？不知守國，何以行軍？蕭何入關，先收秦圖書者，以此。《荀子》謂："古者城郭不辨，溝池不抇，【抇，古掘字，《史記》作掘。】固塞不樹。"如其說，則司險之職廢矣。豈其然乎？《難經》以經水比人身十二經，枝水比人身十五絡。聖人圖設溝渠，通利水道，以備不然。其說得之矣。楚莊王欲伐陳，使人視之。使者曰："陳不可伐也，其城郭高，溝壑深。"王曰："陳可伐也。陳小國，而城郭高、溝壑深，則民力罷矣。"興兵伐之，遂取陳。然則，設險以守國，而守國不徒以險也。

〔環人〕環四方之故

《夏》《秋》二官，皆有環人。《夏官·環人》"掌致師而環四方之故"，《秋官·環人》"掌送逆賓客，行則達之，舍則環之"，故皆以環名官，環與還通。《春秋·莊十年》："宋人遷宿。"《公羊》曰："遷之者何？不通也，以地還之也。"何休曰："還，繞也，繞取其地，使不得通四方。"此《夏官·環人》所謂"環四方之故"者也。量人量市朝之州塗，司農謂"還市朝而爲道"則還讀爲環矣。《齊語》："環山於有牢。"韋昭曰："環，繞也。"馬融讀環爲繯，【即絹字。】謂"繯山之牢牧，橐野之飛徵"。古本《齊語》亦作繯。賈逵曰："繯，還也。"劉昌宗讀爲患，【戶串反。】亦必有說矣。

〔射人〕王射三容諸侯二容卿大夫士一容

王射三容，諸侯二容，卿、大夫、士一容。案：《爾雅》："容謂之防。"《注》云："如今牀頭小曲屏風，唱射者所以自防隱也。"《荀子》曰："居則設張容，負依而坐户牖之間。"謂之依，言張設於户牖間。則斧扆亦名容與？唱獲者之容，皆象屏風。故事異而名同也。古者貴賤不嫌同名，信矣。容，一名乏。車僕大射共三乏。

〔射鳥氏〕矢在侯高以並夾取之

大射、燕射，司弓矢共並夾，射鳥氏主取矢。矢在侯高，則以並夾取之。《注》云："並夾，鍼箭具。"矢，籋也。《說文》："籋，箝也。"【箝與鉗同，一作鍼。皆從金，以甘鹹得聲。】並夾反爲籋，猶不來反爲貍，後世反切之學出之此。周靈王时，諸侯莫朝，萇弘乃設射不來。不來者，貍首也。貍首之詩與祭侯之辭，皆言諸侯來朝之禮。其詩曰："曾孫侯氏，四正具舉。大夫君子，凡以庶士，小大莫處，禦於君所，以燕以射，則燕則譽。"其辭曰："惟若寧侯，母或若女不寧侯。不屬於王所，故抗而射女。强飲强食，詒女曾孫，諸侯百福。"古者，來朝諸侯稱侯氏【見《覲禮》。】不來者，不寧侯，故抗而射之。然則，萇弘行古礼，說者謂"依物怪以致諸侯"，妄之甚矣。

〔司士〕詔王治以德詔爵以功詔祿以能詔事

司士詔王治，以德詔爵，以功詔祿，以能詔事。《管子》曰："君之所審者三：一曰德不當其位，二曰功不當其祿，三曰能不當其官。此三本者，治亂之原也。故德義未明於朝者，不可加以尊位。功力未見於國者，不可授與重祿。臨事不信於民者，不可使任大官。故德厚而位卑者謂之過，德薄而位尊者謂之失。寧過於君子，毋失於小人。過於君子其爲怨淺，失於小人其爲禍深。是故，國有德義未明於朝而處尊位者，則良臣不進。有功力未見於國而享重祿者，則勞臣不勸。有臨事不信於民而任大官者，則材臣不用。"如此，則明塞於上而治壅於下。若夫君子之怨，小人之禍，《詩》之《小雅》備矣。君子之怨也，所以救小人之禍也。及小人之禍既成，則君子鴻飛冥冥，又何怨焉？《通典》謂前漢尚書四曹，後漢六曹，隋爲六部。唐以六部爲天地四時之官，法周之六官。然參詳古今，徵考職任，則唐之吏部，周之司士也。《王制》"司馬辨論官材"，實司士之職。似司士，一名司馬。猶秋官縣士掌野，《左傳》謂之"野司寇"歟？《詩正義》曰："士，察也。"謂之士者，言其能察理衆事。

孤卿特揖大夫旅揖士旁三揖旋揖門左門右

王日視朝，特揖孤卿，旅揖大夫，旁三揖群士，還揖左右門宿衛之士。鄭司農曰：「卿大夫士皆君之所揖。」《春秋傳》所謂「三揖在下也」。《王制》「七十不俟朝」，王揖之則退，不待朝畢。其餘揖之乃就位。群士不待王揖，發在其位。王揖之，皆逡遁而復位云。案：燕禮言爾，大射儀言揖。遠則爾，近則揖。爾，猶近也，謂揖而近之。《說文》疎手爲拜，【音拱。】從兩手下之爲拜，故揖與拜通。特揖者，奇拜。奇，猶特也。特揖爲奇拜，則旅揖爲再拜歟？三孤六卿則奇拜，二十七大夫則再拜，八十一元士則三拜。所謂「禮以少爲貴者」，蓋如此。晉靈公不君，趙盾將入諫。靈公望見之，愬而再拜。盾乃孤卿，禮當特揖，靈公見之而驚，失其常度，故爲之再拜。説者謂「敬以拒之」，是不然。無道之君彈人爲樂，焉能敬大臣乎？何休曰：「禮，天子爲三公下階，卿前席，大夫興席，士式几。」此坐朝之禮，燕饗行之。王饗諸侯，乘車送逆。燕禮：『賓入及庭，公降一等而揖焉。』則有下階之禮。凡大朝覲、大饗射及封國命諸侯，皆設席。大朝覲者，諸侯因會同而行朝覲之禮也。若夫路門視朝，君臣皆立，未聞設席，亦不下階。孔子見哀公，公問儒行，蓋燕朝也。路門內之朝，大僕掌之，故曰更僕。更僕者，久立將倦，大僕二人相代而更，於是爲孔子布席於堂而與之坐焉。此古禮也，及秦而亡。漢禮：『皇帝見三公，禦坐爲起，在輿爲下。』雖有是禮，亦不常行。《吕氏春秋》：「桓公朝揖管仲而進之。」所謂特揖也，入及庭而未就位之時。魏文侯燕飲，任痤入，文侯下階而迎之以爲上客。蓋燕必有君，所謂「君爲臣下階」者，惟此時爲然。《冠義》：「見於母，母拜之。」謂舉手禮之，即君揖臣之禮。自古未聞婦人揖，凡婦人皆肅拜也。婦人肅拜，猶男子揖。説者以爲「母不應拜子」，誤矣。古者不獨君揖臣，亦有臣揖君。楚令尹子佩請飲，莊王北面疏揖。疏者，徒跣也。子事父，臣事君，皆跣而升堂。禮於堂上，無揖。疏揖者，堂下正立拱手歟？朝儀，士旁三揖。喪禮，士旁三拜。三揖者，三舉手。三拜者，三屈膝。旁猶面也。一云，旁猶不正也。面者，每面揖之。三不正者，邪嚮揖之。三旁拜爲氾拜，則旁揖爲氾揖矣。古旁與方通。士上下中三等，故三揖也。士微矣，喪則拜，而朝則揖。先王所以勸士者，至矣哉！其有致仕在家者，入朝，君必先揖之，而後及卿大夫士。古君臣相接以禮，其禮之隆又若此。

〔諸子〕掌國子之倅

内宰掌北宫，宫正掌西宫，諸子掌東宫，皆典禁兵、豫機密親近之臣也。何以知之，以燕禮知之。宮正即司宮，諸子即庶子。燕禮：『西階之燭，司宮執之。』則知宮正掌西宮也。阼階之燭，庶子執之，則知諸子掌東宮也。《内宰職》："正歲，憲禁令於王之北宮，而糾其守。"則内宰掌北宮明矣。西宮者，王宮；北宮者，后宮；東宮者，太子宮。或曰"庶子，賤者"。燕禮：『士旅酬畢，乃獻庶子。』射禮：『士旅酬畢而復射，則不獻。』庶子復射畢而後獻之，如獻士之禮。獻在士後，則庶子賤者歟？非也。庶子，内臣也。燕禮：『獻群臣畢，然後獻内臣，故士旅於西階。』既辯，乃獻庶子於阼階。既獻庶子，遂獻左右正與内小臣，亦在阼階，皆内臣也。則庶子爲内臣之長矣。古者，訓民之官謂之外庶子，故《康誥》曰"外庶子訓人"，掌其戒令與其教治。春合學，秋合射，考藝進退，皆訓人之事。有外則有中，諸子者，中庶子也。荆軻入秦，因寵臣中庶子蒙嘉而得見秦王。則庶子非親近之臣乎？國有大事，諸子帥國子而致之太子，惟所用之。若有兵甲之事，則授車甲而合卒伍。古者，太子宮亦如王宮，有禁兵歟？曰："然。"漢制：『太子食湯沐十縣，設周衛交戟。』古法也。然則，太子將兵歟？曰："否。"所謂"兵甲之事"者，謂"太子有監國撫軍之事"。在軍，則國子守遷主；在國，則國子守王宮也。以爲是宿衛之親軍，故司馬之征弗及。授車甲，合卒伍，治以軍法，則有司存。或守太廟，或守貴宮、貴室，或守下宮、下室，皆諸子致之，内宰、宮正、宮伯分掌之。而太子弗與焉。西晉裴頠以太子非賈后所生，宜防其變，表請增東宮宿衛萬人。然而，四率精兵，終不能免湣懷之禍也。楚有東宮之甲，商臣遂興宮甲圍成王，適足以濟其蠭目豺聲之忍而已。故古者，太子之宮不藏兵革。秦因周制，有中庶子官。漢王商史、丹傅喜等皆嘗爲之，主諸吏之適子及支庶版籍，魏因之。在吳及晉，尤重其選，顧譚、温嶠皆居是官，甚見補益。然皆不典兵也。《夏官》諸子存游倅、修德學道。《天官》宮正聯什伍，糾德行，教道藝。晉之霸也，亦如之。故郤縠爲元帥，惇悅詩書。士會將中軍，講求典禮。及秦以力征並吞諸侯，而其風息矣。古者，庶子掌公族，非徒國也，家亦有焉。衛公孫鞅事魏相公叔痤，爲痤之中庶子，【中，一作禦。】是家臣也。雖家國不同，同掌公族。晉有公族大夫，即《夏官》之諸子歟？甲衛士謂之介夫，故有正夫，有游夫。游謂之倅，車有游闕，夫有游倅。《春秋傳》："孟孫卒，將辟，臧孫使正夫助之。"正夫者，《小司徒》"起徒役，毋過家一人"，是爲正夫，以其餘爲羨。羨，猶遊也。《管子》曰："一器成，往夫具；二器成，驚夫具；三器成，游夫具。"游夫，即國之貴游。後漢大將軍竇武援立靈帝，盧子幹獻書於武曰："比世祚不競，仍外求嗣，四方未寧，盜賊伺隙，將有楚人脅比尹氏立朝之變，宜依古禮置諸子之官，征王侯愛子、宗室賢才，外崇訓道之義，内息貪利之心，簡其良能，隨用爵之，强幹弱枝之道也。"愚謂：貴游不徒宗室，公卿之子、王之庶子，亦與焉。如是，則孼不奪嫡，庶不亂宗，伯父、伯兄、仲叔、季弟、幼子、童孫皆爲宿衛。奔奏禦侮之臣，安得有楚人脅比尹氏立朝之變乎？【其後，冀州刺史王芬、南陽許攸、沛國周旌等，連結豪傑，謀廢靈帝，立合肥侯，則子幹之言中矣。】

禮説卷十一

東吴　半農　惠士奇

夏官二

〔節服氏〕袞冕六人裘冕二人

官以節服爲名，則王之車服、旍常，皆其職掌。朝祭，則六人從王；郊祀，則二人從尸。持旍執戈，乃其事也。若云"從王服袞，從尸服裘"，則《周書·顧命》"執惠、執戈"者，雀弁綦弁而已。未聞服冕，況以下士而服袞與裘乎？諸侯四人，其服亦如之者，所謂"公之服，自袞冕而下如王之服"也。郭景純注《爾雅》引《周禮》曰："六人，維王之大常。"服虔注《左傳》引《周禮》亦然。則是節服氏掌朝祭之袞冕、郊祀之裘冕，可知矣。學者讀從之可也。

〔方相氏〕驅方良

方相氏驅疫，蒙熊皮，黄金四目。《注》云："如今魌頭也。"《荀子》① 曰："仲尼之狀，面如蒙倛。"【倛與魌通。】慎於曰："毛嬙先施，……衣之以皮倛，則見者皆走。"韓退之曰："四目爲方相，兩目爲倛。"猶今假面也。大喪：及墓，方相氏以戈入壙，驅方良。《注》以方良爲罔兩。然則，罔兩當讀作方良。《東京賦》曰："捎魑魅，斮獝狂，斬蜲蛇，腦方良。"則罔兩讀作方良矣。【薛綜《注》云："方良，草澤之神也。"】段成式謂："罔兩，好食亡者肝，而畏虎與柏。墓上樹柏立石虎，以此。"②《說文》在蟲部，云："蛧蜽，山川之精物也。""狀如三歲小兒，

---

① 即《荀子·非相》。
② 語出《周禮》，原文爲："方相氏毆罔像。好食亡者肝。而畏虎與柏。墓上樹柏。路口致石虎爲此也。"

赤黑色，赤目長耳，美髮。"淮南王説云。《魯語》賈逵注則謂："罔兩、罔象，有變龍之形，而無實體。"非神名也。韋昭以爲"蜩蛦，山精，好學人聲而迷惑人"，杜預以爲水神。衆説不知孰是，獨段氏附會《周官》。一説，方良，《史記》作罔閬，蓋彷徨也。《莊子》曰："野有彷徨。"司馬彪以爲狀如蛇，故《説文》在蟲部。魃，一作頯，《淮南子》曰："視毛嬙西施猶頯醜也。"《説文》云："今逐疫有頯頭。"【《廣雅》"水神罔象"。蔡邕説，顓頊三子，其一居若水，爲魍魎。】

〔大僕〕建路鼓於大寢之門外以達窮者與遽令 大僕任重冢宰兼官録以補周官之缺

建路鼓於大寢之門外，大僕掌其政，以待達窮者與遽令。先鄭謂窮者，窮冤失職，來擊此鼓，若今時上變事擊鼓矣。遽，傳也，若今時驛馬軍書當急聞者。後鄭足成其義，謂"肺石達窮民，朝士掌之""驛馬軍書者，郵驛上下程品也"。案：漢律：『有變事、有驚事。凡上言變事謂之變事令，驚事告急謂之驚事律。』達窮者，變事上言也。遽令者，驚事告急也。令者施行制度，以此設教。違令則入律。驚猶遽也，故曰遽令。變者非常，故擊路鼓。否則，坐肺石而已。建路鼓者，若後世闕左懸登聞鼓。人有窮冤，則撾鼓，公車上奏其事焉。肺石在外朝之闕，路鼓在内朝之門。坐肺石者，士師聽之。擊路鼓者，大僕達之。則天下無窮民矣。《書》曰："不虐無告，不廢困窮。"帝王之政，必先窮者。軍書雖急，不以先窮，路鼓本以達窮民也。窮遽皆有律令。言令則律在其中，非律令亦不得擊此鼓。先鄭讀以令屬下句，失之。禹立建鼓於朝，而備訊唉。①訊之言問，驚問曰唉，謂窮遽也。

《周書》："穆王命伯冏爲太僕正，作《冏命》。"孔傳，以太僕正爲大馭；孔疏謂大僕，下大夫；而大馭，中大夫，其官高於大僕。且戎僕、齊僕、道僕、田僕，而大馭最爲長。《春秋》隨侯寵戎右少師，漢文愛趙談，而參乘又最爲密昵，故安國以太僕爲大馭也。然戎僕與大馭，皆中大夫。大馭雖尊，不得爲長。春秋有禦戎、戎右二官，君之車爲戎車。則禦戎者，即周官之戎僕。大馭掌玉路，不掌戎車。而戎右贊王鼓，傳王命，掌戎車之兵革使者，即隨少師之職。而孔疏以大馭當之，誤矣。《左傳·成六年》："韓獻子將新中軍，且爲僕大夫。"僕大夫者，大僕也。晉謀遷都，諸大夫皆在，公揖而入。獻子從公，立於寢庭。寢庭者，燕朝路寢之庭，在路門内；司士掌治朝，在路門外；朝士掌外朝，在庫門外、皋門内，是爲

---

① 《魏書·文帝紀》作："禹立建鼓於朝，而備訴訟也。"

三朝。而路寢庭朝，則大僕之所掌也。春秋時，周禮未改，列國猶重大僕一官。獻子以卿兼之，其任不可謂不重。位雖下大夫，而正王服位，出入王命，即《周書》所謂"出入起居，罔有不欽；發號施令，罔有不臧"。王視朝，則前；王燕飲，則相王；射，則贊王；視燕朝，則擯。又，《周書》所謂"旦夕承弼厥辟"也。而上士小臣，中士祭僕，下士禦僕，皆其僚屬。爲群僕侍禦之臣，非《周書》所謂"愼簡乃僚，其惟起士"者乎？《詩》曰："出納王命，王之喉舌。"謂大僕也，毛傳謂"冢宰"。冢宰於治朝聽朝，則贊王聽治。歲終，則詔王廢置而已，未嘗出納王命也。王之大命，大僕出入之。小命，則其屬掌之。《詩》所謂"王之喉舌者"，非大僕而誰？一説，冢宰兼太僕。《荀子》曰："便嬖左右者，人主之所以窺遠收衆之門戶牖嚮也，不可不早具也。故人主必將有便嬖左右足信者，然後可。其知惠足使規物，其端誠足使定物，然後可。"然則，侍禦僕從，左右前後有位之士，不擇知惠端誠足信者充其官，以爲人主窺遠收衆之門户牖嚮，而以巧言令色側媚者充之，是自閉其門，塞其嚮，乃更旁開邪竇以環主，圖私其害，有不可勝言者，可不愼哉！秦武王令甘茂擇僕與行事。僕謂大僕，行事謂大行。孟卯謂茂曰："公不如爲僕，公佩僕璽而爲行事，是兼官也。"韓獻晉卿，甘茂秦相，皆兼大僕。則親近之臣，自古重之矣。賈誼《官人篇》曰："修身正行，道語談説，服一介之使，能合兩君之驩，執戟居前，能舉君之失過，不難以死持之者，左右也。事君不敢有二心，居君旁不敢泄君之謀，君有失過，憔悴有憂色，不勸聽從者，侍禦也。①左右在側，聲樂不並奏；侍禦在側，子女不雜處。②"蓋古親近之臣若此，錄之以補《周官》之闕焉。

〔隸僕〕掌五寢之埽除糞灑之事

天子七廟，廟有五寢，埽除糞灑，隸僕掌之。王宫六寢廟，闕其一，何也？清廟之制如明堂，明堂五室，故清廟五寢。中央曰太室，亦曰太寢。《春秋·文十三年》"太室屋壞"，謂中央之室，室上重屋。所謂復廟重檐，天子之廟飾。《洛誥》"王入太室祼"，孔疏謂"廟有五室，中央曰太室者是也"。太室，《公羊》作"世室"，謂"魯公之廟，世世不毀，象周之文武"。康成既以文武爲二祧，又謂二祧

---

① 語出《新書·官人》，原文爲："修身正行，不怍於鄉曲，道語談説，不怍於朝廷。智能不困於事業，服一介之使，能合兩君之驩，執戟居前，能舉君之失過，不難以死持之者，左右也。不貪於財，不淫於色，事君不敢有二心。居君旁，不敢泄君之謀。君有失過，雖不能正諫，以其死持之，憔悴有憂色，不勸聽從者，侍禦也。"

② 語出《新書·官人》，原文爲："左右在側，聲樂不見。侍禦者在側，子女不雜處。"

無寢，失之甚矣。路寢之制亦如明堂，而王宮六寢廟闕其一，非無說也。《春秋·僖二十年》"西宮災"，公羊子曰："有西宮，則有東宮矣。"魯子曰："諸侯有三宮。"《儀禮·喪服傳》有东宮，有西宮，有南宮，有北宮，則有中宮可知。小宰憲禁於王宮，内宰憲禁於北宮。北宮，后宮也。后有六宮，王有六寢。寢必有室，有正有側。側謂之夾，夾於燕寢，以居九嬪，故曰："内有九室，九嬪居之。"蓋側室也，在燕寢之旁。媵妾不祔廟，廟無九嬪室，故六寢闕其一也。春秋有路寢、小寢、高寢。何休曰："天子諸侯皆三寢，父居高寢，子居路寢，夫人居小寢。小寢内各有一宮，夫人居中宮，少在前，右媵居西宮，左媵居東宮，少在後。"《說苑》曰："高寢位①中，路寢左右。"是謂三承明。承明者，承乎明堂之後者也，漢有承明廬。張晏曰："廬在石渠閣外，直宿所止曰廬。"其名蓋取諸此。承明有三倍之爲六矣。《周禮·作雒》曰："乃位五宮，太廟、宗宮、考宮、路寢、明堂。四阿，反坫，重亢、重廊。"《注》云："重亢，累棟。重廊，累屋。"然則，殷人重屋，七廟皆然也。《尚書·帝命驗》曰："帝者，承天立五府，蒼、赤、黃、白、黑。"則五寢象五行，與明堂同矣。每廟太寢一，小寢四。【《三禮義宗》言天子諸侯宮寢之制：『春居東北之寢，夏居東南之寢，秋居西南之寢，冬居西北之寢。春三月之中居正寢；三月之末土王之日，則居中寢。餘三時亦如之。以從時候。』孔疏"王有六寢"，正寢一，燕寢五。其一在東北，春居之。一在西北，冬居之。一在西南，秋居之。一在東南，夏居之。一在中央，六月居之。】《月令》："執爵於太寢。"高誘注云："太寢，祖廟也。"康成以爲路寢，豈其然？古者天子六寢，諸侯三寢。秦有高寢、太寢、受寢。受寢者，小寢歟？【宋康定元年，直秘閣趙希言奏："太廟自來有廟無寢，因堂爲室。"同判太常寺宋祁言："周制，有廟有寢，以象人君，前有朝後有寢也。廟藏木主，寢藏衣冠。"至秦，乃出寢於墓側，故陵上更稱寢殿。後世因之。今宗廟無寢，蓋本於茲。康成謂"二祧無寢"，未聞其說。】

乘 石

乘石，升車之石。《詩》云："有扁斯石。"《傳》曰："扁扁，乘石貌。"王乘車履石，《淮南·齊俗訓》曰："周公踐東宮，履乘石。"《注》云："人君升車有乘石是也。"一名踐石，謂踐之以升車。《戰國策》趙武靈王立周紹爲傅，曰："寡人始行縣過番，吾當子爲子之時，踐石以上者皆道子之孝。"然則，踐石以上謂"國之有司"，不獨人君爲然矣。《士昏禮》"婦乘以几"，賈疏云："乘几者，乘以登

---

① 位，《說苑·修文》作"立"。

車。尸乘以几，重其初。昏與尸同也。"王后則履石，諸侯大夫亦應有物履之。今人猶用臺。《易林》云："登几上輿，駕駟南遊。"是上輿皆登几也。後世以石，一名騙石。扁、騙，古今字。孔疏謂"几即幦"，豈其然？乗【古文乘。】必以几，故古文兗從几。

〔弁師〕王之五冕延紐

弁師五冕之紐，《注》云："紐，小鼻，在武上，笄所貫也。"今時冠卷當簪者，廣袤似冠纚，其遺象歟？案：武者冠卷，一名委。《晉語》："范文子退朝，武子擊之以杖，折委笄。"蓋笄貫於委，故曰委笄。古之笄，猶漢之簪。所謂"冠卷當簪者"，冕之紐也。秦人名武曰委，《晉語》亦云。韋注云："委，委貌。"失之。《詩》："有頍者弁。"康成謂："今未冠笄者，著卷幘。"蓋頍之象。《士冠禮》："緇纚廣終幅，長六尺。"康成云："纚，今之幘梁也，韜髮而結之。"蓋全幅疊用，所以裹髻承冠。徐爰曰："古者，有冠無幘。冠下有纚，以繒為之。後世施幘於冠，因裁纚為帽。"然則，古曰纚，漢曰幘，晉宋曰帽。案：幘之制，旁有耳，上有屋，下有裙，帽亦如之。垂裙覆冒，蓋韜髮之遺象也。故曰"廣袤似冠"，纚其遺象歟？言漢之幘梁，似古之冠纚。纚廣充幅，袤六尺，其遺象存焉。俗本似誤為以，賈疏不明，故正之。《急就篇》曰："冠幘簪簧結髮紐。"《注》云："結髮謂作結也，紐謂結之鬢也，凡結之可解者曰紐。"愚謂：結髮以帶，帶謂之鬢，鬢謂之髳，髳謂之結，結謂之紐。其形似鼻，故亦曰鼻。【簧，疑漢之簪名。顏師古以為步搖，誤矣。王伯厚改簧為箟，亦非。《釋名》云："箟，恢也。恢廓覆髮上也。魯人曰頍，齊人曰幌。"康成亦云："滕薛名箟為頍。"然則，箟即幘也，不應重出。幌與帽，古今文。】

王之皮弁會五采玉璂〔注〕璂讀如薄借綦之綦
〔附〕中庸仁者人也〔注〕人也如相人偶之人

王之皮弁，會五采玉璂。《注》云："璂，讀如薄借綦之綦。綦，結也。"《注》所引"馬絆綦"與"綦車轂"之綦，皆取結義。獨所謂"薄借綦者"，莫知其説。案：《説文》云："不借綦。"《喪服傳》注云："繩菲，今之不借。"《孟子》趙岐注云："蹝，草履也，敝喻不惜。"《齊民要術》云："草履之賤者曰不惜。"然則，不借，一作不惜，言不相假借，亦不足憐惜也。【借，古音惜。故唐詩，外借，一作外惜。猶不借通為不惜也。後人不知，紛紛好辨，多所不通。漢人多識字，唐人略識字，今人不識字。】《釋名》："齊人云搏腊。"於文，借、惜、腊，皆以昔爲聲，古音通。薄、搏音相近，故薄借轉爲搏腊。然則，薄借綦，齊人語，即《說文》所謂"不借綦"也。案：《廣雅》不借、薄平，皆履名。其紟謂之綦。《內則》注云："綦，履繫。"《士喪禮》："綦結於跗，連絢。"【音渠。】絢在履，頭有孔，穿繫於中而結於足。康成引之，亦取結義也。琪，一作璂，或省作琪。會，一作鬠，《說文》云："骨擿可會髮者。"《詩》曰："鬠弁如星。"《儀禮》作鬢，云"鬢，笄義"，取會聚之意。《晉志》云："縫中名曰會，以采玉爲璂。"璂，結也。謂縫而結之。《穀梁傳》曰："齊謂之綦，楚謂之踂，【女輒反。】衛謂之輒。"輒，一作縶。然則，綦亦齊語，謂連並而絆縶也。【《御覽》引《釋名》，搏腊作搏借，其音同也。《方言》云："複舃，中有木者。"《隋志》云："複下曰舃。"近代或以重皮而不加木，失乾腊之義。則似舃之言腊，義取其乾。而《釋名》云："搏腊者，把作，麓貌。"則草履之賤與複舃之乾異矣。】

《中庸》："仁者，人也。"注云："人也，讀如相人偶之人。"莫知所出。案：《表記》注引《公羊傳》曰："執未有言舍之者，此其言舍之，何人也？"今本何注《公羊》曰："仁之也。"注云："若曰可悲。"又案：《方言》："凡相憐哀，相見驩喜，九嶷湘潭之間謂之人兮。"然則，《公羊》"人之"誤爲"仁之"，非何鄭有異同，傳寫之誤。人之，猶方言人兮也。《詩》曰："彼美人兮，西方之人兮。"賢者仕於伶官，不得志，誰憐哀之者，惟西方美人憐哀之耳。若得遇之，驩喜又當何如也？如此說詩，倍覺有味，且使學者知詩之文辭，皆本古訓。其畧猶存《爾雅》《方言》。非若後世詩人苟焉而已。人也，人之，人兮，皆古訓。古訓既亡，諸儒異說，故因薄借綦而並及之。【《表記正義》曰："成十六年《公羊傳》文，證'人，是人偶相存愛之義也'。"《公羊》謂之悌，《方言》謂之嚄，又謂之思，或謂之無寫，皆憐也。所謂"相人偶者"，其義如此。然其文莫知所出。】《呂氏春秋·愛類篇》曰："仁於他物，不仁於人，不得爲仁。不仁於他物，獨仁於人，猶若爲仁。仁也者，仁乎其類者也。齊宣易牛，梁武虧牲，皆不知仁。"呂氏之說甚明，可補《中庸正義》。【《法言》曰："道以導之，德以得之，仁以人之，義以宜之，禮以體之。"】

王之皮弁象邸玉笄

弁師：王之皮弁，會五采玉璂。案：《隋志》：『弁之制，高五寸，前後玉飾。』《詩》云："會弁如星。"董巴曰："以鹿皮爲之。"《尚書·顧命》："四人綦弁執戈。"自天子至於執戈，通貴賤矣。魏臺訪議曰："天子以五采玉珠十二飾之，通用烏漆紗。天子十二琪，皇太子及一品九琪，二品八琪，三品七琪，四品六琪，五品五琪，六品以下無琪。惟文官服之，不通武職。《禮圖》有結纓而無笄導。少府少監何稠，請施象牙簪導。"從之。弁加簪導，自茲始。《弁師》："王之皮弁，象邸玉笄。"謂弁無笄道者，非也。何稠請施象牙簪導，蓋本弁師之制而加焉耳。其琪飾之數，經傳無文，錄以備考。《釋名》云："簪，建也，所以建冠於髮也。"【一作篸，笐也。以笐連冠於髮也。】"揥，摘也，所以摘髮也。""導，所以導櫟鬢髮，使入巾幘之裏也。"天子以玉笄，而導亦如之。降此，通用玳瑁及犀。隋則惟弁用象牙笄導焉。《弁師》"象邸"者，象牙導也。邸與揥音同，古文通。衛風象揥，毛傳云："揥所以摘髮。"孔疏訓摘為搔，而不能名為何物。學者疑之。蓋揥者，漢之摘也。長一尺為簪，後世或名篦，或名導。導以櫟鬢，簪以固冠。簪即古之笄，導即古之揥。《魏風》"佩其象揥"，毛傳云："象揥所以為飾。"蓋刻鏤摘頭以為飾也。王之皮弁，玉簪而象導也，明矣。導亦名簪，《通俗文》云："幘導曰簪。"揥，一作梯。《廣韻》云："整髮釵。"篦，一作鎞。《玉篇》云："釵篦，又曰鎞釵。"即整髮之梯。揥、梯同字，篦、梯同物，是為導，亦曰摘。許叔重曰："骨摘之可會髮曰鬠。"《詩》云："鬠弁如星，則似摘。"一名鬠，以骨為之，故從骨。然《弁師》注云："故書會作鬠，司農讀為會。"引《士喪禮》"鬠用組，乃笄"，鬠讀與鬠同。以組束髮謂之鬠，【一作鬠。】沛國人謂反紒為鬠。愚案：《士喪禮》鬠笄用桑。會髮曰鬠，笄與摘皆所以會髮，故亦得鬠名。《詩》云："象服是宜。"毛傳解"象服"與"象揥"同，皆云以為飾。孔穎達謂"以象骨飾服"，失之遠矣。范寧注《穀梁》以象服為吉笄，近之。愚謂：象服即象揥，佩猶服也，謂著於首。【案：《文選》李善注引《說文》曰："揥，取也，佗狄切。協韻佗帝切。"愚謂：揥，古摘字。《說文》揥作擿，故諦亦作讁。皆以啻為聲，讀若摘。則揥與摘通。故毛傳訓為摘。《後漢志》："摘長一尺，有等級，皇太后則以玳瑁為之。端有華勝，上有鳳凰，下垂白珠，其飾彌盛矣。"故毛傳云："象揥，所以為飾也。"】凡男子有二笄：一固髻，一固冠。固髻者，韜髮作髻訖，插笄於其中以固髻。《內則》"櫛縰笄總"是也。固冠者，束髮加冠訖，【縰韜髮，總束髮。】插笄於其中以固冠。《士冠禮》"皮弁笄""爵弁笄"是也。然則，象揥以固髻，玉簪以固冠歟？或曰："幕人設皇邸。"鄭司農云："邸，後版也。"則象邸，蓋冕之版矣。冕版前俛，而弁前後平，故以弁名。周曰邸，漢曰版，古今異語。皇邸以羽飾，則象邸以象飾可知。其說近是。然舊說皮弁無版。有版者，爵弁耳。案：《爾雅》邸謂之柢。柢、梯皆從木，以氏、帝為聲，實一字。梯者，笄之屬。則邸非簪而何？賈疏以為弁頂則版也。似非。一說，弁皆有版，並存以備考。

〔司戈盾〕藩盾

司戈盾，掌建乘車，而設藩盾。舍則設之，行則斂之。康成謂藩盾，如今扶蕀。蕀與胥，古文通。故扶蕀，一作扶胥，蓋秦漢間語。周之藩盾也，建之乘車，以蔽左右。軍旅會同，前後拒守。大者八尺輪，三十六乘。輓者。每乘二十四人，以大扶胥爲武衛焉。中者五尺，輪大櫓，扶胥七十二具。小者鹿車，輪小櫓，扶胥一百四十六具，皆以矛戟爲翼。扶胥爲衛，在車兩輔，故曰藩盾，【藩與輔通。】止則設焉，嚴其守也。行則斂焉，利其行也。王之乘車則然。若凡兵車，雖行亦設之，所以陷堅陣敗強敵。説者遂以扶胥爲車名，失之甚矣。大扶胥者，《左傳》偪陽之役，狄虒彌建大車之輪，而蒙之以甲，以爲櫓者是也。古者，材士持强弩矛以夾車而趨，左八人，右八人，車止則持輪以爲羽翼。狄虒彌以一人當之，非所謂"有力如虎者"乎？扶胥之大小，視其輪之高卑。高則建大，卑則建小。建櫓於輪，非以輪爲櫓也，即古之輂。軍行載器，止則爲營。一名車耳。車耳曰藩，因以建盾。一名龍盾，《詩》曰："龍盾之合。"畫龍於盾，爲龍盾。合者，合而載之以蔽車。《漢書》以牛車爲櫓。爲櫓者，設盾以爲車蔽也。康成謂："阻險之處，王行止宿，次車爲藩，以備非常。"然則，設車宫，建藩盾，掌舍設之，司戈盾建焉。【《太元》積之次四曰："君子積善，至於車耳。"測曰："君子積善，至於藩也。"《注》云："藩，車耳。"藩，一作蕃。古今文。應劭曰："車耳反出，所以屏蔽塵泥，或用革。"里語曰："仕宦不止車生耳。"輔，《説文》作軶，省作反，讀爲藩，車耳反出者，車之兩反，旁出如耳也。顔師古不知而駁之，誤矣。】

〔司弓矢〕椹質

《司弓矢職》曰："王弓、弧弓，以授射甲革椹質者。"又曰："澤共射椹質之弓矢。"椹，或作鞎。先鄭定爲椹，後鄭云："質，正也。樹椹以爲射正。"先鄭謂："二尺曰正，四寸曰質。"《小爾雅》亦云："正方二尺，正中者謂之埶。"埶，古文臬，或作壿，所謂質也。質者，射之的，先儒皆分正質爲二，後鄭一之。故曰："質，正也。樹椹以爲正，若臬然矣。"《圉師職》曰："射則充椹質。"杜子春讀椹爲齊人鈇椹之椹。圉人所習，故使充之。言圉人養馬以鈇斬芻，乃其職也。漢掌畜官斫莝，即此。蓋斫莝以椹爲藉耳。《爾雅》椹謂之榩，孫炎曰："椹，斫木質也。"質，一作櫍。《詩》云："方斲是虔。"榩省爲虔，猶櫃省爲質。《箋》云：

"取松柏斲之，正斲於椹上。"① 則是用以爲藉也。《詩》曰："取厲取鍛。"《箋》云："鍛石所以爲鍛質。"《疏》云："質，椹也，言鍛金之時須山石爲椹質，故取之。"則椹質，又爲鍛厲斧斤之石矣。《史記》范雎曰："臣之胸不足以當椹質，而要不足以待斧鉞。"《注》云："椹，莝椹也。質，剉刀也。"失之。《穀梁傳》云："葛覆質以爲槷。"則質非刀，明甚。且質爲刀，則射者何可以爲的也？顏師古謂鈇非斧，得之。鈇爲剉刀，質則莝椹，明矣。椹質，故書作䋐質。車革前曰䋐。車用革，質用皮，其類也。以皮爲皋，或者非誤乎？郭璞謂："䋐以韋靶車軾。"【靶猶鞦也。】即《詩》之朱鞹。毛傳云："路車朱革。"然則，鞹，一名䋐，車之前後皆用革。鞹前曰䋐，後曰第。又皆以簟衣之，或飾以羽。即《詩》之簟。茀前曰禦，後曰蔽。【椹，一作砧。《文字集略》曰："砧，杵之質也。猪金切。"所謂擣衣砧。《淮南子》曰："夫射，儀度不得，則格的不中。"《注》云："格，射之椹質。的，射準也。"】

枉矢絜矢利火射

枉矢利火射，康成謂取名變星，飛行有光，今之飛矛。矛與髳，古音同。【《莊子》務光，《荀子》作年光。《左傳》豎頭須，《韓詩外傳》作里髳須，是務與牟，髳與頭，古音同。髳與矛亦然。】漢之飛矛，古之飛髳也。以其飛行有光，一名電影。凡車戰，以強弩矛戟爲翼，飛髳、電影副之。飛髳，赤莖白羽，銅爲首。電影，青莖赤羽，鐵爲首。畫②以絳縞，長六尺，廣六寸，爲光耀。夜以白縞，長六尺，廣六寸，爲流星。星有毛羽，狀如蛇行，古之枉矢號曰飛兵，大黃參連弩用之。然則，枉矢配弩明矣。絜矢象焉，四弩之矢也。康成以枉矢屬弓，絜矢屬弩。失之。說見《太公六韜》，有注。俗本合注爲本文，疑後人所改，當考。【兩見《太平御覽》，一見三百三十六卷，一見三百四十九卷。】大黃，黃肩弩也。肩，一作間。參連弩者，三十絭共一臂也。【絭，去權反，又音眷。】

〔大馭〕犯軷　祭軹祭軓

大馭犯軷，《說文》作範軷，云："出將有事於道，必先告其神。立壇四通，樹茅以依神爲軷。既祭軷轢於牲，而行爲範軷。"又云："範者，範軷也，讀與犯同。"然則，馳驅之範，因犯軷而得名。範者象其形，犯者言其義，與車前之軓同

---

① 語出《毛詩正義》，原文爲："取松柏易直者，斷而遷之，正斲於椹上，以爲梠與衆楹。"
② 考查上下文，畫當爲晝之誤。

音。學者得其義，而失其形，久矣。則犯軷，當依《説文》作範軷。《詩》及《聘禮》云："出祖。"《曾子問》云："道而出則軷。"一祭而三名，其牲犬也。犬人伏犬，王車轢之。《詩》云："取羝以軷。"而《羊人》無文。説者謂"天子以犬，諸侯以羊"。又《月令》："冬祀行，亦名軷。"《中霤禮》云："爲軷壤，厚二寸，廣五尺，輪四尺，北面設主於軷上。既祭徹之，更陳鼎俎而迎尸。"蓋祖道本祭行神，當亦有迎尸之禮。祖在城門外，行在廟門外之西，禮雖不同，其神一也。王出，大僕前驅，大馭戎僕爲馭。及犯軷，馭下祝，是大馭爲祝。及祭酌僕，是大僕爲尸，祭軹祭軓乃飲，此非尸祭而尸飲歟？《聘記》："釋軷，祭酒脯，乃飲酒於其側。"① 《注》云："處者於是餞之。"然則，犯軷遂驅之，而亦不遂行也。既犯軷而後祭，則迎尸在犯軷後可知矣。其位則隨所往之嚮而爲之，或曰在城門外之西。毛傳云："軷，道祭也。"鄭箋云："行神之位，取羝以祭神，又焚烈爲尸羞焉。"孔疏云："天子、諸侯軷祭，有尸。"《聘禮》："卿大夫軷祭，酒脯，無尸。"② 崔氏云："宫内之軷，祭古之行神，城外之軷祭山川，無道路之神。"③ 道路之神，非行神而何？若山川之神，則有宗祝以黄金勺前馬之禮焉，以故知釋軷不祭山川也。崔氏之説失之矣。一説，玉路以祀天。祀天有尸，尸之出也，亦如之。《少儀》曰："酌尸之僕，如君之僕。"僕謂大馭，非也。尸不乘玉路。《注》云："軓與軹，謂轊頭。"軓與範聲同，謂軾前也。《疏》云："兩軹，即左右軌。車轂小頭，轂末之軹，車旁著九，式前之軓，車旁著凡。"愚謂：軌，車轍。軹，小穿。本非一物，康成一之，亦必有説矣。孔疏以轂末之軹，爲車轍之軌，似依注而爲之説。及《邶風正義》，則又云"軌當爲軹"，《少儀》誤耳。蓋亦疑而未定歟？尸不乘玉路，何也？曰尸未入廟，其尊未伸，故曰尸在廟門外。則疑於臣，安得乘玉路也。轊頭曰軹，軾前曰軓。《毛詩音義》以軓爲轊頭，失之。

〔田僕〕設驅逆之車

田僕設驅逆之車，《注》云："驅，驅使禽前趨獲。逆，衙還之，使不出圍。"禦，借作衙，古音同也。後漢北海相景君銘曰："强衙改節，微弱蒙恩。"則知，漢隸"禦"，皆作"衙"矣。【禦與圉通。《列子》禦寇，《戰國策》作圉寇，圉即圄，通作衙。】《召南毛傳》云："虞人翼五犯，以待公之發。"孔疏云："《書·多

---

① 語出《儀禮·聘禮》，原文爲："出祖，釋軷，祭酒脯，乃飲酒於其側。"
② 語出《毛詩正義》，原文爲："卿大夫軷祭用酒脯，則無尸矣。"
③ 語出《禮記正義》，原文爲："崔氏云：宫内之軷，祭古之行神；城外之軷，祭山川與道路之神。"

士》曰：'敢翼殷命。'《注》云：'翼，驅也。'"【所引《多士》，乃馬融《尚書》，亦見《書正義》。】《吉日傳》云："驅禽而至天子之所。"《易》曰："王用三驅。"則田獵有驅禽之法，知虞人驅之者。山虞，萊山田之野；澤虞，萊澤野。《駉鐵箋》云："奉是時牡者，謂虞人。"然則，驅逆之車，田僕設之，校人帥之，虞人乘之以驅禽也。驅逆之車，名曰佐車。佐猶左也，逐禽由左，從左射之。《車僕職》所謂"輕車之萃"即此。一名輶車。《詩》曰："輶車鸞鑣。"輶，猶輕也。《箋》云："驅逆之車也。"乘車鸞在衡，輕車鸞在鑣，車驅而犬獲，則知驅逆之車，並有田犬以從禽矣。《少儀》注云："朝祀之副曰貳，戎獵之副曰佐。"《疏》云："戎車之副曰倅，田車之副曰佐。"故戎僕掌倅，田僕掌佐，對異散通。魯莊公乘丘之戰，佐車授綏。是戎車之副，亦曰佐也。《少儀》："乘貳車則式，佐車則否。"熊氏謂據諸侯，誤矣。佐車者，武車也。武車不式，豈獨諸侯？

凡田王提馬而走諸侯騖大夫馳

凡田，王提馬而走，諸侯騖，大夫馳。《注》云："提猶舉也，騖猶抑也。使人扣之以止奔。馳放不扣。"愚謂：止馬曰控，騁馬曰馨，勒馬曰提，放馬曰騖。提猶控也，騖猶馨也。提之言遲，騖之言進，馳則奔矣。【控，一作鞚。《通俗文》曰："所以制馬口曰鞚。"張揖《埤倉》曰："鞚，馬勒也。勒馬曰提，亦謂之控。"】

〔校人〕良馬駑馬之數　毛馬　物馬

《校人》：廐有十二，馬有六種。一廐二百一十六匹，倍之爲四百三十二匹。乃二廐良馬一種之數也。以其數三之，得一千二百九十六匹，乃二廐駑馬三良馬之數也。以其數五之，得二千一百六十匹，乃十廐良馬五種之數也。與二廐駑馬三良馬之數相並，得三千四百五十六匹，乃五良一駑十二閑之全數也。五良、十廐，一駑二廐，共十有二閑。郊國六閑四種良馬三種爲三閑，六百四十八匹。駑馬三之，分爲三閑亦如之。共一千二百九十六匹。乃邦國六閑、三良、一駑之數也。家四閑、二種，良馬一種爲一閑，二百一十六匹。駑馬三之，分爲三閑，六百四十八匹。相並爲八百六十四匹，乃家四閑一良一駑之數也。此依鄭注而計之如此。王馬失之少，家馬失之多。唐馬六閑，閑有左右，爲十二閑，猶周馬六廐，廐有左右，爲十二廐。唐合十二閑爲二廐，猶周合十二廐爲二校。唐有祥驎鳳苑之名，自貞觀至麟德，馬七十萬六千。而後魏河西牧馬至二百餘萬匹，恒置戎馬十萬，以擬京師軍警之備。兩漢牧師諸苑三十六所，分在河西六郡，養馬三十萬頭。而周之王馬僅三千余匹，何足以給軍國之用乎？騋牝三千，邦國則然耳。而謂"王馬大數亦然"，陋矣！周馬之數無聞，然宣王師干之試，其車三千。魯大蒐於紅，革車千乘；晉治兵於邾南，甲車四千。則王馬與國馬一時之盛，可知也。漢有䍶馬，謂之秣馬。食粟苦肥，氣盛怒至，日步作之。孝文節儉，惟百餘匹。而王馬三千，以給軍國，則太少。以奉乘輿，則又太多矣。古者，卿有軍事，循車馬，比卒乘，以備戎①，而家無私厩。晉國之法：『上大夫二輿二乘，中大夫二輿一乘，下大夫專乘。』《王度記》："卿駕四，大夫駕三，士駕二，以爲等差。無取乎多馬也，足以給朝事而已。"是以，楚相孫叔敖棧車牝馬。中行穆子【一作密子。】爲晉卿，有車十乘，不憂其薄也。魏亦有五乘將軍，秦鍼以車多懼選，非失之侈乎？觀起多馬，楚車裂之，其法嚴矣。子產之家，兵車不過十七乘也。漢袁盎用事於景帝之朝，秣馬一駟；公孫弘爲三公，有馬十乘。而周之家馬八百有餘，似失之。大夫守百乘之地，以故家有四閑，乃國之軍馬，非家之私厩也，家不藏兵革。而春秋之世，私家授甲相攻。則其馬之多，曷足怪焉？馬毛物之種九十有二：叱撥之別十，青之別二，烏之別五，白之別一，赤之別五，紫之別六，駿之別十一，赭白之別六，騮之別八，騧之別六，駱之別五，騅之別五，驈之別八，駁骻之別六，駮之別三，驃之別七，其畧在《魯頌·駉篇》，所謂"物馬""毛馬"者蓋如此。毛齊其色，物齊其力，馬飽爲駤，馬肥爲䭴，馬盛爲驕，馬和爲騽，馬遲爲篤，馬疾爲䮀，馬驟爲駸，馬馳爲騁，馬突爲駍，馬奔爲馼，馬驚爲駭，馬立爲駐，馬順爲馴，馬犝爲騋，馬衆爲䮽，馬多爲駪，馬駿爲驁，馬逸爲騛，馬力爲䮷，馬馱爲隤，馬駒爲裒，則所謂"戎事齊力"者，觀其文可以知其義矣。

〔廋人〕馬八尺以上爲龍

《廋人職》："馬八尺以上爲龍。"鄭司農引《月令》曰："駕蒼龍。"案：《爾雅》："馬屬，絶有力駥。"又曰："馬八尺爲駥。"郭注引《廋人職》"龍"作"駥"，而高誘注《月令》引《廋人職》作"龍"。然則，龍與駥，古音同也。龍亦作驡。《潛夫論》曰"求驡問驡"，或云"驡，野馬"，非也。學者好怪，乃謂："龍者仁馬，河水之精，高八尺五寸，長頭有翼，鳴聲九音，遇明主則見。於是有龍馬負圖之瑞應。"皆妄言也。《大戴禮》曰："春夏乘龍，秋冬乘馬。"《月令》："春驡，夏駓，秋駱，冬驪。"而駥驡並不見《說文》，則知古通作龍矣。【驡，一

---

① 此處脫一"事"字，語出《韓非子》，原文爲："且夫卿必有軍事，是故循車馬，比卒乘，以備戎事。"

作鸉，良馬也。音采朗切，蓋土音也。以形聲求之，實不可解。》《易》震爲龍，虞翻本作駹，《注》云："駹，蒼色。震，東方。舊讀作龍，非也。"案：《説文》："駹馬面顙皆白。"亦非純蒼。蓋蒼龍而兼的顙與？龍轉爲駹，猶龍轉爲鸉，【采朗切。】古音皆通。或以爲誤，豈其然？説者謂漢得大宛名馬象龍。象龍，天馬名也。龍爲天駟，故馬以龍名。何休曰："天子馬曰龍，諸侯曰馬，卿大夫士曰駒。"《詩》云："駕我乘馬，乘我乘駒。"毛傳云："大夫乘駒。"鄭箋云："馬六尺以下爲駒。"

〔職方氏〕九州

《春秋元命苞》曰："五星流爲兗州，鈎鈴星別爲豫州，昴畢散爲冀州，箕星散爲幽州，營室流爲並州，參伐流爲益州，虛危流爲青州，天氐流爲徐州，軫星散爲荊州，牽牛流爲揚州。"益州者，《禹貢》梁州，周以梁並雍，則爲雍州之地。秦之蜀郡，漢以其地爲益州。蜀之分野，與秦同分。徐州者，《禹貢》海岱及淮之地，周省徐入青。秦兼天下，置泗水、薛、琅邪三郡。漢或分或改，以其地爲徐州。説者謂："兗，端也，信也。"又云："州以沇水得名。"豫者，舒也，言中州稟中和之氣，其性安舒冀，乃帝王之都。其地有險有易，分野爲趙，故屬昴畢。舜以冀州濶大，分衛以西爲並州，燕以北爲幽州，周人因焉。幽之分野爲燕，故屬尾箕。言北方太陰，故以幽爲號。並之分野爲衛，故屬室壁，不以衛水恒山爲名。而云並者，蓋以其地在兩谷之間也。合梁爲雍，四塞之地，故以雍名。亦謂西北之位，陰陽氣雍閼也。正東青州，土居少陽，其色青，故名。正南荊州，荊，強也，言其氣躁強。亦曰警也，言有道後服，無道先叛，常警備也。東南揚州，分爲吳粵，故屬斗牛，以爲江南躁動，厥性輕揚，亦曰澤國，水波揚也。漢都雍州，爲三輔，屬司隸，不統於州。而以雍之西爲涼州，西南爲益州。又開地斥境，南置交阯，北置朔方之州，兼徐梁幽，並夏周之制，是爲十三州。因置十三部刺史。《元命苞》，漢人僞造，故言益州而不言雍州。則讖緯雖起於春秋之時，實亂於哀平之際，信矣。孔穎達曰："舜分青州爲營州。"營州即遼東。漢末，公孫度據之自號青州刺史，越海收東萊諸郡。堯時，青州當越海而有遼東也。在《周職方》爲幽州之地。賈公彥曰："漢光武十三年，以遼東屬青州。二十四年，還屬幽州。"郭璞以《爾雅·釋地》九州爲殷制，夏無幽、並、營，殷無青、梁、並，周無徐、梁、營。

荊州其川江漢其浸潁湛

江出岷山，漢出嶓冢，皆發源於雍州，而東南流爲荊州之川。潁出少室，湛出昆陽，皆發源於豫州，而東南流爲荆州之浸。蓋潁之別爲瀙，瀙有大小。小瀙出汝南瀙强，與潁水合，故潁或謂之瀙。潁水又東，大瀙水注之。東南流逕召陵縣故城南，而上承汝水枝津，世亦謂之大瀙水。南逕愼城西而入於潁愼故楚邑，白公所居以拒吴者，潁水從此會於淮，故《左傳》謂之潁尾。蓋潁首陽城，而尾下蔡。下蔡故州來，班固獨指此爲荆州寖。則其地古屬荆州矣。召陵及愼，漢屬汝南，爲豫州，在春秋則皆楚地。楚曰荆人，則皆古荆州之域也。湛水北枕山，山有長阪，水流其下，故有湛阪之名。京相璠曰：「昆陽縣北有蒲城，蒲城北有湛水，東流入汝。昆陽在犨縣北，而湛出犨北魚陵西北，而東南流歷魚陵，下其地，接方城。」方城即葉縣。漢昆陽屬潁川，爲豫。犨屬南陽，爲荆。然則，湛合汝，從豫入荆也。汝有瀙，酈道元謂：「瀙、瀙聲相近。」故世謂瀙水爲大瀙水。亦或下合瀙潁之稱。則似潁湛與汝瀙合爲一水矣。正南曰荆州，江漢汝瀙皆南土。國風列於周南，故江漢爲川潁，湛合汝瀙爲浸。【瀙讀爲殷，與瀙同音。】古荆州，北接陳汝，控帶許洛。《齊語》：「桓公南伐楚，濟汝，逾方城，望汶山，荆州諸侯莫不來服。」《鄭語》：「南有荆蠻、申、吕、應、鄧、陳、蔡、隨、唐，」所謂荆州諸侯也。《楚語》：「靈王城陳、蔡、不羹。」案：父城有應鄉，故應國。新蔡故蔡徙，有大吕、小吕亭，故吕國。定陵、襄城有東西兩不羹。在漢或屬潁川，或屬汝南。陳故陳國，屬淮陽，皆古荆州。《淮南子》曰：「昔者，楚地南卷沅湘，北繞潁泗，西包巴蜀，東裹郯淮。潁汝以爲洫，江漢以爲池，亘之以鄧林，綿之以方城。」【汝潁以爲險，江漢以爲池，限之以鄧林，緣之以方城，見《荀子·議兵篇》。】然則，潁湛即潁汝也。康成以爲宜屬豫州，豈其然乎？《春秋傳》：「楚令尹子瑕城郟。」《水經注》：「潁川郟縣，汝水逕其故城南。」即子瑕之所城也。則潁汝宜屬荆州，益信。

豫州其浸波溠

豫之浸曰波溠，《注》云：「溠宜屬荆。」案：湖有溠，漳有溠，江有溠。湖水別爲金浦溠，漳水別爲柏梁溠，江水別爲觀詳溠，皆以溠名。然則，溠不屬荆也。《爾雅》洛爲波，則波溠明爲滎洛之別名矣。應劭謂：「孤山，波水所出。」區區小水，安足爲一州之浸乎？【馬融《廣成頌》曰：「浸以波溠，夤以滎雒。」説本《職方》，曰：「浸曰夤。」明波溠即滎雒也。《注》引《水經注》：「溠水出黄山，在唐隨州棗陽縣東北。」則溠屬荆矣。波水出歇馬嶺，即應劭所謂「孤山，波水所出者」，在唐汝州魯山西北。滎水，在滎陽縣東。】《爾雅》：「潬沙出。」《注》云：「水中沙堆爲潬。溠，猶潬也，故可爲梁。」《左傳》「梁溠」，蓋以此。

雍州其川涇汭

雍州之川，涇汭。《注》云：“汭在豳地。”《詩》曰：“汭沉之即。”沉讀爲鞫。毛傳云：“芮水涯。”《箋》云：“芮之言内也，水之内曰隩，水之外曰鞫。”則汭非水名。渭汭、夏汭、漢汭、羅汭、洛汭、沙汭、淮汭、桐汭，皆曰汭。閔公二年，虢公敗犬戎於渭汭。服虔曰：“汭，謂内也。”杜預曰：“水之隈曲曰汭。”王肅曰：“汭，入也。”吕忱曰：“汭者，水相入也。”渭水入河，是爲渭汭，其地在京兆船司空。猶夏水入江爲夏汭，其地在江夏雲杜縣，亦曰汭水，兼通夏目而會於江。然則，汭非水名，信矣。雍之川莫大於汧渭，班固言“芮出汧，東入涇”，是汧水入涇謂之汭也。吕忱之說不其然乎？【《地理志》：“汧縣，汧水出西北，芮水亦出西北。”明芮即汧也。酈氏謂：“汧有二源：一出縣之蒲谷鄉弦中谷，決爲弦蒲藪；一出縣西山，世謂之小隴山。”即古之隴阪，東北注爲魚龍水。二源分流，一入渭，一入涇。入渭者，謂之渭汭。入涇者，謂之涇汭。《説文》云：“汭水相入也。”】

冀州其澤藪曰陽紆

《爾雅》“九藪”，秦有楊陓，《吕氏春秋》“秦之陽華”，《淮南子》“秦之陽紆”。高誘曰：“陽華在鳳翔，或曰在華陰。”又云：“陽紆在馮翊池陽，一名具圃。”皆臆説也。郭景純謂“在扶風汧縣”，則直以弦蒲當之矣。案：《中山經》：“陽華之山，楊水出焉。西南流注於洛。門水出焉，東北流注於河。綸姑之水，出於其陰。”酈道元謂其地在弘農上，雒河在東北，洛在西南。實古冀州之藪，是爲洛間。言在河洛之間。堯受河圖於此。禹治洪水，具禱陽紆，即其地也。《穆天子傳》：“天子西征，騖行至陽紆之山。河伯無夷之所都居，是惟河宗氏。”自宗周瀍水以西，至於河宗之邦、陽紆之山，三千有四百里。自陽紆還歸於周，三千里。《淮南子》曰：“龍門未辟，吕梁未鑿，河出孟門之上。”説者謂吕梁在西河離石縣西，孟門乃龍門之上口，兼孟津之名，古河宗之地。陽紆即陽華，蓋山也衍而爲藪，河伯都焉。其山更在藪之西，故距瀍水三千里。而《中山經》亦云：“門水出陽華，至於河，七百九十里入雒水。”則其地之廣可知。故半在秦，半在晉。然而，《職方》屬冀不屬雍，何也？穀梁子曰“鄭在冀州”，鄭在豫，而云冀者，蓋冀帝王之國爲天下之中州，是以禹貢首冀州。而鄒衍叙九州，赤縣之畿亦自冀州始。故自平逢之山，至陽華之山，凡十四山，而嶽在其中，以六月祭之。六月者，歲之中也。蓋地中、山中祭以歲中。陽華屬冀，以此。

並州其川曰嘔夷

並州之川，嘔夷。《注》云："祈夷、祈嘔，音相近。"《水經注》亦作祈夷，出代之平舒縣東，逕縣之故城南澤中，控引衆泉，以成一川。《魏土地記》曰："代城西九十里有平舒城，西南五里，代水所出，東北流，乃祈夷也。"在代故亦曰代水。《説文》："滱水起北地靈丘，東入河。"即漚夷水，並州川。案：靈丘，唐蔚州治。《通典》云："嘔夷在其界，漢屬代郡，未聞北地有靈丘。"則《説文》非許氏之舊矣。然以滱水爲並州川，則班氏之説也。祈夷水北至桑乾，滱水東至文安，本非一水。酈氏以滱爲溫夷，出縣西北高氏山。《山海經》曰："高氏【一作是。】之山，滱水出焉，東流注於河。"然則，嘔夷蓋溫夷歟？一説，陽陓大陸，一地兩名。《禹貢》："大陸屬冀州。"康成注《尚書》引《地説》云："大河東北流過絳水，千里至大陸，爲地腹。"而《漢志》："大陸在鉅鹿，絳水在信都。"《禹貢》："北過降水，至於大陸。"康成謂鉅鹿與信都相去非千里，地名變易，世失其處。今河內共山，共水出焉。古音，降讀爲共。今之共水，古之降水。《説文》作洪，亦云。然而，以館陶北屯氏河河之故道爲大陸，則亦冀州之地也。《春秋傳》："魏獻子田於大陸，焚焉。還卒於寧。"杜氏謂鉅鹿絶遠，當在汲郡修武縣之吳澤。修武，故寧也。酈注引《韓詩外傳》："武王伐紂，勒兵於寧，更名修武。"亦以爲吳澤即大陸。紂都在冀州大陸之野，即漢河內。朝歌縣去鉅鹿雖遠，而皆有大陸之名。蓋以其爲地腹，纏絡綿邈。高者山，下者藪，廣且平者陸，焉用指其處以實之哉！《竹書》："穆王征犬戎，祭公帥師從王西征，次於陽紆。"蓋謂陽紆山也。似陽紆在西，陽華在南，而得合爲一者，亦猶楚之雲瞢，跨川亘隰，兼包勢廣者歟？《修務訓》曰："禹之爲水，以身解於陽盱之河。"陽盱者，陽紆也。【盱或爲眄，高誘曰："陽眄河在秦地。"應休璉引之作陽盱，李善注云："盱音紆。"】

〔形方氏〕巫離之地

《形方氏》"巫離之地"，巫，今作乖，俗誤爲華。《説文》："䔢爲草木華，從巫，從亏。巫，背呂也，象脅肋形。從巫。"康成讀巫爲佤峭之佤。巫離者，佤邪離絶也。《説文》《玉篇》皆無佤字。而於巫部加華，訓爲華斜。【《廣韻》作筷，又作莖，即巫字。】華邪者，猶佤邪云爾。華，一作莖。《廣雅》："暌，莖也。莖，哨表也。"明佤與莖同。【佤、筷，實一字，《廣韻》分爲兩。一音夸，一音乖。】形方氏掌正地形，故其形華斜者正之，不正者謂之佤。賈疏謂："兩頭寬，中狹。"未知所出。當考。《説文》斜讀若荼，《詩》"其虛其邪"，鄭箋從《爾雅》，邪讀爲徐。則邪非徐也。【荼，古舒字，舒、徐義同。】邪，一作斜，亦作衺，㐌即窊字。《説文》云："污，衺下也，從穴瓜聲。一作窊。"《字林》云："汙也，音烏。"《説文》"污衺"，陸德明曰："污衺，猶污邪也。"然則，㐌邪猶污邪歟？徑俓爲直，㐌邪爲曲。【《史記》："污邪滿車。"《説苑》："下田洿邪。"】一説，㐌即竵。《説文》云："不正也，從立䙴聲。"似非地形。當考。

禮説卷十二

東吴　半農　惠士奇

秋官一

〔大司寇〕禁民訟入束矢禁民獄入鈞金

大司寇：禁民訟，入束矢；禁民獄，入鈞金。①《管子》曰："小罪入以金鈞，薄罪入以半鈞。訟獄者，三禁之而不直，則入一束矢以罰之。"亦見《齊語》。蓋束矢以示罰，鈞金以贖罪。禁之而不聽，乃入束矢鈞金。説者謂訟獄者皆然，誤矣。矢取其直，不直者入束矢。金能見情，無情者入鈞。金若不入矢，則是自服不直。不入金，則是自服無情，乃所以禁民訟、禁民獄也。折獄不以剛，舊説謂金取堅剛，失之。《淮南子》曰："有輕罪者，贖以金。分訟而不勝者，出一束箭。"《注》云："金分者，隨罪輕重有分兩。箭十二爲束。"案：《鄉射禮》："大夫之矢，則兼束之，以茅上握。"握，謂中央。又：《大射儀》："賓諸公卿大夫之矢，皆異束之。"兼束者四矢，異束亦然。鄉射專指大夫言，故云兼。大射兼指諸公卿大夫言，故云異。束於握上，謂可握而持。然則，束矢者，四矢也。舊説謂十二矢者，蓋本《漢書》"弓一張，矢四發"。服虔曰："發十二矢。"韋昭曰："射禮，三而止，每射四矢，故以十二爲一發。"然則，一弓四十八矢，其説又與毛鄭不同。【師古以一發爲一放，則四發爲四矢。然案：《魏百官名》曰："三公拜賜鶡尾、鵰尾髇箭十二枚。"則服、韋之説非無據也。】《魯頌》毛傳曰："五十矢爲束。"蓋本《荀子·論兵》"一弩負矢五十個"之説。康成謂"一弓百矢"，蓋本書《春秋傳》"彤弓，一彤矢百"之文。此二説者，一用之軍旅，一以賜諸侯，皆不言束也。而

---

① 語出《周禮·秋官·大司寇》，原文爲："以兩造禁民訟，入束矢於朝，然後聽之。以兩劑禁民獄，入鈞金。"

謂"《秋官》聽訟入矢，亦如之"，其不然乎？《舜典》"金作贖刑"，《注》云："金，黃金。"《吕刑》："其罰百鍰。"《注》云："黃鐵。"孔穎達謂："黃金、黃鐵，皆今之銅也。"古贖罪以銅，漢始改用黃金，但少其數，令與銅相敵。康成《駁異義》言："贖死罪千鍰。鍰，六兩大半兩，爲四百一十六斤一十兩大半兩銅，與金贖死罪三斤爲價相依附。"是古贖罪皆以銅也。《禮器》"内金"，亦謂所貢之銅。《注》云："金炤物。"《疏》云："金能照物，露見其情。"此《周禮》禁民獄者，所以入鈞金歟？《易噬嗑》外卦爲離，離爲火，五行之位火承金。坤之六五上升，乾位得中而明，故曰："得黃金。"黃言中，金言明也。《素問》云："金發而清明。"《廣雅》以清明爲金神，折獄以明，得其情矣。得情勿喜，故有貞厲之戒焉。《禹貢》"金三品"，銅三色也。《魯頌》："大賂南金。"言南指荆揚。王肅以三品爲金、銀、銅。孔穎達以爲《爾雅》："黃金之美者謂之鏐，白金謂之銀。"則貢金銀者，當以鏐銀爲名也。《禹貢》有鏐、鐵、錫、鉛、銀，而無銅。故知金爲銅。《春秋·僖十八年》："鄭伯朝楚，楚子賜之金。既而悔之，與之盟曰：'無以鑄兵。'故以鑄三鐘。"此即荆揚所貢之金也。古以銅爲兵，楚金利，故吴越之劍南人貴而寶之，弗使出境。然則，三品爲銅，信矣。三色者，青、白、赤也。康成云："今東萊稱，或以大半兩爲鈞，與三十斤相去縣絶。"則鈞金猶金分，蓋亦隨罪輕重之名矣。晉律：『贖死金二斤，失贖罪囚，罰金四兩。』漢律：『贖死金二斤八兩。』皆黃金也。

〔小司寇〕 三曰詢立君

小司寇：掌外朝之政，以致萬民而詢焉。詢有三，其三曰"詢立君"。春秋，王子朝與敬王争立，求助於晉。晉欲助之，而莫知適立也。乃使士景伯泹問於周①，士伯立於乾祭，而問介衆。由是遂絶子朝之使，而戴敬王，君子曰禮。夫禮，立君必詢萬民也。堯年老而子不肖，舜有元德而在側微。帝聞之，而嶽牧不舉。於是，帝朝萬民而詢之廷。民之所舉，一如帝之所聞，而當乎帝心。於是，史臣書之曰"師錫帝"。介衆曰師。以爲舜有天下也，衆錫之。曷爲不曰天錫之，而曰衆錫之？天遠而衆邇也。不孚於衆而合乎天，妄矣。且古者立君問諸民，不問諸神。楚共王有寵子五人，未知誰立，乃大有事於群望而祈焉。密埋璧於庭，而使五人入拜，且曰："當璧而拜者，神所立也。"既而，或跨之，或加之，或壓之，皆可以爲當璧。則神之所命誰。知之者適足以啓其覬覦之心，而前有蒲宮，後有奥主，臣强於君，

————————
① "周"後脱"故"字。

末大於本，亂幾亡國。故古者立君問諸民，不問諸神。然則，太卜曷爲而卜立君。卜立君者，先王先蔽志而後命龜，謀及卿士，謀及庶人，乃參之以卜筮。未有不謀乎卿士，不謀乎庶人，而專信卜筮之說者也。是故，衆歸之者王，衆去之者亡。湯武革命，堯舜巽命。澤滅火曰革，柔順剛曰巽。剛爲君，柔爲民，言君中正而民順之矣。太康尸位，黎民貳也。成湯代虐，兆民懷也。帝癸喪邦，衆弗協也。武王克紂，衆一心也。故曰："衆歸之者王，衆去之者亡。"

上服下服之刑

小司寇：聽民之所刺宥，以施上服下服之刑。司刺求民情，斷民中，而施上服下服之罪。《注》云："上服，劓墨也。下服，宫刖也。凡行刑，必先規識所刑之處，乃後刑之。"《疏》云："規識在體，若衣服在身，故曰服。"蓋漢法如此。《康誥》曰："嗚呼，封，有叙，時乃大明服，惟民其勅懋和。"又曰："要囚服念五六日，至於旬時，丕蔽要囚。"《明堂位》曰："百官廢職，服大刑，而天下大服。"《說文》："當罪人曰報，從幸從艮，艮服罪也。"《荀子》曰："《書》云"義刑義殺，勿庸以即。"①予惟曰："未有順事，言先教也。故先王既陳之以道，上先服之。"《管子》曰："上不行，則民不從。彼民不服法死制，則國必亂矣。是以有道之君，行法修制，先民服也。"然則，陳之以道，先民服之。及其要囚，又加服念，所謂上服也。罰雖有倫，猶曰未遜，刑一人而天下服，殺一人而萬民和，所謂下服也。《書》曰："恫瘝乃身。"《程典》曰："余體民，如毛在躬，拔之痛，無不省。"②蓋疾痛本諸身，求諸民。故曰："一國之刑，具在於身。"則下服必先上服也。教之以三物，糾之以五刑，求之以五聽，然猶必三刺、三宥、三赦，而後加刑。則民之陷於刑者亦寡矣。成康之際，天下安寧，刑錯四十餘年不用者，以此。康成以漢法解《周官》，似失之。《吕刑》："上刑適輕，下服。下刑適重，上服。輕重以權，惟明克允。"③苟非服念，焉能用權。五刑故有五服。《傳》曰："罪多而刑五，喪多而服五，上附下附列也。"然則，服讀爲附，【《考工記》"牝服"，服讀爲負。《吕刑》"上服下服"，服讀爲附。蓋服本有附音，並非改字。不識字而自謂通經，妄矣。】附之上下，如喪之輕重矣。或從重而輕，或從輕而重，或恩輕而義重，或名重而情輕，上附下附皆有等比。《服問》所謂列，猶《吕刑》所謂權。

---

① 語出《孔子家語·始誅》，原文爲："《書》云：'義刑義殺，勿庸以即汝心，惟曰未有慎事。'言必教而後刑也。"

② 語出《程典》，原文爲："餘體民，無小不敬，如毛在躬，拔之痛，無不省。"

③ 語出《尚書·吕刑》，原文爲："上刑適輕，下服；下刑適重，上服。輕重諸罰有權。"

我所謂服者，大明服也。後漢太尉劉愷奏議，引《呂刑》曰："上刑挾輕，下刑挾重。"而上服下服，《禮記》服作附。蓋服與罪定而施刑，附謂罪疑而議減。《王制》曰："附從輕。"《小司寇·八辟》亦曰："麗邦法，附刑罰。"附者，律之比例。挾，猶舉也。上刑挾輕，下附者舉輕以明重；下刑挾重，上附者舉重以明輕。所謂"上下比罪"，必察小大之比以成之者也。【下附謂小比，上附謂大比。大小猶輕重，已行故事曰比。】《荀子》曰："有法者以法行，無法者以類舉，謂之附。"《莊子》曰："以刑爲體，謂之服。"

〔士師〕五禁　注野有田律

士師五禁：一曰宮禁，二曰官禁，三曰國禁，四曰野禁，五曰軍禁。康成謂古之禁書亡矣。今宮門有符籍，官府有無故擅入，城門有離載下帷。野有田律，軍有囂謹。夜行之禁，其牾可言者。今漢律亦亡，其牾莫能言矣。離載者，載奇兵也。《韓非子》曰："非傳非遽，載奇兵革，罪死不赦。"離之言奇載而下帷，是爲姦。非若兩人同車，法所不禁也。賈疏失之。士師野禁，即大司寇之野刑。所謂"上功糾力"者，謂民農則重本，重本則少私義，少私義則公法立，力乃專一，是故丈夫不織而衣，婦人不耕而食，男女貿功以長生。敬時愛日，非老不休，非疾不息，非死不舍，故謂之糾力。《呂覽·上農篇》"野禁有五"，古之禁書猶存其略焉：庶人不冠弁；娶妻嫁女，不酒醴聚衆；農不上聞，不敢私籍於庸；地未辟易，不操麻、不出糞；齒年未長，不敢爲園囿；量力不足，不敢渠地。而耕農不敢越畔，賈不敢爲異，事山不敢伐材下木，澤人不敢灰僇羅網，罝罔不敢出於門，衆罟不敢入於淵，爲害於時也。苟非同姓，男不出禦，女不外嫁，以安農也。灰僇者，《月令》"仲夏母燒灰"。燒灰者僇庸，謂備賃者，而云"不敢私籍"，則古有在官之傭。故遂師得移用之，以救其時事歟？男女嫁娶不出鄉里，則民無百里之戚，不敢越鄉而交。大司徒所謂"聯兄弟以安民"，蓋如此。孔子曰："入其境，田疇易，草萊辟，溝洫治，此在上者恭敬以信，故其民盡力也。入其邑，牆屋完固，樹木甚茂，此在上者忠信以寬，故其民不偷也。"① 是爲野禁，亦曰野刑，不禁以法而禁以身，不刑其體而刑其心，故其時野無曠土，國無罷民。康成以田律當之，誤矣。

四曰糾用諸國中五曰憲用諸都鄙

士師五戒，四曰糾，用諸國中。五曰憲，用諸都鄙。康成謂糾憲，未有聞焉。

---

① 語出《孔子家語》，原文爲："吾見其政矣。入其境，田疇盡易，草萊甚辟，溝洫深治，此其恭敬以信，故其民盡力也；入其邑，牆屋完固，樹木甚茂，此其忠信以寬，故其民不偷也。"

案：小司寇：正歲觀刑象，乃宣佈於四方，憲刑禁。則憲者，國之刑書。小宰：以宮刑憲禁於王宮内，宰憲禁於北宮。蓋皆宮中之刑，而表縣之以爲法。小宰掌宮之糾禁，宮正亦掌焉。宮正糾德行，内宰糾其守，則糾亦用諸宮中。州里糾過惡，黨正糾戒之，鄰長相戒相受，鄉遂縣之士亦各糾其民，則皆用諸國中者也。大司寇糾力、糾守、糾孝、糾職、糾恭，徧及萬民矣。《戰國策》：安陵君成侯者，奉襄王之命以守安陵也。手受大府之憲，憲之上篇曰："子弑父，臣弑君，有常刑不赦。國雖大赦，降臣亡子不得與焉。"安陵，《説苑》作鄢陵。漢縣屬潁川郡，戰國屬魏，爲安陵，小國也。韓魏滅而獨存。所謂大府之憲，即士師之憲。用諸都鄙者，而稱憲之上篇。則憲即古之章也。《管子》："正月之朔，布憲於國，百吏習憲於君前，受憲於太史。太史既布憲，入籍於大府。憲未布，莫敢就舍。就舍謂之留令，罪死不赦。憲既布，有不行憲者，謂之不從令，罪死不赦。考憲而有不合於大府之籍者，侈曰專制，不足曰虧令，罪死不赦。"① 是爲首憲，春官太史之所藏、頒之官府都鄙者，即此。布憲，執旌節以宣佈於四方，達於四海。蓋正月布之，正歲縣之。【周正月，夏正歲。】《墨子》曰："先王之書出國家、布百姓者，憲也。"《晏子》曰："君子有道懸之閭。"士師五禁，書而縣於門閭者，以此。

八成七曰爲邦倗

士師八成，七曰邦倗。倗，一作朋。《注》云："故書朋作倗。"鄭司農讀爲朋友之朋。案：《漢書·王尊傳》有"南山盗倗宗"，蘇林曰："倗音朋。"蓋本鄭司農之讀而失焉者也。晉灼音倍，得之。《説文》"省"作"偝"，讀若陪晉音本此。顔師古亦以晉音爲是。則倗非朋，審矣。古有朋無黨，同道爲朋，阿黨爲倗。八成者，四方之亂獄，王命訝士成之。立氣勢，結私交，作威福。君子犯禮，小人犯法，無守職奉上之義，有背公死黨之名，故曰邦倗，謂之亂獄。《管子·幼官篇》所謂"散群倗署"也。强者爲圈，弱者爲屬，圈屬群徒，私相署置，故王命訝士以成之者，散之焉。酅從邑，地名。漢功臣表酅成侯，師古曰："酅，音陪，又普肯反。從邑爲酅，從人爲倗。倗古倍字，皆從人，以朋音得聲。"司農破爲朋，或作堋。《説文》引《虞書》曰："堋淫於家。"堋與倗通。《廣雅》"否、弗、倗、粃"，皆非佳語，亦猶姦宄竊盜云爾。淮南中詗，邦汋也。勝詭陰謀，邦賊也。吴

---

① 語出《管子·立政》，原文爲："正月之朔，百吏在朝，君乃出令，布憲於國，五鄉之師，五屬大夫，皆受憲於太史。大朝之日，五鄉之師，五屬大夫，皆身習憲於君前。太史既布憲，入籍於大府。憲籍分於君前。五鄉之師出朝，遂於鄉官，致於鄉屬，及於遊宗，皆受憲。憲既布，乃反致令焉，然後敢就舍；憲未布，令未致，不敢就舍。就舍，謂之留令。罪死不赦。"

之宰嚭、梁之朱異，身内情外，國將生害，邦諜也。薛宣之子，創戮近臣，犯邦令也。弘羊之客，詐稱禦史，撟邦令也。陽虎之囚季孫，爲邦盜也。朱博之附傅晏，爲邦儶也。杜業之毀師丹，爲邦誣也。是爲士師掌士之八戒。士，指訝士，訝士諭邦國之罪刑，成四方之亂獄，蓋以此。《荀子》曰：“蔽公者謂之昧，隱良者謂之妒。奉妒昧者謂之交譎。交譎之人，妒昧之臣，國之蔵孽也。”此邦誣之謂歟？妒昧爲誣，交譎爲汋，雖有妒昧之臣，苟非交譎，則妒昧不行。故八成以邦汋始，邦誣終。

〔鄉士〕聽其獄訟　至　王會其期

訝士：諭罪刑於邦國，凡四方之有治於士者造焉。《注》云：“士，謂士師也。讞疑辨事，先來詣訝士，乃得達於士師。如今郡國，亦時遣主者吏詣廷尉議者。”①案：孝景五年，詔曰：“諸獄疑，雖文致於法，而於人心不厭者輒讞之。”《注》云：“讞，平議也。”後元年，詔曰：“獄疑者讞有司，有司不能決，移廷尉。有令讞而後不當讞者不爲失。欲令治獄者務先寬。”②然則，四方之有治於士者造焉，治猶讞，造猶移。有疑則讞，不決則移，慎之至也。亦欲使邦國之治獄者，務先寬也。漢之廷尉，周之士師。造士師，猶移廷尉爾。【郡國有疑獄，皆讞廷尉。】

〔訝士〕四方之有治於士者造焉

《書傳》曰：“今之聽民求所以殺之，古之聽民者求所以生之。不得其所以生之之道，乃刑殺，君與臣會焉。”聽，謂議獄，察其辭，辯其訟，異其要。近者聽於朝，遠者上於國，鄉士一旬，遂士二旬，縣士三旬，方士三月。司寇聽之，斷其獄，弊其訟。群士、司刑，各麗其法以議，而求所以生之之道。若求其道而不得，則士師受中刑殺，仍登中於天府。蓋司民登數，司寇登中，皆於祖廟，使神監之。若欲免其死，則近者王會其期，遠者王令三公及六卿會其期。蓋當司寇聽之之日，而往議之。《書傳》所謂“君與臣會焉”者也。説者曰：“會者，就也。”春秋之例，魯往會於他處，則書曰“會某。若公在外，彼來就公，則曰會公，【文十三年，衛侯會公於沓。】是就之義。會必有期，凡我會彼，彼會我，各及其期，曰會。若不及其期，則曰弗遇，譏無信也。【桓十年秋，公會衛侯於桃邱，弗遇。】”然則，

---

① 原文爲：“讞疑辨事先來詣乃通之於士也。士主，謂士師也。如今郡國亦時遣主者吏詣廷尉議者。”

② 語出《通典》，原文爲：“獄疑者讞有司。有司所不能決，移廷尉。有令讞而後不當，讞者不爲失。假令讞訖，其理不當，所讞之人不爲罪失。欲令理獄者務先寬。”

會必有期，明矣。故司刑議獄，亦曰會其期。期者，一旬、二旬、三旬之期也。君與臣會，君不爲卑，臣不爲亢。《春秋》，叔老會鄭伯，公孫敖會晉侯，禮也。左氏謂"卿不會公侯"，失之矣。不明《周禮》，焉得通《春秋》。都家不會何也？方士掌都家，訝士掌四方之訟獄，言四方則兼都家邦國矣。有罪刑，則明以諭；有亂獄，則往而成，都家亦如之，故不言會也。且四方之聽朝，冢宰贊之矣。豈都家獨不然乎？

四方有亂獄則往而成之

《春秋·桓》"二年春，王正月戊申，宋督弒其君與夷及其大夫孔父。""三月，公會齊侯、陳侯、鄭伯於稷，以成宋亂。"《穀梁》曰："以者，内爲志焉爾，公爲志乎？成是亂也。此成矣，取不成事之辭而加之焉。於内之惡而君子無遺焉爾。"《公羊》謂："内大惡諱。"而目言之者，以遠也。左氏亦謂"成宋亂者爲賂"，故皆非也。賂者取郜大鼎於宋，固明書之而不諱矣。取賂在後，成亂在前，左氏一之，尤失經義。公欲成亂，故會於稷，卒取賂而還，自是兩事。《春秋》屬辭，以直不以罔。宋亂已成，取不成事之辭而加之，是罔也，非直也。豈聖人之心哉？說者求其義而不得，則曰"成者，平也，平宋亂也"。如其說，則曷爲書成而不書平。書成則非平，亦明矣。蓋自古訓亡，而孔子之雅言亦絕，學者遂莫能明。《春秋》一字之辭，由是杜預之徒妄爲之説。蓋成者，斷獄之名。《王制》所謂"成獄辭"也。凡聽五刑之訟，必察小大之比，以成之。史以獄成，告於正，【史，司寇吏也。正，於周鄉師之屬。今漢有正平丞，秦所置。①】正聽之。正以獄成，告於大司寇。大司寇聽之，以獄成告於王。王命三公參聽之，三公以獄成，告於王，此之謂成獄辭。刑者，侀也。侀者，成也，一成而不可變，故謂之成。《秋官·訝士》："掌四方之訟獄。"四方有亂獄，則往而成之。成之者，聽之也。不可謂之平，平者和解。兩家訓成爲平，妄之甚矣。四方亂獄，莫大於弒君。桓往成之，不成而退，反取賂焉。孔子直書之，傷天下之無王也。《地官·調人》："凡過而殺傷人者，以民成之。"《注》有兩說：一謂和解之，一謂立證佐，成其罪。兩說皆未允，以民成之者，與民共聽之而已。魯公孫敖爲襄仲聘，而自娶焉，仲將攻之，公止之。惠伯成之，使仲舍之，公孫敖反之，此成之之事也。如但和解兩家，又何必使舍之，且使反之乎？舍之反之，非所以斷成其事歟？邾婁定公之時，有弒其父者，有司以告，公瞿然失席，曰："是寡人之罪也，寡人嘗學斷斯獄矣。臣弒君，凡在官者殺無赦；

---

① 語出《禮記正義》，原文爲："史，司寇吏也。正，於周鄉師之屬。今漢有正平丞，秦所置。"

子弒父，凡在宮者殺無赦。殺其人壞其室，洿其宮，而豬焉。蓋君逾月而後舉爵。"所謂"四方有亂獄，則往而成之者"蓋如此。《春秋》所謂"成宋亂者"亦以此。《詩》曰："虞芮質厥成。"質者，劑也。兩造之辭爲兩劑，故曰："以兩劑禁民獄。"虞芮之獄，文王成之；明宋之亂，桓公不能成也。合詩禮參觀，則《春秋》之書法見矣。《竹書》："帝啓八年，帝使孟塗如巴涖訟。"涖者，往而成之也。獄訟成，士師受中。中者，獄訟之成辭。故都家刑殺，士師書成。在官曰官成，在國曰邦成，以待萬民之治謂之中。歲終，則天府登中。故受中之官，名爲典成之吏。士師之八成，由此出焉。冢宰八法之官成，亦曰八成。八成者，八聽也。【一曰聽政役，二曰聽師田，三曰聽閭里，四曰聽稱責，五曰聽禄位，六曰聽取予，七曰聽買賣，八曰聽出入。】晉伐鄭，楚子反救鄭。鄭伯與許男訟焉，子反不能決。曰："側不足以知二國之成。"【側，子反名。】然則，聽訟謂之成也。

〔朝士〕凡屬責者以其地傅而聽其辭

朝士之地傅，即司約之地約。傅謂傅別，約謂約劑，皆判書也。藏於天府，若有訟者，則開府視書，以聽其訟。故曰："凡屬責者，以其地傅，而聽其辭。"責者，訟也。《論語》"内自訟"，包咸《注》云："訟，猶責也。屬責者，地訟也。"《戰國策》云："邦屬而壤挈者七百里。"《呂氏春秋》亦云："吴之與越，接土鄰境壤交通屬。"高誘注云："屬，連也。"鄭司農謂："田地町畔相比屬。"故爭界而訟。如魏清河、平原爭界八年，更二刺史，皆不能決。冀州牧孫禮請以明帝初封平原圖決之，便可立斷。古者，邦國、土地、人民、户口、車服、禮器，皆有圖丹。書之以爲信，謂之丹圖。如民約，則書於户口。圖地約，則書於土地圖。器約，則書於禮器圖。此司約所謂"小約劑書於丹圖"者歟？又封建諸侯亦有圖。至漢魏猶然，故明帝所封平原王，則有平原圖。以圖決訟，《朝士職》所謂"以其地傅，而聽其辭"也。案：圖驗界宜屬平原，而曹爽偏聽清河之辭，乃云圖不可用，當參異同，是謂"地傅不足憑，丹圖不可信"。故孫禮爲之歎息而流涕焉。《小宰職》曰："聽閭里以版圖。"謂"訟地者，以版圖決之"。地傅者，版圖也。

凡盗賊軍鄉邑及家人殺之無罪

《朝士職》："凡盗賊軍。"① 鄭司農謂"盗賊群輩若軍"，非也。軍，謂持兵者。《春秋·襄二十五年》："吴子謁伐楚，門於巢卒。"何休曰："吴子欲伐楚，過巢不

---

① 原文爲："凡盗賊軍鄉邑及家人，殺之無罪。"

假塗，卒暴入巢門。門者以爲欲犯巢，而射殺之。君子不責其所不知，故與巢得殺之，使若吳子自死文，所以彊守禦也。書伐者，明持兵入門乃得殺之。"然則，不持兵不得殺之，明矣。雖群輩共入鄉邑及人家，而格殺之，則殺之者不得無罪，以其不持兵也。苟持兵，豈必群輩而後殺之無罪哉！故不徒曰盜賊，而又曰軍，所以正盜賊之名也。無故持兵入人之門，雖傷國君，猶若無罪。然《春秋》思患豫防之意深矣。渤海盜賊起，太守龔遂單車之官移書屬縣，諸持鉏鈎田器者皆爲良民，持兵者乃爲盜賊。然則，漢律亦然，不持兵者不爲盜也。《左傳》"凡兩軍相攻曰軍某師"，則軍訓爲攻，與《春秋》書伐同義。

〔司刺〕三刺

司刺掌三刺，因以名其官。三刺者，三訊也。壹訊群臣，再訊群吏，三訊萬民。徵訊其人，考訊其皁，【訊，問也。皁，衆也。】慎之至也。是爲刺，其象棘。棘，外刺而赤心，故樹棘爲位，象以赤心三刺焉。《易》曰："係用徽纆，寘於叢棘。"蓋棘者，斷獄弊罪之地。刺者，哀鰥哲獄之情。康成謂三刺罪定，則殺之①。若三刺而情可原，則宥之，且赦之矣。司刺掌三刺、三宥、三赦之法，以求民情，斷民中，豈無宥且赦者而惟戮是聞，必不然也。則刺非殺也。《春秋·僖公二十有八年》："公子買戍衛，不卒戍，刺之。"《成公十有六年》："刺公子偃。"《公羊》謂"內諱殺大夫"，故曰刺。《穀梁》謂："先名後刺殺有罪，先刺後名殺無罪。"則直以刺爲殺矣。愚謂：刺之者，訊之也。春秋殺大夫，未聞列其罪。獨公子買先列其罪，而後刺之。則刺之，非訊之而何？且又安知刺公子偃者，先刺之而後殺之歟？抑先刺之，而後宥之且赦之歟？如曰："刺之者，殺之。"則《春秋》書刺與書殺等耳。何諱之有乎？晉獻公令奄楚刺重耳，重耳逃於翟；令賈華刺夷吾，夷吾逃於梁。其實未嘗殺也。惟文公刺懷公於高梁，則直殺之矣。【內傳言殺，外傳言刺。】然厲公殺三郤，亦云"使胥之昧與夷陽②午刺郤至、苦成叔及郤錡"。則是春秋殺大夫，列國皆曰刺，以掩其專殺大夫之名。及孔子修《春秋》，始改書殺，以著其專殺大夫之罪。獨於內仍書刺者，諱言殺，故書刺。則刺非殺，益明。刺者或殺之，或宥之，或赦之，罪未定之辭也。吳王還自伐齊，乃訊申胥。訊者，刺之。刺者，問之。故申胥釋劍而對。漢安檀侯劉福坐爲常山太守祝禠上，訊未竟病死。《注》云："訊，考問之。"【禠，古詛字。】所謂"刺公子偃者"亦如此。《方言》：

---

① 語出鄭玄注，原文爲："刺，殺也。三訊罪定，則殺之。"
② 陽，《國語》作"羊"。

"凡草木刺人，自關而西謂之刺，江湘之間謂之棘。"然則，刺與棘通。大司寇聽之棘木之下者，刺之之謂也。漢置刺史，奉詔察州。《爾雅》訓爲殺，似失之。【《宋書·百官志》曰："刺之爲言，猶參覘也。"寫書亦謂之刺。漢制，不得刺尚書事。】

〔司約〕約劑　丹圖

司約：掌邦國及萬民之約劑。一曰治神之約，二曰治民之約，三曰治地之約，四曰治功之約，五曰治器之約，六曰治摯之約。大者書於宗彝，小者書於丹圖。古者，天地異官，民神異業。故首治神，而治民次之，治地次之。九職任於民，六府修於地，而功成焉，故治功次之。有功乃受器，故治器次之。有五器，因有三帛二生一死摯，故治摯次之。六者皆有約。約者，結也，要也。子貢曰："言以結之，明神以要之。"神約者，非命祀之謂，蓋謂凡邦之大盟約。北面詔明神，大司寇涖之，司盟掌之，戎右贊之，司約書之，而登其書於天府，其貳在司盟者是也。天官以八則治都鄙，而馭神之則爲先。秋官以六約治萬民，而治神之約爲上。《易》之《觀》也，"省方觀民，神道設教者"以此。民約者，小司徒邦國之比要，鄉師州里之役要也。凡大司馬之所簡稽，旅師之所興積，質人之所賣儥，泉府之所斂賒，有約劑者皆是。若夫遷殷而盤庚命衆，封衛而陶叔授民，非司約之所掌也。地約者，封人所封之四疆，量人所量之塗數，形方所正之巫離，遂人所造之形體，匠人所畫之溝洫皆是。《詩》曰："王命召伯，徹申伯土疆。"正其界也。《春秋》郤至爭鄇田，閻嘉爭閻田，周之東遷也，地約之亂久矣。故子駟爲洫，四族喪田，因之作亂。宋鄭之間有隙地，兩棄之而以六邑爲虛，惡其爭也。然則，約劑大亂，開視約書，不信者殺，先王早已防之嚴矣。功約者，如二虢爲卿，勳在王室，藏於盟府者是也。《周官》："凡有功者，銘書於王之太常，而司常畫其象，司勳藏其貳焉。"① 《春秋》之義，苟有以定國安民，必書功於廟。故襄公朝晉獻子，書勞禮也。器約者，凡喪祭、賓射、吉凶、禮樂之器皆是。春秋列國大夫，亦得受天子之器：大路、先路、次路、三命、再命之服。而魯叔孫穆子之聘於周也，王賜之路，復命於君。君復賜之，使三官書之。司徒書名，司馬書服，司空書勳。衛仲叔於奚有功，賜繁纓與曲縣之樂，亦書在三官。蓋"器約之書於丹圖者"如此。魯衛三卿，故書爲三筴。則天子六官，皆書而藏之可知。故約劑亂，而六官辟藏也。周禮

---

① 語出《周禮·夏官·司馬》，原文爲："凡有功者，銘書於王之大常，祭於大烝，司勳詔之。大功，司勳藏其貳。"

在魯，相證益明矣。摯約者，謂六摯。大宗伯作之，射人相之，司士擯之，膳夫膳之。古者，相見必以摯，故有士相見禮。春秋禮廢已久，定公會晉師於瓦，範獻子執羔，趙簡子、中行文子皆執鴈，魯於是始尚羔。是時，大國之卿，當小國之君，皆執皮帛繼子男，而遂不復以執羔爲尊貴矣。至是，晉上卿執之，魯人始貴而尚之。記者慨摯約之失官也。宗彝者，宗廟之常器，所謂"銘勳彝器，歷世彌光"。《韓非子》曰："至安之世，……不著名於圖書，不錄功於盤盂，記年之牒空虛。"盤盂，宗彝之屬。圖書即丹圖，古者功名著乎盤盂，銘篆存乎壺鑒，皆在記年之牒。號曰春秋，而謂盛世無之，豈其然乎？或曰丹圖者，丹繪也。夏禹撰元要，集寶書。書以南和丹繪，封以金英之函，檢以元都之印，其言不雅馴，石可破不可奪堅，丹可礱不可奪赤，故古之圖書以丹示信焉。斐豹隸也，著於丹書，書其罪也。漢封功臣，申以丹書之信，書其功也。《説文》引揚雄説，以爲《漢律》祠宗廟，丹書告。則漢之告廟以丹書，不獨封功臣矣。抑又聞聖人上知千歲，下知千歲，非意之也，蓋有所自也。緣圖幡薄，從此生焉。古者，緣圖記千歲之事，丹圖書萬民之約。民惟邦本，本固邦寧，千歲之事在其中矣。緣圖幡薄，亦奚以爲？幡薄者，幰幓也。《廣雅》云："幰幓謂之袩，其文皆從巾，故曰幡。以其爲物也薄，故曰薄。其色赤，故曰丹圖。"《埤蒼》云："幰幓赤紙，所謂赫蹏書。"【孔穎達曰："近世魏律，緣坐配没爲工樂雜戶者，皆用赤紙爲籍，其卷以鉛爲軸。"蓋古之幡薄也，丹書之遺法。】

〔司盟〕北面詔明神

《荀子》曰："誓誥不及五帝，盟詛不及三王，交質子不及五伯。"【亦見《穀梁》。】董子曰："戰不如不戰。然而，有所謂善戰，盟不如不盟。然而有所謂善盟，不義之中有義焉。"① 然則，會盟非歟？《秋官》曷爲有司盟也？曰《秋官》之盟，非春秋之盟。春秋之盟，不行於三王之盛世。秋官之盟，五帝用之。然則，二典曷爲不言盟？曰虞禮六宗，周祀方明，一也。皆不言盟，而盟禮具焉矣。虞禮六宗，而覲四嶽群牧。周祀方明，而覲公、侯、伯、子、男。臨之以上帝，涖之以群神，非盟而何？是故《春秋》善胥命，而詩人刺屢盟，其心一也。古者，非會同不盟。時見曰會，殷見曰同，非此時而盟，謂之屢盟。盟禮已亡，先儒無説。覲禮："加方明於壇上。"則會盟之禮，猶存其略焉。方明者，六宗也。其神卑於上帝，尊

---

① 語出《春秋繁露》，原文爲："戰不如不戰，然而有所謂善戰；不義之中有義，義之中有不義。"

於山川。其主，方四尺木爲之，號曰方明。設六色，上元、下黄、東青、南赤、西白、北黑；設六玉，上圭、下璧、南璋、西琥、北璜、東圭。六色以象之，六玉以禮之，尊而宗之，故曰六宗。《楚辭·九章》亦云："五帝折中，六神嚮服，山川備禦。"《司盟》所謂"北面詔明神"即此。六神者，六宗之神。方明者，六宗之位。【或曰："六神、五括，吉祥之星。"見韓非《飾邪篇》。】

盟萬民之犯命者詛其不信者

司盟：盟萬民之犯命者，詛其不信者。有獄訟者，則使之盟詛。《詩》曰："出此三物，以詛爾斯。"毛傳云："民不相信，則盟詛之。"孔疏謂"犯命者盟之，不信曰詛之。盟大詛小，盟詛皆有辭"。《墨子》曰："昔者齊莊公之時，有王里國、中里徼。二子者，訟三年而獄不斷。齊君以爲殺之恐不罪，釋之恐失有罪，乃使之人共一羊，盟齊之神社，二子許諾。於是泏洫挮羊而漉其血，讀王里國之辭。既終矣，讀中里徼之辭。未半也，羊起而觸之，折其腳，祧神槀之，【槀，擊也，音害。】殪之盟所，著在齊之《春秋》。"司盟所謂"有獄訟者，使之盟詛"，其禮蓋如此。雖事近乎誕，而云在齊之《春秋》，則非無據矣。《墨子》雖涉異端，敢於侮聖，談道者斥之，而我獨有取焉者，以其去聖人未遠也。盟禮既亡，而共羊盟社漉血讀辭，其禮存焉。所謂齊之神社者，其説亦見《墨子》。燕有祖，齊有社稷，宋有桑林，楚有雲夢，此男女之所屬而觀也。《春秋·莊公二十有三年》："夏，如齊觀社。"《穀梁》以爲尸女。尸女者，主爲女往爾，以觀社爲名。讀《春秋》者疑之。及觀《墨子》，而其疑渙然釋矣。故不讀非聖之書者，不善讀書者也。毛傳謂三物：君以豕，臣以犬，民以雞，而不言羊。《秋官》："小子羞羊，珥於社稷。"① 珥祈神聽，事類於盟，《墨子》所謂"盟於神社"也。然則，盟詛蓋用羊歟？孔疏謂"詛用一牲"。公子鱄之去衛也，濟河而盟曰："昧雉彼視。"【昧，古蔑字。】蓋盟也，而其辭則詛矣。《戰國策》"齊衛先君刑馬壓羊"，盟曰："後世有相攻者如此牲。"古會盟之辭也。盟有大小，詛亦如之。三物亦不必豭、犬、雞。楚趙同盟，毛遂歃血兼取雞、狗、馬，是盟之大者，三物並用矣。天子馬牛，諸侯犬豭，大夫以下雉雞而兼用羊。羊者，祥也，上下同之。或曰："獬豸神羊，古者決獄命觸不直。"【《説苑·奉使篇》曰："齊魯之先君相與刳羊而約，曰：'後世子孫敢有相攻者，令其罪若此。'"刳羊，是古之盟約皆用羊矣。】

---

① 語出《周禮·夏官·司馬》，原文爲："小子掌祭祀，羞羊肆、羊殽、肉豆。而掌珥於社稷，祈於五祀。"

〔職金〕金版

　　旅上帝、饗諸侯，職金共金版。康成引《爾雅》"鉼金"，蓋冶金謂之鍊，鍊金謂之鉼，鉼金謂之版。《論語說》"桀殺龍逢，地出金版"，誕矣。太公金版玉匱，劉歆以爲近世之書，信哉！金版者，國之典筴也。《周書·大聚篇》："周公旦陳營邑建都之制，別陰陽之利、水土之宜，命曰大聚。武王乃召昆吾，冶而銘之金版，藏府而朔之。"① 蓋藏之府，朔旦省而行焉。昆吾者，職金之官也。四月孟夏，王嘗麥於太祖，命大正正刑書，假於社，各牡羊一、牡豕二。王在東序，大正居户西南嚮；九州伯咸在，西嚮。王升自客階，作筴，執筴從。王若曰："予小子聞古有遺訓，予用皇威，不忘祇天之明典。……爾執以屏助予一人，集天之顯，亦爾子孫其常能憂恤乃事，勿畏多寵，無愛乃嚚，亦無或刑於鰥寡非罪，惠乃其常。"大正書乃降，大史筴刑書九篇，以升授大正，乃左還自兩柱之間。箴大正曰："欽之哉！諸正敬功，順爾臨獄無頗，保寧爾國，世世不殆。"大史乃降，大正乃中降。王則退。是月，大宗序天時，祠大暑；少宗祠風雨百享；大史乃藏之於盟府，以爲歲典。所謂"銘之金版，藏府而朔之"者也。刑書九篇，是爲《九刑》。大正者，大司寇。凡《秋官》皆曰正。《王制》"正聽之"，漢有正平丞，說者謂秦所置，蓋周本有是官而秦改置云爾。旅上帝，作筴告天。饗諸侯，作筴命之。《西京賦》"乃爲金策，用錫此土"，是古策皆以金矣。太公《金匱》曰："屈一人之下，申萬人之上。"武王曰："請著金版。"故《莊子》謂之金版。《六弢》："鄧析私造刑書，名爲竹刑。"明國鑄刑書以金，不以竹也。銘之版曰刑書，銘之鼎曰刑鼎。二者不同，杜預一之，誤矣。國家大訓，或書之玉，或銘之金，皆曰版。奉爲式，故祈招之。《詩》曰："式如玉，式如金。"【《大戴禮·保傅篇》曰："素成胎教之道，書之玉版，藏之金匱。"《素問》曰："著之玉版，每旦讀之，名曰玉機。"《左傳》："庀刑器"，孔疏云："書之於版，故號爲器。"《吳越春秋》："金簡玉字，皆瑑其文。"《墨子》曰："書於竹帛，鏤於金石。"《七略》曰："太公金版。"】

國有大故而用金石則掌其令

　　職金：凡國有大故而用金石，則掌其令。《注》謂"用金石者，作槍雷椎椁之屬"。賈氏無疏，學者瞢焉。雷與椎，金石也。槍與椁，竹木也，連類及之。凡守

---

① 語出《逸周書·大聚解》，原文爲："周公曰：'聞之文考，來遠賓，廉近者，道別其陰陽之利，相土地之宜，水土之便。'……乃召昆吾冶而銘之，藏府而朔之。"

城有鹿角槍埋於坑，拒馬槍塞於路，皆木也。《揚雄傳》"木雍槍纍"，師古云："以木擁槍。"蘇林云："竹槍。"《廣雅》云："簇謂之筑，【一作籤，謂之笪。】是爲筑槍。"蔡謨《與何驃騎書》所謂："數百步内，布竹筑如蝟毛，賊不能飛者。"《通俗文》曰："剡葦謂之槍。"蓋取竹葦而銳其端。《兵略訓》所謂"剡撕棻"，即此。《鼂錯傳》"具藺石"，如淳曰："城上雷石。"雷，一作礌。陳思王《征蜀論》云："下礌成雷，榛殘未碎。"潘岳《汧督誄辭》所謂"罔【音的。】以鐵鏃機關，既縱礌而又昇焉"是也。一名礮石，《閑居賦》云："礮石雷駭。"《注》云："礮石，今之抛石。"【礮與抛通，音匹序反。】《范蠡兵法》："飛石重二十斤，爲機發行三百步。"《説文》："建大木，置石其上，發以機以碅敵。"一名橝。《魏志》謂之"霹靂車"，亦曰抛車。霹靂與雷，象其聲也。後世易石以火，號震天雷。蓋師雷石之遺意，而加酷矣。椎者，金椎。榁，一作桴，誤。《墨子·雜守篇》曰："凡禦，雲梯之法，必廣城以禦之。不足則以木榁之，左百步，右百步。"然則，榁者，禦衝之具，因雷而及槍，因椎而及榁，乃竹木，非金石也。榁，讀如《公羊》恢郭之郭，蓋恢而大之之名。或讀爲挎，挎乃鼓桴，誤矣。一説，發石之木名橝，故曰槍雷。後世易以火，號飛火槍，蓋其遺術。榁讀爲鐓，蓋千金椎也。秦始皇造橋鐵鐓，重不可勝刻，作力士像以祭之，鐓乃可移動，是爲千金椎。

〔司厲〕其奴男子入於罪隸女子入於舂藁

《書·甘誓》《湯誓》皆曰："孥戮汝。"孔安國云："辱及汝子，言恥累也。"又云："古之用刑，父子兄弟，罪不相及。"今云孥戮，權以脅之，使勿犯，蓋明知古無從坐之法，而曲爲之辭。令出惟行，犯者不赦。權以脅之，非通論也。案：《説文》無孥，後人所造。帑在巾部，金幣所藏。《左傳》"鳥帑"，帑爲尾，鳥之後也。故人之妻子亦曰帑。《左傳》"秦人歸其帑"，《詩》曰"樂爾妻帑"，毛傳訓帑爲子。俗讀帑爲吐蕩反，因作孥以別之。由是，奴、帑、孥相亂，而不可復辨矣。鄭司農解《周官》引《書》曰："奴戮汝。"則孥當作奴明甚。《泰誓》"囚奴正士"，《論語》"箕子爲奴"，許叔重曰："奴婢，皆古之罪人也。"《司厲職》："其奴，男子入於罪隸，女子入於舂藁。"罰弗及嗣，帝之德也。罪人以族，受之殘也。收帑之律，始於秦。古安得有帑戮之刑哉？《費誓》："汝則有無餘刑，非殺。"先儒以爲此即帑戮之刑。王肅謂"同產皆坐，無遺免者"。康成謂"奴其妻子，不遺種類"。孔安國謂"刑者非一"，皆非也。古之行師，儲有餘，備不虞。乏軍興服，上刑無餘，非乏罪亦非殺。非殺，奈何戮之爲奴？名勒丹圖，入於罪隸，職在司厲。所爲奴戮者如此。司農引《書》及《論語》"箕子"、《左傳》"斐豹"爲證，得之。康成謂："奴從坐而没入縣官者，乃漢法，非周制也。"【孔安國《尚書》作孥戮，《史記》作帑戮，《漢書》作奴戮。】《説苑》："晉誅羊舌虎，叔嚮爲之奴。"【亦見《吕氏春秋》。】蓋春秋亦有從坐者，然祈奚卒救而免焉。益信古無之矣。郤芮食采於冀，故曰冀芮。與吕甥謀弑文公，依秦漢法當族。然罪止及身，並奪其邑而已，其子缺未聞從坐也。後卒爲卿，復與之冀。春秋且然，而況先王之世乎？《鶡冠子》曰："伊尹酒保，太公屠牛，【牛古音隅，與師奴協。】管子作革，百里奚官奴。海内荒亂，立爲世師。"官奴者，罪隸之奴也。

〔司圜〕罷民弗使冠飾而加明刑　〔注〕墨幪

司圜：收教罷民，凡害人者，弗使冠飾，而加明刑焉。康成謂 "著墨幪"①，蓋古之象刑。《尚書大傳》曰："唐虞象刑，上刑赭衣不純，【純，緣也。】中刑雜屨，下刑墨幪，以居州里，而民恥之。"謂出圜土。居州里，民猶恥之。司圜職所謂 "雖出三年，不齒者也"。《慎子》曰："有虞之誅，以幪巾當墨，以草纓當劓，以菲履當刖，以艾韠當宫。布衣無領，當大辟。斬人肢體，鑿其肌膚，謂之刑。畫衣冠，異章服，謂之戮。"然則，唐虞之象刑，即司圜之明刑。任之以事，而收教之，又異其章服以恥之。罷民，猶罷士，亦曰惰遊。《玉藻》云："垂緌五寸，惰游之士。玄冠縞武，不齒之服。"蓋出圜土之罷民。所謂三年不齒者，則冠垂長緌。當其未出，則著墨幪焉。而慎子謂 "以幪巾當墨"，則又不然。罷民役之司空，猶漢之城旦黥面曰墨。墨而役之者，黥爲城旦。不墨而役之者，完爲城旦。著墨幪者，蓋完爲城旦者也。當黥者，墨其額。不當黥者，蓋墨其巾而已。非謂 "廢墨罪而以幪巾當之也"。《荀子》不知其義，乃曰 "象刑起於亂今" 悖矣。國以恥爲維，人以恥爲大。有恥而格爲良士，無恥而免爲幸民。故德道禮齊，象刑乃作。惰游之士，沈浮民間，害於州里，所謂無業之人，嗜酗酒，好謳歌，巷游而鄉居者。而其罪未麗於五刑。康成謂 "書其罪惡於大方版，著其背"，必不然矣。雖害於人，無大罪惡，不宜作勞，有似乎罷。於是坐之嘉石，入之圜土，役之辱事，以勞苦其體，墨其巾，長其緌，縞其武，服之以不齒之服，以發其羞恥之心。如是三年，而猶不改，是靦然人面而爲禽。則殺之無赦。故曰："不能改而出圜土者殺。" 一説：出者，解脱而出。漢律：『諸囚徒私解桎梏鉗赭，加罪一等。爲人解脱，與同罪。』故義縱爲定襄太守，凡獄中重罪，有私入相視者，盡以爲解脱而殺之。則是，不能

---

① 原文爲："著墨幪，若古之象刑。"

改而出圜土者，漢律之所謂解脫也。然寧成抵罪髡鉗，解脫亡去，宴然家居。則漢律雖嚴，輕罪解脫者，不殺。號爲罔漏吞舟之魚。古律，罷民罪輕，出圜土者殺。則象刑較漢律而尤嚴矣。先王以九職任萬民，欲使天下無一人無業。此象刑之所由作也。刑不虧體，罰不虧財，以爲如是可以止矣。不然，罷馬不畏鞭，罷民不畏法。雖增而累之，其無益乎？賈山曰："陛下即位，赦罪人。憐其亡髮，賜之巾。憐其衣赭，書其背。父子兄弟相見也，而賜之衣。"然則，著背之明刑，起於秦漢也。亡髮者賜巾，是髡者得加冠飾矣。蓋漢律之輕於古者如此。【後漢鄴令甄邵諂事梁冀，有同歲生得罪於冀，亡奔邵。邵陽納而陰告冀，冀捕殺之。邵當遷爲郡守而其母死，乃埋尸馬屋。先受官而後發喪。及冀誅而河南尹李燮遇邵於塗，使卒投車溝中，笞搖亂下，大署帛於其背，曰："諂貴賣友，貪官埋母。"乃具表其狀，遂廢錮終身，此康成所謂"書其罪惡於背"者也。然則，漢之罪人衣赭者，皆書背矣。】

〔夷隸〕掌與鳥言 〔貉隸〕掌與獸言

服不氏養猛獸，掌畜及閩隸養鳥，而皆教擾之。夷隸與鳥言，貉隸與獸言。《列子》謂："今東方介氏之國，其國人數數解六畜之語者，蓋偏知之所得。上古神聖之人備知萬物情態，悉解異類音聲，會而聚之，訓而受之，同於人民。故先會鬼神魑魅，次達八方人民，末聚禽獸蟲蛾。言氣血之類，心智不殊遠也。神聖知其如此。故其所教訓者，無所遺逸焉。"然則，服不氏能服不服之獸，而教養柔馴，其術本於古之神聖。而夷隸貉隸能通鳥獸之言，則皆偏知之所得也。自伯益佐舜調馴鳥獸，爲百蟲將軍，而崇伯鯀比獸之角能以爲城，舉其尾能以爲旌。召之不來，仿佯於野。蓋即黃帝帥熊、羆、狼、豹、貙、虎爲前驅，雕鶡、鷹鳶爲旗幟，以力使禽獸之術。得其術而或以爲祟，或以爲神。爲神者，乘龍而上天；爲祟者，化爲黃能而入羽淵。後世其術絕，然往往有能通鳥獸之言。王充稱廣漢楊翁仲，乘蹇馬之野，有放眇馬於田者，鳴聲相聞。翁仲謂其禦曰："彼放馬眇。"其禦曰："何以知之？"曰："彼罵此蹇，此亦罵之眇。"其禦不信往視之，目果眇。而管輅亦曉禽言，則能解六畜之語者，不獨東方介氏之國矣。大司樂合樂以作動物，一變而致羽物，再變而致贏物，三變而致鱗物，四變而致毛物，五變而致介物，六變而致象物。合樂以來之，則鱗介皆可致，而況毛羽之屬乎？傅翼戴角，分牙布爪者爲物。含齒戴髮，四肢九竅者爲人。人與人爲伍，物與物爲群。豈非物以異類而相遠，人以同類而相親。然而，苟有教之誨之者，人性固無有不善，物性亦無有不馴。是以明王在上，鳥之惡者飛鴞格，獸之猛者白虎仁。《大戴禮》曰："聖人有國，龍至不閉，鳳降忘翼，爪鳥忘距，鷙鳥忘攫，蠭蠆不螫嬰兒，蝍蛆不食天駒。"此之謂也。

〔野廬氏〕

魯臧文仲適晉，宿於重館。晉陽處父聘衞，舍於寧嬴。重館人、寧嬴氏，皆逆旅之官也。賈逵、孔晁以寧嬴爲逆旅大夫，則周未聞有此官。劉炫以爲逆旅之主，庶民而已。古之賓客，不舍於庶民之家。韋昭謂"重館人，守館之隸"，不知人與氏，皆官名。貴非大夫，賤不至隸。且館者，候館也。周制：『𥳑有寓望，謂寄寓之樓，可以觀望，亦曰候館。館有積，遺人掌之。其官中士下士。而賓客羈旅，則委人以稍甸之畜聚供之。凡軍旅之賓客館焉。』臧文仲，魯卿也。卿行旅從，非所謂軍旅之賓客歟？委人之官，與遺人等。然則，重館人者，委人也。國有賓客，野廬氏令其徒擊柝以宿衞焉。凡有節及有爵者至，則爲之辟，而誅昌翔窺伺之姦。然則，寧嬴氏者，野廬氏也。周之廬，猶漢之亭。五里一郵，十里一鄉。鄉有亭，亭有室。《風俗通》曰："亭，留也，蓋行旅宿衞①之所。"古者，列樹以表道，挈壺以表井，夜宿晝息，賓至如歸。野廬氏所謂"宿息井樹"者，野之道路皆然矣。十里一廬，三十里一宿，五十里一市。宿有路室，市有候館，皆謂之廬。故掌達道路之官爲野廬氏。國有五溝、五塗以爲阻固。司險藩而塞之，野廬氏叙而行之。則舟車鑿互，車不必輚轅，舟不必砥柱也。有節者，爲之辟。無節者，不得行道路。有節合符爲驗，以傳輔之。田成子去齊之燕，鴟夷子皮負傳而從，至逆旅。逆旅之君待之甚敬。然則，野廬氏蓋逆旅之君矣。西晉十里一官欄，即古野廬之法。然官非下士，又無胥徒，守之以貧民，主之以賤吏，則何足以禁姦禦暴乎？且因之以殖利，依客舍收錢，名曰欄稅，故當時目爲道路之蠹焉。欄門之設，晨開昏閉，即脩閭之閭互，所以禁止行人。凡操持不物者，行作不時者，野廬氏禁之。晨行者、宵行者，司寤氏禦之。皆有道禁、夜禁。苟非罪人與奔喪，莫不見日而行，逮日而舍。蓋日入廢作，故古無夜行之人也。【《太元》曰："晝人之禍少，夜人之禍多。"】潘嶽謂，夜行者貪路，皆以昏晨。盛夏晝熱，又兼星夜，遂欲盡去官欄，獨留逆旅。異乎吾所聞。

横行徑踰

士師野禁，亦曰道禁，野廬氏掌之。横行徑踰，蓋其一也。徑，謂之蹊。《釋

---

① 衞，《風俗通》各本作"會"。原文爲："亭，留也，蓋行旅宿會之所館。"

名》曰:"蹊,係也。射疾則用之,故還係於正道。"康成亦云"徑逾,射邪趨疾",禁之所以防姦,謂不由正道。昌翔觀伺,將開寇盜之端。故横行徑逾者禁之,有相翔者誅之,則寇盜之端絶矣。蹊田罪輕,奪牛罰重。説者以爲輕重失倫,横行徑逾,其細已甚矣。豈無大於此者乎?君子絶惡於其細,禁姦於其微。射邪趨疾,未必遂爲盜也。而昌翔觀伺,爲盜之端,遂萌於此。野廬氏掌凡道禁,塞其塗,弇其迹,則形勢不得爲非,使民無由接於姦邪之地。故晏嬰治阿而築蹊徑者,以此也。孔門子游稱子羽曰"行不由徑",謂其行方。夫由徑,犯野廬之禁。先王之世,人人不由,安見其方。春秋,禁書雖存,而官失其職。道禁之不行久矣。子羽獨奉而行之,以爲先王之道存焉。由此觀之,則一步一趨,無在而非先王之道也。於呼,此子羽之所以爲方歟?《太元》曰"孔道夷如,蹊路微如,大輿之憂",此之謂也。衛有亂,季羔逃之,走郭門。門者曰:"彼有缺。"季羔曰:"君子不逾。"又曰:"彼有竇。"季羔曰:"君子不隧。"蓋由徑則必逾缺,逾缺則必隧竇,不逾不隧,必自不由徑始,故曰徑逾。逾謂逾缺。注疏不明,故補之。《詩》云:"周道如砥,其直如矢。"不行直道,是謂横行。《管子》謂"里域不可以横通",亦以此。

禮説卷十三

東吴　半農　惠士奇

秋官二

〔雍氏〕春爲阱擭　注柞鄂

雍氏：春爲阱擭，穿地爲漸以捕禽。《注》云："擭，柞鄂也。堅地阱淺，則設柞鄂於其中。"《淮南子》曰："走獸擠腳。"蓋設柞鄂以擠其腳而獲之。一名係蹄。《戰國策》云："人有置係蹄者而得虎，虎怒，決蹯而去。"蹯，虎掌。延叔堅曰："係蹄，獸絆也。"是爲柞鄂。《魯語》云："鳥獸成，設穽鄂。"《注》云："鄂，柞格，所以誤獸也。"一名蹟，以纓獸足。《逸周書》曰："不卵不蹟，以成鳥獸。"然則，山不爲苑，澤不爲沈。春阱獲，而秋杜塞之，亦所以助生阜而畜功用歟？翟氏注云："置其所食之物於絹中，鳥下來則掎其腳。"絹當作羂，俗省爲絹，其音同也。不徒係獸，兼可羅鳥。《太元》曰："揮其罦，絶其羂。"《西京賦》所謂"罿羅羂結者"即此。《莊子》曰："蹄者所以在兔。"《注》云："兔，羂也。一名兔罠，【巨亮反。】係其腳，故曰蹄。"《齊語》："渠弭於有渚，纓山於有牢。"即雍氏所謂"澤之沈，山之苑"。牢立柵以遮獸，渚立隒以捕魚。纓，《齊語》通爲環。《小匡》誤爲綱。馬融《廣成頌》所謂"纓橐四野之飛徵"也。軍行，依山澤爲險阻，兼取川禽原獸以佐軍糧。《管子》所謂"南伐西伐北伐之主"者，以此。雍氏之所禁也，而管子行之。《周官》之法，至齊桓而一變矣！【《墜形訓》曰："東方曰大渚，曰少海。"《注》云："少海，澤名。"則渠弭爲澤，明矣。賈注云："渠弭，裨海也。"其説本此。】

〔萍氏〕掌水禁幾酒

根生之物爲草，草麗乎土，故掌土化者，其官爲草人。浮生之物爲萍，萍麗乎水，故掌水禁者，其官爲萍氏。萍氏禁川游，兼幾酒而謹酒。《韓非子》曰："道譬之若水，溺者多飲之即死。渴者適飲之則生。"適者節也。君子有酒，節之而已。《易》曰："飲酒濡首，不知節也。"鄉飲設禁，射飲設豐，賓飲告旨，主飲謝崇。賓主百拜，終日彌恭，其爲節也，陔矣。《書》曰："毋彝酒彝。"酒者，常酒也。常酒者，天子失天下，匹夫失其身。翩翩銜羽飲河，顧其後也。鳳凰雄鳴節節，雌鳴足足，取爲嚴名，思其義也。可以人而不如鳥乎？水性柔，人多溺。《詩》曰："旨酒思柔。"則酒能溺人，亦如水矣。制柔以剛，故《書》曰："剛制於酒。"然而，剛制不如溫克也。周公作《酒誥》，言沉湎之爲害。而殺群飲之民，則似剛近乎虐？然以酒禁委掌水之官，謂"浮而不沉者莫如萍，不湎於酒，猶不沉於水"，則仍取溫克之義焉。不然，殺群飲何異刑棄灰？輕罪而行重罰，非所謂殷罰有倫也。豈周公行之爲仁，商鞅行之爲暴哉！【《莊子外篇》曰："周周銜羽以濟。"司馬彪《注》曰："周周，河上鳥也。頭重尾輕，是以銜他鳥羽而飛過河。"① 言人可求益於物以補其所短也。《韓非子》曰："鳥有翩翩者，重首而屈尾。將欲飲於河，則必顛乃銜其羽而飲之。"人之有所不足者，不可不索其羽也。《説文》："無尾爲屔，從尾出聲。"俗省作屈，銜羽飲河。其言有味。若銜羽濟河，有何味乎？銜其羽，似非他鳥也。】

〔司烜氏〕以鑒取明水於月　中春修火禁

司烜氏：掌以鑒取水於月。鑒者，鑑諸，一名方諸。《淮南子》許慎注曰："方，石也。諸，珠也。"古諸、珠通。劉子曰："陽燧在掌而太陽火，方諸運握而少陰水。"類感之也。萬畢術曰："方諸取水。"《注》云："形若杯，合以五石。"葛洪有岷山丹法，鼓冶黃銅以作方諸，承取月中之水，古之鑒也。豈其然乎？案：唐乾封元年，果毅李敬貞議：封禪用明水實尊。《淮南子》云："方諸見月，則津而爲水。"高誘注云："方諸，陰燧，大蛤也。摩拭令熱，以嚮月，則水生以銅盤受之，下數石。"《考工記》云"金錫半謂之鑑燧之齊"，《注》云："取水火於日月之器。"準此《注》，則水火之器，皆以金錫爲之。今有陽燧，形如圓鏡，以取明火。應時得陰鑑，形如方鏡，以取明水，未有得者。比年祠祭用井水代之。② 蓋金

---

① 原文爲："周周，河土鳥也，頭重尾輕，是以銜他鳥羽乃飛過河。人之不可求益於物，以補其所短也。"

② 語出《舊唐書·志·禮儀》，原文爲："鄭玄注云：'鑑燧，取水火於日月之器也。'準鄭此注，則水火之器，皆以金錫爲之。今司宰有陽燧，形如圓鏡，以取明火；陰鑑形如方鏡，以取明水。但比年祠祭，皆用陽燧取火，應時得；以陰鑑取水，未有得者，常用井水替明水之處。"

錫相半，自是造鑑之法，非陰鑑之制。依古取明水，合用方諸。嘗於八九月中，取蛤一尺二寸者，依法試之。自人定至夜半，得水四五斗。王充曰："月中之獸，兔、蟾蜍，其類在地，螺與蚌也。月毀於天，螺蚌舀缺。方諸鄉月，水自下來，同類明矣。"① 高堂隆謂："陽符取火，陰符取水，名曰水火之鏡。"干寶謂："五月丙午日中，鑄陽燧；十一月壬子夜半，鑄陰燧。而陰燧無得水之理。"其説皆非。蛤，一名魁。《大元》曰："大魁頤水酋。酋之包，言水之聚也。"《符子》曰："鏡以曜明，故鑒人。蚌以含珠，故内照。"方諸，一名蚌鏡，古謂之鑒以此。

司烜之烜，一作煣，一作烓。煣爲楚語，烓乃齊言。煣讀爲貨，烓讀若毀。《韓詩》"王室如烓"，《毛詩》作燬，左形右聲。《説文》並存。説者又謂："齊人曰燬，吴人曰烓，方俗之訛也。"然則，煣、烓、燬、烜，皆通矣。《夏官》司爟，《秋官》司烜，爟爲熱火，所以爇也，其形在地。烜爲明火，所以照也，其精在天。在地爲木，乃火之形。在天爲日，乃火之精。形用其熱，精用其明，故熱火取諸木，明火取諸日焉。或明或闇，火性善藏。見則有耀，伏則無光，故司烜氏修火禁，以心星之見伏，爲出内之紀綱也。方諸取水，或以井水代之。説本《管子》。春飲於青后之井，夏飲於赤后之井，秋飲於白后之井，冬飲於黑后之井，中央飲於黄后之井。《易》曰："井道不可不革也。"言久則濁穢，宜易其故。乃知古者不徒改火，且改井矣。《井卦》九三"井渫"，渫者，渫其惡也，故不食。壽陽有歡樂井，言三伏赫曦，望見此井則爲之喜。故井水渫惡，行人惻焉。不用則惡，用汲則清。明王變而更之，則天下皆受其福矣。《管子》曰："鑽燧改火，杼井易水，所以去茲毒也。"水有茲，火有毒，人或遭之年命促，惟潔且新乃受福。是故，教民櫵室、鑽燧、墐竈、泄井，所以壽民。後世不然，人多夭折，未必不由此。【王褒《頌》②"卑辱奥渫"，《注》云："奥，幽也。渫，汙也。汙穢則除去之，故曰渫。"】

邦若屋誅則爲明竁

司烜氏：邦若屋誅，則爲明竁焉。康成云："屋，讀爲剭。剭誅，謂不於市而以適甸師氏。"明竁若今楬頭，明書其罪法也，司烜掌之。則罪人夜葬歟？《漢書》長安令尹賞爲虎穴，收捕輕薄惡少年内穴中，皆死。出瘞寺門桓東，楬著其姓名。

---

① 語出王充《論衡》，原文爲："方諸鄉月，水自下來。月離於畢，出房北道，希有不雨。月中之獸，兔、蟾蜍也，其類在地，螺與蚌也。月毀於天，螺、蚌舀缺。同類明矣。"

② 即王褒《聖主得賢臣頌》。

康成所謂"楬頭"即此。師古曰："楬，杙也。椓杙於瘞處，而書死者名也。楬從木，音竭。"① 屋誅蓋刑於喪國之社。《荀子》曰："罪人之喪，不行②晝行，以昏殣。"古之法也。然則，罪人夜葬，漢法亦然矣。既葬而楬著罪名，立於其地焉。蓋與尹賞之事合。非若子產誅公孫黑，以木加尸也。且楬者，表識之名。蠟氏有死於道路者，埋而置楬。楬，之言桀也，立於地，不加於尸。賈疏失之。一說，穿穴曰竃。喪國之社屋之。屋之者，掩其上而柴其下，使不得達上。邦若屋誅，《司烜氏》穿穴以通明，故曰明竃。蓋事畢則仍揜之。火秉明，故職在司烜氏。班固《述哀紀》曰："底剟鼎臣。"服虔曰："《周禮》有屋誅，誅大臣於屋下，不露也。"古者復穴，開上取明，謂之雷，明竃之義取諸此。【《廣雅》云："楬櫫，杙也。"】

〔條狼氏〕誓禦曰車轘

條狼氏誓僕右曰殺，誓馭曰車轘。轘，一作轘，於文皆從車。蓋古之斬刑或云車裂。《龜策傳》："頭懸車軹，四馬曳行。"《鶡冠子》曰："害百姓者，轘以狗。"說者謂"齊車裂蘇秦，秦車裂衛鞅，其法起於戰國"。非也。《春秋》桓十八年，齊襄轘高渠彌於首止；宣十一年，楚莊轘夏徵舒於栗門。皆弒君之賊也，齊楚討而轘之以狗焉，先王之法也。襄二十二年，楚殺令尹子南而轘觀起。觀起者，子南之私子。南得罪，觀起車裂。則凡不臣者皆轘之，不獨弒君之賊矣。說者謂以《左傳》證《周官》，康成之失。然則，東晉不可以證西晉，南宋不可以證北宋乎？如謂左氏不可信，則先秦無可信之書矣！《孔叢子》曰："齊王行車裂之刑，群臣爭之，不聽。子高見齊王曰：聞君行車裂之刑，無道之刑也。"學者皆以為然，愚獨以為不然。轘者，不忠之刑；焚者，不孝之刑。臣不臣，二忠為患，轘者患也。子不子，倒孚為烄，【孚，古子字。烄，古突字。】焚者，烄也。《易》曰："突如其來。"如突猶逆也，子而逆出，不容於內也。故有焚如、死如、棄如之象。掌戮亦云："殺其親者，焚之。"夫焚與轘，皆刑之酷者也，而加之逆節之子，二心之臣，即刑當其罪。子高不問其刑之當否，而輒加以無道之名，則是弒君者不轘，殺親者不焚，而後為有道之刑也，不亦異乎？臣弒君，子弒父，非一朝一夕。其所以包藏禍心，實由於辯之不早而反掖之。寇必起於親近之臣，馭則尤親近者，故誓之以車轘，即其事以警其心焉。狗者使之明聽其辭，故奮鐸。誓者使之潛消其慝，故執鞭。【《易離》之突，猶《太元》遇之沖，故其測曰："衝衝兒遇，不肖子也。"】

---

① "楬從木，音竭"，原文作："楬音竭，杙音弋，字並從木。"
② 行，《荀子·禮論》作"得"。

誓大夫曰敢不關鞭五百

《虞書》曰：“鞭作官刑，朴作教刑。”孔疏云：“《周禮》條狼氏誓大夫曰：敢不關，鞭五百。”《左傳》有鞭徒人費、圉人犖，子玉鞭七人，衛侯鞭師曹三百，後來亦皆施用。及隋，造律始廢之。《淮南子‧人間訓》有伏郎尹而笞之三百，蓋起於戰國，近乎古之官刑。《左傳》又有“齊莊公鞭侍人賈舉”，魯孟孺子鞭成有司之使，則是賤者，非士大夫。獨條狼氏有“誓大夫，鞭五百”之文，與《曲禮》“刑不上大夫”之言相反。於是，學者疑《周官》非聖人之書。不知官刑與教刑，《虞書》並舉。官有慢事，築以訊之。教或不率，樸以威之，象以典刑。自昔然矣。周公之爲師保也，使伯禽與成王處。成王有過，則撻伯禽以恥之。楚文王田於雲夢，三月不反。保申諫曰：“先王卜以臣爲保，吉。王罪當笞，臣承先王之命，不敢廢。寧得罪於王，不敢負先王。”王曰：“敬諾。”乃席王，王伏。保申束細箭五十，跪而加之王背，如此者再。曰：“小人痛之，君子恥之。恥之不變，痛之何益？”此教刑也。古者雖天子必朝師，故國之至尊猶不廢笞。後世之言禮者，乃謂“刑不上大夫”，豈其然乎？《春秋》“大夫無遂事”“出境可以安社稷、利國家者，則專之”。可劉向謂“國有危而不專救者，不忠。國無危而擅生事者，不臣”。蓋以爲擅生事者，將有跋扈不臣之心。故條狼氏誓之以爲戒。若夫過誤之失常，人所容懈慢爲愆，輒相提拽。乃至《尚書》“解衣就格”“人君自起撞郎”，則吾未聞之於古。【孔疏謂“鞭刑及隋而廢”，非也。隋文每杖人於廷，一日數四，高熲等切諫，乃令殿內去杖。後怒楚州行參軍李君才，命杖之。而殿內無杖，遂以馬鞭笞殺之。則隋亦未嘗廢也。唐開元二十四年，夷州刺史楊濬犯贓決杖，裴耀卿諫以爲決杖施於徒隸，不可加於高官。贖死雖優，受笞爲辱，恐百姓見之忘其免死之恩，且有傷心之痛。而張說亦諫決杖貴臣，且謂張嘉貞曰：“宰相者，時來即爲，豈能長據。若貴臣可杖，恐吾輩行當及之。”是時，秘書監姜皎、廣州都督裴伷先犯罪，嘉貞奏請杖之，故說云然。】漢律：『有矯詔害，矯詔不害，害者死。』條狼氏所謂“敢不關者”，矯詔害者也。不死而鞭，律輕於漢矣。如其不害，【漢律：『雖不害，猶免官。』】則專之可也，而又何關焉？武帝使呂步舒持斧鉞治淮南獄，以春秋誼顓斷於外，不請。不請者，不關也。康成謂“大夫自受命以出，則其餘事莫不復請”。然則，命之顓斷而後可以不關歟？穀梁子以爲大夫不廢君命，不專君命。有君命而留之爲廢，無君命而遂之爲專。若是者，刑茲無赦。是故，冢宰八法，以官刑糾治；司寇五刑，以官刑糾職。條狼氏之誓也，所以糾之也。曰輵，曰殺，曰鞭，曰墨，是爲官刑。官刑糾，官職修，抑又聞古之大夫有坐干國之紀者，不謂之干國之紀，則曰行事不請，是掩其干紀之實，假以不關之名。此而不刑，國無紀也，國無紀必亡。

〔修閭氏〕掌比宿互櫺者守其閭互

修閭氏：比宿櫺而守閭互。互謂行馬，櫺以行夜，閭其門也。《管子》曰："閭閈無闔，外内交通，男女無別。"《晏子》曰："急門閭之政，而淫民惡之。緩門閭之政，而淫民説。"古者有虞氏始置木爲閭，而謂之互者。《説文》云："迦互，令不得行。"木如蒺藜，上下相距，形若犬牙，左右相制，所以禁止行人。郤克臧、孫許同時聘於齊，二大夫相與踦閭而語。一在外，一在内，移日然後去。墨子自楚還，過宋天雨，庇其閭中，守閭者勿内也。則閭互之法，有節者内之，無節者譏之。春秋及戰國皆然矣。齊有里尉，猶《周官》之里宰、閭胥也。審閭閈，慎筦鍵，筦藏於里尉。凡出入不時、衣服不中、圈屬群徒、不順於常者，閭有司見之，復無時。所謂閭有司者，即周官之脩閭氏歟？宿互者，宿守閭互，而擊櫺以衛焉。《月令》："中冬，命奄尹申宫令，審門閭。"蔡邕破閭爲閫，謂宫中之門曰閫，奄尹主之。閭里門非奄尹所主。愚謂：宫中有永巷，巷門謂之閭。《韓非子》曰："昔者，桓公宫中二市，婦閭二百。"婦人守之，故曰婦閭。《戰國策》有守閭嫗，不必破爲閫也。【迦，一作梱，《封人注》云："楅衡如梱狀。"賈疏云："衡者，横木於鼻，今之馳猶然。"漢時，有置於犬之上謂之梱。梱，一作柙。《廣成頌》曰："柙天狗，韄墳羊。"《三秦記》曰："麗山西有白鹿原，原上有狗柙堡。秦襄公時，有大狗來下，有賊則吠之，一堡無患，於是有狗柙之名"。則犬之有柙，不始於漢矣。】

〔冥氏〕得獸獻其皮革齒須備　注備爪也

備所以衛也，牆垣所以衛其家，爪牙所以衛其體。《淮南·齊俗訓》："有穿窬拊揵、抽箕逾備之姦。"高誘注云："備，後垣。"是牆垣者，家之衛也。《秋官·冥氏》："設弧張，爲阱擭，以攻猛獸，而獻其皮革齒須備。"司農注云："備謂搔。"是爪牙者，體之衛也。故備，一訓垣，一訓爪。人無爪牙之衛，乃削革爲甲，鎔金爲兵以爲衛。故甲兵亦名備。《左傳》："齊烏枝鳴曰：用少莫若齊致死，齊致死莫若去備。"《老子》曰："入軍不備甲兵。"【見《韓非子》，"備"俗本作"避"，非。】言不恃備以救害也。桓魋以家備往白公，以戰備獻。一説，備，讀若采，【蒲莧切。】音如辨，象獸指爪。《説文》："采從田爲番，獸足也，象其掌。"采訛爲備，聲之訛也。逾備當作逾阦，【普回反。】音若裴。《莊子》曰："正畫爲盜，日中冗阫。"阫，一作培。顔闔鑿培而遁，《注》亦云："培，後牆。"則備當讀爲阫。或曰不然，居不爲垣牆，人莫能毀傷。行不從周衞，人莫能暴害，故曰："備者，國之重也。兵者，國之爪也。"垣與爪俱以備名，本乎古矣。

〔柞氏〕　注柞除木之名讀爲屋笮之笮

柞氏注云："柞，除木之名。"先鄭讀"柞"爲"屋笮"之"笮"。何休曰："親過高祖，毀其廟。"禮：『取其廟室笮，以爲死者炊沐。』笮者，廟之西北厞也。西北隅幽隱之處，謂之厞，亦曰笮。徹取其木以爲薪，而炊沐焉。舊説："厞，屋簷。"非也。《爾雅》"柵謂之棗"，《廣雅》"棗謂之笮"，笮言迫迮，厞言陫側，則厞爲屋笮明矣。賈疏目爲俗，失之。《廣成頌》云："焚萊柞木。"《注》云："柞，音士雅反。邪，斫木也。"依鄭義，當音側白反。章懷讀爲槎，本《説文》。案：《爾雅》"屋上薄謂之筄"，《注》云："屋笮，蓋柱上爲薄，柱頭爲櫨，所謂棗也。徹取其木，即取之此。"《説文》"笮，在瓦下棼上""棼者，復屋棟"，是爲復笮。《廣雅》曰："棼，閣也。"即今之樓。太史慈討賊，賊緣樓行詈，手持樓棼慈射之，貫手著棼，謂著樓簷下棟，故舊説以厞爲屋簷。一説，屋笮者，屋漏也。《釋名》曰："禮既祭，改設饌於西北隅。"西北隅曰屋漏，親死撤其薪以爨竈煮沐，供諸喪用，若值雨則漏，遂以名之。然則，屋笮者，當室之白也。孫炎謂"日光漏入"，抑或然乎？康成曰："漏，隱也，厞隱之處。"則直訓漏爲厞矣。一説，柞，屋棧也，亦謂之簀。柞，一作笮，在各反，見《急就篇》。

〔薙氏〕　殺草

薙氏殺草，謂始生而萌之，夏日至而夷之，秋繩而芟之，冬日至而耜之。《月令》"燒薙"，《注》引《薙氏職》，夷作薙。皇氏云："夷音薙，先薙其草，草乾燒之。"含實曰繩，皇氏音孕，古作胂。《管子》曰："壬子水行禦，羽卵者不毈，毛胎者不贕，胂婦不銷棄，草木根本美。"蓋水氣行，草木先受之，而後及羽卵、毛胎、胂婦焉。任身含實，其理本同。《月令》："國多女災，禾稼不熟。"①水傷含任，氣相感也。胂，一作娠，《太元》云："好娠惡粥。"又曰："娠其膏，女子之勞。"一作鱦，《家語》王肅注云："鱦，魚之懷任。"然則，女含胎，魚遺子，草結實，皆從電，象其腹也。【耿電怒鳴，故象其腹。】萌之者斫其新，夷之者芟其陳。《注》云："以鈎鎌迫地芟之，若今取茭矣。"茭，乾草也。謂取乾草有陳根

---

① 語出《禮記·月令》，原文爲："〔季夏之月〕行秋令，則丘隰水潦，禾稼不熟，乃多女災。"

也。秋敗其實,冬剗其根,從春至冬一年之事。六鄉之易,六遂之萊,必休之乃可復種者,以此。《釋地》云:"一歲曰菑,二歲曰新田,三歲曰畬。"菑者,災也,謂災殺其草木也。郭璞曰:"今江東呼初耕地反草爲菑。"新田者,新成柔田。畬,和也,田舒緩也。然則,菑者,柞氏攻木,薙氏殺草,皆以水火變之。則草木化爲糞壤,二歲乃柔,三歲乃和,此田所以有再易、三易歟?《詩》曰:"楚楚者茨,言抽其棘。自昔何爲,我藝黍稷。"言耕者必先伐除茨棘,而後種黍稷焉。其法在農官,則柞氏、薙氏之職也。故曰:"載芟載柞,其耕澤澤。"除草曰芟,除木曰柞。載,始也,言耕之事始於此。

〔硩蔟氏〕掌覆夭鳥之巢

《説文》曰:"凡字,朋者,羽蟲之長;鳥者,日中之禽;烏者,知太歲之所在;燕者,請子之候,作巢避戊巳。""古文鳳,象形。鳳飛,群鳥從以萬數,故以爲朋字。"魯郊以丹雞,祝曰:"以斯鶉音赤羽,去魯侯之咎。"所貴者,象形以望其來;所惡者,覆巢以使之去。此硩蔟之官所由設也。《春秋》鳥鳴亳社,而伯姬卒,其爲夭也,信矣。鷁與鸜鵒,非夭也。退飛而宋襄喪師,來巢而魯昭失國,則又何說與?漢永平中,神雀集於宮廷,而賈逵稱爲瑞。元和中,異鳥翔於殿屋,而何敞目爲災。既而逵對無徵,敞言竟驗。然則,非常者乃爲夭乎?硩蔟氏覆而墮之,如不去,則庭氏射之。自臧文仲祀爰居,而其官廢矣。漢祠黃帝用一梟破鏡,【梟食母破鏡食父。】五月五日作梟羹,賜百官,即硩蔟之遺意。若夫鸛鶉、鶡鶏,一名墮羿,應弦銜鏑,矢不著地,逢蒙縮手,養由不睨,雖有庭氏救日,太陰之弓亦無所用之。故曰:"力不勝夭,夭不勝德,似鳳者孽,介雀者滅。"

〔翦氏〕除蠹莽草熏之

庶氏除毒,以攻説檜之,嘉草攻之。翦氏除蠹,以攻禜攻之,莽草熏之。大祝六祈,有檜禜攻説之名。黨正、族師,有祭禜、祭酺之禮。蠹,猶蟲也。嘉草,一名莽草,一名芒草,見《山海經》:"朝歌之山有草焉,名曰莽艸,可以毒魚。葌山有木,狀如棠而赤葉,名曰芒草,可以毒魚。"莽轉爲芒,語有輕重耳。《淮南·萬畢術》曰"莽草浮魚"《爾雅》"蔨春草",《注》云"一名芒草"或云蔨即白薇,非芒草也。《吳氏本草》曰:"莽草,一名春草,有毒。五月采,治風。"蓋蟲生於風,潛於陰。魚陰類也,治風之草能毒魚者,亦能殺蟲歟?《左傳》"公聚朽蠹",而"穀飛爲蠱"。蓋蠹,皿蟲;蠹,木蟲;生於陰中,異名同類。物不堅爲鹽，鹽與蠱通。凡害物之蟲皆是也。食心、食葉、食根、食節，皆似蠱而害良苗。族師祭酺，酺者，螽螟之神，能爲災害，故族師祭之。庶氏以攻説檜之，翦氏以攻禜攻之，以禳其灾。又以嘉草攻之，焚莽草而以其灰灑之，以絶其害。荆楚之俗，取菊爲灰，以除麥蠹。氾勝之術，取麥種，襍乾艾，藏之，以馬鹽矢漬穀種，則無蟲。謂蟲生於濕熱，燥之，則蟲不生而收常倍。崔寔《四民月令》曰："臘月祀炙迷，【逢，麥芽也，《齊民要術》誤爲蓮。】樹瓜田四角。"去𧌒，【胡濫切瓜蟲也。】其法本於庶氏翦氏。後世失其傳矣。一説，嘉草，蘘荷也。葛洪方曰："人得蠱，欲知姓名，取蘘荷葉著病人，臥席下立呼蠱主名。"一説，芒草，杬也。《爾雅》："杬，魚毒。"杬，一作芫，見《急就篇》。顔師古云："芫華，一名魚毒。漁者煮之以投水中，魚死浮出，故名。"《本草經》云："芫華，一名去水，味辛殺蟲。"淳于意《診脈》曰："蟯瘕，以芫華一撮飲之，即出蟯可數升，病已。"然則，能毒魚者，亦能殺蟲也。莽草蓋其類歟？段氏《雜俎》言西域有禳蟲法，作木天壇法以禳之。后漢公沙穆爲弘農令，時有螟蟲食稼，穆乃設壇以禱。於是，暴雨既霽，而螟蟲自銷。此段氏所謂"西域禳蟲法古之遺術也"。則庶氏攻説，翦氏攻禜，亦必有道矣。

〔壺涿氏〕除水蟲〔赤犮氏〕除貍蟲

壺涿氏除水蟲，赤犮氏除貍蟲。水蟲潛於藪澤，貍蟲隱於牆壁。《注》云："水蟲，狐蜮；貍蟲，䗪肌蛷。"《疏》云："水蜮，即水中短狐，而䗪肌蛷則闕焉。"《廣雅》："負蠜，䗪也。蚚蟟，蠑蛷也。"《本草》，䗪名土鱉。《博物志》曰："蚚蟟溺人景，隨所著生瘡。"盧氏曰："塗以雞腸草。"段氏曰："治以莎衣結。"《説林訓》："曹氏之裂布，蚚者貴之。"高誘注："曹布燒以傅蜥蚚瘡，則愈。"蜥蚚，即肌蛷也。陸佃《埤雅》："蚚逢申日過街。"《造化權輿》曰："短狐射氣，蚚蟟遺溺。"《稽聖賦》所謂"蚚旋於影，蜮射於光，氣感使然，莫或知之矣"。佃謂蚚蟟者，言搜求而去之，則臆説也。案：蚚蟟，段氏《雜俎》作蠷蟟。【蠷音瞿，古瞿、求音同。】蠷蚚、蜥肌，聲相近，文異音，同實一物。《廣雅》以䗪爲負蠜，乃鼠婦也。《本草》"䗪無甲有鱗，狀似鼠婦"。《春秋》莊十八年秋有蜮，二十九年秋有蜚。劉歆曰："蜚，負蠜。"郭璞曰："負，盤也。"或引《山海經》"有獸如牛，其名曰蜚。行水則竭，行草則死，見則天下大疫"，其説近乎怪矣。學者好怪，以爲然。愚謂：蜮，水蟲也。蜚，貍蟲也，壺涿氏、赤犮氏之所除而去之者也。《春秋》失其官。故蜮蜚書於策，君子曰災也。水蟲之灾自外生，貍蟲之灾自内萌。自外生者顯而有神，自内萌者隱而無形，故常藏於隙屋。於文，壁孔爲隙，從阜象牆，二小夾日。莊之末年，叔牙、慶父，貍蟲之應也。處宮之中，在君之側，若不去之，必將亡國。是故，自外生者驅之以土鼓，自內萌者毒之以蜃灰。害雖微而將大物，無小而不除，周公所以垂爲訓歟？《召南》雀穿屋，鼠穿墉，而獄訟成焉。雀所處者，瓦之間隙、屋之翳蔚也。而社鼷不灌、屋鼠不熏，穿墉以爲藏身之固，非所謂切近灾乎？周鼎著鼠，令馬履之，爲其不陽也。不陽之謂貍，故貍之爲怪也，好居隅隙之間。赤犮氏目察區陬，掌除物怪。涼州張重華末年，有螽斯蟲集安昌門外，緣壁逆行。重華兄祚，小字螽斯，都尉常據諫曰："螽斯逆行，灾之大者，願出之。"重華曰："螽斯，子孫繁昌，何爲灾也？"先是，祚蒸重華母馬氏。及重華死，馬氏遂廢重華子曜靈，而立祚。祚尋殺曜靈，專爲姦虐，涼州人咸賦《牆茨》①焉。此貍蟲之應，與春秋有蜚同，故特書之以爲灾也。【重華末年，猶莊公末年。重華兄祚，猶莊公兄慶父。祚蒸馬氏，猶慶父通哀姜，其事皆相類。螽斯與負蠜亦相類。】

牡樟

牡樟，姑榆也。樟，一作姑。《釋木》："無姑，其實夷。"似即《釋草》之莔荑。《本草》："莔荑，一名無姑，一名蕨蔬。"似即《釋草》之"蕨蕪"。郭注以莔荑爲白蕡，仍謂無姑即蕨荑。則與莔荑何以別乎？《急就篇》注云："莔荑，無姑之實也。無姑，一名樟榆，其莢圓厚。"然則，實者爲無姑，不實者爲牡姑。猶牡蘜之不花者也。易枯楊，康成讀枯爲姑。蓋枯即樟之省，俗讀爲枯槁之枯。失之矣。

〔銜枚氏〕 注橫銜之繶結於項

鄭注"銜枚"兩見：一見《大司馬職》，曰："枚如箸銜之有繶結項中。"一見《銜枚氏》，曰："橫銜之繶結於項。"賈疏云："繶，兩頭繫也，以組爲之，兩頭交於項下結之。"顏師古注《漢書》引鄭注，結作絜，曰："繶絜於項。"云繶者，結礙也。絜，繞也。爲結紐而繞項也。絜音頡，則又訓繶爲結，絜爲繞矣。同時所見之本不同若此。

禁歌哭於國中之道者

銜枚氏：掌司囂。囂則亂，亂則師田失律。囂則謹，謹則祭祀不敬。䛆呼歎鳴

---

① 即《詩·墉風·牆有茨》。

歌哭，皆是也，故爲之禁。苟非師田祭祀，則弗禁也。或曰哭非其地謂之野哭，孔子惡野哭者，爲其變衆。故有哭於國中之道者，亦謂之野。銜枚氏爲之禁，而孔子亦惡焉。如其説，則士大夫去國者，鄉國而哭。奔喪者，齊衰望鄉而哭，禮也。皆國中之道也，奚爲而禁之。孔子曰："所知，吾哭諸野。"故哭所識，則於野張帷，禮也。所謂野哭也，又奚爲而惡之？《雜記》："國禁哭則止。"《郊特牲》："喪者不哭。"不特不敢哭於道，并不敢哭於家，故殯宫朝夕奠，皆不哭。蓋國之大祭祀，民皆敬之。敬則吉圭清靜，州里除不蠲，刑者、任人、凶服亦皆禁焉，非徒哭也。非是則弗禁也。然則，何哉孔子惡野哭者，曰："非此之謂也。"郰人子蒲卒，哭者呼滅。子皋曰："若是野哉。"哭不以禮，是爲野。舊説，滅蓋子蒲名。王肅謂"人少名滅者"。又："哭名其父，不近人情。疑以孤窮自謂，將亡滅也。"其説似是而非。伯牛有惡疾，夫子所痛曰："蔑之命矣夫。"【見《漢書》。】蔑，猶滅也，蓋痛之甚也。如是，則何野之有？且古人以惡名，何不可以滅名？哭不必其子，焉知非其父？夫禮，臣既死，君不忍呼其名。子既死，父不忍呼其名。哭者蓋其父也，而呼子名，君子以爲野矣。哭有禮，亦有節，哀矣而難繼，情在而無文，皆野也。孔子之所惡也。然則，古不禁哭，亦不禁歌歟？甯戚將任車，歌於車下。買臣擔束薪，歌於道中。苟非師田，祭祀則歌，哭皆弗禁也。狐援諫齊湣王而不用，【援，一作咺。】出而哭國三日。王問吏曰："哭國之法若何？"吏曰："斬。"王曰："行之。"明哭國者斬，無道之刑，蓋起於戰國歟？《墨子·號令篇》曰："無敢歌哭於軍中，有則其罪射。"言惟軍中則然。古無哭國之法也，故其禁在銜枚氏。【《尸子》曰："齊有田果者，命狗曰富，命子曰樂。將祭而狗入室，呼之曰富出，以爲不祥。其子死，哭曰樂乎，而不似悲也。"①是俗哭子皆呼名矣。《喪大記》曰："婦人下堂不哭，男子出寢門外，見人不哭。"《注》云："自堂及房，婦人所有事。自堂及門，男子所有事。非其事而哭，猶野哭也。"則野哭，非謂哭於野也。《奔喪》："哭避市朝。"魯哀姜大歸將行，哭而過市，市人皆哭，則哭亦有不避市者。國中不禁可知。】

〔伊耆氏〕共王之齒杖　杖咸

伊耆氏：共王之齒杖。先鄭云："謂年七十當以王命受杖者，今時亦命之爲王杖。"然則，七十賜杖，名曰王杖，周之禮也。王充《謝短篇》曰："七十賜王杖，

---

① 原文爲："齊有田果者，命狗曰富，命子爲樂。將欲祭也，狗入室，果呼之曰：'富出！'巫曰：'不祥也！'家果大禍，長子死，哭曰：'樂乎！'而不似悲也。"

何起？著鳩於杖末，不著爵。何杖？苟以鳩爲善，不賜鳩，而賜鳩杖而不爵，何說？"《風俗通》曰："俗說高祖與項羽戰於京索，遁於薄中，羽追求之時，鳩止鳴其上，追者以爲必無人，遂得脫。及即位，異此鳩，故作鳩杖以賜老者。"而《三齊略記》所言漢祖事與此同，且云"漢世元日放鳩"蓋爲此。其說非也。王子年記"少皥結薰茅爲旌，以桂枝爲表，刻玉爲鳩，置於表端"，則鳩杖起於少皥，亦非也。伊耆氏共王杖，則鳩杖起於伊耆矣。鷹化爲鳩，不仁之鳥，感春之生氣變而之仁。故羅氏獻鳩以養國老，因著其形於杖以扶之，助生氣也。或曰："鳩者不噎之鳥。"欲老人之不噎。豈非古造而漢因歟？大祭祀共杖咸，康成讀咸爲函。案：咸，古械字。《天官》"書間可械劍"，《索隱》曰："械，音函。函，容也。函字本有咸音，故從咸。"則知先儒讀咸爲函，得其音矣。秦置酒饗群臣，先召諸子賜食。罷而出，胡亥下陛，視群臣陳履杖善者，殘敗之而去。蓋燕饗在堂，履杖不上堂，陳於陛下僻隱之處。故胡亥下陛得壞之。八十杖於朝者，履杖上堂，猶劍履上殿，異數也。康成謂"老臣雖杖於朝，事鬼神尚敬，去之"。故大祭祀共咸，有司以此函藏之。既事乃授之杖，有函。《曲禮》"席間函丈"，丈或爲杖。王肅謂"古人講說，用杖指畫"。然則，函杖猶杖函也。蓋函藏於席間。杖，之言丈也。王杖長九尺，言丈者，舉成數也。王杖，《御覽·玉部》引之作玉杖，失之。【《廣雅》曰："匜謂之械。"】

〔大行人〕秋覲以比邦國之功　會盟無常期

秋見曰覲，覲之言請也。漢律：『春曰朝，秋曰請。』言請罪也。覲禮：『三享畢，侯氏乃右肉袒，於廟門之東，入門右，北面立，告聽事。』《注》云："凡禮事左袒。【吉凶皆然。】右肉袒者，刑宜施於右也。"①《易》曰："折其右肱。"秋覲以比邦國之功，言校比其功，以行黜陟，告聽事者。告王以比功之事，言無功當黜，宜退受刑。右肉袒，非請罪而何？漢有請室，應劭曰："請罪之室，大臣有罪，造請室而請罪焉。"自上言之曰比功，自下言之曰請罪。《詩》曰："道阻且右。"言左順而右逆也。《軍禮》："不功將帥，結草自縛，袒右肩而入。"②《射禮》："司馬與司射交於階前，相左。"③《喪禮》："商祝與夏祝，交於階下則反之。"康成謂"吉事交相左，凶事交相右"者，以此。蓋左爲陽，爲吉。右爲陰，爲凶也。春陽

---

① 語出《儀禮注疏》，原文爲："右肉袒者，刑宜施於右也。凡以禮事者左袒，入更從右者，臣益純也。"
② 語出《孔叢子·問軍禮》，其文曰："然後將帥結草自縛，袒右肩而入。
③ 語出《儀禮·鄉射禮》："司馬適堂西，袒執弓，由其位南，進；與司射交於階前，相左。"

中，萬物生，故朝以圖事。秋陰中，萬物成，故覲以比功。夏萬物見，其象顯，故宗以陳謨。冬萬物藏，其象幽，故遇以協慮。覲乘墨車，蓋將請罪所以自貶損。朝則建旂乘路焉。上公九旒九乘，侯伯七旒七乘，子男五旒五乘。《詩·蓼蕭》《采菽》，皆諸侯朝天子之詩，曰："鞗革衝衝，和鸞雝雝。其旂淠淠，鸞聲嘒嘒。"則朝乘路車如其命數也。康成見覲乘墨車，遂疑朝亦然。故《蓼蕭》箋云："此説天子之車飾者，諸侯燕見天子，天子必乘車迎於門，是以云然。"失之矣。而《采菽》箋則云："諸侯來朝，王使人迎之，因觀其衣服、車乘之威儀，所以爲敬，且省禍福也。"此仍以爲諸侯之車服。孔疏乃謂，王乘駟馬迎諸侯，則鸞旂驂駟皆非諸侯之物。豈其然乎？《元鳥》①"龍旂十乘"，《箋》云"二王後，八州之大伯"②，所謂九命之外，若有加益，則是君之特賜，非禮法之常。而侯氏乘大夫之車，亦惟覲爲然矣。《詩》曰："歲事來辟，勿予禍適。"此覲禮請罪之辭。歲事者，歲功成於秋也。小行人春入貢，秋獻功。康成謂"若今計文書斷於九月，其舊法"。盧植乃云："計斷九月者，秦以十月爲正。"誤矣。

《左傳》昭十有三年，叔嚮曰："諸侯歲聘間朝，再朝而會，再會而盟。"杜氏云："三年一朝，六年一會，十二年一盟。"凡八聘、四朝、再會、王一巡守，盟於方嶽之下。孔氏曰："《大宗伯》云：'時見曰會，殷見曰同。'"鄭氏以爲"時見無常期"，非也。時見者，謂再朝而會。殷見者，謂再會而盟。《尚書》《周官》曰："六年，五服一朝，……又六年，王乃時巡。"《大行人》亦云："十有二歲，王巡守殷國。"所謂"侯服歲一見者"，乃遣使貢物，非親朝也。然《周官》云"六年一朝"，而《左傳》云"六年再朝"。二説亦未符合。特以時會爲再朝之會，殷同爲再會之盟，可與鄭注並存，以備一説。《昭三年傳》："子太叔曰：'文襄之霸也，諸侯三歲而聘，五歲而朝，有事而會，不協而盟。'"説者以爲叔嚮言王制，而游吉言霸主之法。然會盟無常期，合於《周官》矣。

諸侯之禮立當前疾　疾當作矦

諸侯來朝，行享於廟，入大門下車。所立之位：上公立當車軹，侯伯立當前侯，【前侯，俗本誤爲前疾，自宋至今讀者不悟。】子男立當車衡。案：侯，俗作疾。《論語》邢昺疏【鄉黨。】引《周禮》作前侯，云侯伯立當前侯胡下。又《小雅·蓼蕭》章孔疏引《大行人》亦作"前侯"，蓋《説文》疾作疾。古文矦作医，

---

① 即"玄鳥"，《詩經·商頌·玄鳥》。
② 語出《毛詩正義》，原文爲："二王後，八州之大國。"

相似易亂，故前侯訛爲前疾。賈疏不詳，莫能辨正，俗本流傳，誤人久矣。又案：許叔重《說文》引《周禮》作前軓，云："軓，車軾前也。"音範。《詩·小戎》"陰靷"，毛傳云："陰，揜軓也。"孔疏謂："以板木橫側車前，陰映此軓，故謂之陰。"《考工記》"軓前十尺"，謂軾前曲中，下垂柱地，如人之頸，故謂之侯。侯，猶胡也，故鄭注訓爲胡。以其在軓前，故曰前侯。然則，陰也，侯也，胡也，皆前軓之名。揜軓曰陰，曲中曰侯，下垂曰胡，總名爲軓。當依《說文》定作軓。則前衡後軹，而軓在其間，讀者一見而心目了然矣。《水經注》："中都縣胡甲山，山有胡甲嶺。"劉歆《遂初賦》所謂"越侯甲而長驅"者也。蔡邕曰："侯甲亦邑名。"古矦與胡通，侯甲通爲胡甲。故前侯，《注》爲前胡。然車之制，莫詳於詩禮。前軓見《考工》，而侯胡無聞焉。實事求是，仍從《說文》爲正。【古音侯讀爲胡。《漢書》贊："抑抑仲舒，再相諸侯，身修國治，致仕縣車。"《易林》："範子妙材，戮辱傷膚，後相秦國，封爲應侯。"此侯讀爲胡之明證也。《呂氏春秋》：邱成子爲魯聘於晉，過衛，右宰谷臣止而觴之。顧反，過而弗辭。其僕曰："嚮者，右宰谷臣之觴吾子也甚懽，今侯渫過而弗辭，再爲渫。"侯，猶胡也。則古矦讀爲胡，益明。《左傳》童謠曰："公在乾侯，徵褰與襦。"襦與侯協。《詩》曰："羔裘如濡，洵直且侯。"濡與侯協。】《小雅》及《曲禮疏》皆引《大行人》，一作前侯，一作前疾。則知《詩》《禮》正義，非出一人之手矣。【《東京賦》："漢帝之德，侯其褘而。"褘，美也，言漢之德，胡其美也。《封禪書》："君乎，君乎，侯不邁哉！"邁，往也。言君胡不往也。《魏書·高車傳》："斛律部帥倍侯利勇健。"處女謠曰："求良夫，當如倍侯。"侯與夫協，乃知四夷尚有古音。】

六　服

大司馬九畿，大行人六服。畿，限也，以平邦國。故曰："畿，服事也。以親邦國，故曰服。"《周語》分之爲九，合之爲五。方千里曰甸服，亦曰邦畿，是爲邦內甸服。則知邦外亦有甸服矣。邦外侯服，謂邦畿外方五百里之侯服也。侯服外曰甸，曰男，曰采，曰衛，各方五百里。《康誥》所謂"侯甸男邦采衛者"，皆賓服也。是爲，侯衛賓服。大行人掌大賓之禮，自侯及衛，各以遠近來賓，故曰賓服。衛服外曰蠻，曰夷，各方五百里，皆要服也。是爲蠻夷要服。要服外曰鎮，曰蕃，各方五百里，皆荒服也。是爲戎翟荒服。《詩》曰："因是百蠻，其追其貊，奄受北國。"《箋》云："韓外接蠻服，因使時節，百蠻貢獻之往來。賜之蠻服追貊之國，而總領之。"然則，九州之外，皆百蠻之地也。《書》曰："外薄四海，咸建五長。"亦選其賢者以爲之主。其來貢也，則請於州牧，故曰因時。謂之時者，亦謂時叛時服，荒忽無常。《易》之《比》也，有建萬國、親諸侯之象，然九五顯比，而後夫在上，前禽在初，一舍之，一失之。絶域殊俗，先王之所不能親也。故不列於賓服焉。爵之伯，猶服之男。故鄭伯也，而當男服。《詩·無衣》七章，晉次國也，爲甸侯；鄒、莒、郳、鄶、路、偪陽，小國也，皆爲采衛。則似以國之大小爲服遠近之差。齊元舅、衛孟侯、魯宗國，皆大邦也。蓋皆侯服歟？吳，伯也，而《春秋》書"子"。凡在要服，雖大，子也。鄭與曹，皆伯爵。而曹伯甸，鄭伯男，則又以封之先後爲叙矣。故曰："彌近彌大，彌遠彌小。"海上有十里之諸侯，以大使小，以重使輕，以衆使寡，王者治天下若一家也。大司徒之建邦國，制其域而定其貢。諸公貢其地之半，侯伯貢參之一，子男貢四之一。大國貢重，小國貢輕。齊、魯、衛，侯也，皆食諸公之地。故公侯之貢重於伯。而大司徒，侯伯貢同。是以，春秋盟主，遂使伯從公侯之貢。子産曰："天子班貢，輕重以列，列尊貢重，周之制也。卑而貢重者，甸服也。"如其説，則貢之輕重，非徒以列之尊卑，兼視其服之遠近。然曹以甸而重，鄭以男而輕，爵列同而貢之輕重頓異，則未免於偏。當時，主盟者必以爲不可。平邱之會，子産争承，至日中而未決者，蓋以此。《禹貢》"冀州帝都，故無貢"，《周官》亦然。而邦畿之賦，總銍秸粟米五者，自百里至五百里，近則賦粗而多，遠則賦精而少，要以五百里爲斷。故賈誼曰："古者，天子之地方千里，中之而爲都。輸將繇使，其遠者不過五百里而至。諸侯之地方百里，中之而爲都輸，將繇使，遠者不過五十里而至。輸者不苦其繇，繇者不傷其費，故遠人安。"此之謂也。六服之貢，惟祀、惟嬪、惟服，皆爲包、爲匭、爲篚，約而易舉，輕而易致。惟器、惟財、惟貨，或多而難舉，重而難致，則從水運。《禹貢》曰浮，曰沿，曰達，曰逾，曰至，曰入，曰亂，曰會，皆水運之道。所運者皆八州貢篚，而粟米無聞焉。《説文》："水轉穀曰漕。"春秋秦晉泛舟，其漕運之法乎？自雍及絳，路經千里，而從渭入河，從河入汾，舳艫相銜，坦無險阻，而不以爲勞。且歲饑偶一行之，如乞糴於齊，歸粟於蔡，急病而救灾也。若夫數千里飛芻輓粟，率三十鐘而致一石，則起於秦，而漢因之。漕轉山東粟以給中都，而更底柱之險，敗亡無算。所謂"得一錢之賦，而喪數十錢"其煩費若此。隋唐亦如之。艱難之狀，百倍於春秋矣。雍州厥田上上，沃野廣衍，而力耕農，通灌溉，其食自足。本無藉於他州，故邦國九貢，無粟米。而九賦歛財賄，則粟米居多。自郊至都，亦如《禹貢》，以五百里爲斷，可知也。古者以米爲財。《喪大記》曰："納財，朝一溢米，莫一溢米。"故知財賄爲粟米。天子受四海之圖籍，膺萬國之貢珍，撫諸夏而綏百蠻，贊群後而調元氣。九法在大司馬，九儀在大行人，九穀六畜之數要在職方氏。由是懷方而遠物至，合方而好善同，形方而大小相比，訓方而上下志通。【《左傳》鄭伯，男也。《國語》"男"作"南"，古文男、南通。漢元鼎四年，封周後孼子嘉爲周子南君。蓋封以子男之爵。男借作南也。初元五年，進爵爲侯。綏和元年，又進爵爲公。與殷後孔吉皆爲公，地各百里。則其初不滿百里，非子男之爵歟？薛瓚、顏師古注皆非也。酈道元謂："衛將軍文子，爲子南彌牟，其後有子南勁。勁朝於魏，後惠成王如衛，命子南爲侯。秦並六國，衛最後滅，疑嘉是衛後，故氏子南而稱君。"其說亦非也。《世本》："靈公生昭子郢，郢生文子木。"郢，字子南；木，字彌牟。子以父字爲氏，猶魯仲遂之子爲仲嬰齊，故曰："子南彌牟，其後遂爲子南氏。"若仲遂之後，以仲爲氏矣。《公羊》說"孫以王父字爲氏"，失之。《竹書》"命子南爲侯者"，蓋靈公本欲立子南。子南立，則名正言順。爲衛後者，莫宜於子南氏。故惠成王命子南爲侯。此《紀年》之意也。若以氏爲爵，吾所未聞。且漢捨周後而立衛後，可乎？又稱"君而氏子南"，是爲公子郢立後，則又何說耶？男訓爲任，讀亦如之。《方言》"戴鳺"，一名"戴南"。南，猶鳺也。則男、南音義皆同矣。子南即子男，復何疑？《王制》注謂"周公復唐虞舊域，分五服爲九，其要服之內方七千里"。《疏》云："要服去王畿三千五百里，四面相距七千里，是爲九州之內。"康成以九州之內爲采，九州之外爲流。采者，取其美物以當穀稅。流者，夷狄流移，或貢或否。《禹貢》："荒服之外三百里蠻，二百里流。"即周鎮蕃之地，世一見之國。然則，要服曰蠻，荒服亦曰蠻。《詩》所謂"百蠻"，指荒服也。世一見者，四塞世告至，當鎮蕃之服。在四方爲蔽塞，故曰四塞。是爲九州之外，明蠻夷要服在九州之內矣。《王會篇》"比服次之，要服次之，荒服次之，方千里之內爲比服，方千里之外爲要服，三千里之內爲荒服，是皆朝於內者"。比之言親，先王所以親諸侯。《易》之《比》卦取名於此。注云："此①服名因於夏。"夏之比服，周之賓服也。《管子》："千里之外，二千里之內，諸侯三年而朝，習命。二千里之外，三千里之內，諸侯五年而會至，習命。三千里之外，諸侯世一見。"要服三千里，四面相距六千里，九命作伯，故曰："立爲六千里之侯，則大人從。"】

〔小行人〕合六幣

《小行人》："合六幣，圭以馬，璋以皮，璧以帛，琮以錦，琥以繡，璜以黼。"圭璋曰先，朝聘以之。璧琮曰加，享禮以之。琥璜曰將，大饗以之。《周書》："諸侯奉圭當其朝，而皆布乘黃。"《覲禮》："侯氏奠圭，及其享而亦陳匹卓。"【康王

---

① 此，四庫本作"比"。

之誥,布乘黄朱,謂陳四黄馬而朱鬣。《覲禮》:"匹馬卓上,九馬隨之。"卓,猶的也,以素的一馬爲上。】此朝覲也,皆先以圭致命,然後陳馬於庭,而享禮行焉。諸侯之贈亦如之。《雜記》曰:"上介贈執圭,將命,陳乘黄大路於中庭。"此非所謂圭以馬歟?蓋弔之贈,猶聘之享,故其禮亦如之。聘享或以皮,或以馬。《聘禮》曰:"庭實,皮則攝之。"《聘記》曰:"庭實隨入,左先,皮馬相間可也。"則聘亦以皮馬矣。惟聘用琥,圭璋短一寸爲異耳。璋以皮者,亦以璋先之。故曰圭璋。特謂皮馬不上堂。《老子》曰:"拱璧先駟馬。"① 拱璧者,圭璋也。此圭璋曰先也。璧以帛,琮以錦,謂帛錦之上,以璧琮加之。《士昏禮》注云:"古文錦皆作帛。"蓋古錦帛通。故不曰錦,而皆曰帛。璧琮九寸,諸侯以享天子,而諸侯自相享則以瑑璧琮。享諸侯,束帛加璧;享夫人,束帛【帛讀爲錦。】加琮,此享禮之璧琮曰加也。琥以綉、璜以黼者,謂天子饗諸侯、諸侯自相享酬以綉黼,而將以琥璜。《終南》"諸侯受顯服",曰黻衣綉裳。《采菽》天子命諸侯曰:"玄衮及黼。"此王賜綉黼之文。其錫之也,王拜送爵,以琥璜將之,故曰琥璜爵。《詩》曰:"承筐是將。"此大饗之琥璜,曰將也。《春秋傳》:"虢公晉侯朝王,王饗醴命之宥,皆賜玉五瑴,馬三匹。"宥者,宥幣玉,似琥璜,不以綉黼而以馬。錫馬見於《易》,乘馬見於《詩》。又不以乘而以三,是何禮也?王命諸侯之禮亡其數,不可得聞矣。孔穎達曰:"聘禮,禮賓之幣,束帛乘馬,致饗以酬幣,致食以侑幣。"鄭云:"禮,束帛乘馬,亦不是過也。"則諸侯禮賓,不以玉魯賄。荀偃束錦加璧,非禮也。聘禮,禮玉束帛以禮聘君,未聞賄其臣。雖有重賄,亦不以璧。宋以妾爲夫人,饋左師束錦與馬,先之以玉。則春秋六幣之亂久矣。韓起聘鄭,私覿子產以玉與馬。是大夫而行諸侯之禮也。楚公子棄疾私見鄭伯,齊公孫青私見衛侯,皆以馬而不以玉,君子以爲禮。禮:『惟朝聘享頫乃有圭璋,非是而以玉貨之而已。』春秋尚錦,衛貨叔鮒,魯貨子猶,皆以錦。鄭注:"二王之後,享用圭璋。"經傳無文,似出臆說。古之聘也,當其來聘,則使卿辭玉於賓。及其將歸,則又使卿還玉於館。蓋圭璋大器,故始則辭,終則還之。而受璧琮,說者以爲輕財而重禮。孔穎達謂"六幣皆財也,雖圭璋,亦受之而不還",豈其然乎?圭璋璧琮琥璜,作之爲六器,吉禮以事神,合之爲六幣。賓禮以和好,聯之爲六玉。凶禮以斂尸,會同設方,明六玉獨無琮。康成謂:"上下之神,非天地之至貴者,而斂尸六玉。"又云:"取象方明,蓋取上下四方之象也。"璜琮禮地,方明即六宗天神也,故不以琮。覲禮三享,皆束帛加璧而不言琮者,省文。穆王見許男於洮上,祭父以天子命辭曰:

---

① 原文爲:"故立天子,置三公,雖有拱璧以先駟馬,不如坐進此道。"

"去茲羔，用玉帛。"見許男不敢辭，還取束帛加璧。毛公舉幣玉。康成謂"子男於諸侯下其瑞，享用琥璜"，下其瑞者，瑑之可也。曷爲改用琥璜乎？六物以和諸侯，故《太元》曰："秉圭戴璧，臚湊群辟。"明非群辟不以圭璧也。《呂氏春秋》乃云："晉使荀息以屈產之乘爲庭實，而加以垂棘之璧。"是璧不以帛而以馬矣。則六幣非亂於春秋歟？杜預謂古之獻物必有以先，魯賄荀偃以璧，馬爲鼎之先。馬不上堂，安得先之。《左傳》："先吳之鼎。"先吳猶故吳也。吾聞圭先馬，未聞馬先鼎，失之甚矣。【《吳越春秋》："太伯起城周，三里二百步。外郭三十餘里，在西北隅，名曰故吳。人民皆耕田其中。"】

禮説卷十四

東吴　半農　惠士奇

考 工 記

〔輪人〕牙也者以爲固抱也　注牙爲輮

輪人爲輪，牙也者，以爲固抱也。司農以牙爲輮，《書》亦或爲輮。世間謂之罔①。案：《廣雅》：軬軬轃【轃即渠。】輮䡪，輞也。軬軬，《説林》作"蟬匪"，曰："古之所爲不可更，則推車至今無蟬匪。"《注》："匪音蔓，而云'車類'，誤矣。《鹽鐵論》作"蟬攫"，曰："推車之蟬攫，負子之敎也。"《韓非子》曰："古者樸陋，故有桃銚而推車。"然則，古之桃銚，今之軬軬，皆車之輞歟？《釋名》曰："關西曰輮，或曰䡪。"䡪，《急就篇》作䡪，讀若民。牙與互通。紡車之輪謂之互。一名桯。軬，《説文》作"篕"，云"收絲者"，即紡車之輪，所謂笀也。篕，一作篝，與匪、攫文異音同，實一物。《廣雅》作軬，從車，得其正矣。《方言》曰："篕，榬也。兗豫河濟之間謂之榬。"《注》云："所以絡絲者。"然則，軬即榬，軬即篕也。

掣爾而纖　注掣讀爲箾

輪之輻，望之欲其掣，爾而纖。案：掣，《説文》云："人臂兒。"徐鍇曰："梢長纖好也，音所角切。"先鄭讀爲箾，一作簫，一作梢，音山交反。《甘泉賦》"梢變魖挾猗狂"，梢與挾義同，謂皆梢而去之。《説文》"舜樂曰箾韶"，訓箾爲擊，云"以竿擊人"。《左傳》"象箾南籥"，孔疏謂"象箾，武舞"。箾與捎通，義取擊拂。然則，箾者，干也。舜舞干羽於兩階而有苗格，簫韶九成而鳳凰儀。《逸

---

① "罔"，四庫本作"輞"。

詩》曰："鳳凰秋秋，其翼若干，其聲若簫，有鳳有凰，樂帝之心。"蓋干畫雜羽之文有似乎翼，吹簫象鳳鳴，舞干象其翼也。則箾爲干明甚。曰象箾，曰韶箾，皆謂"舞以干戚"。曰管象，曰簫韶，皆謂"奏以簫管"。韶箾與簫韶，猶象箾與管象也。孔安國得之矣。干爲兵器，有征伐之容，故漢《房中歌》曰："簫勺群慝。"《天門歌》曰："飾玉梢以舞歌。"梢即箾也。執之以舞，非干而何？《左傳》"建大車之輪以爲櫓"，則車輻可當干。記者言輻之形，如干之象，故曰掔爾。【《廣雅》："㨨，擊也，音山育反。"《廣韻》："采入三簫。"即古掔字。捎、藪、捎、溝，皆與簫通。】

欲其眼也　掍誤爲眼

輪人爲輪，望其轂，欲其眼也。先鄭讀眼爲限。後鄭云："出大貌。"《釋名》云："眼，限也，瞳子限限而出也。"與二鄭之說同。然眼，《說文》作"䀾"，云："轂，齊等兒。"案：䀾與掍通。《洞簫賦》"掍其會同"，《兩都賦》"掍建章"。掍，一作混，其訓爲同，兼取約義。《集韻》云："束木也。"揚雄曰："棍申椒與菌桂。"《詩》云："約䡋。"䡋，即轂也。約，謂革纏之而加漆焉。非掍之象乎？是爲陳篆。篆，漆文也。三十輻聚一轂，會合齊同，可謂轂之善矣。《方言》曰："掩掍同也。江淮南楚之間曰掩，宋衞之間曰掍。"掍，誤爲眼。《說文》引《周禮》甚明，從之爲允。

蚤不齵則輪雖敝不匡　養陰齊陽則轂雖敝不蔽

蚤不齵，則輪雖敝不匡。養陰齊陽，則轂雖敝不蔽。《荀子》"弛易齵差"，《淮南子》"呪齵之郤"。齵者，參差有罅郤也。《玉篇》云："齒不齊。"《管子·輕重甲篇》曰："弓弩多匡軫。【若禮切。】"《注》云："匡軫，戾礙也。"《玉篇》亦云："䡖，車戾也。"賈生《道術篇》曰："合得密周謂之調，反調爲戾。"然則，不匡者，蚤合密之調也。蔽，先鄭讀爲耗，後鄭謂蔽。蔽，暴也。《晏子春秋》云："輪，山之直木也，良匠揉之，其圓中規。雖有槀暴，不復贏矣。"後鄭謂"後必橈減，幨革暴起"。蓋槀則橈減，贏則暴起。兩說相證，益明蚤猶立也，舌也，義與剡同。《瓠子歌》"搴石蚤"，即蚤蚤之蚤。【東方人以物舌地爲剡。剡，一作蚤。】

轂小而長則柞大而短則摯

輪人爲轂，轂小而長，大而短，則有柞與摯二病。欲除其病，莫若伸其圍以爲長，屈其長以爲圍。則長短大小均齊，而二病除矣。欲言轂圍，先言牙圍。六分其輪崇，取一爲牙圍；三分其牙圍，留一爲牙面而踐地者也。踐地之面不漆，其餘皆漆。椁其漆內之數而中詘之，以其半爲轂長。即以其長爲之圍，以其圍之阞捎其藪。凡測圓者，必先得其心，從心出線，則面面皆等。椁者，度量之名。度兩漆之內而中詘之，則輪之心也。輪內置轂，轂內貫軸，如此則軸正當輪心，面面皆等。然則，中詘者測圓之法，而轂之圍徑亦從此出焉。先鄭謂"藪空壺中"，後鄭謂"當輻菑者，捎除也"。阞，三分之一也。壺中謂"轂孔"，所以容軸者。而當輻入處，謂之藪。賈疏所謂"轂大頭寬者指賢，小頭狹者指軹，寬狹處中者指藪也"。轂之兩頭爲軹，參分其轂，二在外，一在內，爲藪。【藪以置輻。】藪軹之間爲賢。軹者，止也，言轂止於此。賢者，間也，言當藪軹之中間。藪者，聚也，言衆輻之所聚，狀若蜂藪云爾。【依注設數，以轂圍三尺二寸，而三分之取其一以爲藪。則藪圍一尺九分寸之六，轂兩廂共徑七寸有奇，足以內貫軸，外受輻，而無不勝任之患。】後鄭云："輻廣三寸。"又云："輻厚一寸。"則輻不圓，何以知之？以《車人職》知之。《車人職》云："輻長一柯有半，其博三寸，厚三之一。"此大車也。其轂徑尺有五寸，其輻橫潤三寸，側厚一寸。故書，博或爲搏。【徒丸反。】杜子春云："當爲博。"後鄭從之。以此知輻不圓也。如以爲圓，則大車之轂，其圍四尺五寸。一輻廣三寸，三十輻共廣九尺，而聚於四尺五寸之轂，有是理哉！或從故書，博爲搏。搏言圍厚，言徑輻。圍三寸，徑一寸，乃可。【徑一圍三，古之約法，非密法也。】然如此，則輻太弱轂太強，強弱不相得，非車之利也。故輪人爲輻三寸，糾其二寸以爲厚，橫三側一。然則，曷爲又曰股圍、骹圍？蓋輻之形，如璧之羨，規其四角，隋【他果反。】而不圓。兩頭大小，股骹似之，故取以譬焉。兩強不能相服，故曰："轂強必以弱輻，衆弱足以敵一強。"故輻不扤而搖，一強足以當衆弱，故雖有重任，轂不折。康成謂"輻入轂中，猶蒲在水中爲弱"，似未盡然。所謂"輻廣三寸半者，亦隋長而非圓徑"，可知矣。五分轂長，去二爲賢。賢圍一尺九寸二分，去三爲軹。軹圍一尺二寸八分。賢軹皆有金，各以法消去金厚之數。則賢圍大於藪，軹圍小於藪，故賈疏曰："寬狹處中。"鄭注所謂"去一當作去二，乃與藪相稱者"是也。【據鄭注："金厚一寸。"即用鄭氏筭法，徑當消去二寸。則圍當消去六寸，以六寸減賢軹兩圍，則賢圍一尺三寸二分，軹圍六寸八分。】案：藪，《説文》作"𣝗"，云："車轂中空，讀若藪。"《急就篇》作轑，疑𣝗誤爲𣝗。【從車從木，一也。槀，誤爲桑。】古音若藪，漢讀爲𣝗。又：扤，一作仡。《方言》曰："㒅，【古訛字。】謂之仡。仡，不安也。"《注》："仡，吾敎反，船動搖之貌。"則車之大扤，狀如船矣。

凡揉牙外不廉

凡揉牙，外不廉。《注》云："廉，絕也。"案：《說文》，"揉"作"煣"，屈申木也，從火柔聲。廉作㷉，車輞絕也，從火兼聲。《長門賦》曰："心㷉移而不省故。"注引鄭注曰："㷉，絕也。"則知古本《考工》亦作㷉矣。《集韻》"㷉移"作"㷉㷠"，云："火不絕皃。"㷉省爲廉，其音同也。或非誤，當兩存。又："揉輻必齊。"《注》云："揉謂以火橋之。"案：橋，一作撟。《長笛賦》曰："撟揉斤械。"注引鄭注曰："揉謂以火撟之。"《釋文》亦有二音：一劉音，苦老反者，作槁；一沈音，居趙反者，作撟。亦當兩存，撟與矯同。《蒼頡篇》曰："矯，正也。"

〔輪人〕爲蓋達常圍三寸桯圍倍之

輪人爲蓋，蓋之柄爲達常，其杠爲桯。桯，含達常者也。蓋斗謂之部。部者，鑿孔以納蓋弓者也。部厚一寸，鑿廣四分，其不鑿者，上有二分，下有四分，合之爲一寸。下直二枚者，鑿孔外內若一曰直。內孔之下與外平，而上低二分不鑿。則上有四分，下有四分，其鑿者二分而已。弓廣四分，殺去二分而內於鑿內，其端又殺去參分，惟一分而已，故曰"鑿端一枚"。端，謂弓頭也。《注》云："六尺之弓倍之，加倍廣，【六寸。】凡丈二尺六寸，有宇曲之減。【謂近部平者二尺，而四尺爲宇曲，低於部二尺，橈之故低。】欲求其減之數，則以爪末低於部二尺者爲句，【即於曲處垂線，長二尺爲句。】宇曲四尺爲弦。求其股，股十二【以句積與弦積相減，餘十二爲股積】除之，股面三尺幾半也，謂不滿三尺半。【內少方五寸。】以股面加尊二尺，則弓長五尺幾半，故曰"可覆軹，不及幹。【軹或作幹，本作輨，俱音管。】"

〔輈人〕輪直且無橈登陀繼其牛下陀繻其後

輪直且無橈，則登陀繼其牛，下陀繻其後。《說文》："馬尾韜，今之般繼。"則般繼在馬尾，故曰"繻其後"。又：繻，一名馬紂，故關東謂紂爲繻。一作緧，《釋名》曰："緧，遒也，在後道，使不得卻縮也。"潘岳疾、王濟、裴楷，乃題閣道爲謠，曰："閣道東，有大牛，王濟鞅，裴楷鞧。"夾頸爲鞅，後道爲鞧。言濟在前，楷在後也。一作鰌，《荀子》曰："巨楚縣吾前，大燕鰌吾後。"《廣雅》云："綯、紂，繻也"。

輈欲頎典〔注〕馴車之轅率尺所一縛

馴車之轅，率尺所一縛。《詩》："五楘梁輈。"《注》云："楘，歷錄也。"梁輈上勾衡，一輈五束。束有歷錄也，是爲"率尺所一縛"。《説文》云："曲轅轙縛，直轅䌊縛，【轙，一作䌊，借官切。】車衡三束也。"【又①直轅車䡱，一名暴，居玉切。又治車軸曰𥿋，所眷切。】

〔冶氏〕戈廣二寸內倍之胡三之援四之

三鋒戟，《方言》謂之"三刃枝"。單枝曰戈，雙枝曰戟。南楚宛郢謂之匽戟。《廣雅》所謂"雄戟也"。張楫曰："雄戟，胡中有距者。"【距與距同。】橫捷曰距，亦曰内，謂胡以内橫捷於戟者也。旁出爲枝，是爲胡。著柲直前爲援，援上爲刺，胡下爲勾，胡中爲內。內謂之距，其柄謂之柲，其鋒謂之戣。【音敖。】其子謂之戲。【音辱。】《春秋傳》："楚武王授師孑以伐隨。"孔疏曰："孑者，擊刺之兵。有上刺之刃，又有下鈎之刃。"晏子曰："崔杼刼大夫盟，戟拘其頸，劍承其心，曲刃鈎之，直兵推之。"《急就篇》有"鑲鈎"，《注》云："鑲者，其刃卻偃而外利，以推攘而害人，所謂'直兵推之也'。鈎者，形曲如鈎，而内利以拘牽而害人。所謂'曲刃鈎之也'。曲刃謂胡，如鈎內利。"《禮圖》："畫戟兩旁有枝，胡中無距，三鋒嚮上而下無鈎。"此聶氏之臆造也。《春秋傳·襄二十三年》："欒樂乘槐本而覆，【車轢槐而覆。】或以戟鈎之，斷肘而死。"郭頒《世説》云："舊制，三公領兵入見，皆交戟叉頸而前。"叉者上刃，鈎者下刃。舊圖謂戟支曲下爲胡，【曲下者，鈎也。】則知聶氏臆造，失其舊矣。《説文》云："戈，平頭戟也。戟，有枝兵也。"呂布營門射戟，正中小支。小支，胡也。戟旁曲枝，故《説文》謂之"枝兵"。戈亦有枝，而平頭者，蓋戈無刺也。戈戟皆勾兵。《皇矣詩》所謂"鈎援"即此。毛傳以鈎爲鈎梯，而不言援，失之矣。戈戟有鈎有援，直曰援，曲曰鈎。則鈎援爲戈戟，又何疑乎？《淮南子》曰："古之兵，槽矛無擊，修戟無刺。"而《方言》又有無刃之戟。秦晉謂之釨，或謂之鏔。吳揚謂之戈。毛傳云："殳長丈二而無刃。"然則，無刃者殳，無刺者戈，兼而有之者戟。康成謂："援之外句者，胡也。"賈疏謂："援七寸半，亦以三寸爲橫，以四寸半嚮上爲磬折。"如其説，則援亦曲矣。與胡何以別乎？且援既曲，又安得有著柲直前之刺也？以此知賈公彥之説非也。鄭司農謂援，直刃，胡其子。則援之外句指胡，明矣。胡中無距，則下亦無勾。康成

---

① 又，四庫本作"人"。

謂："胡以内接秘者，亦謂胍也。"秘者其本，接與捷通。非胍而何？孔疏云："戈如戟而橫安刃，頭不嚮上，故曰鉤子，又曰平頭。"

〔桃氏〕重九鋝

馬融云"鋝"與"鍰"同。俗儒謂"鋝六兩爲一川"，不知所出。又云賈逵説，俗儒以鋝重六兩，《周官》"劍重九鋝"，俗儒近是。許叔重《説文解字》本於賈逵，亦云鍰即鋝，而謂"十一銖二十五分之十三"。又云："北方以二十兩爲鋝，"則與馬融之説異矣。康成謂"今東萊稱，或以大半兩爲鈞，十鈞爲鍰。鍰重六兩大半兩。鍰鋝似同"，亦無定説。《吕刑》孔傳云："六兩曰鍰。"王肅亦云然。孔疏謂"康成之言，……多於孔王所説，惟挍十六銖爾"。然亦不知所出也。案：《小爾雅》曰："二十四銖曰兩，兩有半曰捷，倍捷曰舉，倍舉曰鋝。鋝謂之鍰，二鍰四兩謂之斤。"賈逵所謂"俗儒之説"，其詳蓋出於此，載於《孔叢》，故安國據以爲傳。然則，三鋝重一斤二兩。鋝，一作選，張敞好古文字，其言曰："《甫刑》之罰，有金選之品。"應劭曰："選音刷。金銖兩名也。"顏師古曰："選本作鋝，鋝即鍰，重六兩。"然則，今文鋝，古文選。漢武帝造白金，名白選。選，一作撰，撰即鋝也，音刷。蘇林音選擇之選，失之矣。白選三品：大者重八兩，次六兩，次四兩。本無定數，故諸儒疑之而不能決也。《尚書大傳》云："夏后氏死罪罰二千饌。"馬融云："饌，六兩。"蓋古選、撰、饌通，皆與鍰同。鍰，《史記》作率，《索隱》云："舊本，率亦作選。"《書大傳》："一鑌，六兩。"

〔函人〕合甲

函人爲甲，犀甲七屬，壽百年。兕甲六屬，壽二百年。合甲五屬，壽三百年。鄭司農謂："合甲，削革裹肉，但取其表，合以爲甲。"革裹肉者，革之敗蘞，削去之，則材良，所謂"視其裏而易，則材更也"。康成謂"屬者，上旅下旅札續之數。革堅者札長"。《荀子》曰："魏氏武卒，衣三屬之甲。"如淳謂"上身一，髀褌一，脛繳一"。蘇林謂"兜鍪、盤領、髀褌、爲三屬"。兜鍪，胄也，以胄爲甲，固非。以脛繳爲甲，尤非。上旅甲，下旅裳，甲裳三屬，其札更長於合甲矣。革之最堅者歟？《左傳》："組甲三百，被練三千。"賈逵注云："組甲，以組綴甲。被練，帛也，以帛綴甲。"而有盈竅半任力、盡任力之説，其説本於《吕氏春秋》。邾之故法，爲甲裳以帛。【《注》云："以帛綴甲"。】公息忌謂邾君曰："不若以組，凡甲之所以爲固者，以滿竅也。今竅滿矣，而任力者半耳。組則不然，竅滿則盡任力矣。"邾君以爲然。然則，察革之道，先視其竅。竅大，則難盈，故任力半。竅小則易滿，故任力全。合甲者，任力全之謂也，而組練實爲之助焉。故曰："隨繩而斲，因鑽而縫。"窾者鑽空，所謂"視其鑽空而惌，【小孔貌。】則革堅者"以此。合甲之堅，亦以此。邾之綴甲，舊以帛。用公息忌之言而以組。其後，有人傷之者曰："公息忌之所以欲用組者，其家多爲組也。"邾君不悦，復用帛而不用組。則是，古之綴甲組練兼施矣。綴以組謂之組甲，綴以練謂之被練，古之法也。杜預排抵先儒，撥棄古法，乃云："組甲，漆甲成組文。被練，練袍。"如其説，則組甲三百，有甲無袍。被練三千，有袍無甲也。而可乎？燕王思欲報齊，身自削甲札，妻自組甲絣。削甲札者，司農所謂"削其裏而取其表也"。組甲絣者，《太元》曰："錯，絣也。"《廣雅》曰："繾、【於近切。】䋅、【布耕切。】絽、【音吕、】縶，【力若切。】絣也。"《揚雄傳》曰："絣之以象類。"晉灼以絣爲雜。師古以絣爲併，併以連之，雜以撰之，所以篋縷綜繐之間，攬摮呢齵之邻，此非古合甲之法歟？《詩》曰："貝胄朱綅。"《傳》云："以朱綅綴之，【綅，古纖字。見《閒傳注》。】謂以朱線綴甲。"《少儀》："國家靡敝，甲不組滕，"《注》云："組滕鎧飾，以組飾之及紟帶也。"合觀衆説，則賈逵之説益信。一説，屬者，札也。養由基蹲甲而射之，徹七札焉。晉惠公之右路石奮，投而擊繆公之甲，中之者已六札矣。未徹者，特一札耳。然則，甲皆七屬也。蓋札多則重，重則不便屈信而易敗。凡物剛者恒折，是以壽短。札少則輕，輕則利於屈信而耐久。凡物柔者常存，是以壽長。函人三甲，首曰七屬。師行三十里，持重者服之。減爲六屬，又減爲五屬，出奇制勝，趨利者服之。而魏氏武卒，操十二石之弩，負矢五十個，日中而趨百里，則尤利於輕。更減而爲三屬，秦人捐甲徒裼以趨敵。虎賁之士，跿跔科頭，並去甲冑，以爲輕便矣。此皆氣之趫，力之盛，進則能神，退則能速。《荀子》所謂"干賞蹈利之兵"歟？趙武靈王曰："重甲循兵，不可以逾險。"此之謂也。後世甲輕，故典韋陷陳，重衣兩鎧。若皆七札，焉用兩重乎？《太元》曰："比札爲甲。"《説苑》曰："革剛則裂。"比，猶屬也。革利於柔，合以爲甲，舉之而豐，衣之無齡。凡皮皆曰札。《齊俗訓》"羊裘解札"，言裘敝也。合爲屬，散爲解。一説，合甲，《小匡》所謂"輪革也"。《注》云："輪革、重革，當心著之，所以禦矢。"① 輪省爲合，古今文。甲，一作脅，音相近。齊國之法：『重罪入犀脅，輕罪入輪革。』則合甲輕於犀甲，信矣。輪，猶堅也。《荀子》曰："犀兕鮫革，輪如金石。"

---

① 語出尹知章注，原文爲："輪革、重革，當心著之，可以禦矢。"

〔鞄人〕急者先裂則是以博爲帴也　〔注〕帴當作俴

鞄人爲革，伸之而直，如其柱也。急者先裂，則是以博爲帴也。帴當作俴。《管子·參患篇》："甲不堅密，與俴者同實。"又云："將徒人與俴者同實。"是帴當作俴之明證也。又《荀子·非相篇》："博而能容淺。"《儒效篇》："以淺持博。"古人皆用淺對博，猶薄對厚。則以博爲俴，又與《荀子》義同。後鄭讀爲俴淺之俴，得之矣。《說文》帴讀若末殺之殺，猶減殺也。然以其物爲帬帔，一曰婦人脅衣，則音義皆非。《集韻》帴讀爲翦，訓爲狹，說本鄭司農，亦無別據。而《小戎詩》"俴駟"，毛傳謂"四介馬"，鄭箋謂"以薄金爲甲之札"。《韓詩》則謂"不著甲爲俴"，又與《管子》義符。則帴當作俴，益明。或云讀若戔，宜音殘，非也。劉昌宗讀爲片，云："狹小之義。"亦可備一説。

〔畫繪之事〕凡畫繪之事後素功

《論語》："繪事後素。"鄭注云："繪，畫文也。凡繪事先布衆色，然後以素分佈其間，以成其文。"《考工記》："畫繪之事後素功。"《注》云："素，白采也。後布之，爲其易漬汙也。"古者裳綉而衣繪，畫繪之事，代有師傳，秦廢之，而漢明復古。所謂"斑間賦白，疏密有章"。康成蓋目睹之，必非臆説。或云："繪事素地加采，謂之白受采。"此不知，而妄爲之說也。《鄉射記》曰："凡畫者丹質。"則丹地加采矣。司常九旗，畫日月龍蛇之象，亦以絳帛爲質也。子夏疑素以爲絢，夫子以後素惟繪事爲然，故舉以示之。子夏遂因素而悟禮。蓋五色之黑黃蒼赤，必以素爲之介。猶五德之仁義智信，必以禮爲之閑。且禮者，五德之一，德猶素者。五色之一色，以禮制心，復禮爲仁。禮失而采，禮云禮云。太素者，質之始也，則素爲質。後素者，繪之功也，則素爲文。故曰："素以爲絢。"素也者，萬物之所成終而所成始也。故履初素，賁上白。初者履之始，上者賁之終。然則，忠信之人可以學禮，其説非乎？忠而無禮則愿也，信而無禮則諒也。愿則愚，諒則賊，不學禮而忠信，喪其美也。是故，畫繪以素成，忠信以禮成。素者，無色之文。禮者，無名之樸。老子不知，以爲忠信之薄。宮立而五音清，甘立而五味平，白立而五色明，禮立而五德純。故曰："大文彌樸，【鋪卜切。】孚似不足。非不足也，質有餘也。"吾以爲老子不知禮，猶告子不知義，而世稱孔子學禮於老聃，其不然乎？其不然乎？

〔玉人〕天子用全上公用龍侯用瓚伯用將大圭長三尺杼上終葵首
穀　　璪　　琬圭　介圭

　　玉人：天子用全，上公用龍，侯用瓚，伯用將。《說文》云："瓚，三玉二石也。"天子用全，純玉也。上公用駹，四玉一石。侯用瓚，伯用埒。玉石半，相埒也。然則，龍當作駹，將當作埒矣。又云："諸侯執圭朝天子，天子執玉以冒之，似犂冠。"又云："瓛，桓圭，公所執，從玉獻聲。"獻，讀爲桓。《列女傳》："晉獻驪姬，頌曰：'驪姬繼母，惑亂晉獻，謀譖太子，毒酒爲讙。'"是獻恊讙，古音也。一說，獻讀爲軒。劉熙《孟子注》曰："獻猶軒，軒在物上之稱也。"故獻、桓同音。桓轉爲和，猶獻轉爲莎。【素何反。】蓋音相近而通歟？犂冠疑即犂錧。錧冒於犂，故名犂冠。然珩形似磬，而冒非磬形，當考。又云："椎，擊也。齊謂之終葵。"終葵爲椎，猶邾婁爲鄒，皆齊魯間俗語。犂錧似鬐，犂冠似冒，以今曉古也。久之而今復成古，不可復識矣。《相玉書》言："珵大六寸，其燿自照。"【見《離騷》王逸注。】《玉篇》亦云："珵，美玉，埋六寸，光自輝。"而康成引《相玉書》珵作瑑。《說文》有瑑無珵。蓋珵即瑑，古今文。孔穎達曰："物皆外光，瑑獨自照，内含明也。"然則，大圭長三尺，瑑長六寸，爲椎頭，故曰"杼上終葵首"。說者謂杼上者，鋭其上。此椎頭六寸，指不鋭者而言。豈其然乎？杼，長也。《方言》引《燕記》曰："豐人杼首。"杼首，長首也。楚謂之仔，【音序。】燕謂之杼。諸侯之笏詘前，故前短。天子之瑑杼上，故上長。【瑑比他圭，最長。】既曰方正，【天子搢瑑，方正於天下也。】而又鋭之，誤矣。一曰："杼，削也。"【凡爲輪，行澤者欲杼。杼以行澤，則是刀以割塗也。是杼訓爲削也。】方則其形如削，謂椎頭。四角有廉棱。《西山經》曰："崟山之玉，堅粟精密，澤而有光。"郭景純云："玉有粟文，所謂穀璧。"【《禮記》"縝密以粟"，粟或作栗。】唐代宗即位，楚州獻定國寶十有二，其三曰穀璧，白玉也。如粟粒，無雕鐫之迹。王者得之，五穀豐，景純之言信矣。然曰五穀豐，誕哉！又：泰冒之山多藻玉。《說文》云："璪，如水藻之文。"《虞書》"璪火黺米"，又云："琰，璧上起美色也。"然則，琬琰蒲谷，玉之文理，出於天然，非關雕琢。粟謂之穀，藻謂之蒲，養人安人。其說妄矣！璪圭璋璧琮，《說文》謂"起兆璪"，康成云："璪，文飾也。"《疏》云："直璪爲文而已。"古有染玉法，《南山經》曰："侖者之山，有木如穀，其汗如漆，名曰白䓘，【音羔。】可以血玉。"《注》云："血，謂染玉作光彩。"然則，璪爲文者，蓋染之歟？一說，血玉者，《天府》"上春，釁寶鎮及寶器"是也。鎮與器，玉之美者。司農讀豐爲徽,蓋取飾意。亦謂:"染玉作光彩也。"血玉不以牲,康成之説似失之。《春秋‧文元年》:"天子①使毛伯來錫公命。"杜預云:"諸侯即位,天子賜以命圭。"此臆説也。禮曰:"諸侯薨,使人歸瑞玉於天子。諒闇三年之後,更爵命嗣子而還之。"【見《白虎通》。】故在喪,則視元士,以君其國。除喪,則服士服而來朝。天子爵命之也,其在來朝之時乎?春秋,禮壞久矣!晉惠、魯文錫命於即位,魯桓、衛襄追命於既薨。則新天子輯瑞之典不行,嗣諸侯還圭之禮亦廢。吾不知天王所賜者是何瑞也?或曰琬圭,諸侯有德,王命賜之,使者執琬圭以致命焉。春秋錫命蓋以此。《釋器》曰:"珪大尺二寸謂之玠,玉人之鎮圭也,天子守之。"《詩》云:"錫爾介圭,以作爾寶。"毛傳曰:"寶,瑞也。"鄭箋以爲,諸侯之瑞圭自九寸而下,介長尺二寸,非瑞也。故以爲寶。孫毓云:"特言賜之以作爾寶,明非五等之玉。"如其説,則介圭乃天子之守圭矣,未聞以賜諸侯也。《詩》云:"以其介圭入覲於王。"覲禮:『侯氏入門右,坐奠圭。』即《詩》所謂"入覲之介圭"。則介圭非五等之玉歟?箋義失之,傳義爲長。

天子圭中必 〔注〕必讀如鹿車縪之縪

天子之圭中必。康成謂"必讀如鹿車縪之縪"。鹿車者,其形窄小,裁容一鹿。縪猶,綦也,結於輹而連於軸。《方言》曰:"車下鐵,陳宋淮楚之間謂之畢。大車謂之綦。"車下鐵者,輹也。一名車下縛。子夏《易傳》曰:"輹,車下伏兔,謂之車屐,以繩縛於軸,因以名焉。"輹與轐通,俗名鈎心,亦謂之橜。包以金,縛以繩,大車謂之綦,小車謂之畢。畢與縪通。《喪服傳》:"冠繩外畢。"畢者,繩之末也。以繩繫軸,猶以組繫圭。故舉以況之。劉昌宗讀縪若鼈,謂北俗語音。然方言,淮楚則非獨北音也。車屐,一作車劇,蓋音同歟?《廣雅》曰:"組,縪縫也。輹,束也。"《釋名》曰:"輹,伏也,伏於軸上也。"《説文》:"伏兔下革謂之鞪。鞪古昏字,讀若閔。"

琬圭以頫聘

聘用琬圭,減命圭一寸,而無桓信躬蒲谷之文,但有圻鄂琢起。一見《典瑞》,一見《玉人》。命圭繅,皆三采三就。琬圭之繅,則二采一就而已。諸侯朝天子及自相朝,則執命圭遣臣。聘天子及聘諸侯,則執琬圭。《聘記》所謂"朝天子圭與繅皆九寸,問諸侯朱緣繅八寸"是也。鄉黨執圭,包氏注云:"執持君之圭。"蓋

---

① 天子,《春秋》作"天王"。

包氏章句本於張禹。禹不信《周官》，何晏注《論語》而取其説。朱子仍其誤，乃曰："圭，諸侯命圭。"學者遂不復知瑑圭璋璧琮爲何物矣！何晏好老莊，言作道德論，凡國家典章制度全不留心，以故三禮皆撥棄，其誤乃至於此。

案十有二寸棗栗十有二列諸侯純九大夫純五〔注〕聘禮曰勞以二竹簠方

《楚漢春秋》："淮陰侯曰：'臣去項歸漢，漢王賜臣玉案之食。'"古者王后勞諸侯以玉案，承棗栗，兩兩列之，所謂玉案之食也。《説文》，棞爲圓。案：《士昏禮》之盛棗栗也以笲，【音煩。】如筥笭簾【笭羌居反，簾音盧，漢之寒具筥。】而加於橋。橋所以庪笲。故康成以爲案。案有大小，漢舊儀旋案丈二，以陳肉食，大案也。《漢書》許后奉案上食，孟光舉案齊衡，小案也。二王後二十有四，兩兩列之，則十有二；諸侯十有八，兩兩列之，則九；大夫十，兩兩列之，則五。純，猶兩也，與淳通。《左傳》"淳十五乘"，或曰列，或曰純。純，謂兩行並列。諸侯夫人勞聘賓，以二竹簠方，元①被纁裏，有蓋，其實棗蒸栗擇。飾案，古以玉，漢以金銀加文畫焉。一爲奇，二爲純。二竹簠而方，則四也。注失之。案：承食器如庪笲之橋，橋之制未聞。案者，今之槃，古之禁。有足曰禁，無足曰棜。皆以承尊。《禮器》，大夫用棜，士用禁，以下爲貴也。《特牲饋食》用棜，或實獸於其上，或覆壺於其中。如漢陳食之案，不獨承尊矣。【康成曰："棜之制如今大木轝，上有四周，下無足。"】《鄉飲酒》謂之"斯禁以庪兩壺"，《少牢饋食》謂之"棜以庪兩甒"，皆大夫之禮。故康成云："棜，斯禁也，……無足有似於棜。大夫用斯禁，士用②禁。"如今方案。隋長【隋他果反。】局足，高三寸。然則，案有足也。古器無案，起於秦漢。《考工記》，蓋秦漢間之書歟？漢之笭簾，一作笭簾，寒具筥也。《方言》曰："籅，南楚謂之筲，趙魏之間謂之笭，籅古之竹籅也。"盧筥音同，古今文。【《説文》："笭，作凵，象形。凵盧飯器，以柳爲之，或從竹，去聲。"】

〔矢人〕雖有疾風弗之能憚矣

矢人爲矢，雖有疾風，弗之能憚。故書憚，或作怛。怛言驚，憚言畏。狀矢之形，畏不若驚，當作怛，言矢輕重停勻，風不能驚也。其義見《莊子·大宗師篇》："子來將死，妻子環泣。子犁往問之曰叱避，無怛化。"言死猶化，勿驚怛之。陸德明《音義》引《考工記》鄭注爲證，音都達反。《廣雅》，怛、憚皆訓爲驚。鄭注

---

① 元，《儀禮·聘禮》作"玄"。
② 依鄭注，此處脱"棜"字。

《論語》云："憚,難也。"似非驚。《廣雅》失之。怛,一作懯,傷也。《詩》曰："中心懯兮。"則怛兼兩義。一作靼,音義同。

〔旅人〕器中膊

旅人器中膊,康成讀膊爲輇,謂"拊泥轉均,尌膊擬度,端其器也"。《淮南子》曰："一膊炭爨,掇之則爛指,萬石俱爨,去之十步而不死。"蓋膊者,垺之式,則垺亦可名爲膊。入火而爨,則膊爲瓦器之垺矣。【垺音普回反,又芳符反。】膊,讀爲埏。《老子》"埏埴以爲器",埏埴者,垺也。《鶡冠子》曰:"膊膊之土。"《注》云:"膊形垺。"即尌以擬度之器。又曰:"合膊同根,謂之宇宙。"合膊者,器中膊之謂也。膊,一作專,《服賦》曰:"大專槃物。"專讀爲鈞。陶家名模,下圓轉者爲鈞。然則,鈞、專、埏、膊,文雖異而音義皆同矣。

〔梓人〕大胸燿後　數目顧脰

《梓人職》曰:"大胸燿後。"燿讀爲哨。【音稍。】馬融《廣成頌》曰:"鷙鳥毅蟲,倨牙黔口,大匈哨後。"然則,燿,一作哨,音義宜然。康成讀從之,本其師之說也。燿,一作臞,細小之貌,與哨通。臞,一作臞。【音衢。】《爾雅》曰:"臞、脙,瘠也。"瘠則細小,音殊而義同。數目顧脰,顧,長脰貌。《莊子》"其脰肩肩"。或云羸小貌,或云直貌。故書,顧作䪼,司農讀䪼爲䯏,頭無髮之䯏。《廣雅》曰:"䯏【苦瞎切。】髽【口入切。】髻【音瞎。】頜,【口本、口忽二切。】禿也"。《明堂位》:"夏后氏以楬豆。"《注》云:"楬無飾也。齊人謂無髮爲禿楬。"則䯏與楬音同。器無文,猶頭無髮,其義亦同矣。䯏,一讀爲閒,《説文》"從㐱閒聲"。揚之爲閒,抑之爲楬。肩肩楬楬,長而直也。楬,一作髹。《士喪禮》"髹豆兩丹",《壺記》"碧盧禿楬",《説文》"䪼頭鬢少",髹與䯏義同。

〔廬人〕句兵欲無彈刺兵欲無蜎

廬人爲廬器,句兵欲無彈,刺兵欲無蜎。《説文》曰:"僤,疾也。"《周禮》"句兵欲無僤",僤有兩義:一訓疾,音但;一訓動,音善。一作潬,亦作灛。一作蟺,亦作蟬。皆讀爲善,訓爲動。《上林賦》"象輿婉僤",言車之動;"宛潬膠盭",言水之動;《靈光賦》"騰驤蜿蟺",言蛟龍之動。然則,僤者,動也。先鄭讀僤爲彈掉之彈,亦取動意,當依《説文》作僤。後鄭云:"故書,彈或作僤,俗誤爲但。"書無善本,賈疏不詳,貽誤後人久矣。後鄭云:"蜎,亦掉也,讀若井中蟲蜎之蜎。"案：《爾雅·釋魚》"蜎蠉"，《注》云："井中小蛣蟩。"《廣雅》曰："孑孓，蜎也。"蜎即虷。《秋水篇》"虷蟹與科斗"，司馬彪云："虷音寒，井中赤蟲，一名蜎。"然則，蜎者，水中孑孓，掉尾之蟲，動搖不定，故曰："置而搖之，以視其蜎。"蜎乃動搖之狀也。勁則不動，故曰："橫而搖之，以視其勁。"賈疏謂"蜎蜎，擾擾然"，近之矣。乃云："井中蟲蜎，從俗讀也。"以《爾雅》爲俗可乎？又曰蜎蜎然均，既曰蜎蜎，焉得均？《説林訓》曰："孑孓爲䖸。"言蜎化爲䖸，所謂蜎飛也。訓蜎爲均，誤矣。孑孓即蛣蟩，文異音同。《字林》云："孑無右臂，孓無左臂。"

〔匠人〕五室　明堂

明堂五室，象五行。祀五帝，在國之陽。九七爲陽，明堂之數半之爲室，倍之爲堂。三四步，四三尺者，古算法也。三爲實，四爲法而一，則每室各得七步爲修，餘二步以益廣，則每室各得九步爲廣，以四乘三得十二尺爲二步，即廣修之較五室。凡室二筵者，東西廣九筵，南北修七筵。廣修相減，餘二筵以爲較也。然則，明堂五室，三代同制。夏度以步，南北七步，東西九步。殷度以尋，南北七尋，東西九尋。周度以筵，南北七筵，東西九筵。此明堂之數，半之爲室者也。有室乃有堂，言室而不及堂，則得後而遺前，顧左而失右矣。前太廟，後太室，是明堂有前後也。左個東，右個西，是明堂有左右也。以前後分之，則前修七步，後修七步，合之得十四步。則堂修二七也。以左右分之，則左廣九步，右廣九步，合之得十八步。【《注》："差，半步。"】則堂廣二九也，此明堂之數。倍之爲堂者也，蓋從分其堂，則左偏爲左，個右偏爲右，個橫分其堂，則外爲堂有階，內爲室有户，故分之。則青陽、明堂、太廟、總章、元堂爲堂，木、火、土、金、水爲室，合之則前青陽後木室，前明堂後火室，前太廟後太室，前總章後金室，前元堂後水室。李謐《明堂制度論》謂："路寢有左右房，明堂有左右個。"個者，路寢之房也。訓個爲房，未之前聞。個，古介字。【《秦誓》"一個臣"，古文"一介臣"。】故《説文》無個，蓋今文個即古文介。馬融曰："間介無蹠，古者士相見必有介，謂之中間。"然則，個，猶間也。明堂左右介者，左右間也。謐又謂堂之修廣，當以理推而以記者爲謬，非也。《記》曰："堂二室一。"其言甚明。注者謬耳。截廣補修，堂方十六步，廣修之較四步，是四分之一也。故曰："廣四修一，門堂亦如之。堂三之二，室三之一。"《五運行大論》曰："黃帝坐明堂，始正天綱，臨觀八極，考建五常。"五常，謂五氣行天地之中者也。端居正氣以候天和。然則，明堂五室始於黃帝矣！《疏五過論》曰："上經下經，揆度陰陽。奇恒五中，決以明堂。"蓋言人身之五中，猶明堂之五室也。由是察五色，正五音，叙五事，立五倫，設五官，啟五門，列五服，作五刑，皆從此出焉。古者明堂之制，下之潤濕弗能及，上之霧露弗能入，四方之風弗能襲。徧覽是非，周觀得失，堯舜以昌，桀紂以亡，皆著於明堂。

殷人重屋 〔注〕復笮也

殷人重屋，注云："重屋，復笮也。"賈疏以爲重簷。愚謂：笮讀爲格，蓋復格也。《逸周書》曰："四阿反坫，重亢重郎，常累復格。"孔晁《注》云："復格累之櫨。"《方言》："櫨屋梠。"《注》云："雀梠謂屋簷也，亦呼爲連綿格，即笮。"《廣雅》"樛謂之笮"，《說文》謂之復屋棟，即今之樓棼。

几筵

室中度以几，堂上度以筵。薛綜曰："筵席也長九尺，几俎也長七尺。"【許叔重曰："筵，一丈。"】

廟門容大扃七個　扃《說文》作鼏非

廟門容大扃七個，闈門容小扃三個。案：扃，《說文》作鼏，云："以木貫鼎耳而舉之，從鼎冂聲。"《周禮》："廟門容大鼏七個。"即《易》"玉鉉大吉"也。《儀禮》"鼎，設扃鼏"，鼏以覆，扃以舉，舉鼎則去鼏，陳鼎則抽扃，判然兩物。《說文》一之，誤矣。又云："鉉，舉鼎也。"《易》謂之鉉，《禮》謂之鼏。案：禮，鼏若束若編，以茅爲之，非堅剛之物。與鉉迥殊。許氏不應錯誤至此。《說文・冂部》云："冂，覆也。"冂從鼎爲鼏，則鼏非覆鼎之物乎？以覆爲舉，則又何說？且《儀禮》非叔重所不見者，蓋後人亂之。則《說文》非許氏之舊，信矣。《士冠禮》注云："今文扃爲鉉，古文鼏爲密。"是以易之鉉當禮之扃。所以舉鼎者也。而以鼏當之，可乎？《禮器犧尊疏》"布鼏"，《注》云："鼏或作幂。"《楚辭・招魂》作霝，傳寫之訛。【顏師古曰："鉉爲耳，扃爲關，橫關之以舉鼎，所以貫鉉，非即鉉也。"《易》曰："黃耳金鉉。"非扃明矣。】顏師古謂"扃以貫鉉，非即鉉也。先儒合爲一物，失之"。其說近是，並存以備考。